歷史中國

西元1368～西元1644

明朝 原來是這樣

張嶔◎著

目錄

一、洪武盛世大奇蹟

大明王朝三個世紀波瀾壯闊的歷史，通常都是從這個帝國的締造者：明太祖朱元璋開始說。這位英雄的光輝歲月，自古都說了很多，正史裡一代代研究，野史裡各種演義，一生的是非功過更是充滿爭議。但無可爭議的是他所開創的，是中國古代史上最大的創業奇蹟！

這奇蹟有多神奇？濠州鍾離貧農老朱家的放牛娃，十六歲時趕上天下大亂，嘗盡世間苦難，然後憤然造反，拉隊伍打天下，如斜刺裡殺出的黑馬，接連以弱滅強，橫掃群雄，最終一統天下，開基建國。締造中華文明史上又一個黃金時代──大明王朝！

這是朱元璋的簡單奮鬥史，也是大明王朝的開國史。這樣的高難度動作，在整個中國古代史上，辦到的只有兩人，而另外那位是漢高祖劉邦，如果再比較出身，劉邦早年的亭長身分，比起朱元璋赤條條奮鬥的遭遇，可算得上是高帥富。

無論對朱元璋的一生，有怎樣的評語，能開創這樣的奇蹟，必然是一位有著卓越眼光和堅忍品格的強人。朱元璋正是這樣的強人。

時至今日，強人朱元璋的奇蹟，已經耳熟能詳，其奮鬥過程裡的每一步，相關的歷史事件和人物，都被後人掰碎了研究，好些更成了傳奇。說起他的成功，好些後人更是仰慕不已，可謂身不能至，心嚮往之。

而洪武元年（一三六八年）正月初四這天朱元璋在南京舉行登基大典，正式宣告了大明王朝的開國。

但是，仔細看看這時中國的風景，卻不得不生出另一個感歎：朱元璋君臨天下的皇位以及這段不可思議的奇蹟，其實是搖搖欲墜。因為新生的大明王朝是建立在一片廢墟之上。

奇蹟的背後是一個真實而殘酷的事實，明朝開國所面臨的是堪稱前所未有的困頓開局，其民生凋敝之重、內憂外患之深，都超乎後人的想像。所謂的錦繡江山，其實正風雨飄搖。

所以開創了奇蹟的朱元璋，以執政三十年嘔心瀝血的奮鬥，將一個貧困交加、民不聊生的爛攤，變成一個國泰民安、欣欣向榮的洪武盛世。

大明開國多艱難

作為朱元璋一生的功業，「洪武盛世」這件事顯得低調。各類史料的記錄，幾乎都是聊聊數筆，一語帶過。

但是簡約的記錄，卻無法抹殺這件事的意義。毫不誇張地說，「洪武盛世」不但是朱元璋執政的重大成就，在整個中國古代經濟史上都堪稱是神奇的建設奇蹟。其獨特的經濟思想，至今依舊影響深遠。

一般來說，但凡是一個經歷過天下大亂、群雄割據最終完成統一的王朝，必然會面臨因戰亂而使得經濟破敗的局面。主要的困難，簡單說就是人少！地荒！

對於歷代封建王朝來說，勞動力和土地是最重要的兩件事。中國自古農業立國，有勞動力才能種地，有地種才能收農業稅，有稅收政府才能運轉，王朝才能穩固。人若少，地就荒，地荒了，國家就麻煩了。

以這兩件事來講，明朝開國面臨的是歷代前所未有的大麻煩。

北方昔日的宋朝故都開封，按照地方官的奏報，土地大量荒蕪，人口極度減少；山東首府濟南，周邊大量荒地，招人耕種都湊不足人數；西北重鎮河州，整個城池大多是廢墟，裡面盡是白骨堆積；荊州白水鎮，元末還有幾萬人，此時全是一堆瓦礫，連人影都沒有；瓷都景德鎮，人口減少了九成，房屋大多毀棄，方圓十里見不到人煙……

為什麼會鬧成這樣？原因有很多，元朝九十七年失敗的統治，諸如亂發紙幣等政策，幾乎都是搜刮多，建設少。國家連年鬧災，元朝統治的最後二十五年，大規模的蝗災就有十九次、大饑荒十五次、水旱災五十九次，可謂天災人禍齊集。十七年慘烈的元末農民戰爭，其戰鬥密集程度之高、過程之慘烈、波及範圍之廣，更是前所未有。百萬人規模的城池攻防戰就有高郵之戰、洪都之戰、平江之戰等多次，許多昔日繁華的城池，幾乎都在戰火中灰飛煙滅。至於戰爭範圍，更是空前擴大，紅巾軍的北伐，一直打到遼東，而南方的福建等省，也是內亂頻仍。而朱元璋與陳友諒、張士誠爭天下的主戰場，更是在傳統經濟區的長江流域。大江南北，幾乎都給打爛了。

唐朝開國，雖然也歷經戰亂，但是隋朝固然倒行逆施、橫徵暴斂，然而隋朝自身豐厚的錢糧儲備，後來成了唐朝開國治天下的家底。接下來的北宋，宋太祖趙匡胤黃袍加身得到的是一個歷經後周兩代帝王苦心經營、初具繁榮的國家，更何況當時五代諸國中，如南唐、後蜀等國、自身經濟基礎更不差，這些全都給北宋的繁榮打下了基礎。元朝一統天下，先有忽必烈在北方的苦心建設，後又全盤接收南宋的富庶家當。要論開國的本錢，比明王朝此時更慘的，恐怕也只有兩漢王朝。

從經濟條件的角度講，無論人口還是土地，兩漢開國的局面，都不比明朝好多少。所以無論西漢高祖劉邦，還是東漢世祖劉秀，開國後的第一件事，就是休養生息，即使邊境上匈奴鬧得歡，也得忍下這口氣。

但就這點說，明朝卻比兩漢還要困難。兩漢尚且還能忍一口氣，求個和親，爭個和平環境。而明朝卻連這條都沒得爭。

當朱元璋舉行登基大典的時候，大明王朝的統一戰爭並未真正結束。此時徐達、常遇春的北伐大軍還正在浴血奮戰，一直到這年七月，明朝才攻克元大都。隨後又一路北進西討，發動對元朝殘部的征伐，相繼收復山西、陝西、甘肅各省並招撫收服青藏，這期間雙方在北方發動了多次十萬人以上規模的大會戰。一直到洪武五年（一三七二年）北方才暫時太平。一直到洪武十四年（一三八一年）才平定雲南，徹底掃平南方。然後於洪武二十年（一三八七年）收復遼東。換句話說，僅完成國家的統一戰爭，就陸陸續續用了二十二年的時間。與北元王朝的對峙，更是終朱元璋一生。

明朝此時的困局，是以一個經濟疲敝的江山，沒有和親妥協的可能，卻又要支撐長期戰爭的同時，來完成國民經濟的恢復與穩定。僅此一條，便是一個艱辛的任務。更何況開創盛世、奠定偉業，更是難上加難。

然而就這麼一個難上加難的事，朱元璋卻辦到了。三十年的苦心經營，明朝一邊打仗，一邊發展建設，不但統一江山、追亡逐北、橫掃北元。更締造了一個足以笑傲青史的成就，洪武二十六年（一三九三年），全國耕地總數達到八百五十萬頃，比宋朝多了三百多萬頃，更是元朝的四倍。國家是年的稅糧收入更高達三千二百萬石，是元朝最高數據的三倍。全國的人口根據後世的估算，接近了六千七百萬人，突破了此前中國歷史的人口最高紀錄。國家的財政儲備，按照《明史・食貨志》的記錄，各個州縣的府庫都糧食滿倉，甚至存到「紅腐不可食」。政府富得流油，老百姓生活又如何呢？這時期有民歌可佐證：山市晴，山鳥鳴，商旅行，農夫耕，老瓦盆中洌酒盈，呼囂隳突不聞聲。

這個開國時期經濟貧困、民生凋敝、內憂外患、戰火不息的明王朝，歷經三十年的治理成為一個國富民強、經濟繁榮、生機蓬勃的國家，這就是朱元璋締造的大奇蹟：洪武盛世。

移民建設，兩腿走路

「洪武盛世」的奇蹟，朱元璋是怎麼辦到的？

歷代封建王朝，打完天下後，治理天下一脈相承的方法就是休養生息。所謂休養生息，字面意思解釋就是全天下都休息，朝廷愛惜民力，輕徭薄賦，勤儉節約，經濟慢慢就會恢復了。

朱元璋治理天下的主旨，也是「休養生息」，相關的一些政策，更是和前朝一脈相承。明初的官派徭役極少，農業稅和商業稅都降到三十稅一，而且大力裁撤元朝時期的各類稅收機構，減少稅收環節。至於勤儉節約更是以身作則，自己的飯菜吃得簡單，衣服穿得樸素，連出行的車馬裝飾都用銅不用金，有官員給他進獻奢侈品，不但二話不說砸了，還把送禮的整個半死。

明初經濟困頓之深，不是省點零花錢就能解決。大量勞動力的減損和土地荒蕪，僅靠輕徭薄賦的自然恢復更是遠遠不夠。就像一個遭受重創的傷者，如果要想恢復健康，休息和護理固然重要，強心針有時候更是必須。

朱元璋面對這個傷痕累累的帝國，要重新煥發蓬勃的生命力，休息遠遠不夠，必須要有強而有力的方針。

於是朱元璋從登基開始，便運籌布局，以其精準的眼光和堅忍的膽略，實行了三大重要的措施。

第一項，也正是風險最大的一項措施，歷史上的稱呼，叫「洪武大移民」。

「洪武大移民」，即明初開始的移民墾荒運動，也就是為解決明初地荒勞力少的難題，利用中央集權的行政能力，將人口稠密地區的農民，整體搬遷移民至人少地區定居。

這辦法並非朱元璋首創，在中國古代史上更不稀罕，秦漢時期就有皇帝實行過，比如秦始皇開發河套，漢高祖至漢武帝時期，多次遷移中原地區的大族，移居到關中地區居住等，都是歷史上著名的移民運動。

但要和朱元璋的「洪武大移民」相比，之前的歷次移民運動，都可謂小巫見大巫。

朱元璋的「洪武大移民」，對象比較固定，主要是人口稠密的江西、江南、山西三地。但移民的目的地，範圍卻極其廣大。往東到遼東，往北一直到內蒙古地區，往西一直到甘肅地區，往南甚至一度到了雲南南部地區，覆蓋範圍之廣可稱歷史之最。

至於移民的次數和規模，放在古代交通條件下，可以說龐大到難以想像。從明朝開國前，遷移蘇州百姓到鳳陽開荒算起，朱元璋在位時期，僅《明實錄》和《明史》中記錄的大規模移民，就有十三次之多。前後遷移的人口，有數字可考的，加起來就有一百六十萬之巨。甚至學者陳梧桐在其著作《明史十講》裡估算，真正的數字很可能突破三百萬人。這是中國古代史上一次史無前例的人口大遷徙。

移民，從目的上說是為了平衡勞動力分布，恢復發展生產。從操作上說是把人多地方的老百姓，往人少的地方遷。看上去很美好，執行起來似乎也不難，但實際的操作卻是風險性極大的挑戰。

移民的風險，一是中國人的傳統觀念，中國農民素來安土重遷，有一口飯吃就不會挪地方，何況這麼大規模的離鄉背井，勢必會有抵觸。二是交通條件，古代的交通條件不方便，遷移基本靠兩條腿走，一路山高水長，各種意外情況都可能發生，一次遷移就意味著迎來一堆麻煩。種種麻煩因素交織在一起，就注定了事情的危險性，整個移民過程中，只要一個小環節出紕漏，很可能就點燃大火藥桶。中國古代史上，移民移出動亂甚至起義的從來都不算少。

但強人畢竟是強人，朱元璋既然決心辦理，自然就有辦法，首先是規劃周詳，洪武三年在河南設司農令，統籌移民事宜。然後是定福利標準，只要願意搬家，不但免三年稅糧，發優厚路費和生活費，而且移到新地方後，你能種多少地就佔多少地，種地的農具、種子、耕牛甚至頭兩年的糧食，全都政府提供，條件極為優厚。

饒是這樣優厚的條件，還是反對聲浪四起，特別是當時的移民，家鄉大多都在富庶的江南、山西地區，日子過得還可以，離鄉背井往窮地方搬，換誰也難答應。但朱元璋也留有後手，不答應？強制搬遷！方法就是「四口之家留一，六口之家留二，八口之家留三」。確切說，就是一家人裡，老幼婦孺留下，青壯勞力搬家。按照一些野史的說法，當時的搬遷過程，移民們都是捆著走，上廁所才解開繩子，所謂「解手」就是這麼來。而移民遷走前，村村哭聲震天，家家悲傷別離，景象極為淒慘。

後世很多史家認為這場史無前例的移民運動給百姓帶來苦難。持續三十年，前後十餘次的移民運動，固然製造了無數家庭的分離。但如果相較於中國歷代幾次重大的「政府性工程」，諸如秦長城、隋大運河，明朝這場規模空前的遷移運動並未釀成類似前代的變亂，僅此就值得後人正視。

在整個移民過程裡，政府對於移民的待遇允諾，幾乎都完全兌現，稅減了、路費發了、安家費有了，離鄉背井的移民們在全新的家園獲得了更多的土地，從此開始了新的拓荒。朱元璋治下的大明朝廷，以其高速的效率和強力的執行力，完成了這個空前的人口大遷移。

隨著十數次人口遷移的完成，大明王朝的人口和勞力分布，逐漸發生了改變，諸多原本荒蕪的地區，獲得了大量勞動力，經濟開始快速回升。對於明朝經濟的復甦乃至中國的人口版圖布局，甚至縮小地方經濟差距，促進民族融合，這事都影響深遠。

但就明初的經濟困局來說，這一項措施顯然遠遠不夠。

於是，在大規模移民的同時，朱元璋又緊接著實行了第二項措施，按照現代的說法，叫公共設施建設。

朱元璋的公共設施建設，就是興修水利。

這事同樣也不是朱元璋首創，明朝之前，歷代皇帝也都做過，但和大移民一樣，沒人做到朱元璋這般規模。

這麼大規模的原因是人移民了、開始種地了，但農田水利設施跟不上，交通條件不配套，照樣白搭。所以大規模工程建設，勢在必行。

但從操作難度說，興修水利的技術含量高，執行細節繁瑣，風險性更大。

而這件事的難度，一是財政實力，也就是政府的經濟實力是否承受得起。二是可行性，必須得抓最要緊的地方修，避免徒勞無功。三是執行力，好政策得落實到位，上至技術構思下至工程進度，所有細節都要抓緊。

而朱元璋的做法，套用老百姓的一句俗話，就是有多大荷葉，包多大粽子。

朱元璋的水利工程，從打天下的時候就開始修建，早在至正十八年（一三五八年）就設置了專門負責水利的營田使，負責人就是名將康茂才。從那以後起打下一塊地盤，就修一處水利，確保了轄區內的農業生產和軍用供給。

等到明朝開國後，水利工程，更成了朱元璋治國的頭等要事，登基第一年就下詔：民間凡是有關於水利事務的奏疏，必須立刻奏報。

工程的執行是循序漸進的，開國的頭幾年，水利工程主要集中在生產相對富庶的江南和淮西地區。先於洪武元年（一三六八年）修和州水堰兩百多里，五年後，又大修嘉興、松江地區水利，動用民夫萬人，不但疏通水路，更開上海胡家港一千兩百多丈，打通海運要道。

隨著明朝在全國的統治日益穩固，水利工程項目更擴展到全國。包括廣西、陝西、甘肅、浙江、福建、廣東，都有大規模的水利工程建設。這些工程並不是盲目修建，而是和此時移民、屯田的大動作息息相關，哪裡開荒種地，配套的水利工程立刻跟上，種到哪修到哪，生產和灌溉無縫接軌。

而縱觀整個朱元璋時期的水利工程，主要有三個特點，一是工程品質高，修好的水利工程確保使用幾十年。二是工程量大，行動密集，終整個朱元璋執政時期，大規模的水利工程一直沒有停歇，每一個項目動輒就是幾萬人的人力。三是循序漸進，以江南經濟區為中心，向周邊擴展，幾乎遍布到兩京十三省，進度非常科學。

而朱元璋的苦心也沒有白費，他在位時期，明朝的水利工程成果，積累到了一個極為驚人的數字。洪武二十八年（一三九五年），明王朝修築塘堰四萬零九佰八十七處、河流四千零八十二處、堤壩五千零四十八處。成就極其顯著。

特別值得一提的，就是貫穿南北的京杭大運河，朱元璋修了這麼多水利工程，但對於這條主幹道，態度卻極為慎重，因為洪武時期北方的物資供應，還是以屯墾為主，海運補給為輔。這條南北大動脈的完全暢通，已經是明成祖朱棣時期的事情了。

除了興修水利外，朱元璋終其一生，還大力整治大明朝的公共交通，修建了連接各省的驛道，並設立了完備的驛道管理制度和考核制度。這個翻修得煥然一新的江山，也因此重新連成一片。

一連串的建設完成後，效果更是立竿見影。交通的恢復與延伸，不但提升了政府行政的效率，更促進了工商業往來。水利工程的全面鋪展也為明初開始的墾荒熱潮推波助瀾，經濟的復甦增長從此開始加速。

兩道詔書，惠澤千秋

上面兩項措施之所以進行得如此順利，卻是與朱元璋實行的第三項措施息息相關。作為一個公認的政治強人，朱元璋一生都致力於強大的中央集權。政治上，廢除宰相制、大權獨攬、強化特務統治。民生上，雖說大力推廣「公費醫療」（惠民藥局）、「國家救濟」（養濟院）、「免費公墓」（漏澤園），但法令條律森嚴，細化到穿衣吃飯、裝修蓋房，處處都是規矩，一不留神就犯法。著實讓老百姓精神緊繃。

朱元璋在位時期，兩道看似不起眼的詔書，竟為大明王朝注入了新活力。

第一道詔書，載於《皇明詔令》中的《正禮儀風俗詔》，其中有話：「佃見田主，不論齒序，並如少事長之禮。若在親屬，不拘主佃，則以親屬禮行之。」意思是佃戶見了自家的地主，無論年齡大小，要行小弟見兄長的禮節。如果雙方是親屬，那麼不論地主與佃戶的身分關係，要行親屬的禮節。

第二道詔書，發佈於明朝洪武十一年（一三七八年）五月，朱元璋給工部下詔，命令「在京工匠上工者，日給柴、米、鹽、菜。」又規定「休工者停給，聽其營生勿拘」。這兩段詔書連起來的意思是：在京城服役的工匠們，有工作的，每天都要補助柴火米糧和油鹽蔬菜；沒有工作的，雖然不發這些東西，但他們也可以做別的營生，不要因此拘捕他們。

兩道詔書，第一道講的是佃農見主人的禮儀，第二道講的是工匠在京城工作的津貼。看似不起眼的小事，然而放在封建社會看卻都是不簡單的大事。因為這兩道詔書對應的，恰是之前元朝平民的兩個底層制度：佃農制度與匠籍制度。

先說佃農制度，也就是佃戶和地主的關係問題。這制度發展到元朝已嚴苛到極致，元朝的佃戶，差不多就是地主家的奴隸。《元典章》裡明文規定，地主和佃戶之間，要行嚴格的主僕之禮，甚至地主如果打死了佃戶，也不過是打板子賠錢了事（杖一百七，徵燒埋銀五十兩）。所以元朝統治九十多年，沒有土地的佃農，幾乎就是過著非人的生活。

但朱元璋這樣一改，情況就不一樣了。原本是尊卑有別的主僕關係，這下成為「少事長」的兄弟關係，雖說還是地主高，但地位一下子拉平了。再想拿佃農當動物使喚，法律首先就不答應。

地主如果打死了佃農，照樣殺人償命，打板子賠錢都沒用。如果地主想要佃農替自己服勞役，就得付給佃農勞務費，法定價格是「須出米一石，資其費用」。把佃農當奴才使喚，想怎麼拿捏就怎麼拿捏的「好日子」至此結束了。

之所以會有這樣的法令，從朱元璋個人原因說，他本就是貧窮出身，佃農受的氣吃的苦，他很有同理心。而從國家角度說，元末大起義鬧得這麼厲害，原因就是佃農們忍夠了，憤怒如火山一般噴發，再不順應歷史潮流，鐵定走元朝滅亡的老路。

與第一道詔書比，第二道詔書的影響同樣深遠，給工匠們發津貼看似是小事，觸動的卻是之前元朝手工業的重要制度：匠籍制度。

所謂匠籍制度，就是將全國的工匠們編訂成專門戶籍，入籍的工匠，便是匠戶。一個工匠不入籍就等於沒活路，如果入了籍，不但一輩子連同子孫都要以此營生。

元朝實行匠籍制度，主要為了用工方便，要幹個什麼活，直接按匠籍抓人。幹活的工匠，不但路費要自理，來到京城的生活費要自備，而且幹活也沒酬勞，只有一些粗劣的食物，且絕不允許期間做別的營生糊口，抓到就是重罪，命運極其悲慘。

明朝初建時也沿用這個制度，工匠們的命運隨著改朝換代依然悲慘。直到洪武十一年的這份詔書，一切才開始改變，給工匠們發津貼，數額雖不多但日子總算好過。洪武十九年（一三八六年），朝廷正式規定，各地匠戶每三年上京服役一次，每次不超過三個月。這樣一來，工匠們終於不需要常年從事低廉的勞役，有更多的時間從事自家的營生。又過七年，即洪武二十六年（一三九三年），法令再次修訂，工匠們按照工種的不同和路程的遠近，重新編訂服役時間，這些輪流服役的工匠，便被稱為「輪班匠」。而在皇宮內府服役的工匠，更可按照工種每月領工錢。這一系列看似微不足道的演進，卻堪稱匠籍制度的重大突破。

因為這樣的突破，不止在工匠們拿錢多了、自由度大了、服役期短了，最重要的是身分的演變。到了永樂年間，工匠們終於有了更大的自由，服役有工錢拿，而且服役以外的時間更可以自主從事營生。按照《明會典》裡的話說，就是「自由趁做」，他們有了自由。

佃農有了身分，工匠有了自由，這便是朱元璋執政時另一個了不起的成就。這些原本被緊緊捆綁在元朝等級制度上的草根們，從此可以在新的王朝自由的舒展，佃農們可以挺起腰桿幹活，工匠們更不會被強迫勞動，反而有了更多創造的機會。

僅從兩件事，便可窺見這個成就的意義：一、朱元璋在位三十年，農民開墾新荒地的數量，每年幾乎都是滾雪球般的增長，明朝建國的前十二年，即洪武元年（一三六八年）至洪武十三年（一三八〇年），新墾荒地，就達到一百八十三萬三千一百七十一頃，而洪武二十六年的耕地數目，更是洪武元年的四倍還多。中國古代史上再難找到第二個像這樣的農業騰飛奇蹟。二、明朝的手工業，在經歷了洪武時期的累積後，特別是陶瓷、絲綢等行業，一反元朝時代的粗糙形象，重新煥發出燦爛的光采。洪武元年還是一片廢墟的景德鎮，到洪武晚期已重新成為陶瓷重鎮。製作工藝方面，永樂時期的錐拱、脫胎，宣德時期的鏤空，這些明朝獨創的新技術，時至今日依然閃耀奪目。而這一切，毋庸置疑正來自洪武時期，不起眼的改變激發出的強大活力。

二、洪武朝「誅功臣」解析

大明十七帝中，奠定基業，一生勵精圖治的朱元璋，卻歷來有個公認的評語——殘暴。

這個評語，自然來自於其執政一生，大肆屠戮開國功臣。至洪武末期，群星薈萃的開國功臣們大多獲罪身死，上演了「狡兔死，走狗烹」的戲碼。所以在各類評書演義，乃至影視作品中，這位開創一代盛世、文武功業驕人的大有為君主，多是陰狠毒辣、冷酷無情、殘忍暴虐的「暴君」形象。

而時下也有許多替朱元璋「翻案」的說法，認為朱元璋在位時期屠殺功臣的行為，乃是「重手肅貪」。屠殺的結果，帶來的是大明朝的「吏治清明」。而遭到屠殺的功臣們，則一個個被貼上了「橫行不法」的標籤，「暴君」朱元璋，儼如成為不徇私情、鐵面無私、重手懲奸的正面人物。

是懲奸肅貪還是屠戮無辜，功過是非，還是從歷史的真實記錄裡找答案吧。

功臣很難管

說到「懲奸」，自然要說到洪武時代，開國功臣的種種劣跡，這些恰是有關於朱元璋的研究中，素來被注意不多的。

僅舉幾個例子：永嘉侯朱亮祖，史載「所為多不法」，洪武十三年出鎮廣東時，接受當地惡霸賄賂，貪佔民財，在受到番禺知縣道同勸阻後，竟懷恨在心上奏章誣陷道同，導致這位在當地頗有名望的清官被朱元璋賜死，釀成冤案；淮安侯華雲龍，總兵北平時竟霸佔元丞相脫脫府邸，並收納前元宮廷器物，封建時代，這是「大不敬」之罪；延安侯唐勝宗，征戰時期就多次「掠人妻女」，鎮守廣西龍州時又曾「敲詐番人」；吉安侯陸仲亨，「鐵面御史」韓宜可曾彈劾他鎮守臨清時「巧取豪奪，侵佔民田」。後來更成為胡惟庸心腹，助其構陷排斥異己；定遠侯王弼，御史齊魯曾彈劾他「好斂財，侵佔國稅」，結果遭其報復，罷官回鄉……

位極人臣的「國公」們也不例外，劣跡最多的當屬後來「胡藍案」的主角。涼國公藍玉，素來據功驕橫，在各處「蓄田養子奴」，其名下收養養子千人，皆仰仗其勢，在民間橫行不法。比如曾在山東聊城侵佔民田千畝，聊城巡按御史湯俊上門質問，竟被他亂鞭打走；平定雲南時，劫掠昆明府庫，掠奪大量珍寶；後來平定北元時，「私佔財寶馱馬無算」，甚至姦污了北元太子妃。班師回朝時，更下令屬下將士強攻邊關，「破關而入，士卒死亡數十」。

由此可見，在大明開國之後，功臣宿將們的不法行為，確實發生過。對於朱元璋來說，這些事攸關龍位是否穩固，自然要格外重視。

當然，也有許多功臣居功不自傲，奉公守法如一，留下了千古美談。

其中最著名的自然是開國武將之首，徐國公徐達，雖位極人臣，卻謙遜如初。統兵數年，軍規森嚴，嚴令「有違令擾民，必戮以殉」。南征北戰時，從不趁勢劫掠，和平年代更為官清廉，其墓誌銘上「婦女無所愛，財報無所取」。誠為公允。

曹國公李文忠也不差，他治軍嚴格，愛兵如子並嚴禁擾民，身為朱元璋外甥，在朱元璋猜忌功臣，幾次削奪他兵權僅授閒職時，皆毫無怨言，「恂恂若儒者」。可謂是與世無爭。另一位是堪稱朱元璋髮小的信國公湯和，在北平、延安、山西等地練兵守備，招募逃荒流民，後來又出巡山東、浙江，防備倭寇，歷來都是勤勤懇懇毫無懈怠。

而這幾位在和平年代頗有「善聲」的功臣，也最終迎來了不同的命運。

胡惟庸案抓相權

洪武十一年以前，儘管各地多有彈劾功臣不法的奏章報上，但朱元璋的反應是多「以此訓誡」，甚至許多檢舉揭發的官員還遭到朱元璋懲罰。

這一時期，真正遭難的功臣有三個，華雲龍、廖永忠、劉基。其中華雲龍是因為佔住脫脫府邸以及擅自使用元宮廷物品，以「違制」罪召回京問罪。至於廖永忠，眾所周知的事情，就是他曾奉朱元璋之命在瓜步害死小明王，終讓朱元璋「名正言順」的稱帝。被賜死的罪名也是「違制」，但結合前情，更有「滅口」的嫌疑。而大規模清洗功臣的導火線，卻是中書省左丞相胡惟庸。

說胡惟庸，即引出震撼明廷的胡惟庸案，以及明朝第一謀士劉基之死。

作為大明開國第一謀士，劉基的建樹頗多，其進獻的《十八策》更是朱元璋此後平天下的基本步驟。殺小明王，也是他向朱元璋進言，但對於這樣一個思維縝密眼光卓絕的人，朱元璋自然既用之又忌之。而作為朱元璋的「老鄉」，身為開國文臣之首的宣國公李善長，對劉基也是頗多排擠。劉、李二人明爭暗鬥數年，深知伴君如伴虎的劉基激流勇退，於洪武四年（一三七一年）辭官歸鄉。而李善長也在朱元璋的軟逼下因「健康狀況」退休，取而代之的正是李善長的親信——胡惟庸。

朱元璋對胡惟庸頗為信任，一則胡惟庸也是「淮西老鄉」，常年在身邊擔任文書工作，可謂知根知底；二則胡惟庸在戰爭年代，雖不似諸多文臣武將般立有奇功，但長年協助李善長安撫地方、發展生產，出力頗多。既有能力，又無「功臣履歷」，又是淮西老鄉，更兼辦事聽話，這樣的人自然容易「操縱」。於是多年來飛黃騰達，至洪武十年（一三七七年），成為一人之下萬人之上的左丞相。

而作為淮西派的人物，胡惟庸自然容不下非淮西派的劉基。不久之後，退休的劉基就被誣陷與人爭一塊「有王氣」的田地而遭申斥。一心保身的劉基做了最後的努力，以「訴冤」為名搬家歸京閒住。洪武八年（一三七五年）劉基患病，朱元璋遣胡惟庸贈藥，於二月中身死，世人多言被胡惟庸藉機害死。但無論怎樣，朱元璋確難逃責。

而縱覽劉基之死，可見朱元璋一生最在意的只有專權一事。而後胡惟庸為相，大權獨攬，朱元璋對其頗多信任，多次覲見時甚至命其貼身而坐，談笑生風。榮寵日甚的胡惟庸越發飛揚跋扈，對下大肆結交，對外大肆收受賄賂，史載其家整日「車馬盈門」。更與御史大夫陳寧結成同黨，凡是不利於己的奏疏，一律瞞報扣押。連戰功卓著的徐國公徐達也曾遭其構陷，專權如此，素來嚴苛的朱元璋卻表現出難得的「寬容」，凡敢彈劾胡惟庸的官員一律重辦，連「鐵面御史」韓宜可也險些下獄身死。大元帥徐達向朱元璋力陳胡惟庸罪惡，卻被喝斥。日久天長，軍隊、言官、地方，皆被胡惟庸安插了親信，諸多「淮西舊將」也與其結成同盟，朝堂內外，編成一張盤根錯節的關係網。

豈料如此「盤根錯節」，卻頃刻覆滅。覆滅的開始是從洪武十二年（一三七九年）十月，先是胡惟庸因兒子墜馬怒殺馬車夫，遭朱元璋追查；繼而占城國入貢，胡惟庸卻未及時上報，朱元璋震怒，下令追查。一追查就「順藤摸瓜」，大批黨羽被查出，加上胡惟庸同黨御史中丞塗節臨事驚慌，找朱元璋「自首」然後撒網抓人。洪武十三年（一三八〇年），胡惟庸、陳寧、塗節等首犯被殺，追查餘黨的工作之後持續了數十年，包括費聚、陸仲亨、唐勝宗等「開國功臣」皆被屠戮。最後被殺的是開國六國公之首李善長，於洪武二十三年（一三九〇年）被滿門抄斬。胡惟庸死後不到一個月，朱元璋即廢除丞相制，從此建立了高度獨裁的統治。

震撼洪武朝的胡惟庸案，持續近十年，處死一萬五千人，幾乎都是開國功臣宿將。其中雖也有諸如太子朱標的授業恩師宋濂這樣的無辜者，但大多數牽涉其中的多是「淮西派」李善長一脈的文人以及中層軍官。而說到屠殺的原因，觀胡惟庸的行為以及諸多功臣的劣跡，固然該死，但真正的目的，卻還是朱元璋的一句話：「元之大弊：人君不能躬覽庶政，故大臣得以專權自恣。」他對劉基念念不忘，因劉基足夠洞穿一切的眼光。對胡惟庸的榮寵甚至放縱，只為放線釣魚，一網打盡。對李善長的秋後算帳，則是要根絕後患，徹底掐滅淮西一脈文臣。一切都是為了直接掌控到那一人之下的權力——相權。李善長、劉基、胡惟庸，都只是他實現「躬覽庶政」目的的小棋子。

胡惟庸案株連無辜甚多，洪武十三年永嘉侯朱亮祖誣陷道同事發，被逮捕入京，父子二人在金殿之上被朱元璋持鞭活活「抽死」，死後竟也被歸入了「胡黨」。

要「躬覽庶政」，除了「相權」外，與之同等重要的就是軍權，由此有了另一大案——藍玉案。

藍玉大案整兵權

其實早在藍玉事發前，屠戮的「前奏」就打響了。此時已是洪武朝中後期，戰功卓著的徐達、李文忠相繼病故。洪武二十年（一三八七年），剛剛在遼東會戰裡迫降了北元太尉納哈出，為大明收復東北的宋國公馮勝，因私藏良馬之罪被逮捕，隨後拘家軟禁。

常年擔任副帥的少壯派將領藍玉就此「轉正」，成為明軍中的第一人。次年，藍玉、王弼率十五萬人遠征北元，歷經餐風露宿，行進數月，終於在捕魚兒海（今俄羅斯貝加爾湖）追到北元主力。一番惡戰，俘虜北元「黃金家族」宗親三千人，士兵七萬人。數日後，竄逃的北元皇帝脫古思帖木兒在斡難河被宗室也速迭兒殺害，殘喘漠北的北元帝國徹底滅亡。其後，蒙古分裂成瓦剌、韃靼、兀良哈三大部，雖在其後兩百年間也曾騷擾中原，卻終未再成為明廷的致命威脅。捷報傳來，朱元璋大為高興，讚道：「藍玉，吾之仲卿、藥師也」。以漢朝名將衛青，唐朝名將李靖將之比擬，可謂聖眷正隆。

但功勳卓著的藍玉最終複製了胡惟庸的脈絡。大勝之後，橫暴貪婪之性盡露無遺。先是貪佔繳獲的北元物資，繼而強暴了北元太子妃，回師路上又炫耀武力，強攻邊關隘口。朱元璋下詔褒獎，卻嫌封賞太少，張口質問：「難道我的功勞不足封太師嗎？」行為之驕橫令人不可思議。對這一切，朱元璋如同對胡惟庸一樣表現了極大的「寬容」，封其為「涼國公」。但一個「涼」字，卻也為後來的秋後算帳埋下伏筆。

藍玉卻全然不知，之後幾年，他陸續平定了雲南少數民族造反，又率軍西征哈密得勝。四方總算「天下太平」，可藍玉卻大禍臨頭了。洪武二十六年，錦衣衛指揮使蔣獻控告藍玉謀反，繼而大獄再興。平定雲南的穎國公傅友德、平定東北的宋國公馮勝、捕魚兒海戰役中藍玉的副將王弼，均相繼被誅，連帶被殺的又達一萬五千人。與上次不同的是，這次的主角盡是沙場功勳卓著的名將。

在藍玉伏誅後的洪武二十七年（一三九四年），朱元璋再次改組「五軍都督府」，位高權重的大都督們僅剩空銜。國家兵馬後勤調度管理大權，從此牢牢掌控在皇帝直接操縱的兵部。所以探究藍玉案，有說藍玉因跋扈招禍，有說是因朱標之死，朱元璋擔心皇太孫朱允炆難以掌控局面，故而提前為他掃清障礙。但根本原因，卻還在「躬覽庶政」四個字。

而在洪武朝這場持續二十年的血雨腥風中保存下來的功臣，命運也各有不同，徐達過世比較早（洪武十五年去世）；湯和常年在外守備，特別是身擔東南沿海防倭大任；常遇春英年早逝，但其子常茂也被控多有不法，但最終被安置在龍州留得一命。縱覽他們能夠明哲保身的原因，除了人品正派，善舉不斷外，其實就是四個字：聽話、不爭。

而在後人論起朱元璋屠戮功臣的惡劣後果時，無不提到他死後的靖難之役。正是因為朱元璋屠戮功臣，導致朱棣起兵時，建文帝朱允炆面臨無兵可用的局面。然而事實是，朱元璋並未預見到朱棣會舉兵叛亂，卻也為朱允炆留下了國家有戰亂時，可堪信任的能將：耿炳文。他的作用，下面一章會講。

洪武三十一年（一三九八年），大明開國洪武皇帝朱元璋過世，廟號太祖，謚號「開天行道肇紀立極大聖至神仁文義武俊德成功高皇帝」。屍骨未寒，即迎來一場席捲北中國的血雨腥風——靖難之役。

三、建文帝的功過詳解

西元一三九八年閏五月，明太祖朱元璋駕崩，二十一歲的皇太孫朱允炆即位，次年改元建文，這就是明朝第二個皇帝建文帝。

這位皇帝少年執政，在位四年，因四叔燕王朱棣起兵造反，鬧出了長達三年的「靖難之役」。最終兵敗丟皇位，從此下落不明。在明朝十七位帝王中，屬於命運悲慘的一個。

但在《明史》等官方史書中，對建文帝的評價卻極其高，《明史》說他「天資仁厚」、「親賢好學」，也就是說是個品格厚道、任用賢臣且刻苦學習的好皇帝。更認為他在位期間，革除了諸多朱元璋時代的弊政，深得天下人心。

而細看他登基後做的事情，這樣的評價也確實有道理，他治國的最大成就，就是「建文新政」。從建文元年（一三九九年）起，首先大規模平反冤假錯案，赦免朱元璋執政時期，各類案件的受株連官員，平反其中的無辜人員。同時一改朱元璋時代重武輕文的政治習慣，大力擢拔文臣，走「文治」的路線。六部尚書的官職，也從原先的二品提拔到一品。他所建立的執政團隊，如齊泰、黃子澄、方孝孺等臣子，更是後來明朝內閣制度的雛形。同時還大力修訂《大明律》，刪除其中諸多苛刻條令，全國範圍內大規模減免賦稅。

但這樣一個建樹頗多的好皇帝，為什麼卻難免失敗的命運？還是得從頭說起。

好孩子朱允炆VS野孩子朱棣

雖然很多後人都認為，建文皇帝朱允炆在能力上有欠缺。但對這位接班人，朱元璋是下過心血培養的。

朱元璋英雄了一輩子，在接班人的選擇上，頭腦一直清楚。他認為能夠繼承皇位的一定要按照皇室傳承規矩來，身分要名正言順。另外，就是這個接班人，必須具有守天下的才能。不一定要英明神武，但要懂得治理江山，實行仁政。

所以早年他確定長子朱標即位，就是以此為原則。後來，對太子朱標更是悉心培養，除了建立強大的教師團隊外，更以「仁明果決」四字標準要求兒子，遇到國家大事，還常叫兒子參與討論。而朱元璋的苦心也沒白費，太子朱標逐漸符合了朱元璋心中的標準：性格仁厚，但外柔內剛，甚至意見相衝突時，還敢和父親力爭。父子雖常有衝突，但對兒子的成長，朱元璋一直很滿意。

不料洪武二十五年（一三九二年），噩耗傳來，四十歲的太子朱標英年早逝，白髮人送黑髮人不說，繼承人的位子又空了。

對兒子的死，朱元璋極為痛惜，但該選誰接班，更是難題。除朱標外，最得他寵的就是鎮守北平的皇四子燕王朱棣。而對朱標的長子，即長孫朱允炆，朱元璋起初並不待見，這孩子人長得醜，年紀又小（十五歲），而且性格又柔弱，一看就不討喜。

所以在選誰接班的事情上，朱元璋一開始也猶豫。朱棣固然能耐大，但在朱元璋眼裡，這兒子太像自己。而且更大的難題是，朱棣在兒子中排行老四，前面還有二兒子秦王與三兒子晉王，但這兩個兒子不成器，接班不可能。如果朱棣當了太子，兩個哥哥往哪裡擺？大臣劉三吾就為此勸他：「立燕王，置秦、晉二王於何地？」

而且更重要的是，朱允炆雖然能力一般，卻非常孝順。朱標臥病的時候，他就侍候在身邊，一直伺候到病故。父親死後，他更是哀痛無比，很多天不吃不喝，看得祖父朱元璋也心疼，撫著背勸說：「你要是拖壞了身子骨，我可怎麼辦啊！」對這起初不待見的孫子，從此發自內心疼愛。

如上種種原因，洪武二十五年（一三九二年）十月，朱允炆正式被立為皇太孫，成為皇位法定繼承人。四年以後，朱元璋更是召集諸藩王，令他們以宮廷儀式參拜皇太孫，也藉此告訴天下人：繼承人就這麼定了，其他人就別惦記了。

除了給孫子撐腰外，對孫子的能力，朱元璋也大力培養，他親自給朱允炆選定的幾個輔臣，比如齊泰、黃子澄、方孝孺，都是道德高尚，忠心不二的士大夫。晚年的國家大事，更時時讓朱允炆參與，鍛鍊其行政能力。期間明朝屢屢興起大案，屠戮功臣，許多史家認為這是在給朱允炆接班清理障礙。

但這種培養，其實是很有問題，朱允炆當皇太孫的時候才十五歲，登基時候也不過二十一。期間的鍛鍊，基本都是皇爺爺朱元璋手把手教，從沒獨立應付過政治考驗，好比學走路的孩子，一直被攙著走，從沒放開過手腳。

為了幫助朱允炆快速成長，朱元璋也不是沒行動，特意給他選了幾位好老師，比如齊泰、黃子澄等人，都是忠良臣子。但這幾位共同的特點，就是有忠心、有學問，卻無實際行政才能，典型書呆子。書呆子搞教育，教出來的，多半都是呆子。

朱允炆也就因此不能倖免，雖然和朱標一樣，也是個孝順仁厚的好孩子，但是他骨子裡的堅忍性情與承擔力，卻大大地不如他的父親。

就連朱允炆自己也知道，一朵巨大的陰雲，正籠罩在皇位的頭頂上——藩王問題。

朱元璋的封藩制度，最大的漏洞，便是邊境藩王手握重兵，威脅中央。他活著的時候沒人敢動，以後就難說。其中實力最強的，便是燕王朱棣。

朱棣的早年成長，堪稱「放羊教育」的典型。朱元璋對兒子們的教育非常嚴格，除了日常讀書習武外，還有意志的磨練，甚至還常讓兒子們穿上麻鞋，像士兵一樣出去鍛鍊跑步。朱棣就是在這種磨練中成長起來，後來他十七歲離開京城，受封燕王，更曾跟隨名將李文忠出外作戰，軍事水準提升很快。外加他的岳父，更是大名鼎鼎的明朝第一名將徐達。如此耳濡目染的環境，從政治權謀到兵法韜略，樣樣修練得精熟。

所以才就藩北平後，燕王朱棣好似蛟龍入海，很快地就大展拳腳。不但把一向荒僻的北平地區，治理得繁榮富庶，洪武年間更多次統兵出塞，痛打北元殘餘勢力。他是北方九位藩王中的佼佼者。

而且從品性說，早在做藩王時，朱棣的舉手投足，就比朱允炆更像帝王，他行事果敢堅決，為人處世老辣圓熟。特別能說明他能耐的一件事，是洪武二十三年（一三九〇年）出征漠北。當時朱棣偵察到北元軍隊行蹤後，不顧天氣惡劣和諸將反對，堅持一路冒雪追擊，終於捕捉到敵人主力。眼看要發動總攻，卻突然叫停不打，反而派麾下的蒙古降將前去遊說，不費一兵一卒，便將這股北元精銳順利收降。簡單一場勝仗，卻把他的卓越眼光和堅忍品質，發揮得淋漓盡致。

而一個有這樣品質的人，也必然是新君朱允炆的最大對手。對於朱棣，朱允炆做皇太孫的時候，就曾格外擔心。但近臣黃子澄安慰他說：「當年漢景帝也面臨藩鎮問題，但還不是從容平叛、順利鎮壓，所以不必擔心。」朱允炆聽了稍微安心。但也正是這樁典故，令朱允炆確認了解決這問題的最好辦法：削藩。

隨著朱元璋過世，建文帝朱允炆君臨天下，削藩大業，就此啟動。

削藩大事敗筆多

要用一句話俗話來形容朱允炆的「削藩」過程，那可以說是「雷聲大，雨點小。」一開始動靜鬧得確實大。早在洪武三十一年閏五月朱元璋撒手人寰後，即頒布「遺詔」，各地藩王所屬的文臣武士，除藩王的親身「護衛」外，皆由中央節制。初步掌控了各藩鎮的「軍政大權」，繼而朱允炆與其老師齊泰、黃子澄密謀，採納黃子澄「斷燕王手足」的建議，先將河南周王與山西代王以「貪橫暴虐罪」逮捕，繼而周王被發配雲南。眾文臣窺得風向，紛紛見風使舵，上書力陳大規模「削藩」。順應民意下再接再厲，洪武三十一年五月，岷王被召入京「切責」，湘王不堪忍受屈辱，憤然自焚。齊王被廢為庶人，關入大獄，數月之間連出重手，直鬧得諸藩國人心惶惶。

這一系列的削藩動作，來自於建文帝朱允炆幾位近臣，特別是齊泰、黃子澄二人的籌謀。但最大的問題是，這二位雖然飽讀詩書，但辦事能力卻有限。削藩的動作大，但對主要對手燕王朱棣，卻基本沒形成殺傷力，反而惹惱了其他藩王。

但對這件事，朝廷裡不是沒有明白人，比如御史高巍，他認為這種方式，操之過急，應該借鑒漢武帝的辦法，採取「推恩」的模式，肢解藩王的土地人口，經過幾代，便能日益弱化。更有眼光的是戶部侍郎卓敬，他認為要削藩，也可以馬上進行，但主要對象應該是最有威脅的燕王朱棣。而且要對付朱棣，更不必硬來，解除他的邊境兵權，藉口改善他的生活環境，將他平級調動到南昌為王，既不傷和氣也不給他口實，萬無一失。

這二人的招數都是絕招。後來朱棣造反成功，即位稱帝，雖然對這二人也殘酷清算，但對他倆的主張，卻照單全收。永樂年間朱棣削藩如此順利，對付寧王、齊王等人，用的都是這些招數。但在當時，建文帝卻都棄而不用。

要說建文帝對朱棣毫無動作，卻也不然。建文帝拉攏了朱棣燕王府的長史葛誠，作為自己的內應，又藉口防備蒙古兵侵擾，將朱棣麾下的精銳兵馬盡數調走，還派親信武將都督宋忠等人，接管了北平兵權，對這些動作，老練的朱棣就一個字：忍。不管建文帝怎麼出招，都是逆來順受不反抗，一副誠惶誠恐的模樣。表面看來，昔日雄據北方的朱棣，已經成了沒牙的老虎，任人宰割。

但建文帝這幾招，對付一般藩王也許可以，收拾朱棣卻難。朱棣經營北平多年，燕軍全是親信，裡外都是他的人，一般人根本指揮不動。建文帝派去的宋忠，才能更是一般，說是接管兵權，其實是被一群兵油子耍得團團轉。雖然在燕王府布置了耳目，可朱棣偷偷在地下室打造兵器，還硬是被瞞了過去。

但白忙活的建文帝，卻收到了意外大禮，眼看朝廷越逼越緊，朱棣為了自救，主動在建文元年（一三九九年）三月入京朝賀，這等於是送上門讓建文帝抓。但建文帝卻猶豫不決，朱棣又太會偽裝，一番叔侄情深的表演後，還是安然脫身。兩個月後，為了穩住建文帝，朱棣又派兒子朱高熾和朱高煦入京覲見，如果逮住他倆，朱棣必然不敢輕舉妄動。但建文帝還是猶豫不決，又放兩人脫身。就這樣，建文帝本可提前解決「靖難之役」的最後機會，已經無情地錯過了。

建文帝猶豫，朱棣卻果斷。這年七月，在得到內應葛誠的密報後，建文帝終於下定決心，下令北平指揮使張信逮捕朱棣。誰知張信火線倒戈，向朱棣告密。朱棣果斷行動，先誅殺建文帝派在身邊的眼線葛誠，繼而火速舉兵，殺死建文帝駐北平親信張芮、謝貴，控制北平城。繼而殺退駐開平的宋忠的三萬精兵，以「靖難」的名義，聲稱要清除建文帝身邊的「奸臣」齊泰和黃子澄，正式舉起了造反大旗。這場持續三年的內戰，就此正式爆發。

後人說到這裡，無不指責建文帝在幾個關鍵環節上的猶豫，但就建文帝的立場，他的猶豫不是沒有道理。新君登基，就要逮捕手握一方重兵的藩王，放在誰身上都不是小事，所以必然要謹慎。

但是削藩這個事情卻不同，既然確定了朱棣為最大對手，那麼爭鬥起來，就注定你死我活。既然準備削藩，就不能猶豫不決，而且要做好戰鬥準備。但在這事上，朱棣準備了很久，建文帝卻毫無準備。得知朱棣造反後，建文帝也確定要出兵平叛，但是反覆告誡前線將領最多的，竟然是「勿使朕有殺叔之名」。人家刀都舉起來了，他還想息事寧人。

「靖難」戰場瞎指揮

大戰驟起，朱棣先聲奪人，先敗宋忠的三萬大軍，繼而連克雲中、開平、懷來、上谷、永平。

如雷轟頂的建文帝，也迅速做出了反應，派出了以長興侯耿炳文率領的三十萬中央軍，出師討伐。

長興侯耿炳文是朱元璋為建文帝做的最後一個苦心安排。耿炳文，鳳陽人，淮西舊將的老班底，大明開國功臣，靖難之役爆發時，時年六十五歲，可謂久經沙場。在漫長的三年靖難之役中，他留給歷史的只有短短一瞬，但他卻一度是最有可能改寫朱允炆命運的人。

之所以這樣說，還是由於他的作戰特點——擅守。朱元璋爭天下時，他曾受命鎮守江蘇長興達十年，在朱元璋麾下的各路英傑中，他是最擅打防禦戰的，他不僅防禦經驗豐富，且軍事思想卓越。他提出的「以戰車克胡騎」的作戰思路，在明朝中後期被戚繼光、俞大猷等人發揚光大，成為明軍的主戰法。朱元璋留下他的苦心正在於此——一旦國家有事，一個耿炳文就足夠鎮守邊關。而從靖難之役的局面看，大勢更是清楚，起兵造反且多騎兵部隊的朱棣，最大的特點是擅攻，最有利的局面是速戰，一旦戰局陷入僵持乃至寸步不前，就是朱棣的滅頂之災。對於耿炳文乃至建文帝來說，平亂的方式很簡單——守住，便是勝利。

洪武時代最擅長防禦戰的老將耿炳文，與橫空出世的軍事新星朱棣，就這樣展開了激烈的碰撞。碰撞的時間，是建文元年（一三九九年）九月，地點在河北真定。

剛一交手，耿炳文就嘗到了厲害。一開始還沒拿朱棣當回事，還想著速戰速決，誰知朱棣巧用妙計，以夜襲的戰法，發揮騎兵機動力，接連消滅耿炳文的屬下潘雄、楊忠等部。耿炳文眼看不妙，立刻拿出了看家本領：死守真定。這下輪到朱棣嘗到厲害了，英勇善戰的朱棣燕軍輪番猛攻，硬是打不下真定。這場新星老將間的對決，到此時還是平手。

但對朱棣來說，他是造反叛亂，地方反中央，人口物資都有限，時間就是生命。耿炳文卻不同，中央軍人員充足，物資雄厚，拖住了就能贏。

但眼看朱棣就要壞事，建文帝卻瞎指揮了，不但下詔書申斥耿炳文，更臨陣換帥。同年十一月由已故名將李文忠之子李景隆接替耿炳文指揮，又集結五十萬大軍。重兵北上，將門虎子掛帥，非滅了朱棣不可。

但李景隆這位將門虎子，卻極有問題。論身分是朱棣的表侄子，論才能，更和表大爺朱棣差太遠。朱棣得知情況後，更是喜形於色，竟然當場給部下發表演說，斷定李景隆必敗。特別是其中一句「趙括之敗可待矣」，直接把李景隆比作了戰國時紙上談兵的趙括。

而這樣一個人物，之所以得到任命，還是來自於建文帝重臣黃子澄的推薦。以黃子澄的話說，如果早用了李景隆，在真定就把朱棣解決了。而黃子澄之所以這麼做，本意還真是好心。李景隆別的本事沒有，就是會裝，人長得帥氣，舉止雍容大度，而且還很自信，兵法韜略張口就來，講得滔滔不絕。讓書呆子黃子澄一瞧，真覺得這是名將胚子，說到底，還是水準問題。

掛帥後的李景隆，一開始威風無比，就連出征作戰，都有專門的皇家豪華馬車，行軍打仗，極其風光。

但真到了戰場上，就完全現了眼。首先大兵包圍朱棣老窩北平，當時北平只有世子朱高熾的幾萬孤軍，外加老幼婦孺，就是這麼一群人嚴防死守，竟然讓李景隆佔不到便宜。期間李景隆也不是沒機會，部下瞿能曾一度攻破張掖門，眼看就要大功告成，誰知李景隆臨戰猶豫，遲遲不肯救援，結果機會錯失，被燕軍一通反撲殺回。此後又逢嚴冬，北平守軍趁機往城牆潑水，偌大北平城潑成了冰城，明軍連爬牆都困難，更加攻不動。反而被城內燕軍反撲，一下給殺退十里。

更現眼的還在後面，隨後朱棣率軍馳援，這時的朱棣已經挾持了寧王，更招撫了寧王麾下北方最強騎兵：朵顏三衛，實力大為增強。緊接著雙方決戰，李景隆先在北平城下被擊潰，又在白溝河整軍再戰。雖然明軍三軍用命，如平安、瞿能等大將，更是各個奮勇爭先，誰知李景隆主帥無能，竟在戰局最僵持階段撥馬逃命。結果五十萬明軍大潰，不但敗得比趙括慘，比起趙括力戰殉難來，李景隆更敗得沒種。

兩場戰敗後，建文帝一度局面大壞，眼看重地山東不保。就在這時，機會再次垂青了他。先是山東布政使鐵鉉死守濟南府達三月，硬是頂住了朱棣的攻勢，保住了山東不失；同年十月，新任大將軍盛庸率部在山東東昌與朱棣鏖戰，憑火器弓弩大破朱棣騎兵，殲敵一萬多人，興奮的建文帝忙向太廟告祭；次年二月，建文帝轉守為攻，派盛庸率三十萬大軍北征朱棣，雙方在夾河鏖戰，儘管盛庸敗陣，卻也重創一燕軍。尤其搞笑的是，兩戰之中，朱棣數次陷入盛庸火槍隊的重圍，卻皆因建文帝「勿讓朕有殺叔之名」的訓誡，讓朱棣平安突圍而去，否則這場慘烈的鏖戰，或許早已劃上句號。

此時，戰爭已經進行了近三年，雙方在山東、河北一線相持，互有勝負，誰也進退不得。但是在補給、資源、人心等各方面遠佔優勢的建文帝一方，在這種消耗戰裡的位置顯然是有利的。拖得越久，朱棣就越入死地。久戰不克，朱棣也曾心灰意冷，對謀士姚廣孝戲言說：「早知今日，不如歸家做一平頭百姓。」急得姚廣孝憤然大呼：「殿下，若敗我等恐連做百姓也不可得。」怒吼之下，方激起心灰意冷的朱棣的死戰之心。

絕境之下，朱棣鋌而走險，建文四年（一四〇二）一月，朱棣率輕騎繞開明軍山東防區，大迂迴直搗南京，兵臨長江沿岸宿州。明將平安火速回援，在宿州淝河與朱棣相持，雙方互有殺傷，而明將盛庸則抄後路，斷絕朱棣後援補給，明將徐輝祖（徐達之子）等人也率兵增援，將朱棣陷入合圍。前後夾擊下，朱棣屋漏偏遇連夜雨，軍中瘟疫流行，死傷大半，諸多將領也紛紛苦勸撤兵。這位籌謀叛亂多年的王爺，此時腹背受敵，終陷入走投無路的絕境。「甕中捉鱉」，結束靖難之役，宛如就在眼前。

然而歷史卻在此時再次展露了它的黑色幽默，得知明軍連捷後，方孝孺擔心「京城兵力單薄」，勸說建文帝回兵守衛京城，建文帝再次做出了錯誤的選擇。一紙調令，淝河一線「中央軍」盡撤，只留平安一支人馬與朱棣周旋，而此時，背水一搏的朱棣發動了最後一次決死的攻擊。結果平安部大潰，平安本人被俘，而撤退的「中央軍」，也被朱棣發動「騎兵的機動性」，於沿途盡數消滅。一紙調令，終親手毀掉了建文帝最後的「嫡系部隊」。然後就是朱棣節節勝利，連下蚌埠、泗州、揚州，兵臨京城下，建文帝慌忙令群臣出外募兵。並向方孝孺繼續問計，這位幫了無數次倒忙的大儒吭哧半天，終蹦出一句：「長江自古天險，京城堅固，可擋百萬兵。」

但這次方孝孺說的是實話，京城尚有幾萬殘兵，出戰雖不能，據城防禦卻尚可。外出求救的齊泰、黃子澄也初見成效，幾支「勤王」兵正火速趕來。堅守待援是建文帝最後的機會，成敗的關鍵，是守住京城。而建文帝也堅定了這一選擇，他拒絕了群臣要求遷都的建議，下令整治城防，準備決戰。防禦的重任，卻交給了一個最不該交給的人——李景隆。建文四年六月十三日（一四〇二），李景隆勾結朱棣，打開城門，燕軍兵不血刃破城。走投無路的建文帝在皇宮裡焚起一把大火，然後不知所終——這是他一生裡犯下的最後一個錯誤，也是最無可挽救的錯誤。

屠戮舊臣罪行重

建文四年（一四〇二）六月十七日，朱棣在拜謁完明孝陵後，正式舉行了登基大典，並宣布改次年年號為「永樂」，開始了他二十一年的帝王生涯。

在登基前後，他還做了一些事情，比如把建文四年，稱為「洪武三十五年」，意思是不承認建文帝這四年的統治。相關的政策，凡是和朱元璋時代不符合的，也一律更改回來。為了拉攏人心，更把建文帝在位時期，各路臣子攻擊他的奏摺，在朝廷上當眾一把火燒掉：這事過去了，都安心過日子吧。

但對建文帝身邊的幾個核心文臣，朱棣卻堅決不放過。黃子澄手腳被砍，經受酷刑而死，全家除了一個小兒子外，全數遇害；齊泰之前外出募兵勤王，在安徽被逮，也是全家被殺；死守濟南的鐵鉉，被割下耳鼻後殺害，妻女被充作官妓，只有一個長子活命；最為慘烈的是方孝孺，不但個人遇害，滿門抄斬，連門下學生弟子也多被株連，史稱「誅十族」；御史景清起初被朱棣重用，但他心懷故主，竟藉機在朝堂上行刺朱棣，事敗被逮後，不但景清本人被害，就連鄰居也被株連。類似受難的無辜者極多，史稱「瓜蔓抄」。

清算建文帝遺臣的浩劫，之後持續十多年，甚至為此鼓勵民間告密，大批無辜百姓受難。就連《明太祖實錄》也因此篡改，由降臣李景隆監修的《明太祖實錄》，裡面充滿了大量歪曲的筆墨，對相關的歷史事件，也進行了很多加工。以至於後人研究這段歷史，都變得極為困難。而這位在關鍵時刻出賣建文帝的李景隆，後來也遭了報應，被告發越禮謀反，全家從此被軟禁在家中，絕食十天竟然沒死，卻徹底失去了自由，最後死於永樂末年。

而一心清算甚至抹黑建文帝的朱棣，其後在位的執政政策，好些竟也走向了建文帝的軌道。比如建文帝修改刑律，廢除苛刻刑罰，朱棣當政後，在經過早期的酷烈清洗後，也逐漸這樣做。此後明朝的法律案件，特別是死刑判決，依法判決成為定例。

比較著名的一件事是：

一次某官員冒支錢糧事發，朱棣聽後怒極，下令將其處死，但刑科給事中抗命，說這個罪不至死，處死了才違法。朱棣立刻醒悟，連忙收回成命。自此以後，依法辦事，放在帝王身上，也成了準則。

另外如建文帝重用文臣一樣，朱棣身邊，也日益聚攏了強大的文臣團隊，明朝重要行政制度「內閣制度」，正是在朱棣執政時期形成雛形。而建文帝生前做得極失敗的「削藩」，朱棣也接過手來，順利完成。可以這樣說，建文帝好些未完成的政治理想，恰是由朱棣完成的。

四、藩王是個大問題

明朝三個世紀以來，一個貫穿始終的政治問題，就是藩王問題。

分封藩王，是歷代封建王朝的通用制度，朱元璋建立明朝後也沿用了這一制度。從目的說，正如朱元璋所說：「以藩屏帝室」，就是用藩王權力來鞏衛中央。

本著這個目的，朱元璋做了一件公認的錯事，洪武年間分封的藩王，不但待遇優厚，而且軍政權力極大。尤其是北方幾個有兵權的藩王，諸如寧王、燕王、谷王、遼王等更掌握著明朝精銳武裝，各個雄視天下。

但對這個潛在威脅，朱元璋也不是沒有預判。明朝藩王制度比較前代，最大的不同就是管理嚴格。特製了《天潢玉牒》，凡有皇室子弟出生就要記錄在冊，封賞賜爵乃至皇位傳承排序，都是按照玉牒來。另一點就是重視教育，朱元璋還編寫了《永鑒錄》和《御制紀非錄》，記錄了歷代藩王的作惡教訓，發給各地藩王學習，告誡他們要忠心為國，免蹈覆轍。同時規矩也多，藩王們穿衣服不注意，蓋房子蓋出格，出門儀式招搖點，都很可能給扣上「違制」的帽子，按謀反來處理。

但千防萬防，卻還是防不勝防，手裡有兵就有造反的風險。明朝藩王制度規定，如果中央有奸臣弄權，藩王就有權起兵鞏衛皇室，清除奸臣。結果，朱元璋死後，燕王朱棣起兵造反，奪了法定繼承人建文帝朱允炆的皇位，起兵的名義叫「清君側」，鑽的就是這個空子。

朱棣削藩很聰明

作為藩王叛亂的勝利者，永樂皇帝朱棣對於藩王擁兵的危害自然感同身受。在坐穩了皇位之後，除了清算建文帝舊臣外，他大張旗鼓做的另一件事情，就是削藩。

其實削藩這件事，早在建文帝當政的時候，就已經開始處理。不但當時的朱棣被惡治，其他諸如周王、代王、齊王，不是被削去王號，就是慘遭關押。而在朱棣登基早期，為收攏人心，對這些倒楣的王爺們也曾大力安撫。

朱棣殺進南京後，第一件事就是給藩王平反，之前被建文帝修理過的藩王們，大都恢復了爵位。另外還有優待，不但提高藩王們的經濟待遇，還提高王府官員的品級。封賞也很大方，比如對周王，一即位就賞賜了兩萬多兩。接著周王過生日，更又送了大批財物。《萬曆野獲編》裡說他那時對藩王「倍加恩禮」，真如春天般溫暖。

但春風拂面過後，接下來就是電閃雷鳴。削藩行動開始了。

早在對藩王無比恩寵的時候，朱棣就已經開始行動，在各位藩王的身邊密布眼線，嚴密偵測他們的一舉一動。而且這幫藩王們，除了蜀王、周王等少數人，大多數都劣跡斑斑。罪證並不難找，就等待時機。

最先倒楣的是寧王朱權，早年寧王坐鎮北疆，手握重兵，一個不留神被朱棣挾裹了造反。事後朱棣也很關懷，把寧王遷到南昌，說是給他個經濟富庶的好地方享受，其實是監視起來。隨後就百般找茬，偏偏寧王愛發牢騷，常有怨言，被朱棣知道了，立刻派人搜查。雖然沒找出什麼證據，但明白利害的寧王，就此嚇得不輕，從此沉迷鼓琴詩書，絕口不提政事，總算躲過一劫。

比起其他人，寧王的遭遇其實還算好。

緊接著倒楣的是代王，剛恢復了爵位，不到半年就被朱棣治了三十二條大罪，雖然勉強保住爵位，但兵權基本被削光，成了死老虎。齊王很囂張，恢復爵位後惡性不改，甚至還殺死了地方官，這下朱棣逮住由頭。永樂四年（一四〇六）五月，將齊王囚禁南京，子孫廢為庶民。其他倒楣的還有珉王和肅王，都是被揭發過錯，然後嚴肅處理，王號都被削奪了。

而其中最傳奇的是周王朱橚，他本身是朱棣的同母兄弟，按說關係最親。但也因此最張狂，甚至還在封地張榜貼文，對地方官發號施令，這下觸犯了朱棣大忌，期間幾次被削去爵位，幾次又寬大處理復爵。一直到永樂十八年（一四二〇）十月，朱橚再度被告發，而且朱棣放話說要嚴辦。這次朱橚終於悔悟，進京哭求免罪，總算再次被從寬處理，被削去了護衛兵權，從此老老實實。

這個幾次被削的朱橚卻有另一貢獻，他是明初傑出的學問家，眼看仕途黯淡後，他便閉門研究學問。埋頭編著的《救荒本草》，堪稱是《本草綱目》之前中國內容最豐富的中醫寶典。另還有著作《普劑方》，更是中國古代最完備的方劑學著作。

經過朱棣一番動作後，明初幾位勢力極大的藩王，都被削得損失慘重。而邊境上的藩王們，更大多被遷入了內地。比如遼東、宣府等邊境地區的王爺幾乎無一倖免，哪怕是保留了爵位，也要挪地方。這樣做的後果，雖是鞏固了中央權力，但作為邊境重地的遼東地區防務大為削弱，從此都要靠當地部落鎮守維護。後來努爾哈赤的起家，這時起就挖了坑。

即使這樣，朱棣還是不放心，對於存留的藩王們更是極力削減其力量，各地藩王的武裝被想方設法地削弱。藩王干涉軍務乃至地方政務的現象，更是明令禁止。從此之後，明朝對藩王的禁令越發嚴苛，藩王們不但不能與官府結交，更不許從事士農工商之類的行業，連出城郊遊都要被監控。至此以後，所謂位高權重的藩王，大多成了一群錦衣玉食的高級囚徒。

朱棣的削藩，效果是立竿見影的。之後明朝雖然也發生過藩王叛亂，但幾乎每一次都被迅速平定，從沒鬧出過「靖難」那樣的大折騰。而後藩王們的生活，從生下來就被注定，只要不亂說亂動，生活還算美好。

藩王從此養不起

在永樂朝嚴厲的削藩之後，明朝的藩王們，政治上沒了出路，生活上卻總算還有追求。因為明朝的藩王制度，一個最大的痲煩，就是歷代分封不斷。只要是皇室子弟，就要封地賜爵，就是要用國家的財政把王爺們養起來，日久天長，越養越多，財政負擔也就越大。

明朝養藩王的開支有多大？看看制度規定就知道：皇帝的其他兒子，要封親王，親王的世子襲爵，其他兒子都是郡王。郡王的長子襲爵，其他兒子要封鎮國將軍。再往下，鎮國將軍的兒子們，要封輔國將軍，輔國將軍的兒子封奉國將軍，奉國將軍的兒子封鎮國中尉，如此世代傳承，宗室裡靠國家財政養活的寄生蟲，可以說是以幾何級數增加。

而從財政開支說：親王的固定工資，即祿米，每年就有一萬石，郡王是兩千石，鎮國將軍一千石，輔國將軍八百石。其他的各類爵位，更都有數額規定，累積下來，本身就是個天文數字。另外還有每年不固定的各種賞賜，有時候甚至比固定工資還多。

而對於藩王來說，政治上沒自由，吃飯穿衣受限制，但生孩子的自由卻是絕對有的，大多數的藩王都是逮著機會拼命生。生了就要給待遇，世代繁衍下來，人數滾雪球般地增加。就拿《天潢玉牒》裡的記錄說，到了嘉靖初年，明朝的宗室總數，就比明初膨脹了上千倍。萬曆年間，總數多達到三十多萬，明末天啟年間，更有六十多萬。

所以，明朝歷代皇帝面臨的藩王問題也就各有不同。明初的皇帝愁藩王們造反，明中期以後的皇帝愁怎麼養活這群人吃飯。

這個問題，嘉靖年間明朝御史林潤的奏摺裡，就說得很清楚。天下供應京城的糧食，每年四百萬石，但各王府消耗國家的糧食，每年卻有八百萬石。具體到地方上，軍事重鎮山西省，每年存留糧食一百九十萬石，但當地王府消耗糧食需要三百多萬石。河南省存糧九十四萬石，當地藩王消耗糧食卻要一百九十多萬石。也就是說，全國的稅糧加起來也填不滿藩王的嘴。

而除了這些固定的財政補貼外，各地的藩王們，其實也都生財有道，搞政治沒前途，搞經濟挖國家牆角，那是各個都有一套本事。

最固定的辦法，就是「欽賜」，就是向朝廷討要土地。在明朝中前期的宣德、正統年間，明朝賜予藩王的土地通常都是幾十頃。到了明朝中期就成了幾千頃，比如明孝宗的弟弟興獻王，就藩的時候，一次就賞賜給他四千多頃土地。等到萬曆、天啟年間更是變本加厲，比如萬曆皇帝最寵愛的兒子，福王朱常洵，一次賞賜莊田就有四萬頃。

可想而知，這樣做的惡果就是肥了藩王的腰包，卻壞了國家的財政。賜出去多少田地，國家就流失多少財政收入。外加每年巨額的恩養藩王的開支，哪怕是太平年月，國家的財政也常捉襟見肘。倘若趕上鬧災打仗，更是窮得叮噹響。

即使如此，藩王們還是不消停，大多數藩王一輩子都在想盡辦法發財，最常用的招數就是侵佔民田。

侵佔民田也有好幾種方式，一種是造假，就是故意把看中的好田地，勾結官府指認成荒地，要求朝廷賜予，然後強行侵佔。另一種叫「投獻」，就是很多交不起稅的小民，自願把田地放在藩王名下以此來逃避稅賦。如此一來，明朝中後期的土地兼併也就越演越烈。

到了明末，土地兼併極為劇烈的河南地區，當時號稱「中州地半入藩府」，也就是說差不多一半的土地，都被藩王侵佔。後來，河南成了明末農民起義的「重災區」，那位曾一次性拿到四萬多頃賞田的福王朱常洵，更被農民起義領袖李自成殺掉。而在整個明末農民戰爭中，藩王們的巨額財富，平日裡藏著掖著捨不得拿出來，一鬧農民起義，幾乎都被農民軍打包全收，成了農民軍的錢糧資本。後來明朝亡於農民起義，從這個角度說，藩王們做了「大貢獻」。

《宗藩條例》玩真的

明朝藩王的這些大問題，歷代明朝君臣們，也不是沒有重視，許多有識之士也一直想盡辦法，遏止其日益膨脹的危害性。其中最著名的便是嘉靖年間的《宗藩條例》。

嘉靖皇帝朱厚熜，即位於西元一五二一年，這時明朝的藩王制度，經過近兩百年的發展，已經成了一個大負擔。

這個負擔有多沉重，說幾個當時的情況就知道。嘉靖七年國家全年的財政收入，只有一百三十萬金，然而每年的財政支出，卻高達兩百四十一萬金。佔支出項目第一位的，就是宗室開支；佔第二位的，美其名曰武職開支，就是供應藩王以下，諸如鎮國將軍、輔國將軍之流，全是為了養活這幫人。

而當時的藩王宗室，不但人口多，濫支國家財政的現象也嚴重，更是常常獅子大開口向朝廷要賞賜。不但藩王要養，藩王下面的子弟們，乃至子弟的親眷們，七大姑八大姨，八竿子打不著的親屬，都敢巧立名目要賞賜。按照戶部尚書梁材的說法，明初的時候，如果養活一府的藩王需要一萬石糧食，那麼現在同樣的王府就需要至少十三萬石。梁材還發出了一個驚人的預言，百姓的稅糧有限，藩王的繁衍無窮，這樣繼續下去，後果不堪設想。

放在明朝政治下，官員如此指摘藩王是需要勇氣的。而且嘉靖皇帝朱厚熜就是以藩王身分入繼皇位的，給這樣一個背景的帝王說這事，可以說是極不給面子。但局勢嚴峻，面子也顧不得了。嘉靖皇帝也看到了問題所在，命令群臣設法解決。

自此以後，明朝也出臺了一些相關管理規定，比如嚴格審查，發現冒名請賞的一律嚴辦。此外，還加強教育，教育他們要為國分憂、勤儉節約。另外還有「均人役」，就是改革以往的免稅政策，令藩王分攤部分國家稅賦。這幾樣政策確實也為朝廷省下了不少錢，但解決不了根本問題。

其實在這期間，最有效的辦法，就是當時禮部尚書霍韜提出的「定子女」，內容是把藩王們的後代們，特別是旁支庶出的後代，盡可能編入民籍，允許他們參與士農工商活動，從此自食其力。如果照此實行，藩王資格門檻提升，增長幅度必然大為減少。但嘉靖皇帝思考半天，還是決定「從容審處」，畢竟牽涉十幾萬藩王的利益，不是小事。

一直到嘉靖皇帝晚年，即嘉靖四十一年（一五六二年）十月，御史林潤的奏摺再次震驚了朝野。在這封奏摺裡，林潤不但揭露了恩養藩王開支巨大，國家難堪重負的嚴峻現實。更指出先前朝廷的各種規矩都是小修補，如果要徹底解決問題，必須要出臺一部根本法令，作為後世遵循的準則。即「以垂萬世不易之規」。

這封奏摺著實有效，嘉靖皇帝也明白，有些事必須要抓緊辦了。隨後經過多方討論，終於在兩年之後，由禮部尚書李春芳主持，出臺了著名的《宗藩條例》，內容共六十七條，核心內容有二：一，嚴格限制藩王們的妻妾人數，娶老婆都要禮部審核。藩王子弟賜爵，更要有資格審查。二，對藩王的開支進行財政核算，削減大筆無用開支，更減少原定的固定工資數額。從此，藩王們從襲爵、賜田到日常開支，都有了嚴格的監管，揮霍無度的日子不是那麼容易了。

《宗藩條例》的作用十分巨大，嘉靖之後的隆慶、萬曆年間，明朝在藩王開支方面大大縮減，國庫也日益充實，後來的「隆萬中興」確有這方面原因。但這個著名的條例，還是難以治本，不但對於朝廷賜予藩王土地沒有規定限制，關鍵的「定子女」這條也是毫不提及。藩王後代的寄生蟲角色，依然絲毫未變。

而對於諸多藩王子弟來說，《宗藩條例》還帶來一個惡果，藩王後代們請爵、封賜，都要禮部拍板，而且隨著明朝財政日益拮据，禮部對此審核也越發嚴格。得不到名分的藩王，既沒有國家養，更無法入民籍，自食其力的工作別說幹不了，朝廷也不許幹，就此沒了活路。到了明朝崇禎年間，好些藩王因為得不到名分，又不許出去工作，竟然活活餓死。

五、「斯民小康」：永樂盛世的治國理想

得國不正的朱棣，卻與他的父親朱元璋一樣是明朝赫赫有名的治國強人。

縱觀他的帝王生涯，可謂極其忙碌：對外五征漠北，南征安南，向西設立哈密衛，行使中央對西域的主權。派陳誠出使野心勃勃的帖木兒帝國，使其恢復與明朝的「朝貢關係」。更發動了中國歷史上空前的大航海行動——鄭和下西洋，引得萬國來朝，向大明朝通貢稱臣的國家，更多達三十多個，最遠到達今日西非地區。對內更修治皇皇巨著《永樂大典》，遷都北京，重修京杭大運河。明朝最有面子的事情，幾乎都叫他做了個遍。

而要問朱棣這輩子，他最想做到的是哪件事情。其實他自己也曾回答過，永樂元年（一四〇三年）九月一天，在與近臣討論治國得失時，朱棣突然感慨地說：「如得斯民小康，朕之願也。」讓天下的老百姓，都過上富庶的日子，才是我的願望。

事實證明，這話他不是隨便說說，終其一生，一直孜孜不倦。

小康生活是目標

朱棣「斯民小康」的願望，在永樂七年（一四〇九年），一次會見京城壽星們的時候，有過更

詳細的闡述：農力於稼穡，毋後賦稅；工專於技藝，毋作淫巧；商勤於生理，毋為遊蕩。貧富相睦，鄰里相恤，相安相樂，有無窮之福。

也就是說，朱棣一直想創建的就是這樣一個世界：農民勤勞耕作，不用為賦稅發愁；工匠專心幹活，不用靠歪門邪道發財；商人誠信經營，不用招搖撞騙。不管窮人富人，都能和睦相處，鄰居間更互相幫助。這樣一個繁榮富庶、和諧友愛的世界，便是他的治國藍圖。

理想很美妙，但朱棣即位早期的經濟局面，卻相對糟糕。

三年「靖難之役」，論年頭不算長，戰爭規模卻極其慘烈。幾次大戰爭都是近百萬人的陣仗，又是冷熱兵器混雜時代，大量火器用於戰場，破壞力相當巨大。戰爭的範圍更從河北一直到長江流域，又全是明朝的經濟發達地區，大明國民經濟遭到了沉重打擊。

就連《明太宗實錄》裡也承認，拜這場戰爭所賜，「淮以北鞠為荒草」。而且大批老百姓流離失所，鬧得「田地荒蕪，廬舍蕩然」。雖沒有明朝立國時嚴重，卻也是一片破敗，戰後重建成為當務之急。

朱棣登基早期就頒布了命令：各級官員，凡是擅自勞苦百姓的，一律要治以重罪。還有拍馬屁的人給他投獻戰陣圖，沒想到卻拍到馬腿上，當場被劈頭痛罵。就連好些跟隨他起兵的部隊，也大批復原軍人回家種地，以他自己的話說，就是「今天下無事，惟當休養斯民」。仗不打了，農業勞動第一。

和朱元璋一樣，朱棣要恢復經濟，也是把農業放第一位。遇到的相關問題和明初相類似，都是土地荒蕪、人口逃散。解決的辦法也是按照明初招撫墾荒的老經驗。

雖然方法類似，但朱棣的行動力並不比父親朱元璋差。登基的頭一個月，就派人前往各地招撫流亡農民回家種地。還特意立下規定：只要是已經回家種地的，地方官要優厚撫恤，就連新開墾的土地也暫停徵收賦稅。凡是逃亡的農民，不但新開墾的土地免稅，逃亡以前拖欠的賦稅也一概減免。這招很管用，命令頒布後，北方各地掀起返鄉熱，不但戰亂中逃跑的農民多有回鄉，就連戰亂之前，好些為逃稅跑掉的鄉民也都歡天喜地回來了。

招撫的同時，朱棣也同樣緊鑼密鼓地進行另一件事：移民墾荒。但比起父親朱元璋全國性的大移民來，朱棣做的比較集中，主要遷移江南和山西的無地老百姓，到北方山東、河北各地墾殖。

移民的對象，除了經濟發達地區的無地農民外，更有一個特殊群體：罪犯。特別是在「靖難之役」中招禍的罪犯家屬們。這類罪犯出身的移民們，遷移地區也很固定，主要都流放到北平地區，在朱棣的老窩監管勞動。

而就移民的目的來說，除了發展生產和處置罪犯外，更和朱棣的遷都北平的計劃分不開。從朱棣登基起，就一直在籌畫遷都事宜，但要遷都就要先有錢。這麼大的工程，國家財政不但要支撐住，新都建設也很重要，墾荒北京，就是為了發展當地生產。此外大批的移民，更沿京杭大運河故道，分布安置在魯西和魯北地區。特別是山東地區，至今保留著很多永樂年間建造的村莊，就是在為這場遷都工程打前站而建立的。

在這場持續的大移民中，朱棣的福利條件同樣也做得很好，和朱元璋一樣，經常給移民們補貼稻種、耕牛，而所有的移民，同樣也免服三年徭役賦稅。這幾條固有的優惠，基本都執行到位。

在社會福利方面，朱棣也有幾條創造發明。首先是制度建設，中國古代官場，在治理民生問題上，最常見的一個現象就是欺上瞞下。特別是碰到鬧災，地方官怕折騰，經常隱瞞不報，瞞不下去才報告。對這個問題，朱元璋在位的時候就極為光火，多次懲治官員，甚至屢興牢獄。

朱棣登基後，很快碰到這個問題，朱棣的辦法，就是規矩地方上發生水旱災害，地方官必須在限期內奏報，晚報就要治罪。如果地方官不報告，被別人舉報了，那麼不但瞞報的人要治罪，舉報的人更有獎賞。這麼一來，官員們互相監督，瞞報事件大為減少。

而在救濟福利上，朱棣也繼承了朱元璋的作風。除了增設預備倉，作為國家應急錢糧儲備外，在賑濟災民的流程上更大膽簡化。從永樂年間開始，地方上鬧災，只要地方官核實，不需奏報中央，就可執行賑濟。而且賑濟的內容也更加豐富，除了給災民發放錢糧外，國家甚至還常出資幫助災民們代贖回被賣掉的兒女。這條人性化的規矩，也同樣沿用終明一世。

甚至在很多救災的細節上，朱棣的見識甚至超過了朱元璋，其中最著名的一件事就是廢除了明朝的「陪納」制度。所謂「陪納」，就是指一旦鄉村發生農民逃亡事件，那麼沒逃跑的農戶們，要分攤逃跑者的賦稅徭役。明朝立國的時候，這就是農村的一項固定制度，在官員眼裡，這招可讓農民互相監督，阻止逃跑事件發生，十分方便有效。但朱棣卻發現了問題：逃跑的欠了稅，沒跑的替他扛，長此以往，豈不逼著大家一起跑？全跑光了誰種地？從永樂早期起，朱棣便傳召各地，徹底廢除這項制度。

除了強化賑濟制度外，朱棣的另一個舉措，也沿襲自朱元璋：興修水利。如果說朱元璋時期的水利工程是全國鋪開，那麼朱棣時期就是集中重點，主要的修治區域就是江南地區。

江南的水利工程，雖然從朱元璋時期就開始修，但朱元璋時代的幾次大工程，主要集中在海堤的修繕，內澇問題卻嚴重。一旦下大雨，還是容易鬧災。這時的江南已經成了明朝的財政重地，經不起鬧災，但朱棣登基的頭一年，即永樂元年（一四〇三年），江南水災又折騰起來了。從蘇州到上海全成了一片澤國，當地官員們大舉抗災，卻收效甚微。

朱棣這次下定了治理的決心，不但徵用了民工十萬人，更選派了明初傑出經濟學家——戶部尚書夏元吉。可是這樣還不放心，還特意給夏元吉送去相關的水利書籍。而這次夏元吉也不含糊，他最大的創舉就是扭轉了以往江南治水的大錯。一直以來江南治水，主要辦法就是排水，即挖掘水道將水排洩入海。這辦法看似正確，弊病卻很多。今年剛挖完，明年水道阻塞，再趕上大雨，又得重新來過。夏元吉的辦法是，入海水道要挖，內網支流更要疏通。經過兩年奮戰，治水大軍接連挖通了劉家河、大黃埔等支流河道，建立起密集的洩洪水網。這下一舉多得，不但水道暢通無阻，更灌溉良田無數。這套一舉多得的水利工程，便是著名的蘇淞河水利工程。直到今天，依舊餘蔭後人。

而隨著江南地區水利治理的完成，當地的經濟，更以直線速度迅猛發展。甚至北方的物資軍糧，也越發依賴南方的物資供應。於是，另一大問題終於浮出水面，那就是重修京杭大運河。

京杭運河終修竣

作為隋朝以來，貫穿南北的一條主動脈。赫赫有名的京杭大運河，到明初已經發生了大變化。最大的變化就是路線問題。元朝以前的大運河，中心在洛陽，從杭州出發後，要繞一個大彎子到洛陽，然後再往北走。等到元朝一統天下，以大都（北京）為首都，繞道洛陽沒必要，就改了路線。重新開通了濟州河、會通河、通惠河三個河道，將大運河重新連接，成了一條直線，全長三千多里。

但萬沒想到，這樣一改，整個大運河的運輸量都打折，原因是出在會通河上。會通河，即元朝初年在濟寧至臨清間開鑿的運河，為連接南北大運河的樞紐幹線。但從竣工後就出了問題，這條運河流量太淺，導致大運河流量減少，運輸量更是銳減。因此元朝統治時期，北方的物資供應相當多都依賴海運，但大運河的作用卻有限。再後來元末天下大亂，會通河荒廢了，這條南北主幹道也就基本廢了。

明朝建立後，隨著國民經濟的恢復，運輸問題更顯得重要，特別是北方邊境防務、軍糧供應、南北交通貿易，越發依賴運河。可修運河不是小事，花錢多不說，會通河的技術問題更愁人。元朝當初修這條運河，犯了個嚴重的技術錯誤就是地形沒選好。水道的樞紐位置，即汶上南旺地區地形最高，以此為分界點，往南往北地形都低，所以一旦趕上水量少，船隻走到這裡就擱淺了。

費錢，加上技術問題難，所以連朱元璋也不敢碰這個問題，在位三十年，修了水利工程無數，京杭大運河依然不動。北方運輸，主要依賴海運。

但到了朱棣執政時，卻必須面對這個問題。一是遷都提上日程，這條南北交通線，就必須要打通。二是海面上不太平，外加倭寇成天鬧，海運風險太大。三是北方的錢糧供應，依賴南方運輸更多。綜合如上原因，京杭大運河必須要整治。

永樂九年（一四一一年）二月，工部尚書宋禮受命，發動三十萬民夫，大舉疏通會通河。這次吸取了元朝的教訓，除了河道盡可能拓寬，增加水力流量外，更在當地老人白英的建議下，以「南旺導汶」的方式，攻克這個技術難題。所謂「南旺導汶」，就是切斷當地河流汶水的原有路線，將汶水完全注入會通河，這樣一來，地勢極高的南旺，就成了分流的脊樑，一下子把整個運河支撐起來。同時宋禮又修築了大量水庫和蓄水池，用以調節水量，確保水力供應。經過半年整治，這項重大的水利工程徹底完成，而且歷經明清兩代，始終是重要的水利樞紐。

會通河疏通後，漕運的運輸量因此大為改觀。原先是流量有限、運輸有限，從永樂年間起，自徐州至臨清九百里可以過船萬艘，運載糧食四百萬石。如此強大的運輸力，堪稱歷史空前。

隨後朱棣又命宋禮再接再厲，大規模整治了黃河。在這事上，宋禮更有創造力，他疏通了河南至山東的黃河故道，解決了運河中段地區的灌溉問題。更在荊隆口設閘，運河水少的時候，就開閘往運河排黃河水，確保運河流量；黃河水太大的時候，就關閘門斷黃河水，杜絕黃河水災。這個獨特的水利操縱系統，既治了黃河，又方便了運河，《明史》的說法，叫「黃、運兼治」。

而在會通河竣工後，朱棣又命陳瑄掛帥，打通了另一水利樞紐清江浦。這樣一來，江南至淮安的運河線路連成一片，貫穿南北的京杭大運河，從此正式暢通。

隨著京杭大運河的恢復，自元朝起的海運被徹底罷除。永樂十三年（一四一五年），這條傳統的南北主幹道，在經過了元代的衰微和明初的廢棄後，再度煥發出強大的生命力。不但隨後的遷都順利完成，明朝的工商業乃至市民經濟發展，更從此突飛猛進。一個最直接的影響是，運河沿岸的濟寧、臨清等地，成為明朝新興的工商業城市，一直到鴉片戰爭之前，其經濟地位，在中國依然舉足輕重。

對外貿易重繁榮

如果說發展農業、興修水利、疏通運河，這三件事情是對父親朱元璋的繼承。那麼同時期朱棣做的另一件事，卻是對朱元璋的顛覆：放鬆海禁。

海禁是元朝末年的重大決策，即禁止一切海外貿易，既不許外國商船來，更不許中國商人出去。等到朱元璋登基後，這項禁令更嚴格，不但做買賣不允許，連沿海漁民出海打漁都要治罪。到了朱元璋晚年，更連傳統的官方貿易機構市舶司也一併給廢除了，中國的沿海大門，從此徹底向世界關上。

對這件事，朱元璋極其認真，甚至每隔兩年都要下詔書重申一次，更時常派官員在各地巡查，發現違禁就嚴辦。朱棣初登基就曾下詔書：沿海的軍民百姓如果違反海禁政策，一律按照洪武年間的規矩治罪。措辭極為嚴厲。

而隨著朱棣皇位日益穩固，對海禁這件事的管理也越來越鬆。到了永樂元年（一四〇三年）八月，他恢復了被朱元璋裁撤的市舶司，在廣東、福建、浙江三省重新設置市舶司。每個市舶司設提舉一人，官職正五品；副提舉兩人，官職正六品；另外還有吏目一人，官職正九品。

朱棣之所以這麼做，政治目的要大於經濟目的。比起南宋市舶司以稅收為主，明朝市舶司的主要工作，是設置驛館，接待安置外國使團。說起來還是為朱棣即將進行的「鄭和下西洋」做準備。至於貿易也有，但都是「朝貢貿易」，好比以買人參的價錢購買外國蘿蔔，高價交換外國貢品是個撐面子的事情。

但在面子背後，商業往來也繁榮。來訪的外國使團，除了辦理朝貢貿易的公務外，這些使者和隨行人員也常常夾帶私貨來中國進行買賣。對這事，朱棣的態度也很寬容，允許他們在市舶司等指定地點進行交易。發展到後來，甚至「洋騙子」紮堆，好些個外國商人根本不是使節，也跟著冒名假裝是來華使者，趁機大搞走私。

而這些外國人來中國，除了賣貨外，更重要的目的還是買貨。中國的絲綢、瓷器等貨物是國際市場的熱門商品，賣出去就賺大錢。所以很多外國來使們也常找中國商民私下貿易，收購各類貨物，倒手販賣到國外。一開始做這些事的，還都是一些使團隨從或是冒充使團的外國商人，發展到後來，就連一些名正言順的使節們也紛紛參與其事。比如琉球山南王的使者來華，在市舶司貿易了還不算，竟然帶著銀兩偷跑到景德鎮，想私下收購當地瓷器，結果事敗被逮，差點法辦。

對這些事情，朱棣的態度基本是寬容的。比如那位跑去景德鎮的山南王使者，本來按法律要嚴懲，但朱棣說：「他一個使者懂啥？就是想賺點錢，算了，免罪吧。」永樂年間搞走私的外國人，大多數都是這麼處理。不僅如此，對這些使者在市舶司的貿易，朱棣也頗多關照，給予各類免稅照顧。他這麼做的目的，主要還是為了面子，但帶來的成果，恐怕他自己都料想不到。

其中最直接的一個成果，就是對外貿易的繁榮。自從市舶司重設以後，相關的私貨貿易就一直火熱，規模也越來越大，甚至還出現了「互市」，也就是中外集市交易。這類的貿易，甚至比官方貿易本身還熱鬧，在永樂時期「互市」還是免稅的。發展到十六世紀初的正德年間，眼看著相關貿易的規模越來越大，明朝也訂出規則，徵收百分之二十的關稅。本是外交部門的市舶司變成了經濟部門，從此之後，市舶司的經濟收入漸成為明朝財政的重要部分。

而間接的結果，更是讓人料想不到，在明初一度蕭條的工商業，經過對外貿易的刺激，重新復甦了起來。而沿海的走私貿易日益抬頭，早在鄭和下西洋時代，就有沿海商民衝破禁令到東南亞一帶活動，好些人甚至成為東南亞華僑的祖先。而明初一度被打壓的海商勢力更逐漸抬頭，私商貿易和走私活動，自明朝中期起日益增多，越發強烈的衝擊著傳統海禁制度。

唐賽兒起義敲警鐘

對於朱棣的治國理想來說，上面的一系列舉措都相繼得到了成效。僅就財政收入來說，朱棣時代每年的稅糧收入，就比朱元璋時代增加三百多萬石。地方上的錢糧更是儲備充足，四川按察司周南就曾奏報，僅重慶府下屬的幾個縣城，儲備的糧食就可供全縣食用百年。而隨著京杭大運河的暢通以及海外貿易的興起，明朝的工商業和手工業也蓬勃發展起來。這個財政富庶，安居樂業的景象，真有了「斯民小康」的氣象。

但眼看著國家富庶，朱棣的治國方略也悄然改變了，雖然還追求「斯民小康」，但大功業同樣不能少。他一輩子幹的事業大多都極有面子，但越有面子的事情也就越花錢。僅就內外戰爭說，發動對安南的戰爭，動兵三十萬；五次北征漠北，每次動兵都是三十到五十萬。僅這六仗，軍費就是天文數字。外加鄭和七次下西洋，接待外國使團，各種的威風，哪樣都少不了銀子。

除了面子工程外，即使許多利在千秋的工程也同樣耗費巨大，好些更鬧出民變來，比如營建新都北京，僅採集大型木材，就動用民夫十萬多人，甚至鬧出江西動亂。外加疏通運河、營建長陵、修建武當山道觀更都是大工程。雖然朱棣一直注重減輕老百姓負擔，即使興建這些大工程也留意不誤農時，但老百姓賦役加重，特別是勞役過重卻是事實，為此更是暴動不斷。

朱棣在位時期，明朝最大規模的農民起義，就是永樂十八年（一四二〇年）三月的唐賽兒農民起義，這位自稱白蓮教「佛母」的農婦，居然一口氣糾集數萬人，連續攻城掠地，擊敗官軍。直到朱棣調重兵合圍，抗倭名將衛青出馬，才最終將這支農民軍剿滅。但策動起義的唐賽兒等人，卻在鄉民的庇護下安然脫身。甚至朱棣最後發了狠，聽說唐賽兒當了尼姑，就一口氣抓了幾萬尼姑到京城，輪流審訊盤查，卻還是找不到人。對於「斯民小康」的理想，這場震驚明朝廷的農民起義，堪稱是個莫大的諷刺。

六、漠北大血戰

從執政風格上說，明成祖朱棣堪稱是位創業皇帝。

雖然在登基早期，朱棣掛在嘴邊的口號是遵循朱元璋立下的「祖制」。但在很多事情卻有自己的制度設計。朱元璋在位時，苦心拆分地方權力，在各省設立「三司」，分別掌管地方行政、司法、軍事大權。但朱棣登基後的第三年，即永樂二年（一四〇四年），就委派七品給事中雷填「巡撫廣西」。這個口子一開，隨後歷經沿革，巡撫以及總督都成為地方常設行政官職。

而在中央職權的演變上，朱棣執政時期更是個重要轉折點。朱元璋廢了丞相制度，朱棣則設立「文淵閣大學士」，這個起初只是輔佐皇帝辦公的祕書班子，後來演變成為了實際的宰相機構：內閣。明朝的內閣制度，其實是在朱棣在位時期草創的。

而明代被後世詬病極多的「宦官專權」問題，同樣也是肇始於朱棣。正是朱棣在位時期，明朝宦官相繼有了監軍、出使、分鎮地方等大權，更設立了專由宦官把持的特務機構東廠，話語權大大提升。雖然朱棣的眼皮底下，宦官沒鬧什麼動靜，但後來的宦官專權卻是這時埋下的伏筆。

除了這些內政制度的設計外，朱棣另一個公認的貢獻便是維護國家統一，特別是加強少數民族地區與中原之間在經濟和政治上的緊密聯繫。期間他在西域設立哈密衛，行使中央主權；在西南推動「改土歸流」政策，同時建立貴州省；在東北設立努爾幹都司；在西藏封贈烏斯藏。甚至藉鄭和下西洋的機會，對南海諸島嶼也進行勘測，並且重新命名，著名的「永樂群島」即由此而來。

而在鞏固維護國家統一這件事上，朱棣一輩子最操心的便是與蒙古草原的關係問題。

韃靼來個下馬威

自從洪武二十年（一三八七年），明將藍玉在捕魚兒海大戰全殲北元主力後，蒙古草原的格局，接連出現了騦變。

先是在捕魚兒海大戰中撿回一命的元益宗脫古思帖木兒，沒死在明軍手裡，卻被宗室也速迭兒殺死。之後經過多年內訌，最終由非「黃金家族」的貴利赤篡奪大權。而貴利赤也取消了「元」的稱號，恢復了蒙古部落的古稱「韃靼」。

而這時的蒙古部落，也分成了三大部分。除了貴利赤控制的「韃靼」外，還有衛拉特蒙古，即瓦剌部。以及早在洪武年間就得到明朝冊封，並曾幫助朱棣「靖難」的兀良哈部。

而論起和明朝的關係，這三大勢力，在當時也各有不同。

最親的當屬兀良哈，即「靖難之役」時期的「朵顏三衛」。開始就是寧王的護衛，後來又成了朱棣的急先鋒。朱棣登基後，為了表示感謝，更把原先屬於寧王的大寧衛封賞給他們，且允許他們在開原、廣寧兩地與明朝互市。就連三衛中的各級大小頭目，也都給予了官職，朱棣每年更厚賜稻種農具，關係好得不行。

而日益變得親密的，卻是瓦剌。明初的瓦剌，定居在今阿爾泰山山麓至色楞格河一帶，共分為三大部，分別是輝特部及其首領把禿孛羅、綽羅斯部及其首領馬哈木和客列亦錫部及其首領太平。這時的瓦剌，雖然實力日益壯大，但比起有黃金家族背景的韃靼來，卻還是弱勢。瓦剌在朱棣登基伊始就派使者來朝賀，跟明朝的關係越來越密切。到了永樂六年（一四〇八年）冬天，瓦剌三大部落的首領，即馬哈木、把禿孛羅、太平，更一起接受了明王朝的冊封，分別受爵「順寧王」、「太平王」、「賢義王」。至此，瓦剌也與兀良哈一樣，成為接受明王朝冊封的地方勢力。

而在朱棣登基早期，韃靼卻一直和明王朝敵對。

這時的韃靼，實力在蒙古部落中最強大，內部矛盾也最大。貴利赤篡權沒幾年，又被另一大將阿魯台打敗。阿魯台殺掉貴利赤後，把一直在帖木兒帝國避難的「黃金家族」後裔本雅失里接回來做傀儡可汗，卻由自己掌握大權。

而無論是誰掌權，韃靼對明朝的態度都是一貫地強硬。特別是阿魯台掌權後，本來朱棣還想一心爭取，不但在邊境開設互市，以經濟手段拉攏，更劃撥土地招撫歸降的蒙古人。甚至還多次派使者出使，阿魯台起初只是虛與委蛇，而隨著對瓦剌戰爭的節節勝利，他膽子也壯了。永樂七年（一四〇九年）三月，朱棣再次派使者出使，做出友好表示，釋放大批先前俘虜的韃靼軍官。不料阿魯台膽大包天，竟然將明朝使者郭驥殺害。這下惹惱了朱棣，決定對韃靼開戰！

朱棣做事一向效率高，阿魯台三月份殺明使，是年七月，朱棣的愛將丘福率領北伐大軍出征。誰知欲速則不達，這丘福早在「靖難之役」時，就是出了名的有勇無謀，這次更輕敵冒進。七月出兵，八月就中了埋伏，十萬大軍全軍覆沒不說，丘福及麾下五位大將更全數戰死。敗報傳來，一生所向披靡的朱棣憤恨不已，打一輩子仗哪吃過這麼大的虧？於是一個更大規模的戰爭計畫迅速啟動，他決定御駕親征。

御駕親征破胡虜

在對待韃靼的問題上，朱棣真是鐵了心，丘福不行，就乾脆自己來。接到敗報的當月就下令，命長江以北所有精銳部隊都要限期集合，一共集結五十萬人，非要打服韃靼不可。

為了這次出征，朱棣做了充分的準備，僅運輸糧食的武剛車，就有了三萬多輛。同時情報工作也做得很充分，大力策反拉攏韃靼軍官，獲得了阿魯台等人的遷徙動向。甚至為了打贏此仗，還頒布大赦令：只要不是犯了死罪的武將官員，都可以來軍前報到，上戰場立功。

朱棣的決心這麼大，還是跟當時草原的局勢有關。雖然草原三大勢力，兀良哈和瓦剌都相繼歸附明朝，但之間的關係並不牢靠。韃靼代表「黃金家族」，素來威望高，只要打服了韃靼，才能真正威懾草原。更何況丘福戰敗，影響惡劣，如果不能扳回局面，瓦剌和兀良哈的叛變，只怕是時間問題。所以不惜一切代價，一定要打贏。

永樂八年（一四一〇年）二月十日，這支必須勝利的北伐大軍，在朱棣的率領下正式出發。職業軍人出身的朱棣，這次更興奮無比，一路上除了給群臣灌輸必勝信念外，還忙裡偷閒。時常舉辦一些遊樂項目，要麼就拉著大家賞雪，要麼就時常給路上所見的山川河流命名，甚至還常彎弓搭箭，追逐野兔。這支聲勢浩大的軍隊，在朱棣的引導下，更像是個歡樂的旅行團。

作為一個久經沙場的軍事奇才，朱棣自然深知此戰的艱巨，深入漠北，後勤補給面臨極大考驗。面對具備機動性優勢、戰鬥力凶悍的韃靼騎兵，即將到來的將是一場嚴峻的惡戰。惡戰面前，他如此輕鬆，卻至少說明兩點：一，他有必勝的信心。二，他享受這個勝利的過程。

五月，苦苦尋找敵人行蹤的朱棣經過嚴密搜索，終於有了斬獲。原來聞聽朱棣大軍壓境，韃靼可汗本雅失里與太師阿魯台，竟然雙雙腳底抹油，分頭逃竄。其中本雅失里比較倒楣，本以為逃到斡難河應該安全了，誰知朱棣竟率領輕騎兵死追，被朱棣逮個正著。隨後大戰打響，明朝皇帝和韃靼可汗進行了一場硬碰硬的廝殺，朱棣越戰越勇，甚至身先士卒衝入敵陣。終於把本雅失里打得潰不成軍，僅帶了七人七騎逃竄。

斡難河大戰，朱棣出奇制勝，贏得乾淨俐落。但真正的考驗卻還沒到，韃靼的主力部隊，都掌握在阿魯台手裡。而六月八日行軍路上，途經飛雲塹時，朱棣正巧遇到藏身山中的阿魯台，在經過三天僵持後，戰鬥終於打響。這次朱棣再度身先士卒，率領騎兵奇襲阿魯台軍陣，終將敵人打得潰散。隨後明軍追殺，阿魯台倉皇逃竄，這場精心準備的北伐，至此大獲全勝。

全勝的朱棣，心情也格外好，班師回朝的路上，每當遇到石碑景物，都不忘了刻石表功。就連俘虜的蒙古士兵，也大多當場釋放，勝利的滋味著實美好。但真實的過程卻格外艱辛，明軍回師路上糧草匱乏，甚至好些士兵缺糧餓死。勝利，其實艱難無比。

而這場艱難的勝利，意義卻非常重大。雖然跑了本雅失里，也沒逮著阿魯台。但此後不久，本雅失里就被瓦剌殺死，阿魯台則乖乖向明朝臣服，並於永樂十二年（一四一四年）七月，受封為明朝的「和寧王」。此舉意義非同一般，以歷史學者朱紹侯主編的《中國古代史》中的話說，這意味著「蒙古族統治者的政權便成為明朝中央政府管轄下的地方政權。」

自從被朱棣狠打一頓後，阿魯台在明朝面前暫時老實了。但是他一面遣使入貢，一面卻時常尋找機會挑唆，拼命離間明朝和瓦剌的關係。每次給明朝彙報工作，內容也千篇一律，不是說瓦剌欺負他，就是說瓦剌心懷不軌。

對阿魯台的用意，朱棣心知肚明，卻對阿魯台盡量拉攏。除了給爵位，不斷厚賞外，連阿魯台失散在中原的哥哥妹妹，也一併找到送回，令他們一家團圓。

但隨著與韃靼關係的不斷升溫，明朝和瓦剌的關係卻日益降溫。

韃靼敗於明朝後，實力大為削弱，瓦剌則乘機崛起，在馬哈木的率領下屢屢痛擊韃靼，搶佔了不少人口地盤。馬哈木的腰桿子也逐漸硬起來，竟然越發不買明朝的帳了。每次馬哈木暴打阿魯台，明朝出面阻攔，馬哈木都充耳不聞。到了永樂十一年（一四一三年），馬哈木更乾脆停止向明朝進貢，甚至放話說要一統漠北草原。眼裡不揉沙子的朱棣，哪受得了這股怨氣，在精心準備之後，決定大舉進攻瓦剌。

這次的出征，從永樂十二年（一四一四年）三月二十三日開始。跟上次出征相比，這次朱棣另外還有一個目的，就是帶著當時的皇太孫，後來的明宣宗朱瞻基一路隨行，打算好好鍛鍊一下這個朝氣蓬勃的年輕人。

大軍一路向西北進發，比起上次韃靼人的驚慌失措，這次瓦剌人卻極為鎮定，雖然是一路撤退卻井然有序，完全是計畫中的堅壁清野。而以馬哈木不服輸的性格，撤退必然是個圈套，一個巨大的埋伏圈正在前方等著明軍。

六月七日，朱棣的大軍，抵達了這個圈套的袋口上：忽蘭失溫。

這次馬哈木的算計，可以說是環環相扣。先有計劃的節節撤退，引誘明軍追擊，然後集結精銳騎兵，埋伏在忽蘭失溫的高山上，利用騎兵優勢發動反撲，一舉擊潰師老兵疲的明軍。

而對馬哈木的算計，朱棣不是不清楚。但為何清楚還要跳進來，因為這是一場不能輸，甚至是不能退的戰爭。在必須要贏的目標下，即使是刀山火海也要闖，最重要的是他相信這關他能闖得過去。

當日戰鬥打響，朱棣戎馬一生，第一次看到了如此高素質的瓦剌騎兵。其凶悍的戰鬥力，成熟的作戰模式，以及居高臨下、暴風驟雨般的衝擊，都遠遠強於之前他所見過的任何對手。然而對這套路朱棣也早有準備，他祭出的法寶便是大明王朝的王牌部隊：神機營。這支人類歷史上最早的成建制熱兵器部隊，以十五世紀早期最先進的火器，將凶悍的瓦剌騎兵掃得人仰馬翻。緊接著明軍騎兵出動，與瓦剌軍殊死搏殺，步兵正面突擊，苦苦纏鬥。明軍以成熟的步騎炮協同作戰模式，成功克制了瓦剌的騎兵衝擊。

而在戰鬥的最關鍵時刻，朱棣再次提兵衝鋒，終於將瓦剌軍陣擊潰。明軍隨後追殺，一直追到土剌河，終於取得最後勝利。然而明軍的損失也極慘重，戰場上互有傷亡外，朱棣悉心培養的皇太孫朱瞻基，更在戰鬥中被沖散。這位後來開創仁宣之治的一代明君，差點血臥沙場。

而比起第一次痛打韃靼來，明朝第二次北征瓦剌，威懾力同樣強大。這場戰爭之後，一直到土木堡之前，足足三十五年的時間，瓦剌始終未敢再與明軍發生直接衝突，一直對明朝恭恭敬敬。

瓦剌鑽了大空子

在經過兩次北征的勝利後，明朝的國威從此如日中天。瓦剌此後一度老實，從戰敗的馬哈木到其子脫歡，一直都臣服於明朝。雖說和韃靼間爭鬥不斷，卻不敢找大明的麻煩。

而明朝北部邊防格局，也在朱棣這兩次勝利後，形成了這樣的景象：大明王朝好比一桿秤，有中央政府的名義。瓦剌和韃靼，好比秤桿兩邊的秤砣，還時常較勁不休。邊防要想無事，就要弄好平衡。

而這以後朱棣晚年的三次北伐也和維持這平衡有關係，自從瓦剌戰敗後，實力大幅削弱，韃靼阿魯台卻又乘勢而起了。不但多次擊敗瓦剌，就連馬哈木也被打死，馬哈木的兒子脫歡更一度被俘。自我感覺良好的阿魯台，野心也膨脹了，不但拒絕向明朝朝貢，甚至還拉攏兀良哈三衛一起造反。這下朱棣再怒，於永樂二十年、二十一年、二十二年，連續三年發動對阿魯台的討伐。

但比起前兩次北伐的豐碩戰果，這三次出兵，都好似拳頭砸跳蚤，每次都是一樣的情節：阿魯台惹事，朱棣討伐，阿魯台跑，朱棣搜，沒搜著班師。明軍每次都弄得筋疲力竭，阿魯台也不好過，部隊被打得七零八落，每次更被瓦剌緊接著追打，實力大為減弱。永樂二十二年（一四二四年）六月，朱棣第五次北伐，一直追到現在的俄羅斯境內，卻還是沒有尋到阿魯台的蹤跡。而在班師回朝的路上，打了一輩子仗的朱棣，病故於榆木川，享年六十五歲。

僥倖躲過一劫的阿魯台，此後東躲西藏，卻沒躲過瓦剌的追擊。宣德九年（一四三四年）九月，瓦剌可汗脫歡在蒙古巴丹吉林沙漠將阿魯台擊斃，既給父親報了仇，更向明朝邀了功。但朱棣苦心構建的戰略平衡，至此也被打破，瓦剌此後實力上漲，不但控制了韃靼，更擁立了蒙古可汗脫脫不花。瓦剌的可汗，從此在蒙古可汗身邊以「太師」的身分，成為草原實際的統治者。

對這個正在崛起的強大敵人，明朝的反應卻異常遲鈍，依然只拿瓦剌當個恭敬的邊陲小部落。而且朱棣過世後，從明仁宗開始，幾代明朝帝王都「不務遠略」，再沒有朱棣那樣的戰略眼光。所以瓦剌開疆拓土期間，明朝只是樂看其痛打韃靼，卻絲毫沒意識到，一場巨大的危機正在逼近。

而在正統四年（一四三九年）脫歡過世後，一個更強大的對手從此登場：脫歡的兒子也先。也先比起他父親，可謂更有頭腦，起初對明朝不但恭順，更藉著相互間的貿易大發橫財，並藉此擴張地盤。正統六年（一四四一年），他更攻克了朱棣生前苦心經營的哈密重鎮，把持了絲綢之路要道。至此，瓦剌部落已經掌控了西至西域，東至遼東，南至兀良哈的龐大疆土。自從元朝滅亡後，披著「忠順王」的外衣，草原上再次崛起了一個足以挑戰大明王朝的強敵。而這個強敵即將奉送給明王朝的，將是一場驚天動地的慘禍：土木堡之變。

七、明仁宗的死亡謎團

與永樂皇帝朱棣在位二十二年，一生縱橫捭闔建功無數，文治武功名揚四海。他的長子——明仁宗朱高熾在永樂二十二年（一四二四年）七月朱棣過世後以皇太子身分即位，卻於次年五月末即撒手人寰，在位僅僅十個月，但長久以來，也同樣是一個話題頗多的人物。

公認的說法，這是個苦命人。

朱高熾這輩子，確實夠苦。天生殘疾不說，人生的大部分時間，幾乎在猜忌與爭鬥中度過。表面上身為太子，風光無比。卻上有父親朱棣的猜疑，身旁有弟弟朱高煦的爭寵陷害，生活在水深火熱之中。好不容易咬牙熬出頭，盼到了君臨天下的那天，誰知在位才十個月，皇位還沒坐熱，卻早早撒手人寰。從頭到尾，就是個受苦的命。

然而對這位苦命人，後世的名聲卻極其好，《明史》給了他極高的評價說：他對父親朱棣的仁孝，堪稱歷代子臣的典範。而他登基以後，從用人到行政，做過的好事更是多得數不過來。如果多給他幾年時間，他甚至可以開創堪比文景的盛世。

甚至他的去世也頗多爭論，歷來都有人懷疑他不是「自然死亡」，有關其子朱瞻基（明宣宗）將他謀殺的說法，幾乎成為一樁類似宋朝「燭影斧聲」的謎案，至今爭論不休。坎坷、美譽、謎團，構成這位帝王頗多話題的一生。且讓我們循著他人生的脈絡，仔細地看一看。

苦孩子朱高熾

朱高熾，洪武九年（一三七六年）生於南京，母親是朱棣的正房王妃徐氏，即後來永樂朝的徐皇后。他不但是朱棣的第一個兒子，也是朱元璋的第二個「皇孫」。次年父親朱棣就藩北平，尚且年幼的朱高熾被留在南京，後進入朱元璋為教育皇室子弟開設的「大本堂」讀書。其間朱棣兩次來京朝見時與之見面，大多數時候則與父親「南北相隔」。

明初皇室教育制度極嚴，「大本堂」學規是由太子「東宮太師」宋濂親手創建，規定：凡六歲以上皇子，每日卯時開始送至學宮就學，時間長達十二個小時，且不可無故告假。每年僅春節、中秋、端午三節及皇后、皇子生日才可放假，每年僅十八天。其學習章程由皇帝批准後，即使皇子母妃甚至皇帝本人都不可干涉。苛刻學規下，多數皇子苦不堪言，常有怠學貪玩之舉（尤其是朱高熾的親弟弟朱高煦）。朱高熾卻是少數勤於學業的皇子之一，他尊師重道，對各位師傅禮敬有加，諸「皇兄皇弟」們有違規行為時，他也竭力為之說情。學業更是拔尖，天生喜愛讀書，更常與諸「教師」縱論古今，見解精到。史載「眾師皆稱其賢」，也因此引起了祖父朱元璋的注意。

和後來被立為皇太孫的堂兄朱允炆一樣，自小開始，朱元璋對朱高熾也分外地「隔輩親」，某日朱元璋檢視諸皇孫的學業，觀一縱論墾荒政策的文章條理清晰、論辯有據，大為稱讚。得知是朱高熾所作時，大讚道：「吾孫仁厚也。」

其後朱元璋對朱高熾分外器重，不但常在狩獵或出巡時帶在身邊，也經常命他幫助自己審閱奏章，而朱高熾也每每應答得體，多有建言。特別是有一年冬天，朱元璋命朱高熾於破曉時檢閱南京玄武湖衛隊，朱高熾卻很快去而復返，朱元璋嫌朱高熾敷衍，大為不悅。朱高熾卻坦然答道：「清晨寒冷，我讓將士們先吃早飯，待到飯後再檢閱也不遲。」一番話令朱元璋轉怒為喜，朱高熾的「仁厚」更在朱元璋心中加深印象。此事後不久，朱元璋對太子朱標說：「汝侄（朱高熾）天性仁孝純良，善於守成治民，他日封藩燕地，必為國家屏障，汝要善待之。」果然，洪武二十六年（一三九五年），朱高熾被立為燕王世子（繼承人），回歸燕地，從此才真正與多年聚少離多的父親朱棣團聚。

明槍暗箭爭太子

縱觀朱高熾的性格以及早年的人生履歷，和英年早逝的太子朱標，甚至後來被立為皇太孫的朱允炆作比較，有太多相似之處。他們都是天生尊儒好學，為人謙虛有禮，頗得朱元璋賞識。但與朱元璋終其一生對朱標推心置腹的信任相比，朱棣對自己的世子朱高熾卻有頗多不滿。一方面是因為朱高熾尊文尚儒、性情儒雅，且天生肥胖腳有殘疾，日常走路尚須人攙扶，真是「手無縛雞之力」，讓一生征戰殺伐的朱棣常有「子不類父」之感。再者朱棣次子朱高煦自幼生長在燕地，常年與朱棣朝夕相處，自然感情更深。而且朱高煦天生孔武有力，沙場之上屢屢建功，頗得朱棣賞識，自從被封為世子開始，朱高熾就一直生活在父親的偏見中。

但朱高熾很快就讓朱棣意識到他的價值，先是建文元年（一三九九年）五月，朱元璋周年忌日時，正籌劃起兵的朱棣為打消朝廷懷疑，派朱高熾率兩個弟弟朱高煦、朱高燧入京參拜。這時以兵部尚書齊泰為首的一批官員力主將朱高熾三人扣押為人質，以讓朱棣不敢輕舉妄動。甫入京城，即是危機四伏。朱高熾不懼，先是在覲見建文帝時「應答得體，極陳燕王忠孝」。令本下定決心的建文帝猶豫不決。之後朱高熾私下找到建文帝信任的兩位親族——左都督徐增壽（即徐達的小兒子，朱高熾的小舅）和駙馬陳寧（朱元璋幼女之夫，朱高熾的小姑丈），請二人在建文帝面前多多美言。在兩位「親戚」的勸解下，建文帝終打消了「劫持人質」的念頭，在參拜禮儀結束後即放三人回去。此事也被看作是「靖難之役」前建文帝的最大失招。朱高熾一行人歸來後，朱棣興奮異常，大叫「天令我父子保全也」。隨即於年底起兵，拉起了反叛大旗。其實之所以「父子保全」，處亂不驚的朱高熾功不可沒。

而正是這件事開始改變朱棣對兒子的印象。「靖難之役」開戰後不久，建文帝即派李景隆率大軍六十萬北進，朱棣深知自己兵力遠非「中央軍」對手，決定北上大寧（內蒙古多倫），攏裹駐紮此地的寧王一道叛亂。臨行前，他把守衛大本營北平的任務交給了朱高熾，並叮囑說「此戰關乎全域，汝要憑城死守，萬勿出戰，待大軍歸來時，即為全勝之日」。隨後於建文元年十一月底提兵北上大寧，僅給朱高熾留下一萬兵將。

十日後，李景隆的六十萬「中央軍」便兵臨城下，志在必得的李景隆修築九座堡壘，安置二百餘門重型火炮。炮火齊鳴猛轟北平城，六十萬「中央軍」四面齊發，發動狂攻。危急之下朱高熾毫無懼色，他先是合理分配城防兵力，擊退了敵人首輪攻勢。繼而不畏炮火穿梭於城中，親切慰問死於兵火的百姓，因城中缺銀，朱高熾親打「白條」，承諾戰後一定優厚撫恤。終令北平百姓感動不已，城中男丁組成「民壯」，婦女老幼皆編成戰地服務隊送水運飯，齊心協力助朱高熾守城。

令「中央軍」攻擊屢屢受挫，特別是有一次「中央軍」已經攻破東門，東門守軍死亡殆盡，危機時刻，城中婦女組團殺出，撲向「中央軍」，竟把「中央軍」殺得大潰。

朱高熾還特別擅用智謀，他不顧朱棣「勿要出戰」的囑託，時常在深夜派小分隊發動夜襲，數次殺掠甚多。甚至有一次，竟然成功炸掉了「中央軍」的炮兵陣地，「毀火銃十數門」。後來「中央軍」暴怒，發動了不惜一切代價的自殺式攻擊，一時間幾十萬大軍前仆後繼，奮勇登城。朱高熾處亂不驚，命軍民們潑冷水於城頭，是時北平天寒，冷水潑下後立刻成冰，偌大的北平城牆成了冰山，任「中央軍」士兵費盡牛勁也爬不上來。就這樣殫精竭慮，僅有一萬餘士兵的北平城，竟成功的頂住了六十萬「中央軍」達三十天。隨後朱棣率兵馳援，向「中央軍」發動強攻，一舉把李景隆打得全軍覆沒，從而徹底扭轉戰局。

之後三年漫長的「靖難之役」期間，朱高熾因體弱多病，被朱棣安排在後方，負責安定地方籌措糧餉，朱高熾兢兢業業，使得地盤狹小的朱棣，竟能與佔有國家大部分資源的建文帝「中央軍」相持三年，並最終一舉擊潰。朱高熾的後勤工作尤其重要。

但即使這樣還是免不了父親朱棣的猜忌，建文帝為離間朱棣父子，派使臣至北平和朱高熾密談，許諾說「如歸朝廷，許汝為王」，並暗賜詔書。消息被燕王府太監黃儼通報給朱棣，接著朱高熾的弟弟漢王朱高煦也從中挑撥，激得朱棣大怒，正欲派使者回北平賜死朱高熾。朱高熾卻處理得當，建文使臣賜詔書後，朱高熾看都沒看，直接將使臣捆了，連同未開封的詔書一道送給身在前線的朱棣，此舉果然令朱棣疑慮頓釋，連聲慶幸說「幾殺吾子」。

建文四年七月（一四〇一年），朱棣攻入南京，建文帝兵敗後下落不明，隨後朱棣稱帝，改年號為永樂，永樂二年（一四〇四年），朱棣正式冊封朱高熾為皇太子。對於這位之前飽受猜忌，歷經生死考驗的長子來說，可謂苦盡甘來。

機關算盡朱高煦

定天下，封太子，看似熬出了頭，其實，凶險才剛剛開始。

首先是這太子位來之不易，儘管在「靖難之役」中立功頗多，但長久以來，朱棣最喜愛的還是能征善戰的二兒子朱高煦。在「靖難之役」的關鍵戰役白溝河之戰前，朱棣就曾暗示朱高煦要做好接班的準備（勉之，世子多疾）。朱棣登基之後，其麾下曾與朱高煦一起出生入死的老戰友們，如朱能、張輔、丘福等人也力主冊立朱高煦。這些人，都是後來位列功侯執掌軍權的「功臣」，影響力甚大。而朱棣的三兒子朱高燧也和朱高煦勾連一氣。因此，朱棣登基後，直到永樂二年才正式冊立，實為在二子之間猶豫不決。

支持朱高熾的卻多是文臣一派，曾在靖難期間協助朱高熾留守的文臣，如後來的禮部尚書吳中等人，對朱高熾頗為支持。而在朱棣登位後，他所倚重的文臣，如夏元吉、蹇義、方賓、解縉、胡廣等人，對朱高熾也頗多支持。一則是因為朱高熾為人寬厚謹慎，在文臣中深得人心。二則是朱高煦性情橫暴，當年在南京「勝利大逃亡」期間，就曾在沿路殺人。靖難成功後，更是「倚功多有不法」，民憤極大。而封建社會立長的傳統，也讓文臣們更多地傾向於朱高熾一邊。

永樂元年（一四〇三年）一月，群臣即上表要求冊立太子，朱棣以太子「正在學習階段」（屬尚進學之時）為由予以拒絕，兩個月後，群臣請朱棣的同母弟弟周王出面，再次請求冊立太子，反遭朱棣下旨斥責。

而讓朱棣最終拿定主意的卻是如下幾件事：一是兵部尚書金忠的意見，金忠善於占卜，朱棣起兵期間就曾多次向他問計，史載「無卦不靈」。立太子之事，金忠用卜卦的方式向朱棣進言，告之若廢長立幼，日後必然引發兄弟相殘，令朱棣大受震動。另一個常年為朱棣卜卦的相士袁拱也對朱棣說朱高熾有「帝王之相」。而大學士解縉的話也頗為重要，他對朱棣稱讚朱高熾有「好聖孫」。「聖孫」即朱高熾之子，後來的宣德皇帝朱瞻基，從小就和朱棣「隔輩親」。而朱高熾從立為世子開始，一直小心謹慎，從未有過任何錯事，和他不法行為不斷的兩個弟弟對比鮮明。如此種種，最終讓朱棣下了決心，永樂二年（一四〇四年）正式冊封朱高熾為太子。之後，選拔楊士奇、楊榮、蹇義等人相繼成為東宮詹事，輔佐朱高熾。但對於朱高熾來說，考驗才剛剛開始。

被封為漢王的朱高煦果然不死心，他先是以種種藉口拒絕就藩，接著和三弟朱高燧以及宦官黃儼勾結，屢屢陷害朱高熾。朱棣為朱高熾選擇負責太子教育的「太子太師」丘福，更是朱高煦的親信。永樂六年，朱棣又命丘福輔佐「皇太孫」朱瞻基，如此一來父子二人其實都在朱高煦的監視之下。而朱棣從永樂八年起，連續發動了五次對蒙古的御駕親征，每次都命朱高熾坐鎮南京監國，這更把常年受朱棣猜忌的朱高熾，推到了風口浪尖上。在朱高煦的陷害下，朱高熾身邊的親近大臣也不斷有人遭罪。先是大學士解縉，在永樂四年（一四〇六年）遭貶，四年後又被處死。原因正是朱高煦誣陷他「擅與太子謀，恐不軌」。永樂十年（一四一二年），大理寺右丞耿通向朱棣揭露朱高煦的不法行為，反被朱棣以「離間父子」罪賜死。而最嚴重的案件，卻是永樂十二年（一四一四年），朱棣親征蒙古得勝歸來，心情大好之際，隨行的朱高煦藉機向朱棣誣陷朱高熾。回到南京後，因在南京監國的朱高熾迎駕遲緩，引得朱棣大怒，甚至動了廢黜朱高熾的念頭。危急時刻，朱高熾身邊的楊士奇、蹇義、楊浦等大臣主動承擔了罪責，力陳此事是自己失職，結果紛紛被朱棣下獄。朱高熾雖躲過一劫，但太子位已然風雨飄搖。

朱棣之所以常年對朱高熾頗多防範，一則是他天生的猜忌心理，二則是他對朱高煦的偏愛以及朱高煦的親信太監和武將常年的影響。但最重要的卻是，朱高熾雖然謹慎小心，但他為政寬厚，特別是在朱棣北征期間，他留守監國，每次都赦免許多無辜得罪的犯人，並減輕刑罰，這無疑是與朱棣唱反調。身為帝王，自然忌憚身後即位的帝君會更改自己的國策，朱高熾無疑是犯了大忌的。

但朱高熾最終平安的度過了難關，這得益於他身邊親信文臣的幫助，也得益於自己數十年如一日的良好表現。朱高熾信任的楊士奇、楊榮、楊浦等大臣分外有智謀，每遇危機，不但能勇擔罪責，更能設法化解危險。特別是楊士奇，身為內閣大學士，朱棣時常向他詢問太子的表現，每次都美言甚多。而吏部尚書蹇義也是關鍵人物，他執掌吏部，素來以看人眼光精準而得朱棣器重，朱棣派丘福北征時，他向朱棣進言丘福「有將略無帥才，不堪大用」。結果正如他所言，令朱棣大為賞識。對於立儲這一敏感問題，蹇義甚少發表看法，但他在洪武年間就曾是朱高熾在「大本堂」時候的老師，立場自不必說。朱高煦每次進讒言，陷害朱高熾一派的官員時，蹇義表面不說，暗地卻利用自己吏部尚書的身分從中周旋，盡量使獲罪官員減輕責罰，每次都「保全善類甚多」。而另一位負責「大帳房」的戶部尚書夏元吉，也時常對朱棣言太子「素節儉」，令朱棣大為滿意。

最關鍵的還是朱高熾自己的表現，雖然屢遭兩個弟弟陷害，但朱高熾不計前嫌，每次朱棣詢問他對於弟弟的看法時，皆言其善。每次朱高煦有劣跡被告發，朱高熾更是主動乞求朱棣寬恕，與兩個弟弟平日「打小報告」形成對比。而每次受命監國時，雖屢遭朱棣猜忌，卻依然堅持行仁政。但每份詔書，皆以朱棣名義行事。蹇義向朱棣進言道，朱高熾此舉，實為「樹陛下之恩德也」。看到兒子為自己「收買人心」之舉，朱棣也有所感動，連連感歎「先皇（朱元璋）常讚太子仁孝，今觀果不虛也」。而在幾次朱棣欲廢朱高熾時，當年曾為朱棣占卜的金忠屢屢阻止，聲稱願「舉家連坐保太子」。日久天長，朱棣的「心理天平」終於傾斜。

而在這些過程裡，朱高煦最終觸怒了朱棣，他勾結三弟朱高燧時常陷害朱高熾，且胡作非為。史書上記錄最多的，是他常以李世民自居，引起朱棣厭惡。其實除此以外，他所觸怒朱棣的還有兩件事，一是私自走私茶葉至青海、西藏，破壞朝廷與西藏地區的「茶馬貿易」。「茶馬貿易」一直是明朝戰馬的重要來源，對意在征服蒙古的朱棣尤為重要。朱棣二征瓦剌回來，戰馬死傷甚多，卻得知戰馬儲備不足，一時大怒，命夏元吉嚴查，卻牽出了朱高煦的走私案。朱棣雖最終睜一隻眼閉一隻眼，但對朱高煦印象大惡。

而另一件事是，永樂十三年（一四一五年），朱高煦在南京招募「護衛」，組建了一支三千人的親兵隊，偏偏這其中有幾個人橫行不法。在南京買東西時強買強賣，打死居民。當時南京的兵馬指揮使徐野驢將之捉拿，卻被朱高煦派人毆死。此事由兵部尚書金忠向朱棣報告，經查問，得知這些人都是朱高煦親兵，此事犯了朱棣大忌。

永樂十四年（一四一六年），朱棣就朱高煦封藩一事詢問楊士奇，楊士奇巧答道：「陛下正謀遷都，漢王卻留居南京，望陛下深查其心。」暗指朱高煦有謀反之意。正中朱棣下懷，同年，朱高煦被強行遷往山東青州做漢王。朱高熾的太子位，從此徹底穩固。朱棣過世後，在楊榮和張輔的巧妙安排下，朱高熾有驚無險地即位。此事值得一提的還有張輔，他雖是朱高煦一派，但史載他「識大義」，關鍵時刻與楊榮合謀，終令朱高熾順理成章地登上了大明皇位的寶座。

短暫執政政績多

君臨天下的朱高熾，在接過了朱棣留下的豐厚家產的同時，也接下了「永樂盛世」結束後，大明帝國的百孔千瘡。

朱棣一生，文治武功偉業赫赫，卻終免不了勞苦百姓。至朱高熾即位時，戶部尚書夏元吉就向朱高熾奏報，天下已然民窮財盡、疲憊至極。內政方面，江西、福建以及山東西南，小規模的農民起義時有發生。因北征徵用大量民夫，北方山東、山西、河北、河南四省「十室四五空」，勞力大量流失，糧食也連續三年歉收。因土地兼併以及各地大興土木，江蘇、浙江、江西各省大量農民失去土地四處流浪，形成嚴重的流民問題。物價方面，僅大米價格，就比朱棣即位初期上漲了十倍。在永樂朝初期足夠支用十餘年之久的國家戰略儲備糧，此時只夠支用一年有餘。對外方面，安南叛亂仍在繼續，當地明軍敗績連連，國家耗費錢糧無數，成了一個填不滿的「無底洞」。

在這樣的情況下，朱高熾果斷更改了朱棣時期的內外國策，開始「仁德治國」。對朱高煦、朱高燧兩個曾與他爭皇位的弟弟，他體恤有加，毫不念舊惡。內外政策方面，對外停止了「下西洋」和「通西域」，對北方韃靼和瓦剌改以招撫暫停用兵。對南方的安南叛亂也暫停用兵，派使者展開

「和平對話」；經濟方面依夏元吉建議，停止發行紙幣「寶鈔」，並由國家控制鹽價，實行「緊縮銀根」，控制物價；針對越發嚴重的土地問題，朱高熾一面派出以監察御史周乾為首的「工作組」，赴江西、江蘇、安徽、山東等省展開研究調查。另一面廢除朱元璋時代部分禁令，將之前諸多不允許平民進入的湖泊山澤，甚至軍用馬場均劃歸民用，招募農民墾荒，以解決流民問題；為縮減國家開支，更在政府方面開展改革，裁撤了朱棣時期設立的閒散府衙，對地方官設立了七十歲必須致仕的退休制度；對屢平屢反的各地農民起義，也變剿為撫，改以招撫之策。短短幾個月間，各地民亂紛紛平定，國家物價日益回穩，國家財稅收入日漸增加。至洪熙元年（一四二五年）一月，國家稅糧收入即達到接近永樂朝最繁榮期的三千五百萬石，物價特別是米價，也回落到朱元璋時期的水準，瀕臨民窮財盡的明王朝，終於逐漸重回正軌。

在穩定內政的同時，朱高熾也對傳統的司法和政治制度著手改革。首先是司法方面，赦免了大量在「靖難之役」後獲罪的家庭，如鐵鉉、方孝孺、齊泰、黃子澄等罪臣的親屬皆重獲自由，罪臣們也得以平反昭雪。進而對《大明律》做了修正，廢除了如宮刑、扒皮塞草等殘酷刑罰，為政以寬仁為主。最重要的是國家的政治改革，進一步強化朱棣時代確立的「內閣大學士」的權力。治國倚重文臣，在他做太子期間成為親信的楊士奇被任命為明朝創建內閣制以來的內閣首輔。更形成了明朝歷史上著名的「三楊內閣」（楊榮，楊浦，楊士奇）。這一切，不僅是當年建文帝想做而未能做到的事，更成為明朝後世沿用的制度。

明洪熙元年（一四二五年）五月二十九日，正勵精圖治的朱高熾猝死於欽安殿，時年四十八歲。死後追諡為孝昭皇帝，廟號仁宗，短短十個月執政時間，卻奠定了明朝之後「文官政治」的雛形，影響其後二百年。《明史》稱他「定萬世臣子之法」、「景比隆哉」，觀其貢獻至為恰當。

死亡謎團多爭議

與他生前史不絕書的讚譽相比，他的死因卻成為一個爭論。《明仁宗實錄》和《明史》都隻字不提他的死因。主流的史學觀點認定他死於「耽於淫樂」、「縱欲過度」，大都來自洪熙元年國子監祭酒李時逸批評他的奏摺。李時逸批評他「自建寧選取秀女，恐阻維新之望」，氣得朱高熾險些將李時逸斬首。直到垂危時還怒罵說「時逸辱我」。明人《病逸漫記》中也考證他是為了治療「陰症」（陽痿）服藥中毒而死。但今根據《明史》記錄，朱高熾在位時的皇妃，除張皇后外，僅郭、李、譚三妃，「縱欲說」確實有待商榷。

而另一種說法「暗殺說」。則起自一個疑點，洪熙元年三月，朱高熾命太子朱瞻基南下中都（鳳陽）和南京，祭奠皇陵，但朱瞻基離京後，並未按照行程先去鳳陽，而是直奔了陪都南京，顯然是為了接班做準備。而負責侍奉朱高熾飲食起居的御用監宦官海壽，卻是朱瞻基的親信，朱瞻基登基後，更搖身一變成為大明朝司禮監掌印太監。

更讓人疑惑的是漢王朱高煦在朱瞻基登基後起兵造反，事敗後被審訊的記錄，他承認在聞知朱高熾駕崩後，曾專門派兵在朱瞻基必經的各要道監控，準備截殺回京即位的朱瞻基，誰料卻最終撲空。而此時朱瞻基遠離京城，如無意外不可能比朱高煦更早知道仁宗去世的消息，唯一的「意外」，也許正來自他親手謀劃所謂的「駕崩」。歷史的謎團伴隨著爭論延續到今天，終未見水落石出。

八、仁宣之治有多牛

在位只有短短十個月的明仁宗，其帝王生涯宛若一顆璀璨的流星，雖然轉瞬即逝卻光耀無比。清朝官修的《明史》，對他的評價尤其高，將他列入明朝「五大仁君」榜單。甚至斷言說，假如他的壽數可以再延長幾年，必然會締造堪比西漢文景二位聖君的大功績。至於後世史家們，對他更是稱讚不斷，凡是「仁君」該有的榮譽稱號，基本全齊了。

評價如此之高，除了明仁宗善良的人品，以及做過的諸多好事外，更因為執政短暫的明仁宗，開啟了一個足以超越歷史的偉大盛世——仁宣之治。

「仁宣之治」，是大明王朝繼「洪武盛世」和「永樂盛世」後，又一段成就驕人的光輝歲月。雖然時長只有十年，但其富庶的民生經濟、廉潔高效的行政運轉，造就了一個國泰民安的繁榮時代。僅以治國成就論，這一時代已足夠與前朝諸多盛世媲美，堪稱中國歷史上著名的「治世」。

然而說「仁宣之治」超越歷史，是因為這個時期是明朝政治經濟制度的改革期，明朝的幾項影響重大的改革，都是在這十年裡完成。明朝在這期間，完成了治國模式的一次完美升級。之後兩個多世紀裡，明朝的政治經濟運轉，都是在「仁宣之治」確立的軌道上前行。

開啟這個變革時代的是英年早逝的明仁宗，而真正完成這些政績的卻是他的長子——明宣宗朱瞻基。

明宣宗的美好童年

比起父親朱高熾的苦命人生來，早年的朱瞻基，可以說是生在蜜罐裡。

朱瞻基的出生很有意思，他生於洪武三十年（一三九八年），降生的當夜，還是燕王的祖父朱棣做了一個夢，夢見明太祖朱元璋賜予他大圭。這夢非同小可，大圭象徵帝王身分，十足的吉兆，朱棣正在夢中樂呵著，小朱瞻基呱呱墜地了。樂醒的朱棣連忙去瞧孫子，抱著越看越喜歡，當場稱讚說：「這孩子就是大明朝的福分啊！」

從此以後，對這個孫兒，朱棣一直疼愛有加。這以後的朱棣，先靖難，再登基，從雄踞一方的燕王，升級為君臨天下的帝王，對孫兒朱瞻基的疼愛，更是與日俱增。甚至做出了一個驚人的決定，在確立兒子朱高熾為皇太子後，永樂九年（一四一一年）十一月，十三歲的朱瞻基被冊立為皇太孫，成為大明王朝再一代合法的繼承人。太子尚健在就指定太孫，明朝歷史上，這是唯一一次。

朱棣如此疼這個孫兒，除了「隔輩親」的情分外，還更重要原因。小朱瞻基相貌英武，天資聰穎，特別是博聞強記，處處透著靈性，好些個脾氣秉性，更與年輕時的朱棣格外相似。外加他的母親張氏，即後來的誠孝張皇后，素來出了名的賢慧。如上因素，朱棣認為這孩子身上，深藏著帝王的潛質，假以時日，必成大器。

自此以後，對朱瞻基的成長，朱棣便操碎了心，先是給他組建了一個強大的教育團隊，負責他學業的首席教師，便是號稱「靖難第一謀士」的姚廣孝。此人不但學識淵博，更深通權謀兵法。另外還有胡廣，他是建文年間的狀元郎，明初傑出的學問家。由這二位強人領軍，輔以一批名臣學者，教學內容更豐富，從儒家典籍學問到行政經驗，乃至御人之術，統兵打仗，凡是做皇帝需要的本事，都得全方位教學。

除了學業要求外，好些教育項目朱棣還親力親為，親自帶孫子鍛鍊。最初的時候，常帶著朱瞻基出門打獵，或者走訪農家、訪貧問苦。後來朱棣北征漠北，更帶著朱瞻基隨軍，親歷戰場廝殺。

而朱瞻基也沒讓祖父失望，學業進步極快，而且能文能武。武功練得好，還曾在宮中宴會上表演射箭，當場連發連中，博得滿堂喝采。文化水準同樣高，尤其擅長作對聯，詩詞也寫得好，還精通書法繪畫，典型全方位發展的好學生。

但比起上面這些優良成績來，真正令祖父朱棣感到欣慰的，卻是他十六歲那年的一件事。正是這件事令朱棣認定，這個他一直給予厚望的孫兒，果然沒有變成啃書本的呆子，相反已初具獨當一面的才能。

這件事發生在永樂十二年（一四一四年），著名的忽蘭失溫戰役期間。

當時朱棣御駕親征瓦剌，命已是皇太孫的朱瞻基隨行。繼而忽蘭失溫血戰，明軍一舉擊潰敵軍，正在乘勝追擊之時，孰料一個不留神，督戰的朱瞻基遭瓦剌軍反撲，居然深陷重圍，險些被俘虜了。

而正是在這場突發危機面前，年輕的朱瞻基第一次體現出過人的能力。臨陣毫不慌亂，反而鎮定指揮，從容周旋，終於等來了援兵，有驚無險地脫困。

而接下來的事情，朱瞻基更令祖父刮目相看。是夜祖孫兩長談，分析白天戰局的得失，當朱棣躊躇滿志，打算第二日乘勝追擊，一舉蕩平瓦剌殘部，這時長期在身邊當聽眾的朱瞻基，卻突然語出驚人：「今天天威所加，敵人已經聞風喪膽了，經過這場敗戰，他們生息都很困難，已經不敢再殺回來了。現在已經不需要窮追，應該盡早班師回朝。」

以朱棣的性格，要是旁人敢這樣頂撞他，恐怕早已氣壞。但這次卻不同，眼看著孫兒侃侃而談，把戰局分析得絲絲入扣，真是說不出的高興。第二天一早，當殺敵心切的眾將士們爭先請戰時，朱棣卻一反常態，照搬了孫兒昨夜的論調：「敵人已經跑遠了，追也沒意思，回家吧。」

聲勢浩大的朱棣遠征瓦剌之役，就這樣圓滿結束。而在朱棣眼裡，朱瞻基的這番表現，與這場勝利有著同樣意義。這個十六歲的孩子，在祖父面前完美表現了過人的膽識與卓越判斷力。多年的苦心培育，已然開花結果。

從那以後，朱棣對於孫兒的培養，也更加升級。到了晚年，甚至允許朱瞻基在文臣輔佐下，獨立處理一些國家事務，相關的行政經驗，也早早累積。

而在常年的宮廷鬥爭中，朱瞻基的另一樣本事——權謀心機，也同樣悄然升級。

要說他這本事的形成，也有教育因素。老師姚廣孝就是權謀大家，但更重要的因素卻是永樂年間的爭太子風波所得到的實戰經驗。

徹底瓦解二叔的野心

自從父親朱高熾被立為太子後，朱瞻基的幾位叔父就沒一天消停過。尤其是二叔朱高煦，更是常年處心積慮，不是造謠誣陷，就是四處活動。最張狂的時候，甚至還當眾羞辱朱高熾，行為極其惡劣。

對於這些凶險的考驗，老實人朱高熾，一度非常孤立無助。身邊的親信大臣們，不是遭陷害蒙難，就是棄他而去。他本人除了謹慎行事外，更一度給嚇出病來。有一次朱棣聽信朱高煦讒言，張榜申斥朱高熾，嚇得朱高熾立刻臥病不起。

就是在這樣的凶險環境下，年輕的朱瞻基與父親一起見證了世態炎涼。人情世故了然於胸，面對明槍暗箭，他更是常挺身而出用行動保護父親。

最著名的一個事件，發生在一次祭陵時。當時朱瞻基陪父親一道，與叔叔朱高煦去祭陵，朱高熾天生殘疾，走路一瘸一拐，朱高煦看了就幸災樂禍，在旁邊嘲笑說：「前人蹉跌，後人知警。」這話說得很缺德，既笑話朱高熾的生理缺陷，更暗含警告：大哥你留神點，摔倒了可有弟弟我呢。

但沒想到，朱瞻基不緊不慢地回了一句：「更有後人知警也。」這話說得更有水準：叔叔你不用管閒事了，我爹倒了還有我，照樣沒你什麼事。朱高煦聞言當場大驚。這個侄兒，比大哥更難惹。

隨著永樂二十二年（一四二四年）七月，明成祖朱棣病故於北征歸途上，明仁宗朱高熾順利即位，這場立儲之爭，暫時平靜了下來。誰知不到十個月，明仁宗英年早逝，局面驟然再變。當時留守南京的朱瞻基，在進京即位的路上，就險些遭到漢王朱高煦的截殺。而等到朱瞻基順利即位後，受封樂安且手握重兵的朱高煦，終於露出了獠牙。老爹的反不敢造，大哥的反沒來得及造，侄兒的反，說什麼也要造！

所以自從洪熙元年（一四二五年）七月，朱瞻基登基後，朱高煦就一直找茬。先獅子大開口，不斷向朝廷要封賞，同時招兵買馬，準備作亂。然而朱瞻基的反應卻出人意料的軟弱，基本是叔叔要什麼，他就給什麼，甚至還親筆寫信，大力表揚這位氣焰熏天的叔叔。

眼看朱瞻基越發軟弱，朱高煦反而更來勁。轉眼到了宣德元年（一四二六年），越發來勁的朱高煦，一下更鬧出了大動靜。他派部下枚青入京遊說名將英國公張輔，企圖起兵作亂。誰知張輔不傻，立刻將枚青綁了檢舉揭發。這下雙方攤牌，朱高煦大張旗鼓，發檄文傳天下，藉口朱瞻基身邊的文臣夏元吉等人是奸臣，聲稱要「清君側」，公然發動叛亂。

朱高煦之所以這麼自信，倚仗自己戰功多，靖難時候就打仗，自詡久經沙場。而登基後一直軟弱的朱瞻基，在他眼裡和當年倒楣的建文帝沒兩樣。所以複製父親朱棣的成功，似乎形勢大好。

然而朱瞻基的軟弱只是個圈套，目的就是放線釣魚，等朱高煦上鉤。朱高煦一公開叛亂，這下就好辦了。是年八月，朱瞻基御駕親征，親率大軍討伐朱高煦。結果大軍包圍朱高煦老窩樂安，還沒開幾炮，朱高煦就全軍譁變，嚇得朱高煦穿一身白衣服，慌不迭地跑出來請罪。一場看似大陣仗的叛亂，就這樣輕鬆地平定了。

平叛成功後的朱瞻基，很有智慧地處理了後續事務。協同朱高煦叛亂的相關人等只重辦了六百多人，其他幾萬將士大多赦免。而一直和朱高煦有勾結的趙王朱高燧，則被嚇破了膽，慌忙地主動投誠。朱瞻基也寬大處理，除了剝奪趙王的兵權外，並未廢除王號。如此一來，人心大定。

而對朱瞻基來說，這場輕鬆平定的叛亂更好似一個舞臺，二十八歲的年輕皇帝，完美地表演了一番心機手段，整治了舊敵，更展現了威風。料理完這個麻煩，就該放手治國了。

安南亂局終解決

從治國條件說，明宣宗朱瞻基的運氣極好，比起明初的慘澹來，祖上傳給他的是一個豐厚無比的江山。

此時的明朝，經過明成祖朱棣的南征北戰，邊境太平，特別是北方邊關，瓦剌和韃靼兩大勢力基本消停。而經過明仁宗時期的改弦更張後，國民經濟也日益穩定。解決掉漢王朱高煦叛亂後，一併解決了僅存的兩個握有兵權的藩鎮——漢王和趙王。

而相比於這些，祖父和父親留給朱瞻基最大的家業，卻是人才。

朱瞻基登基時，正是明朝政府一個群英薈萃的時期，朱棣創立的「文淵閣」裡，如楊榮、楊溥、楊士奇三位內閣重臣，歷經沉浮，此時正是行政經驗最成熟的時候。英國公張輔的赫赫戰功，也早已名聲在外。此外還有老成持重的吏部尚書蹇義以及精通財政的經濟強人夏元吉，都是老成謀國的人物。這是一個運轉已然成熟，經驗、能力都極為強大的團隊。

但自從朱瞻基登基後，這些大臣們就一直爭吵不休。原因是為了一個大明王朝糾結已久的問題：交趾問題。

當年永樂皇帝朱棣在位時，曾為了平定安南國內叛亂，發動征討安南戰役。大獲全勝之後，卻沒有重立安南王室，反而在當地設立交趾郡，劃為大明的一省。

誰知此後卻麻煩不斷，從永樂六年（一四〇八年）開始，交趾就暴亂不斷。明朝多次調兵平亂，誰知來回折騰多次，這股動亂平定，那邊又起紛爭。到了朱棣晚年，明朝遷都北京，精銳部隊多集中北方，對交趾地區也就越發顧不過來了。

而在這時，交趾地區的動亂已經越演越烈。更出現了一位強悍的領袖黎利，多次擊敗明軍。明宣宗登基後，本來也想拿交趾立威，調動七萬多大軍南下，誰知卻碰一鼻子灰，連吃敗仗不說，到了宣德二年（一四二七年）九月，連都督崔聚和工部尚書黃福都被俘虜了，局面更加不可收拾。

之所以鬧成這樣，是因為明朝鞭長莫及，首都都遷到北方了，對南方越發管不過來。交趾問題該怎麼辦，明朝高層也一直爭吵不休。內閣的楊榮和楊士奇堅決主張放棄，而英國公張輔和戶部尚書夏元吉卻力主打到底。高層你爭我吵，明朝的政策也就左右搖擺，甚至朝令夕改。折騰下來，自然越發狼狽。

在這樣的局面下，朱瞻基再次展現了他的決斷力，果斷停止了對交趾的戰事，將留在當地的八萬六千多明朝軍民撤回。後又授權黎利「權署安南國事」，黎利死後，其子黎元龍在明朝正統元年（一四三七年），正式接受了明朝的冊封，受封安南國王。這場持續明朝三代帝王的戰爭，就此徹底解決。

反腐風暴來得猛

然而卸掉負擔的朱瞻基，還沒來得及喘一口氣，卻緊接著面臨一個更大的問題：腐敗。

其實腐敗問題歷朝都有，並不奇怪，但是明朝腐敗的重災區，竟然是朱元璋當年為反腐敗而苦心設立的都察院。

當年明太祖朱元璋，深恨貪污腐敗，為此設立了都察院制度。都察院的御史們，官職極小，權力極大，七品的芝麻官在中央可以彈劾重臣，在地方更可督查官吏。反起腐敗來，素來簡潔高效。

但時間久了，這制度就出了問題，御史們可以查百官，可是沒人來查御史，漸漸地貪官們也摸清了門道，有罪不怕，把御史拉下水就行。於是相互腐蝕，一開始還是貪官收買御史，後來竟發展成御史向官員索賄，風氣越發惡劣。

這其中最典型的就是都察院左都御史劉觀，身為都察院的一號人物，這位劉觀的人生可謂傳奇。早在洪武十八年（一三八六年）他就高中進士，朱元璋在位時，曾是出名的廉潔人物，多次受到表彰。可就是這樣一個人，後來卻變了質，到朱瞻基在位時，已經貪到全地球人都知道了。劉觀有一個大毛病，就是好收賄賂，還極講學問，收錢的時候自己不出面，全由兒子劉福代理。他這兒子更不省心，除了替老爹收錢外，還包攬詞訟，熱衷打著老爹的名號跑關係，是京城出名的「腐敗經紀人」，爺倆一對活寶。

連反腐敗的都察院尚且如此，明朝的吏治狀況自然迅速惡化。當時京城的大小酒樓，生意都特別興隆，公款吃喝極其普及，宴會整夜不停，大小官員召妓做樂，甚至競相攀比奢華，全國颳著歪風邪氣。

而腐敗的危害性，在朱瞻基即位後越發感同身受。就拿一度鬧得焦頭爛額的交趾問題來說，動亂四起的一大原因，正是由於明朝當地官員貪腐成風，激起民憤。「權署安南國事」黎利曾經說過，倘若明朝派到交趾的官員，人人都能清廉，我又怎麼會造反呢。

為了懲治腐敗，朱瞻基也做了很多努力，但都收效甚微，痛定思痛後，他決定下重手，抓個位高權重的腐敗典型。開刀的對象，就是貪得聲名遠播的劉觀父子。

而和當年整治朱高煦一樣，朱瞻基這次還是用引蛇出洞的辦法。先是宣德三年（一四二九年）六月，藉故貶劉觀去督查河道，這風聲一放出來，各路御史為了邀功，紛紛上奏彈劾，揭發劉觀的奏摺如雪片般飛來，正好省了取證的麻煩。這下朱瞻基順水推舟，立刻逮捕劉觀父子，然後一番審訊，數罪併罰判了充軍遼東。這個明朝永樂末至宣德初年的最大巨貪，就此倒臺。

劉觀被查後，接替劉觀職務的，就是清官顧佐。事實證明朱瞻基很會用人，這位新任的顧大人，既是著名清官，更是著名狠官，行政恪盡職守，為人孤僻自傲，平日裡除了工作往來外，從不和同僚交流，官場綽號「顧獨坐」。堪稱官場獨行俠。

這樣特立獨行的人物，辦起案子來更是雷厲風行，上任不到一年，就藉著劉觀的案子順藤摸瓜，一口氣撤了四十三個御史，又選拔增補了多名清廉幹才，一度爛透了的都察院，就此生機煥發，再度撐起反腐重任。

都察院可靠了，緊接著官場大震盪，大批鐵面御史們積極活動，大力整頓貪官，不出幾年，明朝吏治一片清明。反貪腐事的好效果，朱瞻基得意了，有一次在內閣大學士楊士奇的面前誇耀說：「當年要是不重辦劉觀，官場風氣哪能這麼好？」

但即使這樣，明宣宗還是不敢怠慢，為避免都察院腐化的教訓重演，宣德十年（一四三五年），又在制度上修正。以後都察院選拔御史，要由都察院定名單，寫明具體事蹟，然後交付吏部審核，一旦御史出問題，推薦人和審核人都要連坐。這樣一來，吏部和都察院之間，既要互相監督，出事更要連帶陪綁，御史的選拔標準一下子嚴格起來。

經濟改革最頭疼

在解決腐敗問題的同時，經濟改革也在進行。自明初以來一直蒸蒸日上的國民經濟，這時也遭遇到了瓶頸。一是通貨膨脹，這事說到底，還是明朝的貨幣制度引起的，明初以來的貨幣制度，是銅錢與紙幣（大明寶鈔）並行，但隨著商品經濟的發展，這制度很快遇到大問題。紙幣貶值太快，從朱元璋在位時期就發生了經常性的通貨膨脹，一直到宣德年間，問題越來越嚴重。

另外是欠稅問題，一是由於江南地區稅重，所以欠稅問題主要集中在江南地區。二是遷都北京後，運輸成本增加，百姓負擔加重，所以自從永樂末期開始就經常性欠稅。

而朱瞻基解決這兩個問題，都倚重了永樂時期的第一經濟強人：夏元吉。

夏元吉的理財能力，早在永樂年間就名揚天下，別的且不論，就說永樂皇帝朱棣一輩子，折騰了那麼多大功業，國民經濟卻能支撐，長期擔任戶部尚書的夏元吉可謂功不可沒。後來因為反對朱棣的第五次北征，一度被下獄。也正是這期間，明朝的通貨膨脹驟然惡化，僅大米價格，就比朱棣剛登基時，整整漲了五十倍。

到了朱瞻基登基後，夏元吉早已官復原職，也開始展開了救火。他的主要辦法，就是全力恢復大明寶鈔的信譽。一是把食鹽價格和寶鈔掛鉤，用鹽作為紙幣準備金；二是多回收寶鈔，少發寶鈔；第三招則配合反腐敗，官員每受賄一兩銀子，則罰一萬貫寶鈔。這招有學問，明朝當時禁用金銀貨幣，這樣一罰，等於是把寶鈔價格和金銀掛鉤。三招齊下，物價果然穩定。

而比起通貨膨脹問題來，欠稅問題卻更難辦。這事從根本上說，還是由於朱元璋當年憤恨江南人民支持張士誠，設立了重稅制度。但這條「祖制」卻輕易碰不得，碰了是死罪，不碰又解決不了問題，真是進退兩難。

這個棘手的問題，並非由夏元吉解決，穩定物價的事已耗盡了他人生最後的能量，他於宣德五年（一四三〇年）過世，然而在此之前，他已經物色到了一位解決這個問題的人選：周忱。

在這之前，周忱可謂沒沒無聞，他在永樂二年（一四〇四年）就中了進士，而且年紀輕輕就進過文淵閣，當時很得永樂皇帝賞識。但這以後，仕途就一片黯淡，雖然做到了刑部員外郎的職務，卻一直毫無建樹。

之所以沒建樹，直接原因是因為夏元吉壓制他。這倒並非兩人有過節，而是夏元吉深知此人的才幹，所以每當有升遷機會，完全被夏元吉否決掉。理由都是職務太平常，根本無法發揮周忱的才幹。如此一來，光陰蹉跎，直到宣德年間，周忱的官職還是原地踏步。

作為老成謀國的能臣，之前的這一切，其實是夏元吉對周忱的考驗。當看到周忱一如既往，毫無抱怨後，夏元吉終於確認周忱就是解決這個大難題的不二人選。

宣德五年（一四三〇年），經夏元吉以及大學士楊榮的舉薦，周忱獲任江南巡撫，開始直接面對這一挑戰。一開始就出師不利，到任後想盡辦法解決，不但毫無成效，當地勢豪大戶還趁機作梗，外加天公不作美，江南鬧水災，結果一番折騰，反而落下了個「周白地」的綽號。

但周忱心態好，聽了綽號也不急，反而自嘲說：「今天叫我周白地，來年我叫谷滿地。」經過失敗的周忱，終於找到了解決問題的最佳辦法，雖然祖制不能動，但具體細節可以靈活掌握。老百姓的賦稅，先前分為兩塊，一是應交田賦，二是運輸費，也就是「損耗」，田賦既然不能減，那就在損耗上做文章。有錢的多交，沒錢的少交，這樣負擔大大減輕，稅收效率也提高。這個著名的法令，就是「平米法」。

這樣一調整，效果果然大好，不出幾年，江南地區的欠稅全面交清。而後周忱再接再厲，又在正統年間，首創了「金花銀」制度，也就是把應交的糧食，部分折合成銀兩徵收，這個重要的改變，後來更變身為一個重大的改革：一條鞭法。

這幾項改革一推廣，江南的局面立刻不一樣，不但老百姓負擔減輕，稅收增長，周忱更從稅糧中拿出多餘部分，設立了「濟農倉」。在他任上，「濟農倉」遍布江南大地，不但用於賑濟救災，甚至商業貿易、創業貸款都可從中告貸。而後明朝遭遇了幾次重大變故，以至錢糧短缺時，都是從江南「濟農倉」調錢糧補充。特別是後來的土木堡慘敗後，正是江南的錢糧輸送幫助明朝打贏那場衛國戰爭。

周忱真正兌現了他到任時的承諾，江南大地已是家家戶戶穀糧滿倉的繁榮景象。

周忱辦事不但眼光準，管理水準更高，最有名的絕招就是會籌算。特別是每次運送錢糧時，哪天颳風下雨，他都記得一清二楚。一次有官員謊稱江面遇風暴翻船，企圖私吞稅糧，周忱立刻駁斥說：那天你說的地方是晴天，哪來的大風？辦事更是高效，《明史》說他「素樂易」，也就是擅長用最簡潔方法，解決最複雜問題。這位能臣從宣德五年（一四三〇年）擔任江南巡撫，任職長達二十年，是整個明朝歷史上在一地任職時間最久的巡撫。

也同樣是在宣德年間起，「巡撫」這一早期的臨時性官職，也日益常態化，成為諸多省份的固定職務。地方行政的事權因而統一，辦事效率也日益增高。

內閣進化史

同樣是在宣德年間，明朝政治的另一體制改革——內閣制也終於完成。

自從洪武年間，明太祖朱元璋廢除內閣後，大明王朝便建立了高度君主專制的政治模式。帝王大權獨攬，集各種事權於一身，件件國事都要事必躬親，起初確實威風，但日子久了，就累得不行。

所以即使是明太祖朱元璋在位時，這制度就開始修正，朱元璋就曾多次設置「大學士」，輔佐他處理國家事務。但這些人在當時官職低，職權小，並未形成氣候。

到了明成祖朱棣登基後，同樣受夠了事必躬親的辛苦，也開始修正制度。朱棣設立了「文淵閣」，安排了他所信任的解縉等文臣入值，成了自己的祕書班子。但最早的時候，這幾位祕書職務更低，最初只是「入值」，後來陸續升為學士也不過正五品。

但這時的大學士們對朝政的影響已經日益擴大，各種國家大事都是他們圍攏在皇帝身邊獻計獻策，好比一個智囊團。但論話語權還是極小，批答奏摺的權力依然由朱棣本人牢牢掌握，他人無法染指。

而在朱棣過世後，內閣的職權更是層層提升。先是明仁宗在位時，確立了內閣大學士的兼職身分，雖然「大學士」這一職務只有正五品，但每位大學士卻都身兼六部的侍郎。後來諸如楊榮、楊溥、楊士奇等人更是身兼尚書職務。而且極其重要的一件事是，明仁宗恢復了建文帝時期的「公孤官」制度，也就是給大學士們加諸如「少保」、「太保」等名譽稱號，這樣一來，大學士們更有了一品身分，凌駕於百官之上。

到了明宣宗在位時期，內閣制度有了重要的演變，一是「置僚屬」，朱瞻基在內閣增設了兩個機構——誥敕房與制敕房，而且皆設「中書舍人」，這就意味著原先只是祕書身分的大學士們也有了自己的祕書班子，而且這些祕書班子的人選，都由大學士們選定，連執掌人事權的吏部也無權干涉。實力大大增強。

而更重要的一個變革，則是內閣有了「票擬權」，也就是國家大事再也不是皇帝親力親為。相關奏摺送過來，主要由內閣成員批覆意見，並擬定草稿送皇帝審閱，即「票擬」。這樣一來，實力強大的內閣，實權徹底壓倒六部，成為整個政府運轉的發動機。

當然在宣德年間，「票擬權」並非內閣專有，像夏元吉、蹇義這些六部尚書也時常參與票擬。內閣真正壟斷票擬權是在明宣宗過世後，當時即位的明英宗朱祁鎮年幼，外加蹇義等六部老臣早已作古，內閣才真正成為「票擬」的專有者。

而在明宣宗執政時期，內閣第一次形成了一個強大的政治團隊，這就是赫赫有名的「三楊」內閣，即楊榮、楊溥、楊士奇。宣德年間的內閣大學士裡，早期的黃淮年老退休，一度入閣的張瑛與陳山表現太差，沒多久就調走，十年裡始終操持國家運轉的就是這三位。

就各別的才能來說，他們未必是大臣裡最強的，但組合在一起卻極其互補。楊士奇為人寬厚，善於調處關係，而且精通謀劃，屬於三人裡的核心人物；楊溥學問精深、操守清廉、為人低調、辦事認真，是三人中的行政幹才；楊榮則多謀善斷、精通軍務。

他們處理國家大事，著實各有一套本領。十年的仁宣之治，主要來自三人的齊心協力。

寬鬆統治真和諧

而就帝王心術而言，明宣宗的統治方式也和前幾代帝王大不相同。明太祖朱元璋和明成祖朱棣，對待百官通常是高壓政策。朱元璋屢興大獄，朱棣雖相對溫和卻也同樣不好惹，國家大事從籌畫到決策，更是集各種大權於一身。那時候的明朝高官基本就是高危險的職業，連夏元吉這樣的重臣，一兩句話觸怒朱棣，也曾慘遭囚禁。

而從明仁宗登基開始，這種統治模式就已經開始轉型，明仁宗除了赦免諸多建文帝時期的文臣外，更強調要實行仁政，鼓勵大臣進諫，禁止濫用酷刑。明宣宗朱瞻基登基後，這個思路也在延續，他本人就以禮敬大臣著稱，而且每當討論國家大事，更是詳細諮詢，鼓勵大臣知無不言。更大的進步是，自「仁宣之治」開始立下規矩，除了謀反等大罪外，其他一切罪過禁止實行連坐法令。死刑等重刑的審核也更加嚴格，大明王朝的司法，真正開始了文明化。

而在處理群臣關係上，明宣宗更匠心獨運，他常用的辦法就是寫詩。喜歡把各種國家大事的觀點，整理成相關詩文，臣子們不但要學習領會，更要對詩唱和，因此就形成了明朝早期詩歌的一大流派——台閣體詩。立國後長期緊張的君臣關係，更從此其樂融融。

而且作為一個帝王，明宣宗更有極其親民的一面，早年祖父培育他時，就常帶他訪問農家，在登基後，這也成了他的習慣，甚至還多次微服私訪，探訪農家艱辛。也因此出臺諸多惠民政策。減輕了老百姓的負擔，經濟迅猛發展。

而在這諸多艱難的變革轉型中，大明王朝的綜合國力也更加蒸蒸日上。國民經濟穩定增長，政府儲備增加，僅福建一個汀州府的存糧，竟然足夠當地官軍支用百年。棉花等經濟作物的種植，更從南方向北推廣。更傲人的成就是手工業，比如紡織行業，明初的時候，江南的紡織中心只有城裡才有，到了宣德年間卻擴展到鄉鎮，比如吳江縣城裡，都有鄉民從事紡織行業。陶瓷業更發達，著名的「青花瓷」正是宣德年間出產，而且瓷器產業除了傳統的景德鎮外，更向大江南北擴展。冶煉業也有驚人的進步，宣德年間的最高鐵產量，達到了八百三十二萬九千餘斤，是永樂年間最高數值的六倍。

也正是伴隨著生產進步，明朝的工商業更加繁榮。各色繁榮的工商業城市，大江南北如雨後春筍般湧現，宣德年間僅新增的商業稅收入，就比永樂年間多出五倍。這是一個經濟高速成長，綜合國力蓬勃發展的帝國。

經濟成就傲人、統治施行仁政、帝王勤政愛民，這三條向來是「盛世」的硬標準，「仁宣之治」幾乎全部具備。因此一直以來「仁宣之治」都有極高的歷史評價。

然而就在一切欣欣向榮的時候，宣德十年（一四三五年）正月初三，突患急病的明宣宗意外離世，九歲的太子明英宗朱祁鎮即位，次年改年號為「正統」。

表面看來，大明王朝的黃金歲月，依然還在繼續。然而就在這個「正統」年間裡，一場突然的意外，給了頂峰的大明朝沉重的一擊，這場意外就是土木堡之變。

九、誰釀成了土木堡悲劇

正統十四年（一四四九年）八月十五日，御駕親征瓦剌的明英宗朱祁鎮，被瓦剌可汗也先圍困於土木堡。是日深夜瓦剌軍總攻，明軍全線崩潰，號稱最精銳的數十萬明軍三大營，頓時被打得灰飛煙滅，僅騾馬損失就達二十多萬匹，兵器火藥損失更不計其數。戰場的屍首堆積如山，貴為天子的明英宗，更是慘遭俘虜。明朝名臣李賢更在其《順天目錄》裡悲憤的慨歎：自古胡人得中國之利未有勝於此者。

這是大明王朝建國以來，最為慘痛的奇恥大辱。這場載入史冊的悲劇，便是「土木堡之變」。

歷經數代帝王的勵精圖治，不斷打造盛世藍圖的大明王朝，為何會這樣輕易地落得這般狼狽的失敗？封建時代的史家門談及此事，大多將其簡單地歸罪於明英宗寵信宦官王振，好大喜功，以至貿然親征，自取其辱。而細究起來，事情卻沒這樣簡單。

宦官從此腰桿硬

平心而論，御駕親征的明英宗之所以淪落如此，不只是他個人錯誤。他那幾位英明神武的「仁君」父輩們，好幾個都前後給他挖了坑。

第一個該負責任的，恐怕得是明英宗的曾祖父——永樂皇帝朱棣。朱棣的一大功業，便是削藩。當初朱棣削掉了手握重兵的寧王，將其遷至南昌養老，但是寧王先前的屬地大寧，卻被朱棣廢棄。另一重鎮東勝衛也被東遷到內地。這樣做的後果，就是明朝建立於元朝古都上的重鎮開平衛，從此獨木難支，也不得不於宣德五年（一四三〇年）內遷。原本鞏衛「九邊」的一大屏障，至此不復存在。

而在明英宗的父親，即宣德皇帝朱瞻基時期，這位帝王雖然少年時即跟隨祖父出征，但骨子裡並非銳意開邊的人物，他曾經有首詩贈予邊將們：慎守只需師李牧，貪功何用學陳湯。也就是把家門口守好就行，不必大規模征剿。

但是這時的蒙古草原，瓦剌正迅速崛起，除了擊敗韃靼，獨霸草原外，更扶植了本雅失里的侄孫脫脫不花為可汗，蒙古三部間的戰略平衡，至此被徹底打破。正統四年（一四三九年），也先繼承瓦剌可汗後，自稱「太師淮王」，成為草原實際統治者。自此之後也先四處南征北討，向西攻克哈密衛，向東控制遼東女真部落，已經擺出全面壓制明朝的架勢。

而對這日益臨近的危險，明朝君臣始終堅持「安邊持重」的戰略，更沒把瓦剌放眼裡，連哈密衛淪陷，都坐視不救。雖然長期以來，瓦剌一直採取與明朝通好的政策，一直沒有發生戰爭，但以也先的野心，這場較量遲早要發生。

除了上述的外因，很多後世史家多歸罪於明宣宗設置了內書堂，才是釀成悲劇的主要原因。即在宮廷裡設立學堂，教宦官讀書識字。內書堂的設立，在宦官權力的演變史上堪稱是個分水嶺。原本宮廷的宦官們不識字，而且對國家大事，也極少有參與權。即使朱棣在位時期，宦官權力提升，獲得的也不過是諸如出使、鎮守等職權，核心的國策運轉，宦官們是無法染指的。

但內書堂設立後，一切就不一樣了，從這裡學習出來的宦官們，全部分配到司禮監。也正是從此起，當內閣有了「票擬」大權後，宦官執掌的司禮監同樣也有批閱回覆奏摺以及蓋章的職權，也就是「批紅」。

在後世眼裡，明宣宗此舉是明朝「宦官專權」的關鍵一步。從此之後，原本只是打雜部門的司禮監，具備了國家核心決策的參與權，地位大大提升，更成為宦官機構中最位高權重的部門。

但在明宣宗看來，此舉卻很有必要，因為司禮監這個特殊部門，其興衰本身就與內閣相始終。早在朱元璋在位時，正是在設立內閣的同年，增設了司禮監這個部門，彼此就是相互制衡的結果。

而隨著內閣有了「票擬」大權，司禮監的職權也水漲船高。如果說內閣已經成了國家運轉的發動機，那麼司禮監就是必須的掌舵操縱裝置。兩相配合，帝王才能高枕無憂，國家才可穩定運轉。

然而這時的明朝，無論「內閣」還是「司禮監」，都還處於初步完備的階段，相互之間的協調運轉需要有磨合期。倘若是個成熟穩重的帝王執政，還能確保平穩過渡，偏偏明宣宗三十八歲就過世，即位的朱祁鎮，只是個九歲孩童。操縱這個剛剛進入磨合期的政治體制，必然要出大麻煩的。

事實也正是如此，自明英宗即位後，司禮監與內閣相互制衡的運轉體制，逐漸變得嚴重失衡，司禮監一家獨大，甚至壓倒百官，宦官王振更權傾朝野。也正是在他的攛掇下，明英宗最終做出了御駕親征瓦剌的瘋狂決定。只有在一個行政運轉嚴重不正常的體制內，才會發生如此荒唐的一幕。

而對於這樣的麻煩，明宣宗在彌留之際，也不是沒有預警，他的應對辦法就是留下一個強大的輔政團隊。除了行政能力卓越的「三楊」閣臣外，另有永樂年間的老臣禮部尚書胡濙以及戰功卓著的名將英國公張輔。這樣一個文武薈萃的強大陣容，按說足夠確保朝政穩定。

而除了五位大員外，明宣宗的母親，即太皇太后張氏，更有決斷國家大事之權。這位太皇太后，是明朝少見的女政治家，素以賢德著稱。哪怕輔政團隊不爭氣，太皇太后也足以壓住局面。

而在正統元年，明朝更做出了內閣完全執掌「票擬」大權的重大改革，正式確立了百官核心的地位。從這時看，明朝的內部政局，依舊運轉正常。

教書先生王振逆襲

從表面看，明宣宗的這個人事安排，已經近乎完美。

可真運轉起來，卻未必是這麼回事，首先是年齡問題，「三楊」當時已垂垂老矣，朱祁鎮登基時，連最年輕的楊溥，都已有六十三歲。胡濙和張輔，更是永樂皇帝時期留下的老臣，這個核心執政團隊，年齡嚴重斷層。

而作為朱祁鎮身邊最親近的宦官，王振的年齡不詳，卻早就是蒸蒸日上的新勢力。他長期陪伴朱祁鎮，與小皇帝感情極深，深得寵愛，而且這人性格狡黠，很會來事，早已暗地布置了各種關係網，權力扶搖直上。自從朱祁鎮登基後，便很快取代了先前的司禮監太監金英，成為了宦官頭領。

必須說明的一點是，這個王振並非是不學無術的草包，早年雖說學業不成，只是個教書先生，但典籍中的權謀學問也都用得圓熟。早在朱祁鎮極小的時候，他就負責督促學業，發揮其教書先生的本能，把小朱祁鎮教育得有模有樣，因此明宣宗在世時就深得寵愛。

朱祁鎮登基後，有一次想踢球取樂，王振知道後立刻攔阻，當場撲通跪倒，流淚勸說朱祁鎮不要沉迷嬉鬧。連一旁的「三楊」老臣都非常感動，連聲稱讚：「宦官中也有這樣的賢良人物啊。」也正因這些出色的表現，所以長期以來，朱祁鎮對王振的感情極深，終其一生，都不直呼其名，始終稱其「王先生。」

而對比王振的出色表現，其他幾位被寄予厚望的輔政大臣，可就一個個差遠了。楊榮一直以來就有貪腐的毛病；胡濙雖說為官簡樸，但卻犯了多次遺失官印的大錯；楊士奇工於心計，權謀圓熟，但是後院失火，他的兒子在家鄉橫行不法，民憤極大；外加楊士奇也有一偏私的政治污點，不只袒護兒子，就連同鄉犯法也時常包庇。

有實權的三位重臣，人人都有為人詬病的缺點。而楊溥雖然為官清正，但權謀水準有限；張輔戰功卓著，但早早解除了兵權，這二位的話語權並不大。

如上的情況，長年累月，早就看在了王振的眼裡。他處心積慮，不但結交文官中的親信，搜羅各位大員的劣跡，為了爭權更四處安插親信，步步為營。

雖然王振自以為做得巧妙，但事實證明，他還是著急了一些。正統元年（一四三六年），王振提拔了自己親信紀廣為禁軍都督僉事，自以為做得不動聲色，卻沒能瞞住太皇太后的眼睛。這下糟了，張太皇太后立刻行動，將五位輔政大臣和小皇帝朱祁鎮都叫來，繼而宣召王振，當著大家的面，歷數王振各種過錯，並聲言要殺王振。這下可把王振嚇壞了，慌不迭地求情，這時九歲的小皇帝朱祁鎮更是急壞了，甚至不斷的磕頭請罪，求祖母饒過王振。一番哭訴後，太皇太后氣也消了，就抬手放了王振一馬。

這事之後，王振老實了好些年，確切地說是偽裝了好些年，見誰都很謙虛，也讓大臣們放鬆了警覺。而他最成功的偽裝，就是在太皇太后面前樹立好形象。起初，她確實對王振不待見，甚至隔三差五，都要把王振叫來罵一通，但王振能忍，不但逆來順受，而且極力逢迎，他真正討得太皇太后歡心的，主要有兩件事。

一是張太皇太后想帶朱祁鎮外出進香，但群臣認為勞民傷財，上奏摺拼命反對。這下朱祁鎮犯了難，不燒香不孝順，燒香就驕奢淫逸，兩下都不討好。後來王振卻完美地解決這個問題，把佛像請進皇宮來，既省錢又孝順，一舉兩得。這下可撓中了太皇太后的癢癢肉，老太太笑顏逐開，直誇王振會辦事。

而另一件事，卻是王振的意外收穫，一直以來，王振都想盡辦法要整三楊的「黑材料」，誰知三楊竟窩裡反。福建按察使廖謨因為小事打死驛丞，廖謨是楊士奇的同鄉，死者卻是楊溥的同鄉。這下倆老同事竟然翻臉，從朝廷一直吵到太皇太后面前，太皇太后也犯難了，最後是王振一句話解決了問題。王振說：「這事不處理難服眾，處理了又寒老臣心，不妨折中一下，廖謨殺人有罪，但給楊士奇面子從輕發落，降職調動得了。」

一語既出，太皇太后茅塞頓開，從此就對王振信任有加。而幾位德高望重的老臣，卻因此顏面掃地，彼此關係就此破裂。

而隨著王振權力日大，內閣四分五裂，王振也乘勝追擊，先是在內閣裡陸續提拔了一批自己的親信進來。對幾位老臣更是窮追猛打，楊榮因貪污事發，不得已黯然退休。緊接著楊士奇兒子殺人事發，為給兒子脫罪，也只得引咎辭職。剩下的楊溥能力有限，只是個擺設。正統七年（一四四二年）太皇太后病故後，王振更加肆無忌憚了，從此大權獨攬，連朱元璋生前立下不許宦官干政的鐵牌，都偷偷派人砸毀。

掌權了的王振，不經意間就開創了明朝宦官專權的模式。專權的王振幾乎能呼風喚雨，朝野上下全是同黨。錦衣衛和東廠兩大特務組織，東廠被他侄子王山操控，錦衣衛由心腹馬順掌管。工部郎中王佑主動認他當乾爹，甚至為巴結王振，鬍子全都剃光，哄得王振哈哈大笑，立刻提拔他當侍郎。這口子一開，好些逢迎拍馬之徒，全都聚攏在他身邊。

此時的王振，威風到了極點，就連參加宮廷宴會，百官都圍著他朝拜，就跟侍奉皇帝似的。大權在手，自然也胡作非為，貪污腐敗必不可少，而且就連和他見面，也明碼標價，百兩黃金才能見一面，千兩黃金才能吃頓飯，想要送禮請託，甚至買官跑官，更得下大本錢。

而對不服從自己的官員，王振的手段酷烈。比較知名的事件是他把上書揭發自己罪狀的侍講劉球害死，以及惡治不肯向自己下跪的御史李嚴，將其發配鐵嶺勞改。更創造一種刑罰，製造一種二百多斤的大枷鎖，誰惹了他就要戴上受罰，哪怕僥倖不死，也是重傷。

但是在整人這事上，王振倒也顧念鄉情。大儒薛瑄起初被王振拉攏，但隨後看不慣王振所為，憤然與之鬧翻。王振聞訊大怒，將薛瑄羅織罪名打入死牢，眼看這位後來的明朝學問家，就要冤死在錦衣衛詔獄，孰料當天晚上，王振看到家裡的老僕人偷偷抹眼淚，連忙驚問緣故，老僕人流淚答道：「薛少卿要被處死，所以我才哭的。」然後一番細說，王振才知道，和自己同是蔚州老鄉的薛瑄，在家鄉一直享有盛名。接著王振便改主意，僅將薛瑄罷官了事。畢竟是老家有名望的人物，真弄出好歹來，以後就沒臉回老家了。

但大多數的朝臣們，卻沒薛瑄這麼好運氣，被惡整甚至害死的，更是不少。而歸根結柢，王振的專橫，卻還是來自於明英宗朱祁鎮的全力支持，在整個正統年間，朱祁鎮對王振一直信任有加。由於自小形成的情感依賴，在年輕的皇帝眼裡，這位嚴厲的王先生正是自己成長的恩師。另外是政治需要，朱祁鎮童年登基，親政之前一直生活在五大輔政大臣與張太皇太后的訓導中，長此以往的訓誡自然產生逆反，而對他百依百順的王振，就顯得尤其親信。而最重要的一個原因是，儘管王振壞事幹盡，但這期間他也為朝廷做了不少事。

王振教書先生出身，肚子裡不缺墨水，正統年間做了司禮監掌印太監，做起事來從不缺小聰明。就拿搜羅黨羽來說，雖然王振的手下多是徐佑這樣的無恥之徒，但也有王文這樣做事幹練的御史。他整掉的文官重臣們，雖有不少忠良，卻也不乏巨貪大惡。而且對於許多治國能臣，王振也著力拉攏，比如擔任江南巡撫的名臣周忱，他在推行各項經濟改革時，也多得到王振的全力支持。

而在正統十四年「土木堡之變」前，王振最拿的出手的一項政績，就是著名的麓川平叛。

功過爭議，麓川平叛

麓川，位於今天雲南騰衝縣西南，在明朝的全名叫「麓川平緬軍民宣慰使司」。屬於明朝治下的土司政權，由當地思氏家族世代鎮守。

這個土司機構，設立於明朝洪武年間，卻經常就鬧點動亂，到了第三代「宣慰使」思倫發時期，更是變本加厲。宣德年間，就曾多次出兵侵略周邊土司，使得鎮守雲南的沐國公沐晟憤然請旨，要求出兵討伐。但是當時朝廷剛從交趾撤軍，實在不願意生事，因而睜一隻眼閉一隻眼。等到明英宗即位後，思倫發更加張狂，大肆侵吞周邊土地，欺壓忠於明朝的各地土司，宛如成了一方豪強。

對這個不消停的土司，朱祁鎮一開始還想忍，甚至還多次免徵其各類稅賦。誰知道事與願違，眼看思倫發越發囂張，終於忍夠了。正統四年（一四三九年），思倫發大肆侵擾騰衝等地，公然武裝叛明，明英宗也憤然出手，先後派大軍進剿。誰知這思倫發卻極強硬，多次擊敗明軍，連明軍統帥沐國公沐晟也因憂憤交加而暴死於軍中。次年，由沐晟之弟沐昂統軍再度南征，思倫發採堅壁清野之策，打得明軍灰頭土臉，再度勞而無功。

眼看戰局不樂觀，朝廷內部的反戰聲浪四起，楊士奇等人極力主張罷兵休好。年輕的明英宗，也不免心生動搖。此時，初掌大權的王振二話不說否決了罷兵建議。

在王振的力主下，外加張輔等人的支持，明軍對麓川的第二輪征討啟動。王振之所以全力支持此戰，說到底還是為了樹政績立威，但在這次籌謀中，他物色了一位得力能將——兵部尚書王驥。

在當時，王驥可謂是文官帶兵的傑出人物，朱元璋之後明朝的文官，因為戰功而封侯的只有三人，其中就有王驥。在這次大戰之前，王驥多次出征蒙古，打了多次勝仗，立功頗多。這次王振命他提督軍務，這是明朝歷史上第一次由文官帶兵的大規模軍事行動。

接下來的戰局證明，王振沒看錯人，正統六年（一四四一年）第二階段麓川戰役打響。明軍一改上次的狼狽，打得高歌猛進，特別是發揮火器優勢，在馬鞍山戰役中一次性殲滅思倫發部十多萬人，將其精心訓練的戰象部隊消滅殆盡。兩年以後，王驥再度南下，終於逼迫緬甸方面交出思倫發，這個長期作亂的梟雄，於正統十年（一四四五年）被王驥斬首，首級送往京城。思倫發敗死，其領地麓川宣慰使司，也被明英宗改為「隴川宣慰使司」。思倫發的餘部，則由其子思機發帶領，躲在孟養苟延殘喘。而大明的兵威令他驚恐，於是思機發派弟弟入京，請求招撫講和。

事情至此，按說該圓滿結束，挾戰勝的兵威，收服思氏家族殘部，便可一舉安定西南。然而明英宗與王振卻不這麼認為，非要趕盡殺絕。結果於正統十三年（一四四八年）三月，王驥再度率軍出征，這次的戰鬥打得異常艱辛，明軍深入金沙江，一路浴血搜殺，在鬼哭山強行攻堅，終於一舉擊潰思機發。誰知前腳剛班師，思氏殘部又擁立另一兒子思祿發，再度攻佔孟養，這下明軍師老兵疲，只能與之議和，承認了其土司地位。麓川地區，終歸和平。

平定麓川之戰，是王振專權時期的最大政績。若以功過論，此戰消滅了作亂多時的思氏家族，穩定了西南局勢，確實功不可沒。但王振好大喜功，特別是正統十三年的這次遠征，更堪稱重複勞動。結果徒費錢糧不說，更陷入戰事泥潭。

而更嚴重的後果是，由於大批精銳部隊，相繼南下征討，明朝在京城地區的軍事力量被大幅削弱，也因此種下了土木堡之變的敗筆。

軍政敗壞埋隱患

雖然征討麓川，留下了諸多隱患，但無論明英宗還是王振，自然都看不到。

而且對照後來的土木堡之變，其實在明英宗執政的「正統年間」早期，早已埋下伏筆。論罪過，很難歸罪於哪一個人。

在經歷了「仁宣之治」的高度繁榮後，正統年間的明朝，逐漸暴露出諸多問題。首先是土地兼併日益嚴重，這既是封建王朝的自然經濟規律，更與宣德年間後期起，吏治的日趨腐敗有關。

而土地兼併的直接後果，就是流民的大量增加。到了宣德年間後期，明朝的流民問題就越發嚴重。大批的無地農民，爭相向湖廣地區甚至閩浙地區聚集，成為嚴重的社會隱患。在土木堡之變前，南方的浙江、福建，相繼發生葉宗留、鄧茂七等人的農民起義，廣東也爆發黃蕭養農民起義，逼得明軍不得不大舉南下。換句話說，在土木堡之變前大明一直是多線作戰。

自從明英宗登基後，一直到土木堡慘禍之前，明朝幾乎無年不鬧災，特別是北方的山東、河南、山西地區，更是連年持續不斷的蝗災。明英宗連年下旨，督促地方官員開倉賑濟，更減免逃荒百姓積欠的賦稅。而這時的王振，表現也相當不錯，正統七年（一四四二年），他還作主減少了朝廷派往各地的採辦，減輕百姓不少的負擔。

但是有一個最嚴峻的問題，無論明英宗還是王振都沒有看到，那就是軍政敗壞。最直接的表現，就是衛所制度廢弛，大批士兵逃亡。

由於土地兼併的劇烈，原屬於軍隊衛所的各類軍屯土地大面積流失，外加腐敗滋生，軍戶負擔加重，各地士兵不堪重負，紛紛逃亡。正統年間，明朝進行了多次軍隊戶籍的清理，好些個地區軍隊缺編極為嚴重。比如山東御史李純奏報，山東的好些衛所，一些原先有百多名士兵的軍事重地，竟然逃得只剩下一兩個人。

而沒逃的部隊，不但戰鬥力低下，而且供應嚴重不足。比如軍事重地大同，御史張鵬就曾奏報，親眼看到大同當地的駐軍衣不遮體，生活極度困頓。而且軍械品質也下降，就連號稱大明最精銳的高科技部隊神機營，在正統四年（一四三九年）領到的兵器盔甲，好些品質都不過關，根本不能用於戰爭。還有最精銳的騎兵三千營，戰馬竟然缺兩萬多匹。這樣的軍隊，根本無法打仗。

如上的各種情況，明英宗不是不知道，每次也都及時辦理。但是問題累積成堆，處理辦法更都是小修小補，根本問題在於明初確立的衛所軍事制度，這時已經遇到了大麻煩。而還沒等到明英宗解決這麻煩，瓦剌打來了。

瓦剌敵人很強大

正統十四年（一四四九）七月，瓦剌首領也先，藉口明朝削減馬匹價格，悍然發動了對明朝的入侵。中路軍由他親自率領，攻打重鎮大同；東路軍由傀儡可汗脫脫不花率領，攻打遼東；另有阿剌知院率軍，攻打宣府。

這場戰爭的導火線，是明朝與瓦剌之間的「互市」貿易糾紛。然而更深遠的原因是，也先已經為這場戰爭準備了很久。

早在正統十一年（一四四六年）的時候，也先就曾大舉入侵遼東女真。而在當時，已經有諸多大臣警惕到也先的野心。麓川戰役期間，之所以諸多朝臣拼力反對，一大原因正是對北方邊患的警醒。

無奈王振眼光短淺，因此多年來瓦剌大肆擴張，明朝基本不管，直到戰火燒到家門口，卻還渾然不覺。

這次瓦剌的入侵，是明朝自朱元璋時期以後，北方面臨的一次巨大考驗。因為即使是朱棣在位時，對蒙古部落也是打一批拉一批，從來未曾與整個蒙古草原開戰。但這次的瓦剌卻不同，三路的入侵大軍，既有瓦剌本部兵馬，更有傀儡可汗脫脫不花率領的韃靼部兵馬。換句話說，這是明朝自北元瓦解之後，第一次面對蒙古草原部落的聯合入侵。

一邊是歷經多年戰爭磨練、躊躇滿志的蒙古騎兵，一邊是多年來積弱不振、問題成堆的大明邊軍，開戰之後，過程毫無懸念，軍事重地大同損失最慘。當地駐軍主動出兵抵抗，先後在貓兒莊和陽和口被殺得大敗。這兩場戰鬥明軍的表現非常英勇，兩位主將吳浩與宋瑛都先後為國捐軀，拼了死命，還是打不過。

敗報傳來，朝野震動。明朝也火速做出應對，由駙馬井源率四萬大軍出擊大同。誰知井源的大軍剛出發，七月十五日，明英宗立刻做出決定，率領五十萬大軍御駕親征。

做出這個決定，正是由於王振的攛掇。這個鼠目寸光的權閹，大難臨頭尚且不知，反而小聰明發作。得知瓦剌軍隊人數極少後，心中開始盤算著如果集結重兵出擊，打個大勝仗，豈不更能鞏固自己地位？

小聰明的王振，把戰爭想得太過簡單，根本不清楚個中的殘酷性。外加明英宗年輕，只覺得御駕親征壯懷激烈，根本沒有細想。結果這主僕二人一拍腦袋，大明王朝的戰爭機器火速開動，不到兩天就集結了幾十萬人。七月十七日大軍開拔，留下郕王朱祁鈺在京城監國，內閣重臣曹鼎、張益、英國公張輔乃至六部尚書等重臣全部隨行。也就是說，大明王朝有三分之二的中央級別官員都上了戰場。

無論從哪個角度看，這絕對是個荒唐的決定。一個不懂軍事的皇帝，外加一個拍腦袋的太監，竟然就聯手導演了這樣一場鬧劇般的出征。這樣的情景，放在任何一個政治制度運轉成熟的王朝，都是不可想像的。

而這恰是此時明朝政治最大的弱點，明宣宗留下的輔政團隊早已被輕易擊破。以王振為首的宦官勢力一家獨大，完全壓倒了文官集團，先前話語權極大的內閣與六部，這時全成了王太監的馬前卒。本來文官制度的制衡體制有一個重要的職能，就是對專制帝王的制約，特別是遇到重大抉擇時，這種制約往往可以糾錯。然而在此時，這卻成了空談。

於是，這場於七月十七日起的出征，開始了悲劇的情節。大軍出征後就麻煩不斷，先一路遇雨，道路泥濘，行進非常艱辛。很快又遇到了斷糧，好些大臣餓得饑腸轆轆，軍隊士氣更是低落，一路上抱怨聲不斷。

之所以鬧成這樣，還是因為王振想得太簡單，總覺得打仗就是把人湊起來就好，所謂兵馬糧草、物資供應、戰略戰術更是想都沒想過。這次出征的軍隊總數，號稱五十萬人，但對比正統年間的戰爭就知道：當時南征麓川以及東南平定鄧茂七，早已抽走了京城相當多的精銳，留守的都是一些二線部隊。而且以當時越演越烈的軍戶逃亡景象，無論如何也不可能在兩天之內湊齊五十萬人。而論品質，這幫士兵的素質更是差，幾乎沒有受過什麼訓練，好些人連刀槍盔甲都沒有，這麼一群人拉到前線，完全是送死。

隨著行軍的進行，越來越多不想送死的大臣們，爭相給明英宗進言。這時輪到王振大發淫威了，凡是進言撤軍的大臣，不是被他罰跪，就是被他編入前線軍隊，等著打仗的時候當炮灰。就連將門之後成國公朱勇向他奏報，也要「咸膝行進」。這麼一群文臣武將，就是拿這個太監沒輒。

在王振的幾番威逼下，大臣們都不敢再說話了。於是這支沮喪的大軍，經過十多天艱難的行進後，終於在八月初一抵達了目的地——大同。此時明朝先期派出的駙馬井源的部隊，已經被瓦剌消滅，瓦剌聽說明軍大軍已到，已然後撤二十里，企圖誘使明軍出塞追擊以全殲。

誰知這一次，沒有大臣敢勸，王振卻改變主意了。到達大同後，親眼看到戰場的慘狀，王振著實驚慌了。真實的戰爭遠沒有想像中輕鬆，自己熱情高漲地跑來送死，其實是幹了一件大蠢事。結果荒唐的一幕再度發生，大軍抵達大同，還沒等著喘口氣，第二天就在王振的攛掇下，明英宗下令：班師回朝。

聽說要撤兵，明軍的行動力極其強大，全軍火速開拔。如果按照原路撤退，基本萬無一失，然而王振卻又心血來潮，非要回老家蔚州耍威風，這一下大軍又要繞道，改成從紫荊關回京，等於讓幾十萬士氣低落、疲於逃命的軍隊，直接暴露在瓦剌軍眼皮底下。

這樣做的嚴重後果，大臣們不是不知道，但王振的威風大家更知道，就連精通軍務的英國公張輔也乾脆一言不發。在經過多日觀察後，久經沙場的也先終於摸清了這支明軍的底，開始嘗試尾隨追擊。

事實上從大同到紫荊關的這一路，原本應該十分安全，早在洪武年間起，這條路線上就設立了大批衛所。然而時過境遷，各處衛所不是淪陷就是裁撤，這一條路線早就變成蒙古騎兵的自由通道，於是數萬瓦剌大軍尾隨追擊，很快逼近了明軍。

眼看著火燒眉毛了，王振卻再度犯傻。好不容易確定了從紫荊關回京，誰知王振又犯嘀咕，生怕大軍踩壞了老家的莊稼。眼看就要到蔚州，忽然又下令全軍原路折返，改從居庸關入京。這麼一鬧，等於走了個折返跑，喪失了撤軍的黃金時間。

而在瓦剌大軍日益逼近後，王振終於做了一個正確的選擇。由成國公朱勇等四員大將，率領五萬騎兵，分頭阻擊瓦剌。結果訓練有素的瓦剌騎兵，給明軍上了一堂生動的騎兵訓練課，三下五除二就將明軍擊敗。即使如此，由於明軍奮勇的阻擊，總算遲滯了瓦剌追擊的腳步。為大軍贏得了三天逃命的時間。

這寶貴的三天，是這支明軍最後的機會。

奇恥大辱土木堡

利用這寶貴的時間，明軍星夜兼程，於八月十四日中午抵達了懷來北面的土木堡，只要再堅持走一個時辰（兩個小時），就可安然進入懷來城。這次來去匆匆的北征，也就可全身而退了。

但意外偏偏又在此時發生了，王振因為載運自己家產的十幾輛車子沒有到，堅持讓部隊停下來等，一等就等了整整一下午。而瓦剌方面，就趁這寶貴的機會，黑鴉鴉的撲了過來，先佔據了當地唯一一處水源，然後騎兵四處紮營，將明軍團團包圍。御駕親征的明英宗，這下跑不了了。

其實就在瓦剌騎兵追到前，明軍還有最後一次逃生的機會，兵部尚書鄺埜主張，集中最後的精銳騎兵，護送明英宗火速前行，能逃多遠是多遠。這本來是最後的一個辦法，然而鐵了心的王振卻不知為何，堅決不肯答應。這次鄺埜也終於膽氣充盈，和王振當場大鬧起來，最後被衛兵打出去。就在爭執間，瓦剌大軍合圍，明朝沒救了。

八月十五日白天，瓦剌大軍集結重兵，向斷水缺糧的明軍發動了總攻。悲劇就此達到高潮，明軍竟然爆發出了強大的戰鬥力，結成軍陣數次打退瓦剌的進攻。眼看強攻不力，狡猾的也先再次耍詐，假裝要與明朝議和。已經苦苦堅守三天，斷水斷糧的明英宗果然上當，眼看瓦剌故意撤出水源地，早已饑渴難耐的明軍蜂擁去取水。就在這時，瓦剌發動了突襲，明盔亮甲的蒙古騎兵一面高呼著「解甲者不殺」，一面肆意砍殺著失去武器的明軍。原本慘烈的攻堅戰，這下徹底變成一邊倒的屠殺，數十萬明軍土崩瓦解，全線崩潰……

這場浩劫般的戰役，整整殺了一夜才落幕。明軍只有千餘人突圍出來，數百文武大臣遇害，數十萬士兵陣亡。釀成這一慘禍的王振，也慘死於軍中。更令人痛心疾首的是，內閣閣臣曹鼎、乃至戰功卓越的英國公張輔、六部尚書鄺埜全部陣亡。大明王朝的核心執政團隊幾乎全部報銷，這恥辱的一幕，便是土木堡之變。

然而就在這一系列恥辱中，卻還有一幕場景，即使瓦剌人見到，也不禁動容。

當慘烈的屠殺接近尾聲時，屍橫遍野的戰場上，卻隱然飄揚著一面大明的龍旗，一個二十多歲的年輕人，在數名護衛的簇擁下，淡然的下馬放劍，等待著未知的命運。也先的弟弟賽刊王見狀驚訝無比，經過明朝俘虜的辨認，終於確認了這個驚天的事實——大明皇帝朱祁鎮被俘了。

這以後的朱祁鎮，承受著淪為俘虜的恥辱，在瓦剌軍營中度過了一年多囚徒的時光，更經歷了多次生死考驗。然而值得稱道的卻有一點，無論身處怎樣的險惡局面，受到怎樣的磨難，在瓦剌人面前，朱祁鎮一如既往地保持著他的淡然。也先的弟弟伯顏更對他欽佩不已，甚至後來朱祁鎮得以被放歸時，伯顏竟然一路相送，依依惜別。這個執政失敗的青年皇帝，唯一值得稱道的，便是一直保有這高貴的氣節。他的雍容大氣，甚至感動了敵人。

但在當時，不論朱祁鎮本人多麼淡然，京城上下卻是亂作一團。大臣們除了哭天搶地，就是呼籲遷都。關鍵時刻，代理兵部尚書于謙站了出來，憤怒駁斥了遷都的奏議，定下了整軍備戰的方案。八月十八日，監國的郕王朱祁鈺召開會議，眾大臣怒斥宦官亂政，當著朱祁鈺的面吵作一團，並在爭吵中爆發了群毆，當場毆死了王振的親信太監馬順。因眾怒難犯，朱祁鈺當場宣布王振罪狀，並將王振全家滿門抄斬。

九月，朱祁鈺正式登基，次年改年號為「景泰」，正在蒙古當囚徒的朱祁鎮被尊為太上皇，同時大規模的清算行動展開，諸多王振的親信宦官及黨羽紛紛落馬，全權負責北京防務的于謙整肅內部，調集重兵，安定人心，最終於十一月在北京保衛戰中擊退瓦剌。從此，「土木堡之變」的所有罪過，也僅由王振及其黨羽們承擔了。

十、鐵血名將郭登

隨著「土木堡之變」的發生，權閹王振的罪過也終於被清算，其侄子王山等人被凌遲處死，全家被滿門抄斬。家產更被充公，用作接下來的軍費。

但大明王朝的危機，卻並未解除。皇帝被俘，京城兵馬空虛，百姓人心惶惶。而長城那邊，瓦剌大軍氣焰囂張，磨刀霍霍。

嚴峻的現實面前，承平日久的大明王朝，再次咬緊了牙關，開始了全面總動員。首先是在群臣的勸進下，監國的郕王朱祁鈺臨危受命，繼承帝位，宣布改次年年號為「景泰」，更遙尊被俘的明英宗為「太上皇」。這就擺明了告訴瓦剌：你抓的皇帝過期了。

而作為勝利者的也先興奮不已，甚至還給明朝寫信，獅子大開口要金銀。但他不知道，在明朝人心惶惶的時刻，代理兵部尚書于謙挺身而出，承擔了保衛北京的重任。先定下全力備戰的基調，然後大規模調兵，各地有作戰經驗的部隊，全數向北京集結。十一月份，瓦剌以送還英宗回朝為藉口，大舉攻打北京，本以為會像土木堡一樣輕鬆取勝，誰知卻碰到銅牆鐵壁上。在于謙的鎮定指揮下，明軍上下一心，奮勇抗戰，連老百姓也踴躍支持，出工出力，歷經一個月浴血奮戰，瓦剌在付出了數萬人傷亡的代價後，始終摸不到北京城的邊，只得狼狽竄逃。

對於大明王朝的命運走向來說，北京保衛戰，堪稱是一場光榮的勝利。

如果要論功績，首功當然是大英雄于謙。主張清算王振罪過的是他，主張景泰皇帝火線即位的也是他。正是這兩件事，及時穩住了政局。接下來，確立北京保衛戰方略，大膽擢拔各路將領，身先士卒浴血奮戰，終於贏得勝利的。這位清廉剛正，勇擔家國責任的名臣，以這份卓越的功業，至今依然倍受敬重。

而在整個過程中，以軍事貢獻論，若問誰最能和于謙相提並論？答案或許有很多，除了在北京城外浴血奮戰，堪稱正統朝的第一勇將，後來卻把老戰友于謙送上法場的石亨外，更有一位始終忠心為國，甚至成為瓦剌騎兵戰場噩夢的猛將，他雖然未曾參與北京保衛戰，然而自土木堡戰敗至明英宗朱祁鎮歸來的一系列大事件中，他舉足輕重的作用足可比肩于謙。

這位猛將，正是郭登。

名將世家好兒郎

郭登，字元登，安徽鳳陽人，明王朝開國名將武定侯郭英之孫。史載他自幼儀表堂堂，博聞強記，尤其酷愛軍事，經常喜歡和人討論戰爭，天生是個軍事迷。

放在明朝的勳貴家庭裡，這樣的孩子似乎沒啥特殊。比如當年靖難之役中屢次上演軍事笑話的李景隆，也是這種相貌堂堂，能說會道的類型。

然而郭登卻截然不同，他於洪熙年間因父輩功勳被授予錦衣衛經歷一職，開始了戎馬生涯。宣德年間先參加平定青海部落叛亂的戰役，又隨明宣宗朱瞻基北征兀良哈。正統年間又跟隨王驥參加南平麓川之戰。特別是在騰衝等地，更是惡戰多年，立了不少戰功。

正因為戰場表現優良，郭登的官職也升得快。到了正統十四年（一四四九年），更作為扈從跟隨明英宗御駕親征。到了大同後，明英宗更做出一個扭轉郭登命運的決定，任命郭登為都督僉事，充任參將，輔佐總兵官劉安鎮守大同。

這是一個非常關鍵的決定，甚至可以說救了郭登的命，否則十幾天以後，郭登也必然被圍困在土木堡，以他扈從的身分和忠誠的品格，就算逃得一命，可能也要陪明英宗在草原當俘虜。

明英宗之所以做出這個決定，是由於常年以來對郭登的了解。當時的大同，剛剛經歷陽河口戰敗，兵馬損失慘重，城池人心惶惶，需要的正是郭登這樣的幹才。

而在獲得這次任命後，郭登接下來做的一件事，既證明了其卓越的才能，更差點挽救了明英宗的戰俘命運。當時眼看明軍大部隊撤退，郭登果斷建議，明軍應該從紫荊關撤離，必能避開瓦剌的追擊。孰料王振之流不聽，以致發生土木堡慘案。

明軍在土木堡遭受滅頂之災後，郭登所在的大同，局面也驟然惡化。本身就新遭失敗，土木堡慘案的消息又傳來，士氣更橫遭打擊，眼看著瓦剌大兵壓境，城內人心慌亂，淪陷指日可待。

如此危急的局面，新任大同總兵劉安也非常著急。此時大同謠言四起，部隊士氣渙散，還常有士兵逃跑，卻苦無解決之道。

當然在好多人眼裡，郭登本身就不是大同人，又是勳貴子弟，而且更非總兵，不用擔責任，找個藉口腳底抹油，很方便很容易。

就在這關鍵時刻，郭登展現了其剛強的一面，非但不跑，還把老婆孩子全接來，更天天走訪士兵，安撫人心，身體力行告訴大家：我不但不會跑，更要帶領你們守住這裡，戰勝強大的瓦剌。

就這樣在郭登的努力下，大同的人心日益安定，防務也恢復了正軌。等到景泰帝朱祁鈺即位，無能的劉安被撤，郭登升任大同總兵，從而在這場大明朝衛國戰爭中，承擔起中流砥柱的角色。

說郭登是中流砥柱，一個首要原因就是他所駐守的大同，正是明朝的邊防要地。

大同的地位有多重要？也先在土木堡大捷後，非但沒有乘勝追擊，直搗北京，反而火速撤退。而也先大舉進攻明朝時，由他親自率領的最精銳中路軍，攻打的目標正是大同。由此說明了這座堅城的戰略位置非常重要，只要大同控制在明朝手中，瓦剌的後路就有被切斷的危險。

以往像大同這樣的重鎮的總兵官職務，足夠讓武將們眼饞，但在郭登接手時，這裡卻是眾人眼中的爛攤子。

鐵壁防線大同城

根據當時明朝兵部的記錄，大同軍鎮原本應有「馬步官軍十三萬五千八百七十八名」。然而在土木堡之變前，由於常年的軍屯被侵佔，以及軍官「吃空額」等種種問題，大同的實際兵力為「八萬五千零十一名」。在朱祁鎮到達大同前的陽和會戰中，原總兵宋陽及其所率領的五萬官兵幾乎全軍覆沒。且損失的大部為騎兵。郭登就任總兵後，城中能作戰的士兵僅幾千人，馬匹竟只剩下一百多匹。在朝廷專注於北京防務，暫無力增援大同的情況下，守住大同，幾乎是不可能完成的任務。

深知局面緊迫的郭登，立刻火速行動。一面四處派出騎兵，搜尋之前戰爭中打散的明軍部隊，招募他們前來大同會合；另一方面爭取百姓支持，號召大同當地士紳富戶帶頭捐贈馬匹，言明戰後朝廷將按原價償付。為了籌措資金，更是不辭勞苦，終於感動得大家有錢出錢。此外還火速派人去青海等地購買戰馬，補充軍用，短短數月間，便重建了一支新軍。

郭登在大同當地招募義兵，補充入正規軍隊，堪稱明朝募兵制度的嘗試者。另外，除了重建騎兵部隊外，更大力修造火器戰車，組建了一支新型火器戰車部隊。正是這支奇特的部隊，在不久的將來，會給予凶悍的瓦剌騎兵極為沉重的打擊。

在郭登的精心布置下，短短兩月間，大同重鎮重新擁有了數萬精兵，城防堅固兵甲精良，三軍士氣高漲，面目煥然一新。

更大的考驗緊接著來了，正統十四年（一四四九年）十一月，經過充分準備的也先再度發動了對明朝的進攻，這次他的攻擊目標依然還是大同。但手裡握有朱祁鎮這個人質，也先的辦法也改了，挾持朱祁鎮在大同城下喊話，要求郭登開關獻城。

其實這招也不新鮮，早在朱祁鎮剛被俘的時候，也先就在大同城下演過一齣。當時大同的總兵還是劉安，差點就上鉤開城，幸虧郭登及時阻止，總算沒做出傻事。

而這次也先，又故伎重演，而且感情戰術十分到位，讓朱祁鎮不斷在城下喊話，曉之以理，動之以情。更命親信袁彬在城下哭喊撞門，君君臣臣的大道理磨破嘴皮子地說：太上皇的命眼看不保，你就沒有一點感覺嗎？

郭登的應對卻靈活：一面拒絕和朱祁鎮見面，另一方面派給事中孫祥、知府霍宣出城向明英宗「問安」，讓瓦剌感到撞開大同城門「有戲」。

果然，郭登遣人向瓦剌提出了要給明英宗「送飯」的請求，但暗地裡，郭登已然集合了七十多名精壯士兵，打算以給明英宗「送飯」為名殺入瓦剌大營，趁亂救出英宗。十一月七日，郭登祕密給士兵訓話，要大家全力死戰，險中求勝。正當這支部隊準備出發時，監軍太監陳功卻出面阻止，與郭登爭執不下。戰機稍縱即逝，老謀深算的也先覺察出郭登的圖謀，慌忙地連夜拔營撤退。一場營救明英宗的「斬首行動」終未成行。雖然如此，郭登的虛虛實實令瓦剌在大同城下勞而無功數日，為北京保衛戰成功贏得了備戰時間。

十一月十一日，北京保衛戰正式打響。也先繞過邊陲重鎮大同，先攻破北京門戶紫荊關，繼而兵鋒直抵北京西直門，統籌北京防務的于謙親率二十二萬大軍列陣北京城外，與瓦剌大軍展開血戰。燃眉之際，郭登派快馬入京城，一面遣先頭精銳騎兵入京增援，也帶去了他提出的足夠致瓦剌軍於死地的戰略：即由郭登親自統帥新組建的大同精銳數萬人，從大同出發東進，斷絕瓦剌後路，以內外夾攻的方式徹底聚殲瓦剌軍主力。

但在景泰帝以及于謙眼裡，這個計畫的風險性實在太大，因此被否決不用。此後，于謙率明軍依託城池防禦，在北京城下與瓦剌展開拉鋸戰，數次擊退瓦剌瘋狂進攻。經過四天浴血奮戰，十一月十五日，瓦剌軍開始陸續北撤，明軍集結重兵火速追擊，先以火炮夜襲瓦剌羅店大營，殲敵萬餘人，繼而在清風店、固安，連續重創瓦剌大軍。至十一月十七日，傷亡慘重的瓦剌軍挾持明英宗全線撤往塞外。攸關大明國運的北京保衛戰，至此以大明完勝而告結束。

而郭登雖未參戰，但他的忠勇也在景泰帝朱祁鈺心中留下深刻印象，戰後特加封他為「右都督」。雖然這個大膽的計畫，在當時未被認同，但很快，郭登便用實際行動，叫打遍草原無敵手的一代名將也先嘗到了厲害。

揚眉吐氣頻勝仗

北京城保衛戰後，明朝君臣上下都大鬆了一口氣，開始論功行賞。諸多在戰爭中勞苦功高的人員，更為了誰功勞大，互相鬧得不可開交。就連勞苦功高的于謙，也曾因此被人攻擊。

但這時的郭登，卻顧不上爭這個，瓦剌退兵後，他也沒閒著，除了繼續忙於防務外，更積極上奏摺，先後獻上十多個用兵方略。作為一個老軍人，他十分清楚北京保衛戰贏得十分凶險，京城的駐軍大部分都是新兵，戰鬥力尚須提高。擁有騎兵優勢的瓦剌，在京城碰壁後更不會善罷甘休，反而會利用他們的野戰優勢，繼續侵擾邊關。

果然如郭登所料，入冬以後，瓦剌軍果然又來侵擾了。正統十四年（一四四九年）十二月，瓦剌先攻延綏，幸好明軍早有防備，擊退瓦剌進攻。此後，瓦剌先後在宣府、遼東、薊州、瓜州等地陸續展開攻勢，明軍堅壁清野，憑城堅守，總算沒讓瓦剌佔到便宜。但邊關鄉鎮，卻被瓦剌破壞得很嚴重。

這樣的局勢，對明朝依然很不利，如果不能在野戰中重創敵人，那麼明朝依然沒有主動權，始終處於被動挨打。究竟誰能戰勝凶悍的瓦剌騎兵？郭登決定試一試。

長期以來，郭登一直在苦苦的思索，怎樣才能戰勝號稱草原無敵的瓦剌騎兵。在歷經艱辛的探索後，他找到了自己的方式。現在，到了驗證的時候了。

轉過年來，即景泰元年（一四五〇年）正月，數次碰壁的也先始終不甘心失敗，為了給明朝一個震懾，他決定要重點打擊一個目標，這次依舊選擇了大同。

景泰元年正月十六日，也先率數萬精兵，再次展開了對大同的大規模攻勢。正月二十日，瓦剌先頭精銳三千人進抵大同北面的沙窩（今山西右玉）。郭登得知軍情後果斷做出決定，精選麾下八百精騎，親率部隊長途奔襲七十里展開攻擊。正月二十日黃昏，部隊祕密抵達沙窩地帶，這時確切軍情傳來，此地紮營的瓦剌軍共有十二營三千人，是明軍的三倍之多。有部將建議暫且退兵，郭登憤然抽劍訓斥道：「敢言退兵者，立斬。」說罷親自充當先鋒，率部直衝瓦剌軍大營，明軍同仇敵愾奮勇衝殺，瓦剌軍營立時被衝得大潰，丟盔棄甲四下逃亡。郭登率軍緊追不捨，連追四十里，在山西考勞山再次擊敗瓦剌軍，先後斬首敵軍一千餘人，史稱「沙窩大捷」。

對於被欺負了很久的明軍來說，沙窩一戰，堪稱揚眉吐氣。以往明軍同瓦剌作戰，多是憑城堅守，甚少有野戰。即使是北京城保衛戰，也是依託城牆火器展開防禦。而郭登卻率部長途奔襲一百一十里，以寡擊眾，在野戰中大破瓦剌精騎，粉碎瓦剌「野戰無敵」神話。明軍上下畏懼瓦剌野戰能力之情緒，至此一掃而空，可謂意義非凡。捷報傳來，景泰帝下旨加封郭登為「定襄伯」。

但自詡「草原無敵」的也先還是不甘心。三個月後，瓦剌捲土重來，集結重兵再次攻擊大同。這次郭登親自率軍在東門迎戰，瓦剌先鋒凶猛，郭登軍一觸即潰。瓦剌軍大喜，乘勢強攻，卻忽然見周邊爆炸聲四起，炮彈如雨點般落下，周圍騎兵血肉橫飛。原來，這是郭登為瓦剌軍預備的另一件「禮物」——火器戰車。

比起強悍的大同騎兵，火器戰車戰術更堪稱是郭登的獨創，不但大量製造火器，且設計出兩種新型火器戰法——夾地龍和飛天網。

先是在戰場上預埋地雷等物，假裝潰敗引誘瓦剌軍追擊，進入「雷區」後即引爆地雷，讓瓦剌軍陷入「地雷戰」的汪洋大海，這就是「夾地龍」；而同時，明軍的大中小火炮也準備就緒，趁瓦剌被地雷炸得大亂時，發動「地毯式轟炸」，將瓦剌大軍炸成碎片，這就是「飛天網」。在「天羅地網」之下，氣焰滔天的瓦剌軍再次狼狽退去。

一個月後，怒火填膺的也先再次殺來。這次集結了瓦剌、韃靼、兀良哈蒙古三部精銳，戰前也先訓誡三軍，要齊頭並進，不可輕舉妄動陷入郭登的埋伏。孰料郭登這次不再「耍詐」，堂堂正正地三軍列陣大同城外與也先決戰，號角吹響，蒙古騎兵洶湧衝鋒，卻忽見明軍又使出「新玩意」，軍陣之中推出五人一組的小車。小車上密排槍炮，野戰中炮火轟鳴，在蒙古軍遭火力攻擊退卻時，小車竟然也徐徐推進，和明軍步騎一道追殺瓦剌兵，這次的攻擊再次以也先的慘敗而告終。而郭登發明的又一新型武器——火器戰車，從此登上戰爭舞臺，成為明軍此後克敵制勝的利器。現代軍事學家普遍認為，這種戰車，恰是後來坦克的前身。而步騎車合擊的打法，在之後百年，漸成明軍戰術的主流。

從景泰元年（一四五〇年）正月至七月，瓦剌及其蒙古各部共向大同發動了多次進攻，每次都以失敗告終，甚至是年六月，也先又和郭登鬥了次心眼，謊稱說要送朱祁鎮回來，要郭登開城迎接。這次郭登出人意料，爽快地答應開門，原來他也有自己的算盤，打算假裝開門，然後伏兵大起，一舉救回朱祁鎮。但也先也不是省油的燈，他突然察覺郭登計劃周詳，慌忙地挾持朱祁鎮撤退。

在經過了多次戰敗後，也先的局面也大壞，不但戰場上找不到便宜，其部落內部更衝突不斷，最終和韃靼傀儡可汗脫脫不花翻臉。內外交困下，也先終於順水推舟，於景泰元年（一四五〇年）秋天，趁明朝派楊善出使的機會，爽快放回了燙手山芋明英宗。論個中緣由，郭登戰場上的功績是重要因素之一。

郭登有功，明代宗朱祁鈺待郭登也不薄，鎮守大同的太監陳功素與郭登不和，朱祁鈺聞訊後隨即撤換陳功，郭登的頂頭上司──大同巡撫沈固也常與郭登不睦，朱祁鈺得知後，立刻命郭登的好友年富代替沈固擔任大同巡撫。如此傾力支持，郭登當然感恩圖報，盡心竭力操持邊防。

景泰二年（一四五一年），勞苦功高的郭登申請退休，朱祁鎮卻捨不得，郭登反而官升一級，以「五軍都督府左都督」的身分負責操練禁軍。是年二月，郭登離開了他苦心經營數年的大同邊鎮，此時的大同，擁有步騎車兵十萬八千二百三十一人，其中精銳騎兵一萬五千人，可稱是明軍「九邊」的精銳翹楚。而此後終明一世，這支郭登親手締造的精銳部隊，更有一個響亮的稱呼──大同精騎。

起起落落真唏噓

郭登的命運，在景泰八年（一四五七年）再次發生了轉折。

景泰八年（一四五七年）正月十六日夜，明代宗朱祁鈺病重。太監曹吉祥、武清伯石亨、左副都御史徐有貞三人趁機發動政變，擁立被囚禁八年的「太上皇」朱祁鎮登基，次年改元天順，史稱「奪門之變」。「復辟」了自然要秋後算帳，北京保衛戰的頂樑柱于謙以及朱祁鈺的寵臣王文被殺害；陳循、江淵等朱祁鈺時期的重臣紛紛遭貶斥。這場大清洗風暴，郭登也未能倖免，雖然他在「復辟」後連續上了八個條陳向朱祁鎮表忠心，但當年兩次拒絕朱祁鎮開關請求的樑子卻終未解開。郭登先被調往南京任職，天順二年（一四五九年）二月，被奪去伯爵頭銜，調往甘肅「戴罪立功」。朱祁鎮還是不解氣，親寫詔書申斥道：「原大同總兵郭登屢拒朕於城外，欺君之罪不可不究。」

但郭登任勞任怨，在甘肅任上兢兢業業，訓練士卒整頓邊防。十年後，成化四年（一四六八年），苦於明朝外患嚴重，明軍戰鬥力低下。成化皇帝朱見深終於想起了這位功勳卓著的老將，下旨提升郭登為十二營團提督，負責禁軍訓練。四年後，這位功勳卓著的老帥在京城病逝，朱見深追封他為侯爵，諡號「忠武」，這個稱號，足夠涵蓋他不平凡的一生。

十一、貳臣們的表演舞臺

如果用一個詞來形容從正統十四年（一四四九年）至景泰八年（一四五七年）的明朝政局，那就是「戲劇性」。

哪怕是最妙筆生花的編劇，都難以勾勒這八年裡，明朝政治軍事的諸多奇特劇情：明英宗朱祁鎮土木堡慘敗，敗得很戲劇性；接著北京保衛戰勝利，又被平安放回來，同樣很戲劇性；之後朱祁鎮命運悲慘，雖然有太上皇的名分，卻被弟弟景泰帝朱祁鈺軟禁，過上了高級囚徒的生活，眼看著一輩子沒指望，誰知景泰八年（一四五七年）又神奇逆轉；趁著景泰帝病重，在曹吉祥、徐有貞、石亨三人的擁立下，發動奪門之變，神奇重登皇位，同樣極具戲劇性。

這戲劇性的八年裡，大明王朝功業頗多、能臣頗多、內部爭鬥頗多、掌故頗多。然而除了名垂青史的于謙和令人一聲歎息的兩位帝王兄弟外，同樣值得後人追思的，卻還有搖擺於其間的各路臣子們。諸多大臣們演繹出的「貳臣」活劇，在這八年戲劇性的劇情中，同樣十分熱鬧。

還是讓我們沿著土木堡慘案發生後，仔細地梳理一下大明官場的芸芸眾生相。

慘案過後打架忙

明正統十四年（一四四九年）八月十五日，令明朝上下蒙受奇恥大辱的土木堡之戰結束，幾十萬大軍全軍覆沒，在大明朝政壇激起了萬丈波濤。

慘禍發生後，明朝的反應還算迅速。朝臣們哭成一團，監國的郕王朱祁鈺嚇得目光呆滯，後宮也全亂了套。等到明英宗被俘的消息傳來，皇后錢氏二話不說，搜羅了三車珠寶財物送往瓦剌贖人。也先欣然收下，至於「人質」？當然不放。

在最慌亂的時候，很多人卻開始為自己的前途盤算。在土木堡戰死的朱勇之子朱凱、張輔之子張良，紛紛忙著往南京「轉移財產」；各大臣雖然留守，卻也多把子女送離京師；京城大小商鋪富戶也慌忙著「搬家」。單是雇車轎的費用，在八月十六至八月十八這三天便「增四倍」。大家爭先恐後，都忙著捲包袱逃命。

隨著危機的加劇，大明朝堂之上，圍繞三件大事展開了紛爭，一是「戰」還是「遷」，二是誰該為慘敗負責。三是誰做皇帝。

八月十八日，孫太后壓陣，監國朱祁鈺召開「御前會議」商討對策。會議開始後，史載「眾皆嚎啕」，震天的哭聲繼續響徹在朝堂之上。侍講學士徐程首先發言，聲稱自己「夜觀天象，認定京城必然不保」，隨即提出了「南遷」之議。此言既出滿朝皆驚，朱祁鈺向其他大臣問計，王直、陳循、王文等重臣們皆「緘口不言」。都督張軏卻表忠心，自告奮勇願「護送太子及後宮家眷南下」，等於是認同了「南遷」之議。直到這時，一直冷眼旁觀的于謙終於忍不住，擲地有聲的喊了一句：「建議南遷者，該殺。」接著侃侃而談，以北宋滅亡為「反面教材」，痛陳「南遷」是亡國之論。慷慨陳詞下，時任東宮「展書官」的商輅也表明立場，支持于謙的看法。最終激起了朱祁鈺的血性，令他頻頻點頭。見朱祁鈺表態了，眾大臣才群起而動，紛紛怒斥「南遷」乃賣國之論，終於有了「群情激昂，齊心抗戰」的樣子。灰頭土臉的徐程當場就被喝斥趕出朝堂。屋漏偏逢連夜雨，徐程路遇好友江淵，得知事情來龍去脈的江淵先好言安慰了徐程一番，繼而進宮面見朱祁鈺，在朱祁鈺面前將徐程罵得狗血淋頭。而就在土木堡兵敗消息剛傳來時，江淵還正慌忙地把兒女送往南京。

團結抗戰的基調終於定下來了，八月十九日開始，于謙陸續將山東、遼東、浙江、河南等地部隊調往京城駐守。尤其是赦免了陽和兵敗中逃回的石亨協助自己守衛，調來了善操練火器的遼東都指揮使范廣接掌神機營，這兩個人在之後的北京保衛戰裡發揮了重要作用。

四天之後，八月二十三日朝會，都察院右都御史陳溢突然發難，要求將土木堡之敗的罪魁禍首——王振餘黨繩之以法。要求「殺其同黨，滅其全族」，一番慷慨陳詞引得群臣情緒激動，紛紛附和。朱祁鈺猶豫再三，只能回答說：「再議。」

朱祁鈺不得不這麼回答，因為王振隨英宗北征時，帶去的多是大臣裡的「同黨」，留守的多是「政敵」，而深宮內大小太監盤根錯節，東廠錦衣衛盡是王振的徒子徒孫。朱祁鈺身為「監國」根基不穩，怎能輕易清查王振餘黨？見朱祁鈺含糊其辭，大臣們更怒。錦衣衛指揮使馬順當場喝斥群臣，戶科給事中王竑衝出來揪住馬順暴揍，群臣紛紛擁上群毆，竟將馬順當場毆死。至此，局面徹底失控，大臣們又揪出了馬順餘黨毛貴和王長隨，同樣毆死，接著又逮捕了王振的侄子錦衣衛指揮使王山，一切都在「監國」朱祁鈺的眼皮底下進行。毫無執政經驗的朱祁鈺驚慌失措企圖逃跑，關鍵時刻于謙一把扯住朱祁鈺，要朱祁鈺順從「民意」，宣布王振罪狀。朱祁鈺於是順水推舟，宣布今日朝會大臣無罪，並隨即清查王振餘黨。最後的清查行動是，王振全家被滿門抄斬，黨羽紛紛落網，可謂大快人心。

大快人心之時，大家都忽略了這次朝會的另一個細節。當王竑憤怒地衝上去暴打馬順時，從群臣裡跟著跳出來的，是都察院左都御史王文。他跟著對馬順拳打腳踢，帶動著群臣將之毆死，儼如是個「鋤奸英雄」。然而，他恰恰是王振的黨羽。

王文，字千之，河北束鹿人，史載他「面目嚴冷，然中實柔媚」。王振專權的時候，王文對王振很「柔媚」，王振彈劾楊士奇，整治楊浦，「急先鋒」皆是當時身為御史的王文。薛宣下獄，也是他羅織罪名。而彈劾王振的陳溢，在正統年間由於王振的陷害被撤掉了陝西巡撫的職務，而派去接替陳溢的人正是王文。正統年間，他與徐希堪稱是王振的左膀右臂。「左膀」徐希已慘死在土木堡，「右臂」王文卻反戈一擊，帶頭慷慨激昂地查餘黨。之後王振之侄王山定罪，也是王文參審，定出十三條大罪，親手把王振全家滿門抄斬。

但王文確實有能力，史載他鎮守陝西時「鎮靜不擾」，又曾主持寧夏防務，在之後的北京保衛戰裡也成為于謙的得力助手。

另有一位太監也同屬王振餘黨，卻走了朱祁鈺親信宦官金英的門路，最後被下令戴罪立功，在北京保衛戰中出力頗多。他後來被朱祁鈺重用，節制禁軍「團營」，他就是後來「奪門之變」的主謀之一——曹吉祥。

整防務、清餘黨，朝廷的備戰工作有條不紊的進行著。此時瓦剌挾持著朱祁鎮四處侵擾，更大肆向明朝勒索。要解決這個大麻煩的辦法只有一個，那就是另立新君。

八月二十八日，王文首先上書，要求朱祁鈺即位。首先得到了主持防務的兵部尚書于謙的支持，于謙表白說「臣等誠憂國家，非為私計」。這是于謙的想法，但群臣想法不一，戶部侍郎陳循、刑部侍郎江淵、刑部尚書俞士悅、內閣大學士蕭滋紛紛支持。但曾支持于謙主戰的商輅、戶部尚書金濂、曾建議南遷的徐程、太常寺卿許彬、都督張軏都紛紛反對。而德高望重的吏部尚書王直、禮部尚書胡濙、右都御史王翱，則建議由朱祁鎮之子朱見深即位，孫太后「垂簾聽政」，于謙等大臣輔政。內閣大學士高穀則說「此事非臣等可言」，拒絕發表看法。

這其中，商輅是太子朱見深的「展書官」。徐程是「東宮侍講」，胡濙則身負朱瞻基託孤輔政的重任。至於陳循、江淵，均是在正統朝「不得志」的官員，而俞士悅則與于謙交好。其中大部分的人都是「為私利」。

三方爭執不下，由於負責京城防務的于謙堅決站在朱祁鈺一邊，最終朱祁鈺的即位「順理成章」，次年改元景泰。

「站對了隊」的陳循、江淵、王文三人順利入閣。成為朱祁鈺的親信。商輅雖「站錯了隊」，但他是明朝歷史上唯一一個「連中三元」奇蹟的創造者。名聲在外，又有于謙，高穀等重臣支持，官位也節節高升。次年也成為內閣大學士。

為了「政治平衡」，朱祁鈺將哥哥朱祁鎮的兒子朱見深立為太子，遙尊朱祁鎮為「太上皇」，大明上下，從而完成了這次的權力交接。九月六日，朱祁鈺正式登基，一個月以後，明軍的北京保衛戰重創瓦剌，風雨飄搖的國家轉危為安，次年改元景泰，至此，火線登基的朱祁鈺，終於憑北京保衛戰樹立的崇高威望，坐穩了本不屬於他的龍位。

燙手山芋太上皇

說起景泰帝朱祁鈺在位近八年的「景泰朝」，令人津津樂道的無外乎如下幾件事：早期的迎還英宗問題、中期的太子廢立問題和晚期的太子復立問題。

其實，這位皇帝在任期間的政績頗多，比如厲行節儉、減免宮廷開支、禁止各類「採辦」業務；多次減免山東、河南、湖北、江西諸省稅糧；啟用于謙改造「三大營」，建立「團營」，提升禁軍戰鬥力。尤其重要的是，他啟用徐有貞治理沙灣黃河決口，根治山東水患。又下詔天下巡撫署理各省農桑事務，傾力發展生產，啟用王翺擔任兩廣總督，平定當地叛亂。以上的種種措施，確實令經歷了土木堡之變的大明王朝，得到了很好的休養生息。明史讚他「篤良任能，勵精政治，再造之績良雲偉矣」，至為公道。

但對待「太上皇」朱祁鎮的刻薄，卻被歷代史家所詬病。先是瓦剌在戰敗後屢次主動要求送還朱祁鎮，朱祁鈺皆反應冷淡。朝臣們要求速派使節去和瓦剌交涉送還朱祁鎮，皆被朱祁鈺以種種理由搪塞。直到于謙說出「今天位已定」後，朱祁鈺才轉怒為喜，連聲說「從汝，從汝」。但接連派了戶部侍郎李實和右都御史楊善兩批使者，但對於是否迎還明英宗問題卻模稜兩可。最後還是楊善變賣家產湊齊禮物，又憑藉巧言打動也先，加上瓦剌接連被郭登打敗，急於同明朝修好，這才成功將朱祁鎮帶回。

朱祁鎮甫一到京，禮科給事中李侃建議厚禮迎接，卻遭朱祁鈺喝斥。最後只以一頂小車，將朱祁鎮接進南宮軟禁。此後更在南宮廣布眼線，百般監視。而另一方面，為徹底斷絕「後患」，朱祁鈺從朱祁鎮回來後就開始謀劃，要如何廢去原太子——朱祁鎮的兒子朱見深，改立自己的兒子朱見濟為皇儲。

出乎朱祁鈺意料的是，反對易儲的聲音非常大，朱祁鎮的母親孫太后自然不同意，朱祁鈺自己的貼身太監金英也反對。朱祁鈺曾暗示金英，七月初二是太子生日（其實是朱見濟的生日）。金英卻不緊不慢地回答說，十一月初二才是太子（朱見深）生日，一下子讓朱祁鈺「默然無語」，甚至連朱祁鈺的皇后汪氏也反對。被朱祁鈺視作親信的王文、江淵、陳循諸人也都模稜兩可不敢表態，商輅和于謙則堅持「國本不可動搖」。

朱祁鈺無奈竟想出了「行賄法」，賜內閣各位學士每人黃金五十兩、白銀一百兩。眾人果然不好反對，可茲事體大，就在這個時候，一個「幫閒」的小人卻幫了朱祁鈺的忙。廣西尋州守備黃蛇殺害兄長被人告發，為免罪責，他竟上奏摺到中央，提出要「易儲」，喜得朱祁鈺大叫：「萬里之外有此忠臣。」立刻命內閣商議，「拿人手短」的內閣自然默許了。

景泰三年（一四五二年）五月，太子朱見深被廢，朱祁鈺之子朱見濟被立為太子。朱祁鈺皇后汪氏被廢，朱見濟之母杭氏被立為皇后。兩個月後，朱祁鈺又向「太上皇」朱祁鎮動手，以朱祁鎮贈太監阮浪金刀為由，企圖坐實朱祁鎮的「謀逆」罪。幸虧大學生商輅力勸，最後只殺了朱祁鎮的親近太監阮浪、王堯了事。但對於朱祁鈺的帝位穩固來說，如今一切都很順利。

但意外偏偏發生了。次年十一月太子朱見濟病死，偏偏景泰帝又無其他兒子，這下本對朱祁鈺廢黜太子不滿的大臣們譁然，復儲之議大起。

起先大臣們只是私下議論，引得朱祁鈺不滿，為徹底斷了大臣們的念想，原本勤於朝政的朱祁鈺開始沉溺於美色中，企圖盡快生出兒子來。誰料「心急吃不得熱豆腐」，兒子沒生出來，朝臣們卻沸反盈天。忠於朱祁鈺的內閣大學士王文又出了餿主意，建議朱祁鈺選外省藩王作為繼承人，消息一出更引得群臣私下裡議論紛紛，一股「換太子」的暗流日漸洶湧。

景泰五年五月，御史鍾同上奏摺要求重立太子，朱祁鈺強忍憤怒，將奏章分發給群臣，意圖試探眾人態度。怎料一石激起千層浪，禮部郎中章綸立刻上奏，不但同意鍾同的奏議，更讚揚朱祁鎮為「天下之君父」，督促朱祁鈺要「以上皇之禮待之」，不但應該立朱祁鎮之子為太子，更要在每月初一、十五，「率文武百官朝見太上皇」，這樣才「合乎倫常之道」。此疏一上，不少大臣紛紛附議，惹得朱祁鈺震怒，當場下令將鍾同、章綸二人下詔獄。凡附議的大臣，一律處以廷杖。

五月二十一日，朱祁鈺在朝堂上行「廷杖」之刑，共有二十七名官員遭責打，但多是郎中、主事等小官，朝中大員們並未參與。而章綸、鍾同二人卻在牢中受盡嚴刑拷打，被逼迫說出「主謀」，二人卻寧折不彎。其實論「主謀」卻也簡單，章綸的座師是禮部尚書王直，鍾同的座師是大學士商輅。與之牽連的，更有諸多位高權重的大臣。最終的結果，是章綸被活活打死在詔獄，鍾同則長期被關押，直到朱祁鎮「復辟」後才得以釋放。

次年七月，刑科給事中徐正上疏，建議將太上皇朱祁鎮和沂王朱見深一同遷往封地沂州，考慮到茲事體大，朱祁鈺並未採納，反斥徐正「妄議國事，其心可誅」。將其貶官到遼東鐵嶺。

恩威並施下，先前「氣勢洶洶」的復儲之議總算平靜下來。整個過程裡，商輅、王直、于謙等重臣並未表態，表明立場的有王文、陳循、蕭滋三位大學士，特別是蕭滋一句「先廢再重立，國本豈是兒戲」，正中朱祁鈺下懷。此後，朱祁鈺廣納美妃，沉湎於美色中，意圖抓緊時間「培養下一代」，而一場復辟的暗流，卻在漸漸的滋生。

奪門之變，小人賭博

說暗流，不得不提起一位「貳臣」——徐有貞，土木堡之變後他因主張遷都，遭于謙喝斥並受盡群臣嘲笑。後又反對朱祁鈺即位，徹底在新君的心頭「貼上了標籤」。此後歷經數年不得升遷，甚至求于謙說情也沒用。無奈之下不得不將自己的名字從「徐程」改名為「徐有貞」，果然從此官運亨通，景泰三年（一四五二年）升為都察院右副都御史，次年又升為左副都御使。之後他上下串聯，最終趁朱祁鈺病危，製造了迎接朱祁鎮復辟的「奪門之變」，其後又害死于謙，把持朝政，排斥異己。幾百年來，早被看作與秦檜齊名的奸臣。

但真實的過程卻不是這麼簡單，雖說提出遷都，但北京保衛戰時，徐有貞以監察御史身分去彰德募兵，兢兢業業出力頗多，並非今人想像的「投降派」。景泰三年他之所以時來運轉，除了是大學士高穀的推薦之外，另外則是非用不用。此時山東、河南一帶黃河頻頻氾濫，不但禍害無數，更阻斷了京杭大運河。徐有貞是最傑出的治水人才，而他也抓住了這個機會，提出了獨創的「分流運河法」，開挖廣濟渠，整治山東張秋河水患，恩澤當地百年，也換得官位節節高升。

但左副都御使的官位於他卻是到頭了，畢竟內閣有王文等人都是擁立朱祁鈺的功臣，入閣拜相自然沒有他的份。但他之所以介入到這場陰謀，完全是因為武清侯石亨、團營都督張軏、太常寺少卿許彬及大內御馬監總管曹吉祥等人的邀請。

先說石亨，後人說他之所以參與「復辟」並害死于謙，起因是因為他保舉于謙的兒子于冕為官反被喝斥，因此懷恨于謙並圖謀報復。但真實的情況是，石亨身為團營提督，不但作戰驍勇，貪污也同樣「驍勇」。提督團營後，僅北京周邊地區，被他以個人名義侵佔的「軍屯」就有近千頃，而且他的侄子石彪後來接替郭登鎮守大同，可謂是內外勾連盤根錯節。

而石亨也顯然比于謙「會來事」，史書上評價「任用賢能」的朱祁鈺，對他的信任甚至超過于謙。景泰八年正月朱祁鈺病重，派去代他祭天的大臣正是石亨。

奪門之變發生後，朱祁鈺的第一反應竟是「于謙造反了」？絲毫沒有懷疑過這位驕兵悍將。但即使如此，素來剛直不阿的于謙依然不屈不撓。身為兵部尚書，八年來他一直為整頓軍屯，提升明軍戰鬥力而嘔心瀝血。景泰二年，于謙奏請派都察院文臣督管宣府、大同、薊州三地軍屯復耕。景泰三年，于謙提出「核丁法」，即每年兩次由兵部和都察院聯合核查團營人數，防止軍官「吃空額」。景泰五年，于謙更奏請清丈「九邊」田畝土地，嚴查貪佔行為。景泰七年，于謙命兵部武庫司設立「准樣圖」，明朝武器的製造和發放有了「標準管理」。其間，于謙還查辦了大批違法軍官，多為石亨親信。利益，才是這對北京保衛戰的老戰友最終反目的根本原因。

至於御馬監總管曹吉祥，他本就是王振的黨羽，王振一手遮天的時候對他極為信任，甚至多次對他說「他日吾之子侄賴你照應」，可謂是早就內定好的「接班人」。朱祁鈺時代他屹立不倒，又兼提督團營，卻受到兵部尚書于謙的節制，而朱祁鈺對他的信任也是「有限」的。寄望太上皇復位來改變命運，自然成了他的選擇。

張軏和許彬的情況則略有不同，張軏是英國公張輔的弟弟，世襲的爵位，土木堡之變後附議徐有貞遷都。朱祁鈺登基後又和石亨一起掌團營，和他們兩個人都有「共同語言」。與石亨同流合污，自然也與于謙不共戴天。許彬的情形則具有戲劇性。楊善成功接回朱祁鎮時，他掌明朝「四夷院」，負責外交工作，朱祁鎮回到土木堡時，他曾前去迎接，並在土木堡作祭文祭奠死亡將士，更藉機為朱祁鎮和王振開脫，令朱祁鎮深愛感動，卻更讓朱祁鈺惱火。這位永樂十三年（一四一五年）即中進士的老臣此後得不到升遷。但他雖對朱祁鈺不滿，卻是老謀深算，石亨拉他「入夥」時，他表示「精神上支持」，卻推薦了徐有貞加入。其中起到關鍵作用的還是徐有貞，他制定了一個完善的計畫，趁朱祁鈺病重時，先藉助邊關警報，讓都督的張軏率精兵進大內，再接出朱祁鎮，清晨在奉天殿登基。步步連環，計畫周密。

景泰八年（一四五七年）正月，朱祁鈺患重病，正月十四日朝會上，禮科給事中劉欽重提「復立太子」一事，見朱祁鈺日漸病危，眾大臣也紛紛進言，與上一次重臣皆沉默不同。這次王文、陳循、江淵等朱祁鈺的心腹，和商輅、于謙等力主復立朱見深的大臣吵得面紅耳赤。最後朱祁鈺拖著病體艱難「定調」——所請不允！再次壓下了「復立太子」的聲音。之後兩日，朱祁鈺因病體加重而「免朝」，但大臣們的奏章依然如雪片般送來。十六日夜，內閣大學士商輅、兵部尚書于謙、禮部尚書胡濙三人祕議，由商輅起草了聯名要求「復立朱見深」的奏疏，準備在次日早朝時再據理力爭。

這場持續多日的爭吵牽引了朝堂上下的目光，而在目光的暗處，復辟的陰謀也在悄然進行。石亨祕密覲見孫太后，取得了孫太后的懿旨，而徐有貞也和幽禁南宮的朱祁鎮取得聯繫。十六日夜，眾人提兵入大內，先進南宮接出朱祁鎮，再趁大內毫無防備的情況下輕鬆進入奉天殿，在朱祁鈺的眼皮底下，次日清晨朱祁鎮赫然「復辟」成功。氣息奄奄的朱祁鈺，在聞聽朱祁鎮即位的鐘鼓聲後，氣息奄奄的說：好，好，好。一個月後，這位「明代宗」在深宮中溘然長逝，年僅三十歲。

朱祁鎮復辟成功，次年改元天順，他開始對「貳臣」們秋後算帳。朱祁鈺的「心腹」們，內閣大學士王文下獄，後被殺；內閣大學士陳循和江淵被充軍鐵嶺；蕭滋和俞士悅被罷官回鄉。這幾位都是當年支持朱祁鈺即位的「幹將」。團營副將范廣是于謙的愛將，之前因多次協助于謙整頓軍隊裡的「腐敗問題」，得罪了石亨，被誣陷下獄，後遭殺害。大同都督郭登被貶至甘肅。曾主張復立太子的胡瀅留任。王直被罷官回鄉，責成當地官員「看管」。上述重臣的結局，從他們在土木堡之變後的表現裡就已注定。

原職留任的是這些年間在「敏感問題」上一言不發的內閣大學士高穀以及吏部尚書王翱。「天下冤之」的卻是于謙，和王文一同被認定「擁立外藩進京」，這對在「復立太子」問題上意見不一的大臣，卻因相同罪名雙雙受死。

「同人不同命」的卻是商輅，這位在朱祁鈺時期多次挺身而出保護了「廢太子」以及朱祁鎮的忠臣，卻因為不肯在起草朱祁鎮登基詔書時「秉承上意」，被朱祁鎮一怒之下革職回鄉。被稱為「好人」的朱祁鎮，胸襟之狹隘可見一般。

復辟英宗建樹多

說到朱祁鎮在位時期的天順朝，儘管殺害于謙的行為「不光彩」，之後石亨和曹吉祥鬧出的「曹石之亂」也引起了動盪。但對於朱祁鎮在位最後八年的政績，《明史》等相關史料評價素來頗高。一則是朱祁鎮首創了「國家養老制度」，頒布了「優老之禮」，規定六十歲以上老人免除徭役，七十歲以上老人國家每年賜予「補貼」。二則是他臨終前廢除了中國封建社會延行數千年的「殉葬制度」，可謂善莫大焉。所以明史評價說：英宗承仁宣之業，海內富庶，朝野清晏。那麼事實呢？

朱祁鎮在位的最後八年，確實做了許多「善舉」，和朱祁鈺一樣，多次減免受災省份稅賦，並及時賑濟。堅持「為政以寬」，但「寬」的結果，卻是西南地區民族矛盾激化，中原地區土地兼併加劇，流民數量激增。天順元年陝西王斌起義、天順三年四川松潘起義、天順五年貴州李天保起義、天順七年廣西瑤民起義。而在他去世的天順八年，廣西大藤峽起義和荊襄流民大起義先後爆發，持續數年，給明王朝以沉重打擊。

對外方面，瓦剌日漸勢弱，韃靼日益勢強，並多次攻掠明朝邊關。天順五年，韃靼孛來部以「入貢」為名騙過朱祁鎮，趁機竊據河套這一明朝邊境的戰略要地，釀成了之後困擾明朝一百多年的「套寇」之禍。朱祁鎮在位的最後八年裡內憂外患的局面日益嚴重。

天順八年正月初二，朱祁鎮身體不適，命太子朱見深在文華殿「監國」，十五天後，這位富有傳奇色彩的皇帝與世長辭，諡號「英宗」。就在同月，廣西爆發大藤峽起義，荊襄流民也相繼爆發小規模騷亂。這一切，都留給了他的兒子——成化皇帝朱見深承受。

十二、荊襄，大明王朝的肚腹之痛

在位二十三年的成化常朱見深，一生的功過評價，從來都充滿爭議。

有不少後世史家說他昏庸，最重要的原因是他開了明朝皇帝「不上朝」的先例。他之前的歷代明朝皇帝，執政雖有功過，但上朝總算勤快。到了他在位的時候，乾脆歇班放羊，從登基後的第六年開始，就很少上朝，國家大事也越發甩手不管，日常的最大愛好竟然是煉丹修道，追求長生。

朱見深寵愛比他年長十九歲的貴妃萬貞兒，放任萬貞兒把持後宮，逼眾多妃子墮胎。間接造成了他的兒子朱祐樘的艱辛童年。他又酷愛修道煉丹，甚至在後期一度不理國事，他所寵愛的「傳奉官」們，盡是些裝神弄鬼的巫師神漢，不但誆騙國家錢財，更借他的旗號橫行霸道。他還寵信宦官汪直，開設西廠，製造冤案。

但就是這樣一個看似怠工的皇帝，卻也有很多好品質：一是關心民生，他在位的二十三年，是明朝開倉賑濟極其頻繁的時期。二是脾氣好，不管朝臣怎樣攻擊，基本都不會動怒，對待言官也向來寬容，什麼樣的建議都認真聽，雖然也極少照辦。

他執政的時期，是一個人才薈萃的時代，文臣中如「三元宰相」商輅，武將中的能臣王越，各個都是獨當一面的幹才。後世對這個時代有個通用評價：臣奮於下。也就是說諸多能臣雲集在他的身邊，締造了不少功績。

而就工作成績而言，這位帝王登基時也極其勤政，除了為奪門之變中的于謙平反外，叔父景泰帝也是在他執政時期恢復了名譽。此外，他更親手解決了一個自明朝前期開始，就很發頭疼的問題——荊襄流民問題。

荊襄流民成麻煩

荊襄流民之亂，是成化皇帝登基的第一個月就遇到的一場大麻煩。

這事說起來，也是明英宗時遺留下來問題。從天順年間就開始鬧，到朱見深登基後，鬧得更嚴重了。天順八年（一四六四年）三月初五在湖北房縣正式爆發了明朝立國以來規模最大的流民起義，參與人數達五萬多人，並以白蓮教為「精神旗幟」，建立「漢王政權」，改年號為「德勝」。

說到動亂的起因，得先介紹一下荊襄這個地區。明朝荊襄地區，北抵陝西秦嶺，南鄰四川大巴山，東及山東熊耳山，中有湖北武當山。包括湖廣荊州府、襄陽府、德安府、黃州府，四川夔州府所屬之巫山、大寧（今重慶巫溪縣）、大昌（今重慶巫山縣大昌鎮）等縣，陝西西安府所屬之藍田縣、洛南縣、商縣，漢中府之漢陰、紫陽、洵陽（今旬陽）、平利等縣，河南南陽府、汝州府、汝寧府南部、河南府西南部的盧氏縣、嵩縣、永寧縣（今洛寧縣）。為川、楚、陝、豫四省交界地帶，素來人少地廣，地勢險要，丘陵水脈縱橫。

元末農民大起義時期，這一帶即是陳友諒的根據地。明朝建國後，陳友諒的餘部盤踞在此，反抗明朝統治的戰爭竟長達十年之久。直到洪武九年（一三七六年），明朝衛國公鄧愈統兵進剿，將當地作亂勢力徹底平定，方才恢復了平靜。次年，朱元璋下詔，「空其地，禁流民不得入」，將這片土地肥沃的樂土，變成大明王朝中部的「無人區」。

明朝之所以這樣做，主要為了避免動亂。但隨著明朝土地兼併越發厲害，這個無人區，反而成了動亂的火藥桶。在宣德年間，流民問題已經比較嚴重，為了緩和矛盾，明宣宗朱瞻基曾於宣德二年（一四二七年）和宣德五年（一四三〇年）兩次下詔，開放荊襄地區的部分山林湖泊，允許流民前去耕種。此舉雖一時緩解了社會矛盾，卻也令各地流民向荊襄地區的遷移加劇。到了正統年間，荊襄地區流民數量已大大激增，時任山西巡撫的于謙就曾奏報「山東、山西、陝西就食河南者逾二十萬」。直隸巡按彭昂奏報安徽地區「所見逃民，動以萬計，扶老攜幼，風棲露宿，詢其所自，皆真定、保定、山東諸處之民」。

而在明英宗朱祁鎮的天順年間，流民問題變得更加突出，當地不但聚集大批流民，而且還畫地為牢，好些人還自覺聚攏，擁有武裝。為解決流民問題，明英宗朱祁鎮採取了強硬措施，設立「逃戶周冊」，並嚴令全國各府州縣嚴厲勘察緝拿，皆收效甚微。

依當時文獻記錄：「流民之入山者，北則取道西安、鳳翔，東則取道商州、鄖陽，西南則取道重慶、夔府、宜昌，扶老攜幼，千百為群，到處絡繹不絕。」至天順朝末期，荊襄地區的流民數量已達一百五十萬人，依兵部尚書項忠所言：「荊襄地連數省，川陵延蔓，環數千里，山深地廣，易為屯聚。如若坐視，必為大患。」

朝廷當然不會「坐視」，天順八年（一四六四年）正月，深感無力解決問題的朱祁鎮設湖廣參議一職，意圖加強對荊襄地區流民的監控，怎知適得其反，新任湖廣參議劉子鍾下了嚴令，命令當地流民必須限期返回原籍，一下引發了眾怒。次年三月，流民首領劉通、石龍在湖北房縣聚眾起兵，自號漢王，建年號德勝，拉開了轟轟烈烈的流民大起義的序幕。

而這場起義之所以發生，論原因，卻和白蓮教有關。

這場起義的首領劉通，不但武藝過人，號稱「劉千斤」。還有另一個身分——白蓮教徒。史載他「正統中惑於妖言，潛往襄陽、房縣，與妖僧允天峰謀亂」。所謂「妖僧」允天鋒，其實是白蓮教教徒。在結識了允天鋒後，劉通即加入白蓮教，且按照白蓮教的「組織程序」整頓隊伍，四處傳教。荊襄地區流民雲集，也有諸多逃犯等「危險份子」，自然為白蓮教的傳播提供了廣闊的土壤。

而明朝在這塊無人區長期沒有派遣官吏負責，相互交界的湖北、河南、四川、陝西各省官員大多相互推諉，睜一隻眼閉一隻眼的結果就是白蓮教勢力在湖廣地區的瘋狂傳播。而當年敗於朱元璋之手的元末農民起義領袖陳友諒，也被白蓮教拿來做了「旗幟」。劉通起兵後，自稱為「漢王」，以房縣梅西寺為宮殿，年號德勝，皆是藉助了當年「漢王」陳友諒的影響力。果然振臂一呼，「從者四萬人」。其下設將軍、元帥、國師、總兵等官，可謂分工明確，謀劃周詳。

叛亂爆發後，劉通「起勢」很猛，在房縣建立政權，在豆沙河等地的大山中，設立七個軍屯，且耕且戰，向明朝的周邊府縣發起攻擊。朱見深在接到奏報後，重重的「唉」了一聲，然後迅速做出反應，命時任兵部尚書的李復全權統籌戰事。命工部尚書白圭提督軍務，會同湖廣巡撫王儉、荊襄都御使王恕、湖廣總兵李震，合兵征剿荊襄流民。

為解決軍費問題，更採納戶部郎中王育的建議，號召全國官員向朝廷「捐獻」。凡之前罷職官員，捐獻米糧一百五十石的，可官復原職；國子監監生捐獻米糧二百石的，可不經科舉由吏部授官；候補官員捐獻米糧三百石的，即可立刻安排官職。在明朝兩線作戰（還有大藤峽叛亂）的情況下籌足了軍費。

成化元年十二月，明朝「征剿」大軍抵達湖廣前線。湖廣總兵李震親率所部官兵長驅直入，直搗義軍的「首都」房縣，一路節節勝利，孰料這是義軍有意設伏。在房縣以東十五里的梅溪，李震所部一萬明軍遭到劉通的合圍，苦戰三晝夜，明軍慘遭全殲，僅軍官死者就有三十八名，士兵傷亡更無算，史稱「梯兒崖之戰」。

次年三月，提督白圭調集重兵，集中十三萬大軍，從南章、遠安、房縣、谷城四個方向反撲，且吸取李震的教訓，四路大軍齊頭並進，互為犄角，很快突破了義軍防線。劉通率部轉戰壽陽，被明軍包圍，血戰兩天後被俘犧牲。讓人髮指的是，這一路義軍中有五千多義軍家屬，多是老幼婦孺，皆被明軍殺害。而其部將石龍率軍轉戰四川，攻下巫山、大昌等地，殺夔州通判王偵，之後屠戮整個夔州城，飽掠後盤踞巫山地區。白圭採取分化瓦解戰術，用高官厚祿引誘了石龍部將劉長子，經其配合攻入巫山，全殲石龍部義軍。石龍以及義軍家屬六百人被處死，而最先叛變的劉長子，也在被處死的「逆賊」之列。

戰後，白圭向朝廷上書道：元惡既擒，餘孽殆盡，境內寧謐，黎庶樂生。整個戰鬥過程，明軍斬首數萬人，但其中「老幼婦孺者十之四五」，官軍所到之處捕獲的「流民」，不是發回原籍為苦役，就是以「附逆」罪坐牢，更有不少軍官，將這些「俘虜」們「私賣勢家大戶為奴」。戰後，明朝在暴亂的發生地房縣設千戶所，屯兵駐守。在周邊州縣也設立同知、巡檢司等各類機構，駐守重兵。平亂大戰，至此似乎大功告成。

但還是時任右副都御使的王恕看得遠，歸京後立刻上奏朱見深，聲言「根源未除」。依王恕之見，荊襄地區多山林草澤，需大規模移兵屯墾，駐守重兵，且在周圍修築防禦工事，方可收長治久安之效。

臺灣歷史學家嚴耕望諷刺這種建議是「當兵的去防老百姓，開天闢地頭一回」。況且此時明朝已是歌舞昇平，成化三年七月，朱見深在京城大行「表彰」。平亂「總指揮」白圭加封太子太保，撫寧伯朱永加封撫寧侯，之前打了敗仗的李震也加封右都督。居安思危的王恕，雖意見未被採納，卻也晉升為左都御史。但四年之後的十月，原劉通的部將李原、王洪在湖廣南章起義，自號太平王。此次規模更大，史載「流民附賊者百萬」，四年前王恕的擔憂，而今不幸被言中。

天災人禍流民亂

說到成化七年（一四七一年）十月李原、王洪的起義，除了之前明朝的「歷史遺留問題」外，卻還有另一個催化劑：天災。

根據史料記載，成化三年，山東旱災；成化四年、陝西、山西、河北旱災；成化五年，黃河決口，河南、淮北大水災；成化六年，錢塘江決堤，江蘇、浙江水災，安徽、陝西、甘肅、四川旱災。持續的自然災害導致大量災民紛紛逃荒，蜂擁至物產豐饒的荊襄地區。僅是成化六年，湖廣參議林聰奏報，荊襄地區流民逾九十萬。

就在這些年裡，原劉通的部將李原，蟄伏在荊襄山區裡，以傳教為名聯絡部署，更和另一位劉通部將王洪取得了聯繫。成化六年入秋後，夏季剛經過旱災的中原地區再遭劫難，關中地區爆發水災，死者數十萬計。大量的災民再次成群逃亡荊襄，趁此「天賜良機」，李原、王洪等人再舉義旗，自號太平王，與上次劉通且耕且戰不同的是，荊襄流民這次以荊襄山區為基地，開始了流動的「游擊戰」，一時間聲勢浩大，沸反盈天。

要說這幾年明朝在安定荊襄方面什麼都沒做，卻也冤枉。荊襄問題如何解決，中央到六部一直在爭吵。已調任兵部尚書的白圭主張在中原地區嚴行「保甲法」，責成各省按察司清點本省人口，但有發現戶口逃亡者，實行「責任連坐制」。戶部尚書楊鼎主張移民河套地區，一面緩解內地土地矛盾，另一面也可充實邊防，可謂一舉兩得。禮科給事中張賓主張減免各地稅賦，以此減少農民逃稅事件。各種見解皆頭頭是道，但具體實施起來，卻牽涉到兵部、戶部、刑部等各部門的協作問題，「部長」們又全都互相推諉，不肯擔責。爭吵幾年，除了依張賓建議屢次減免稅賦外，朝廷基本「不作為」。

成化六年十月底，叛亂消息傳至京城，已數年不上朝的朱見深焦急萬分，破天荒的召集群臣商議，很「高效率」的作出決定，任都察院右都御史項忠為提督，總督河南、湖廣、荊襄、山東、浙江各省共二十五萬兵馬南下進剿。為表信任，朱見深破例沒有給項忠派遣「監軍」，委任項忠全權負責，並允許項忠「便宜行事」。

次年七月，項忠大軍抵達襄陽。項忠先是放風聲說帶來了百萬大軍，接著派細作潛入荊襄山區，誘騙流民說朝廷將「招撫」，承諾朝廷將承認流民已耕種的土地，流民多是手無寸鐵的貧苦農民，經此忽悠，紛紛扶老攜幼走出山林。短短一月間，竟有四十萬人向項忠投誠。接著項忠大軍兵分八路進剿，在竹山與李原決戰，李原兵敗身死。王洪轉戰湖北均州，隨即被項忠擒獲後處死。比起幾年前白圭「斬首數萬」的戰功，這次明軍的戰果有些「遜色」，先後斬首一千餘人，陣亡八十三人。但招撫流民的數量卻驚人，足足有九十三萬八千人。

戰後，明朝卻再次採取粗暴政策，「招撫」的流民全部發配回原籍，甚至連當地早已取得「合法戶口」的居民，也都統統沒收財產後充軍。之後幾個月裡，項忠共驅散當地流民一百五十萬人，隨即又命屬下軍官們在荊襄山區圈佔土地作為「賞賜」。慘烈的過程，恰如兵科給事中梁景的奏疏中所寫：縱兵驅逼，略無紀律，以致怨聲震天，肝腦塗地，比之夷狄入侵，慘酷過之。

如此局面，流民問題依然難以解決。項忠「平亂」後不久，明朝即在荊襄周邊地區築堡壘守衛，並賜予周邊藩王以及駐軍土地，試圖以此杜絕流民湧入。然而事與願違，僅僅一年之後，大批的流民又重新湧入，並與當地駐軍發生血腥衝突。湖廣當地官員叫苦說「入山就食，勢不可擋」。到成化十二年（一四七六年），荊襄地區的流民數量竟又達到四十萬人。且常與駐軍和藩王械鬥，流血事件時有發生。這段時間的地方官幾乎「談流色變」。然而就是這一年，一份看似不起眼的奏疏，卻讓明朝找到了解決問題的辦法。

上奏疏的人，就是成化朝的名臣——時任國子監祭酒的周洪謨。是年正月，周洪謨經實地詳細調查，向朝廷上了《流民說》，提出流民問題「勢不能禁」、「唯因勢利導之」。建議在荊襄地區設立府縣，承認當地流民的「合法戶口」，並丈量土地、清點人口、編排戶籍，用安撫政策解決流民問題。此疏一上，立刻引起軒然大波。內閣萬安、商輅等人以「違背祖制」為由堅決反對，但六部的白圭、項忠等親歷過流民叛亂的官員卻極力贊成。經過激烈討論，朱見深終於表態支持此議。

同年二月，朱見深派遣都御史原傑為欽差南下荊襄，設置鄖陽府和湖廣行都司，將荊襄地區所有流民登記入冊，共十一萬三千三百一十七戶，四十四萬八千八百四十四口，根據個人意願或在原地入籍，或返回原籍。以河南吳州知府吳遠為首任鄖陽知府，並在全國「擇能臣良吏就職荊襄」。經過一番安撫，動盪十多年的荊襄地區終現和平，四十萬流民在當地合法落戶。從此每年明朝「財政收入」至少多出一萬四千石稅糧，原本的無人區，從此以高速的速度發展起來。荊襄，這個讓明朝持續十多年的「肚腹之痛」，至此徹底根治，而中國湖北省在近現代的繁榮，實際奠基於此。

十三、河套風雲錄

蒙古草原再驟變

如果說荊襄的流民問題，令成化年間的大明王朝肚子疼，那麼河套爭奪戰，則是一直讓大明王朝腦袋疼。

說起這場戰爭，還是得從蒙古草原局勢的變化講起。

一場土木堡慘禍，令明朝損失慘重。但作為戰場對手的瓦剌，其實下場更慘。先是北京保衛戰等一系列邊境衝突，沒佔到便宜反而吃了虧。接著明英宗被放回後，景泰皇帝乾脆中斷了雙方的貿易往來，也不再互派使者，關係降到冰點。

而更嚴重的影響是，這之後明朝的策反工作做得極好，常在韃靼可汗脫脫不花以及瓦剌的阿剌知院二人之間勤走動。日久天長，作為蒙古實際首領的瓦剌「太師淮王」也先，也就和二人越發不對盤，各種矛盾加劇，終於爆發內訌。也先還是一如既往地勇猛，先打敗了脫脫不花，並將其兄弟子侄全數殺死，部落人口也強行吞併。

這樣一來，也先的聲威如日中天，對「太師淮王」的稱號也不滿意了。乾脆於景泰三年

（一四五二年）自立為可汗，號稱「大元田盛大可汗」，相當的威猛。

但毀了他一輩子的恰是這件事，多年以來，蒙古草原雖然戰爭不斷，但以「黃金家族」成員擔任可汗，是各部落共同的規矩。壞了規矩的也先，一下就引起公憤。外加他當了可汗後，心態飄飄然，傻事也幹得多。不但沉迷酒色享樂，更常強制各部落遷移，治下的蒙古部落一下子就全得罪光了。無論韃靼還是瓦剌，部落首領們都同仇敵愾地攻打他。

結果不到兩年，內戰風雲再起，這次是阿剌知院和他火拼，眾叛親離的也先一戰崩潰，後被亂刀殺死。而得勝的阿剌知院沒高興幾天，又被韃靼部落痛打，最後也被殺掉。

打完一輪下來，先前威風無比的瓦剌部也就徹底衰弱。各部落四分五裂，遷徙西北。蒙古草原，再次成為韃靼部落的天下。

也正是這場持續的內亂，從景泰年間起，明朝邊境一下太平了好多年，除了幾次小打小鬧的騷擾，基本沒有大戰爭。

而等著韃靼趕走了瓦剌後，草原的局面更亂了套。由於脫脫不花被殺，韃靼部落群龍無首，各方勢力你爭我搶，依舊打得熱鬧。其間雖然多次劫掠邊境，但基本都是搶完了就跑。

但到了明英宗復辟的天順年間起，局面卻驟然嚴峻起來。以往韃靼的劫掠，之所以沒有形成大患，是因為他們居無定所，以游牧為生，每次騷擾行動都要跑遠路。後來韃靼人驚喜地發現了一塊根據地，只要佔住它，紮住腳，打劫就方便得多了。

這塊根據地，便是河套草原。

河套草原成跳板

河套草原，是指蒙古南部和寧夏東部賀蘭山以東，狼山和大青山以南的黃河南岸地區。這裡物產豐富，戰略位置重要，自古以來，便是兵家必爭之地。而在逐水草而居的蒙古部落眼中，這個水草肥美的地區更是塊寶地。

但是這塊寶地，自從明朝建立以後，卻一直荒著。明初雖然奪取了河套地區，但沒在這裡設衛所，也沒有移民實邊，一直以來都只是塊空地。結果到了天順年間，被韃靼人鑽了空子，先是韃靼阿羅出部進入河套，緊接著貝來、毛里孩各部落也來了，一開始還只是冬天的時候來暫住，後來乾脆常住不走，從此紮下根來。

這樣一紮根，結果極其嚴重。本來韃靼人騷擾邊關，需要長途奔襲，佔了河套平原，就好比在別人家院牆外面打地鋪，溜門撬鎖乃至入室打劫都變得方便容易。自天順年間起，明朝的邊關局勢立刻緊張起來。以往每隔幾年才會有大規模侵擾，這下是年年都有，甚至一年好多回。河套沿線的山西、陝西、寧夏、甘肅各省軍民，無不大受其害。而這些韃靼部落，也被明朝統稱為「套寇」。這就是從明中期開始，明朝邊防一直頭疼的套寇問題。

一個明顯的變化，是河套被佔後，各路的韃靼部落從景泰八年（一四五七年）起幾乎年年鬧亂子，每次劫掠的規模都是數萬人。更嚴重的影響是，明朝境內很多歸附的蒙古人，也開始與之勾結，甚至發動叛亂。比較有名的是成化四年（一四六八年）的滿四之亂。當時屯兵陝西固原的明朝蒙古族軍官滿四，糾集同族兩萬多軍民發動叛亂。明朝動用五萬多人，圍攻三個月之久，才最終慘勝平叛。

河套問題越發嚴重，但一直以來，明朝除了集結重兵，修繕城池，加強防禦外，也沒什麼好辦法。結果軍費開支連年增加，邊境防禦卻顧此失彼，畢竟漫長的邊境線，再多的兵也守不過來，而且敵人紮根在眼皮底下，佔有主動權。於是從明憲宗朱見深登基後，邊關的戰事就越發嚴重。

明憲宗這個皇帝，雖然常被後世評價為懶惰，但骨子裡卻還懷有英雄夢。他性格裡本身就有尚武的一面，還時常巡查禁軍，考察士兵訓練。連他最寵愛的萬貴妃，也時常身著戎裝以討取其歡心。因此眼看韃靼人侵擾越凶，他多次頒下嚴旨，讓朝臣們拿出辦法來。

而朝臣們對此事的反應也基本一致，就是收復河套。

自從明憲宗登基後，有關收復河套的奏議，就一直沒少過。比較有名的是天順八年（一四六四年）十二月，延綏西路左參將都同知房能，首先倡議「搜套」，而且還拿出了三個辦法：一是集中兵力，主動進攻，用優勢兵力大面積搜捕，將河套的韃靼部落全部剿滅。二是增修堡壘，加強防禦。三是配備火器，發揮部隊技術優勢。這奏疏一上，連明憲宗也激動起來，忙發給兵部商議。

而作為明朝行政運轉核心的內閣，對收復河套的主張也是相當的積極。成化二年（一四六六年）五月，當時作為百官之首的內閣大學士李賢，更上了一份奏摺，積極支持房能的主張，要求集中優勢兵力，發動一次大規模搜剿河套的行動，一勞永逸地解決問題。

而且李賢上這份奏摺，時機也選擇得很巧，這時明朝剛剛平定了廣西大藤峽叛亂，南征大軍凱旋在即，趁熱打鐵收復河套，似乎正是最好的時機。

好些官員也都跟著激動了，紛紛上奏摺支持。言官們也沒閒著，吏科給事中程萬里的奏摺，寫得尤其慷慨激昂，他認為河套的韃靼部落，駐紮非常分散，只要明朝集中優勢兵力，各個擊破，必然能取得大勝。而且程萬里特別強調，這正是唐朝名將李靖破突厥的戰術。言下之意是唐朝做得到，咱也做得到。

皇帝很激動、內閣大員很激動、百官很激動，但是具體執行軍事行動的兵部，反應卻極冷淡。收復河套的動議提出後，兵部的大臣們就找盡各種藉口反對。當時的兵部尚書王復回覆說：收復河套固然應該，但打仗不是鬧著玩，必須得選拔得力的將領。結果找來找去，找到了大同總兵楊信，楊信正是土木堡之變時，鎮守宣府的名將楊洪之子。按說將門虎子，但此人雖然也打過不少仗，拿得出手的戰功實在少得可憐，甚至還鬧出過大笑話，一次押送軍餉，聽到號炮聲響，誤以為韃靼人來了，慌忙策馬逃命。

推薦這樣一個人，倒不是因為兵部不負責，實在是可選的將才太少。經過周密準備後，楊信率領的兩萬搜套大軍還是於四月出發了。這支大軍裡集中了大同、宣府、寧夏等地的精銳，更配備精良火器。本來指望著一戰定乾坤，誰知楊信帶兵到了邊境後，便坐看觀望，只把部隊四下分散駐防，能不打仗就不打仗，折騰一番以後，雷聲大雨點小。

其實這也不能怪楊信膽子小，收復河套的主張，從邊防看確實正確。內閣大員以及言官們的詳細計畫，表面看也很靠譜，但以明朝當時的軍事力量，執行難度卻實在很大。

進入成化年間的明朝，土地兼併更越發激烈，軍屯流失同樣嚴重。明英宗時期起就有的這些問題，到了明憲宗時更加嚴重。反映到軍隊的戰鬥力上，情況更糟糕。明憲宗時期的幾次內亂，無論大藤峽之戰、滿四叛亂、甚至荊襄流民之亂，每次朝廷都精銳盡出，戰事卻打得零零落落，敗仗極多，都是拼盡全力才勉強慘勝。

而進入河套的韃靼部落，都是精銳的蒙古騎兵，表面看人少，但各個能打仗。明軍雖然人多，但是戰鬥力低下，士氣嚴重低落。這樣的情況，也只有兵部的相關官員以及真正在前線打仗的將官們知道得最清楚，所以兵部謹慎、楊信膽小，真實原因還是對軍事情況心知肚明。

第一次搜套草草收場後，明憲宗並不甘心，而對軍事實情一知半解的大臣們更不甘心。那幾年說起河套，朝堂上下喊打聲一片，群情激憤下，收復河套的行動繼續上演。

成化六年（一四七〇年），明朝發動了一次更大規模的搜套行動，這次一口氣動用了八萬多兵力。領兵的主帥是撫寧候朱永，左右副總兵分別是劉玉和劉聚。這三個人可大有來頭：朱永是名將朱能的後人。劉玉曾參加過麓川平叛，《明史》說他「勇決過人」。劉聚也厲害，早在北京保衛戰時，他就曾血戰西直門，面對面和瓦剌騎兵硬碰過。他們都是聲名赫赫的勇將。

對於這個強大陣容，明憲宗也寄予厚望，甚至允許朱永隨機行事，賜予先斬後奏之權。然而戰爭開打，這支征討大軍，一樣到了邊境就駐足不前，同樣也是分頭把守，硬是不敢進入河套草原一步。接著從五月到九月，多次在邊境與韃靼軍發生衝突，雙方互有勝負。到了十月上報傷亡：明軍俘虜了十一個人，殲敵二百五十七人，卻陣亡六百六十四人，受傷兩千多人。戰績非常慘澹。

但如此慘澹的戰績，作為主帥的朱永卻還自我感覺良好，竟然當「捷報」給上奏了。明憲宗也大方，仗打成這個樣子，也當捷報給封賞了。八萬多士兵，受到表彰的就達一萬多人。

明憲宗之所以如此大方，其實也是有苦衷，畢竟收復河套這事，是他一手推動的，老弄不出成果來，面子上過不去。但更令他困惑的是，為什麼下了這麼大本錢，卻還是一勝難求？

不但明憲宗困惑，大臣們更困惑。明憲宗為此開了幾次會，群臣們情緒激動，對前線將官們，更是大肆口誅筆伐。最後終於達成了共識：戰況不如意，一是主帥無能，朱永水準有限。二是邊境各部隊事權不統一，難以調度。所以解決問題的辦法，就是換一個有名望的主帥，能夠調動所有部隊，一口氣滅了韃靼。

但這辦法說起來容易，做起來卻難，朱永就夠有名望了，誰能超越過他？明憲宗反覆權衡，這次選了武靖侯趙輔。

要說這位趙輔，論資歷還比不過朱永，但之所以選他，是因為在成化初年的大藤峽之戰中，此人表現優異，是大明軍界一顆耀眼的將星。而且趙輔除了打仗勇猛外，文采也好得很，和諸多文官的交情也深。無論哪方面，都是最合適的人選。

就這樣經過精心準備，成化八年（一四七二年），由趙輔掛帥的明軍再度出發。這次不但增派了兵力，而且明憲宗更下了死命令，要求趙輔必須「大挫賊勢」。不管怎麼樣，得給我打個大勝仗。

帶著死命令的趙輔到了前線，也辛苦地打了好多仗，但四個月後送來的第一份戰報，就差點沒把明憲宗氣死。戰報裡說，明軍經過浴血奮戰，多次擊退敵人，但如果想徹底收復河套，困難依然極大。所以打勝仗可以，必須得再增派軍隊，至少得十五萬。也就是說，還沒打勝仗，就獅子大開口講條件了。

明憲宗一向好脾氣，但這次真忍夠了，接著又召集群臣開會商討，然後討論會變成了批判會。與會大臣們紛紛指責趙輔等人，要求將其逮捕治罪，明憲宗倒是謹慎，還是決定派人調查一下。

而調查出來的結果，更差點沒把明憲宗震暈。趙輔這次的表現比朱永還不如，到了前線後，基本就是關門防守。韃靼人來了就躲進去，連正面交鋒都不敢，所謂浴血奮戰，基本全是文字遊戲。四個月裡，韃靼人大肆劫掠，單搶走的牲口就有三十多萬。

上面這些事情，雖說都是事實，但要說趙輔什麼都沒做，卻也不對。他做得最多的，就是在邊境大修堡壘，這些堡壘沿著河套修建，每當韃靼入侵時，邊關的軍民們，便可以躲在堡壘中避難。所以數月襲擾，雖說村莊被毀極多，財產損失巨大，但百姓傷亡確實不大。更重要的是，這些堡壘更成為明軍的前哨，在後來的邊關防禦中一直發揮重要作用。

可明憲宗和朝臣們不管這個，大多數大臣眼中，韃靼就是土匪，以大明的天威居然打不過土匪，臉往哪裡擱？至於打仗的具體困難，這些人極少考慮。結果這次勞而無功的出征後，趙輔雖然被從輕發落，只是減了祿米，但名聲卻從此掃地，晚年更是生活困頓。

從天順八年（一四六四年）起，一直到成化八年（一四七二年），明憲宗熱情高漲發動的收復河套行動，已經持續了九年。這九年裡，群臣們上奏討論，各種軍事計畫五花八門，精兵猛將更輪流往前線調。每次都聲勢浩大，但折騰來折騰去卻都是放空拳，河套的韃靼部落越聚越多，對邊關的侵擾越來越烈，明軍被動挨打，戰局一團糟糕。

仗打成這個樣子，大臣們自然憤怒，明憲宗的壓力也很大。成化八年的行動失敗後，明朝也大力追責，按照兵部的說法，就是「不正其罪，恐眾怒不解」。結果眾怒之下，主帥趙輔罰了祿米，召回京城。前線的將領有些被責罰，有些更被調回了京城。前線的軍事行動，暫時消停了。

而這時河套的韃靼勢力，卻已空前強大。明憲宗登基伊始，這裡還都是魚龍混雜的各路部落，但這時候，一個強大的首領已經到來了：滿都魯。此人是「黃金家族」後裔，昔日蒙古可汗脫脫不花的胞弟，極具軍事能力。進入河套草原後，他不斷兼併蒙古諸部，尤其是成化七年（一四七一年），滿都魯排擠了河套草原另一部落博來部，已然獨霸此處，實力極度膨脹。

因而明軍雖然消停，滿都魯卻毫不消停。河套草原被他打造成一個穩固的基地，每年都以此為跳板，大肆劫掠明朝邊關，規模越來越大，侵擾的範圍越來越廣，甚至深入到甘肅地區，每次的收穫都是盆滿缽滿。

但是就在成化八年（一四七二年），趙輔的出征失敗，明軍暫停行動後，第二年九月，實力強大的滿都魯，卻突然橫遭明軍沉重一擊：紅鹽池大捷。

文臣王越立大功

這場大捷的締造者，便是之前朱永、趙輔幾次軍事行動中，一直擔任「襄贊軍務」的明朝名將：王越。

王越，河南浚縣人，景泰二年（一四五一年）進士，在成化年間之前，這位文官就久歷邊事，長期在大同擔任巡撫，受過不少歷練。

而且一直以來，這人就出了名的奇特，年輕的時候，明明是個書生，卻精通武藝，飽讀兵書，而且心理素質極好。當年考科舉的時候，好不容易答完題，誰知忽然颳來大風，竟把試卷颳跑了。竟然不慌不忙，面不改色地重要了份試卷，在剩餘的時間裡快速答完，就這樣考取進士，出了名的處亂不驚。

在經過了多年戰場鍛鍊後，王越的軍事水準日趨成熟。特別是幾次隨朱永和趙輔參加戰爭，更深切領教了敵人的強大。所以在收復河套這件事上，他是個出名的反對派，一直主張採取守勢，先把國門守好，積聚了實力後再反擊。因為這樣，多年以來也沒少挨罵。特別是趙輔受罰時，王越也被論罪，甚至有言官建議要把他下獄論死。

明憲宗處罰了好多人，卻對王越網開一面。只是下詔書批評了一番，命令他在邊關戴罪立功，更給他一個出人意料的職務：總督軍務。也就是說，自從正統年間的王驥之後，王越成為明朝歷史上第二位手握專征大權的文官。

而對於河套戰局，主張穩守的王越，一直有條不紊地實施自己的思路。除了加強防務、修繕城池外，更著手打造一支精銳的騎兵。而這番苦心，終於在成化九年（一四七三年）九月，獲得了揚眉吐氣的回報。當時滿都魯大舉入侵甘肅定西地區，卻將家小與輜重安置在寧夏紅鹽池，聞聽消息的王越當機立斷：抄他後路。

結果一個月黑風高的深夜，王越統帥五千精銳騎兵火速出擊。這一路夜行八百里，而且風沙大作，但王越身先士卒，硬是克服艱難困苦，準時發起了攻擊，一戰搗毀滿都魯的紅鹽池老巢。這是自河套戰事以來，明軍第一次取得勝利。

戰敗的滿都魯極其恐懼，果斷做出撤出河套的決定，剛剛站住腳的河套也不要了。整個部落渡過黃河，北遷至大草原。離開河套的滿都魯，隨後又挫敗了幾個對手，成為了蒙古可汗。而河套草原，也總算安定了好幾年。

而對於明朝北邊防務來說，紅鹽池大捷的意義，不只在於趕走了滿都魯。紅鹽池地區，是明朝北部防務的一大缺口，幾乎每次韃靼入寇，都是以此為入口，進入內地大肆騷擾。王越這一場勝利後，明朝也開始堵缺口，延綏巡撫余子俊在當地修築邊牆等工事，成為阻遏韃靼騎兵南下的又一屏障。

紅鹽池大捷，王越以騎兵長途奔襲，直搗韃靼人老窩的打法，漸在明軍中普遍推廣，這個戰術也有了通用的稱呼：搗巢。之後明朝的好些邊將們，都是這個突擊戰術的繼承者。

立下大功的王越，也得到了明憲宗的垂青，紅鹽池大捷後受封為「總制三邊」，也就是執掌延綏、甘肅、寧夏三省的軍政大權，成為成化一朝炙手可熱的封疆大吏。到了成化十六年（一四八〇年），他又再度祭出「搗巢」法寶，率軍直撲韃靼軍盤踞的威寧海子（今和縣），再次取得大捷。這場勝利後，王越更受封為「威寧伯」，成為明朝又一位因戰功而封爵的文官。

王越的這幾場勝利，真可說是讓明憲宗風光無限。而他本人也不斷加官進爵，甚至一度升任兵部尚書，並監掌都察院。一手抓監察權、一手抓兵權，是成化年間位高權重的人物。按照很多野史的說法，在韃靼人那邊，王越也落了個「金牌王」的綽號，甚至每次韃靼入寇，看到有「王」字的戰旗，都立刻奔逃。

但威名遠播的王越，名聲卻從來被爭議。他雖然戰功卓著，但政治上卻更乖巧，尤其擅長結交宦官，特別是成化年間一度權傾朝野的宦官汪直，和他更是莫逆交情。他能獲得明憲宗支持，甚至升任兵部尚書，都和汪直有關。而且為人處世上，王越的情商很高，性格十分豪爽，出手也闊綽，因此他的部下都願意拼死為他效力。但凡事物極必反，正因為和汪直等宦官走得太近，王越也一直被非議，後來汪直倒臺，王越也被株連，被剝奪了官職爵位，貶到安陸居住。

一直到明孝宗朱佑樘登基後，才重新獲得重用，重任三邊總制，並再次立功河套，在賀蘭山之戰中擊敗韃靼入侵。孰料好景不長，由於與明孝宗的親近宦官李廣交好，王越再次受到攻擊，最終在憂恨中於弘治十一年（一四九八年）病故於甘州任上，享年七十四歲。

河套草原終收復

王越的勝利外加明朝的邊牆，使河套地區暫時恢復了平靜。但是河套防務的根本問題，還是沒有解決。歷史的經驗證明，如果不能在河套地區移民實邊，建立實際的統治，這個戰略重地其實是守不住的。

事實也正如此，雖然成化年間，明朝多次發動軍事行動，驅逐河套地區的韃靼部落，但即使能取得大捷，也沒法守住地盤。移民實邊這些事，樣樣都成本巨大，雖然不斷有大臣提議，但明憲宗一直沒下定決心。

沒下定決心的結果，就是不出幾年，河套草原又有大批韃靼部落進入。而到了成化十五年（一四七九年），蒙古草原又崛起了一位英主：達延汗。趁著成化年間晚期，明朝疏於河套防務的機會，達延汗再次進入河套草原，並以此為基地穩紮穩打，不但成功控制了這一地區，更以此為基地南征北戰，統一草原部落。他先在成化年間擊敗了瓦剌部落，又在弘治年間（一四八八年－一五〇五年）相繼吞併了鄂爾多斯、土默特等部落。到了正德元年（一五〇六年），他已基本統一了蒙古草原，成為明朝的又一強大對手。

達延汗對於蒙古草原歷史的另一深遠影響，就是他在位期間的政治改革。徹底廢除了蒙古部落自元朝起形成的政治體制，諸如「太師」、「知院」等官職被完全廢除，其治下的各部落，也被重新整合，劃分成了「左翼」、「右翼」、「中翼」三大部分。這個改革極其重要，整個東蒙古草原，所有非「黃金家族」的韃靼首領的權力被完全剝奪，變成了六個「萬戶」，由達延汗及其子孫統治。後來清朝時期蒙古的「盟旗」制度，就是以此為基礎演變而來。

而戰略位置極為重要的河套草原，則被達延汗劃入了「右翼」，歸他的四兒子巴爾斯博羅特統治。但在達延汗死後，他精心設計的新體制，卻再度發生分裂。達延汗的幼子巴迪拉克繼承了可汗位，卻只能控制左翼。而真正強大，且對明朝威脅最大的卻是擁有河套草原的「右翼」。特別是嘉靖年間（一五二二年—一五六六年），「右翼」在達延汗孫子俺答擔任可汗時期，實力迅速上升，不但牢牢壓制了左翼，更多次破關南下，侵擾明朝邊關。由於俺答出身於「右翼」中的土默特部，因此右翼蒙古，亦被稱為土默特蒙古。

而在俺答擔任可汗時期，河套草原同樣得到迅猛發展。多年以來，由於俺答大肆擄掠人口，外加明朝土地兼併，有諸多百姓湧入河套。帶來的結果，就是河套農業得到迅速開發，漢族農耕文明大量進入。入住河套的漢人們，被稱為「板升」，他們在當地修築房屋，開墾土地。而土默特蒙古的治理模式，也隨之大膽變革。俺答不但允許這種行為，甚至還像明朝政府一樣，在當地收取農業稅。到了十六世紀晚期，土默特地區從事農耕的漢族「板升」，竟多達十萬人。明朝政府一直沒能開發成功的河套草原，竟然就這樣自然開發了。

而隨著明朝在隆慶年間（一五六七—一五七二）年間的整頓軍備，多次擊敗俺答入侵，雙方終於在隆慶四年（一五七〇年）達成和議，明朝冊封俺答為「順義王」。雙方開放互市，貿易往來，從此和平相處，之後六十餘年，再未發生大規模戰爭。以這樣一種和平的方式，土默特蒙古成為明朝治下的地方政權。河套，就這樣收復了。「套寇」對於明朝邊防的威脅，也從此不復存在。

十四、寒微天子明孝宗

明憲宗朱見深在位二十三年，遇到的麻煩事不少，解決的問題也不少。論治理成就，後世的好評也多：這時期的明朝，政治氣氛更加寬鬆，對待大臣進諫等現象的處理也很寬容。而且還多次減免民間賦稅，善政史不絕書。《明史》等史料甚至認定：成化年間的明朝，論治理成就堪與仁宣之治媲美。

成化時代功過多

成化年間社會風情的演變，更堪稱千姿百態。工商業更加繁榮，出現了好些新型商業城市，商人的地位也提高了。原先是重農抑商，這時候有好多讀書人轉行經商，更多的商人還通過捐納等方式獲得了科舉資格。成化二十二年（一四八六年），四十多歲的江西商人羅杞，在科舉考試中大爆冷門，先考取了順天府解元，繼而再接再厲，次年以更高分考取庶吉士，成功進入翰林院。這份優異成績，對於素來被邊緣化的商人群體來說，實在是揚眉吐氣。

商人越發揚眉吐氣了，市民經濟同時也繁榮，腰包裡有錢的中產階層越來越多，消費觀念也在轉變。比起明初的崇尚簡樸，這時的明朝人生活越發講究品質，衣食住行都追求奢華。開始還是城市裡這樣，後來連偏僻的鄉村，也競相效仿，普通農家的節日喜慶，排場規模都越發豪華。消費一繁榮，生產水準也進步，這時的手工業也更發達，聞名後世的成化瓷器，就是在這時應運而生。

文化的成就則更驕人，明初開始確立的高度文化專制，這時起大為鬆動，出現了不少新興的學派和儒學大師。其中成就最斐然的，正是廣東江門的「白沙先生」陳獻章，他一生勤於治學，宣導在自然和諧中體會學問的思想，對傳統禮教形成衝擊，更影響了其後的「陽明心學」，堪稱承前啟後的思想巨匠。

此外，文學和書畫方面，更形成了各種流派。對這豐富多彩的文化，明憲宗本人的態度，更極其寬容，本身就多才多藝的他，還繪製了著名的《一團和氣圖》。這幅畫構思巧妙，表面看是一位笑面彌勒盤腿而坐，但仔細一看，卻是象徵佛道儒的三位老者，各持經卷團膝相接，其樂融融。這幅堪稱中國古代繪畫精品的力作，也詮釋了明憲宗個人的治國追求。

如上各種風情，在後世通稱為「成化新風」。明朝中後期經濟上的「資本主義萌芽」，文化的百花齊放，正是在這股「新風」中開花結果，欣欣向榮。

但成就不少的明憲宗，在位二十三年，一生遭到的詬病也特別多，大臣輪番上書，批評他各類錯誤的景象，從頭到尾就沒間斷。批評的內容主要有：一是常年不見大臣，歇班怠工；二是專寵後宮萬貴妃，以至於萬貴妃作威作福，做了不少壞事；三是寵信宦官，特別是偏愛宦官汪直，設立新型特務組織「西廠」，迫害了不少大臣百姓；四是沉迷煉丹修道，不但把自己身體修壞了，更導致宦官們藉機四處採辦，在地方上勞民傷財。

但上面幾條錯誤，如果細究一下，其實都不是關鍵問題。明憲宗雖然不上班，但並非不管事，而且他判斷大臣的眼光一向精準，國家大事也常放手。成化年間「臣奮於下」，諸多後來政績不錯的名臣，都是由他發現提拔的。而這種行政模式，後世稱為「垂拱而治」，對後來的明朝政治演變更是影響深遠。至於專寵萬貴妃這條，萬貴妃雖說幹了不少錯事，也很飛揚跋扈，但明朝宮廷制度嚴格，后妃再得寵，也極難干預政事，破壞不了國家大事。而寵信宦官這事，汪直害過人、梁芳貪過錢，但絕非當年王振這樣的巨奸，幹壞事的程度也差得遠。再就是他個人的私生活，無論煉丹修道還是營造宮殿，都是在深宮裡搞工程，規模不算太大，外出採辦雖多，但論撈錢數量也不算過分。所以整體說來，幾條公認的錯誤都不嚴重。

可是到了明憲宗執政晚期，卻出現國家財政收入銳減、土地兼併加劇、自然災害四起、行政效率低下。

明憲宗晚期的土地兼併有多厲害？僅說他在位的最後一年，天下的戶口總數，竟一年間減少了十多萬戶。經濟更困難，按照當時吏部侍郎楊守隨的說法，當時朝廷國庫儲備空虛，各地官倉更少有儲蓄。外加軍屯官田，樣樣都流失嚴重。看似一片繁榮的大明朝，其實窮得叮噹響。

而比窮更可怕的，則是效率。這時期明朝最大的弊病，就是行政效率減緩，一件事交代下來，從討論到執行，各級官吏互相推諉，經常什麼事都幹不成。就以當時民間俗話形容，內閣三位大員，即大學士萬安、劉翊、劉吉三人，人稱「紙糊三閣老」；六部六位尚書，更得綽號「泥塑六尚書」，基本不幹事。

鬧成這樣的原因有很多，但核心一條，便是明憲宗朱見深的執政風格。

明憲宗的人生，從孩童起就極坎坷。先碰上土木堡之變，父親被抓走，然後太子位被廢，受盡世態炎涼。

這樣的生活對他一生的人格造成了嚴重的影響，不但落下口吃的毛病，心理還極度缺乏安全感。他童年最艱難的一段時光，是由當時的宮女、後來的貴妃萬氏陪伴度過，給予了他人生最溫暖的情懷。因此終其一生，對這位年長十九歲的妻子始終感情深厚。他曾對母親周太后說：只有在萬貴妃的身邊，我的心靈才能安寧。

也正是這段動盪的經歷，影響了他的治國風格。從小開始，對待人生的各種波折，基本都是消極逃避，以至於即使後來君臨天下，遇到治國難題也是能逃就逃。所以大多數國家要事，基本都是從皇帝到大臣，反覆踢皮球扯皮，幾年辦不成。

而且更為嚴重的後果是，由於心靈缺乏安全感，所以渴望太平安寧。因此明憲宗一輩子的執政，都在想方設法尋求安寧，所以求神問道甚至沉迷修煉，都與此有關。

當然這段經歷，也讓明憲比一般人更懂得人情世故。因此決斷國事、判斷大臣的眼光都極精準。他提拔的好些大臣，後來都是名垂史冊，二十三年的執政生涯，從中央到地方，更是人才濟濟。管理也基本放權，除了加強廠衛、監督百官外，具體到行政過程都不亂指揮。

但放鬆過了頭就會出麻煩。由於管得少，具體行政監督鬆，外加皇帝本人是甩手掌櫃，發展到明憲宗執政晚期，各種國家大事就成了一團亂麻。而且從中央到地方看似一團和氣，其實卻是人浮於事。遇到風調雨順的年景或許還能維持，但一旦天有不測風雲，必然造成巨大統治危機。

成化二十三年（一四八七年）八月，明憲宗朱見深過世，太子朱佑樘即位，宣布次年改元弘治，這位弘治皇帝，就是同樣列於《明史》「五大仁君」的一代英主：明孝宗。

他登基的這一年，對於明朝來說是個多難之年。黃河發大水、陝西鬧地震、外加遇國喪，件件事務都堪稱麻煩。但接過一堆麻煩的明孝宗之所以會被稱為「仁君」，是因他不僅解決了麻煩，更因勢利導，開創大明王朝又一黃金時代：弘治中興。

孝宗童年多苦難

和父親明憲宗一樣，明孝宗朱佑樘的童年，也堪稱多災多難。

朱佑樘生於成化六年（一四七〇年），母親紀氏本是廣西土官家的女兒，因大藤峽叛亂被株連，入宮做了宮女，又意外得到明憲宗的寵幸，得以生下朱佑樘。

都說孩子的生日，是媽媽的苦難日。而對母親紀氏來說，朱佑樘的出生，卻是她人生痛苦歲月的開始。

因為當時的明朝後宮，完全是明憲宗最寵愛的萬貴妃一手遮天，她自己生不出孩子，就更不許別人生，但凡懷孕的妃子，基本都被強制流產。雖說紀氏走運，從懷孕到生育，都躲過萬貴妃耳目，但躲得了初一躲不過十五，這事遲早要暴露，暴露了就是死路。哪怕不暴露，小小弱女子拉扯一個孩子，日子怎麼過？

好在紀氏人緣好，有不少宦官、宮女幫襯著。後來早年被明憲宗廢黜的前皇后吳氏也站出來，幫助收養這孩子。一直拉拔到六歲，總算由太監張敏藉機向明憲宗告知真相，這下明憲宗欣喜若狂，趕緊父子相認。是年十一月，更宣告天下，冊立朱佑樘為太子。

這樁看似圓滿的父子相認，改變了朱佑樘的人生軌跡。也正是同一年，母親紀氏神祕死亡，揭開朱佑樘身世真相的張敏也被逼吞金自盡。幕後的黑手，依然是那位萬貴妃。

而朱佑樘還算幸運，在祖母周太后的呵護下，總算茁壯成長。在之後很多年裡，萬貴妃也曾想方設法，意圖勸說明憲宗廢掉這孩子的太子位。但小朱佑樘為人謹慎小心，後來出閣讀書，學業成績更是優良。日常表現就是拿著放大鏡，也挑不出任何毛病。在萬貴妃的攛掇下，明憲宗不是沒動過這心思，但因為如上原因也就斷了這念頭。到了成化二十三年（一四八七年），從七月到八月間，萬貴妃和明憲宗相繼離世，朱佑樘正式繼承帝業，登基執政。

早年艱辛的歲月，對於朱佑樘的性格確實影響很大。他出身寒微，但為人善良、知書達理，外加受過系統儒學教育，學問、教育都很不錯。多年的宮廷鬥爭，更將朱佑樘的內心錘鍊得無比強大。明憲宗一輩子都喜歡逃避問題，而明孝宗不同，雖說性情善良、寬容，但常用不動聲色的手段高效地解決問題。這正是他和父親明憲宗最大的區別。

登基後的明孝宗朱佑樘，在如何處理萬貴妃家族一事上，第一次展現了其寬容的一面。前腳剛登基，後腳奏摺就雪片般送來，全是要求清查昔日紀氏死亡真相的。接著，萬貴妃的幾位親屬相繼下獄，眼看就要大快人心復仇，誰知朱佑樘卻果斷叫停，只撤掉了萬氏幾個家屬的官職，然後詔告天下，停止追查此事。以這種寬大的方式了卻了這樁痛苦的舊怨。

然而母親的去世，卻是明孝宗一生最難釋懷的痛苦。由於當時自己年紀尚小，連母親的家室親屬，竟然都一無所知。因此，朱佑樘很久以來一直認真做的便是尋訪母親親屬，這一尋就是多年，幾乎是把廣西每寸草皮都尋遍，但除了冒出幾個假裝皇親的騙子外，始終一無所獲。最後只能在弘治三年（一四九〇年）八月，宣布結束尋訪，並在桂林為母親立廟紀念。在立廟的詔書中，朱佑樘仍難掩悲痛之情，詔書中「每念及此，悲痛如割」一句，道盡一個兒子無助的酸楚。

無論有多麼大的痛苦，朱佑樘的家庭恩怨總算在寬容中了斷。

內憂外患全頭疼

明孝宗登基後，國家面臨的困局卻更加嚴峻。

這時明朝的幾大麻煩，一是缺錢，財政支出增加，國庫儲蓄減少；二是效率差，從中央到地方，各級官員全都混日子；三是自然災害多，四川、河南、陝西相繼鬧災，各類問題成堆。

但其中最讓朱佑樘惱火的是官員們混日子。國家麻煩如此，百官卻還都像沒事人，大小事情交代下去，中央和地方官員互相推諉，沒幾個當回事的。尤其雷人的是弘治元年（一四八八年）的「嘉興盜」事件，一個叫陳輔的百戶，因為販私鹽被查，憤然糾集匪幫作亂。就這麼一夥土匪，在當地打家劫舍，到後來甚至攻陷城池，劫掠官倉。地方官起初不管，想盡各種辦法隱瞞，後來隱瞞不下去，知府竟然翻牆逃竄。如此鬧劇，便是此時明朝官場的縮影。

對這樣的歪風，處理家庭問題寬容無比的朱佑樘，則使用了大力整頓的雷霆手段。

整頓的首要對象，就是內閣。當時內閣號稱「紙糊三閣老」，即萬安、尹直、劉吉三位，都是混日子出名的。

尤其這位萬安，人稱「萬歲閣老」，身為百官之首，遇事除了喊「萬歲」，基本沒半點主張。

當年更還厚著臉皮，跟萬貴妃攀親戚。至於工作方面，除了會給明憲宗搜羅諸如「房中術」類的歪材料外，沒有其他本事。

朱佑樘早就對他很反感，而且整治理由更好找。萬安當年搜集的「歪材料」，全都在宮裡有存檔，登基後立刻算帳，命太監懷恩將「歪材料」送到內閣，當面在眾臣面前展示，臊得萬安當場撲通跪下，當天就罷官回家。其後不久，和萬安一同混日子的尹直，也黯然離職回鄉。

但在處理「紙糊三閣老」問題上，朱佑樘最聰明的做法就是留下了劉吉。這位劉吉名聲同樣臭，除了會混日子外，還擅長玩權謀坑人。但朱佑樘知道萬安、尹直除了混，基本沒本事，而劉吉除了會混，也會做事。果然不出所料，接替內閣首輔的劉吉，在弘治年間一反常態，不但時常建言國事，更出工出力，工作極其負責。特別是西北哈密戰事，正是在他的統籌下得以圓滿解決。駕馭奸人辦好事，正是朱佑樘的手腕。

在清除了諸多混子的同時，朱佑樘也大力提拔了諸多能臣，其中最有名的就是吏部尚書王恕和兵部尚書馬文升，這兩個人都是成化年間功績卓著的老臣。王恕在明憲宗時期就做過多地巡撫，出名的正直敢言，也正因為太直腸子，當年被明憲宗強迫退休，在家閒了好多年。

而朱佑樘登基後，立刻將王恕召回，並委任他一個極其重要的職務：吏部尚書。目標很明確，就是用這老直臣來整肅風氣。王恕也不含糊，上任就風風火火，先大肆考察官場。考察的標準很嚴格，不但是經濟有問題的要被追查，就連健康有問題，不能勝任工作的也一概要罷免。僅弘治元年（一四八八年），經吏部考察被罷免的官員就有一百多人，從中央到地方，一片大掃除。

而同樣擔任掃除工作的，就是兵部尚書馬文升。早在成化年間馬文升也是名聲在外，在平定滿四叛亂和遼東戰事中都屢建戰功。而就任兵部後，馬文升最大的政績就是整頓軍隊。除了罷免大批不合格的武官外，更清理屯田，整頓地方武備，明軍的戰鬥力一度煥然振作。而馬文升也因此招恨，當時大批被清退的軍官，甚至埋伏在他回家路上，企圖伺機行刺他。消息傳開後，馬文升並不害怕，朱佑樘卻很緊張，趕快派錦衣衛日夜護送，生怕有什麼閃失。

而正是在王恕和馬文升的強力行動下，一大批基層庸懶官員得以清除，諸多才俊良臣得以提拔，從中央內閣六部到地方可謂英才薈萃。如果說成化晚期的大明王朝，好比一個血栓嚴重、行動不便的病人，那麼經過朱佑樘早期的清理後，這個王朝的肌體，終於回復了健康的氣色。

在整頓吏治的同時，成化年間的其他弊政也逐一得到革除。明憲宗時期的大批「傳奉官」都被罷免，其寵信的諸多僧道們，大部分人趕走，少數罪大惡極的則依法嚴懲。成化年間有名的騙子和尚繼曉，常年仗著明憲宗的信任橫行霸道，除了敲詐錢財外，甚至還多次強搶民女。他最凶狠的時候，京城裡的女眷，在街上看到光頭的都會被嚇跑。到了弘治元年（一四八八年），這個惡僧終於得到應有的懲罰，被斬首示眾。

而為了應對嚴重的財政問題，朱佑樘也做了一個大膽的決定。也就是叫停明憲宗時代的各類奢靡活動，比如正在修建的寺廟道觀，沒有完工的一律叫停，各種民間採辦也叫停。連宮廷的日常開支也縮減，僅皇宮的太監、宮女就比明憲宗時期一下子減了一半。宮廷開支最儉約的時候，只有成化年間的六成，完全是揑緊荷包過日子。七省八省，總算給自己執政省下了啟動資金。

而在吏治整頓逐漸完成後，一連串的天災卻劈頭襲來。

明朝開國之後，國家穩定的一大基石，便是自朱元璋登基起不斷完善的各類水利工程。但是到了明憲宗時代，由於長期荒廢怠政，各類水利工程缺乏維護，好些都年久失修，終於鬧出大麻煩。

起先是黃河於弘治二年（一四八九年）在開封決口，河南全境乃至山東南部全成了黃氾區，中原大地一片澤國。這是自明朝開國以來，黃河發生的最大規模的水災。

由於這次水災鬧得太大，以至於局面很嚴峻，朝野中的大多數意見，竟然是不能救。主流的看法是乾脆把開封城遷走，選址重建。也有少數官員堅決反對，認為必須要救，兵部尚書白昂就是其中之一。

朱佑樘拍板，由白昂負責治水。發動民夫二十五萬，開始了大規模整治。這次的治理思路，和元朝賈魯治河一脈相承。也是通過挖掘排水河，將黃河引入淮水入海。但具體操作，卻是個跨時代進步。採取了多點開挖，分流入淮的模式，歷經一年時間，成功治理完成。

這次治理黃河的成果極好，自從治理過後，大約一百多年時間，水災多發地河南再未鬧災。但是施工過程，還是落下一個大漏洞。治理思路是引黃河水入淮河，但萬一黃河水流量過大，超過淮河承受力，該怎麼辦？當初白昂也想到過這問題，建議從淮河往山東挖十二條月河，進一步分散流量，誰知朝廷嫌費錢，最終沒同意。

沒同意的後果，極其嚴重。這次治理後才三年，河南沒鬧災，弘治六年（一四九三年），淮河又鬧災了。這次黃河從張秋決堤，繼而由汶水入海，京杭大運河全線斷絕。

這下麻煩大了，當時的京杭大運河，連接南北運輸，國家的財政賦稅，更全依賴運河輸送，這下等於主動脈被卡住了。後悔藥都沒得吃的明朝廷，只能再度發二十五萬民夫治理。這次的治理工程，由名臣劉大夏負責，而且吸取了上次的教訓，除了疏通河道外，更增修多處河道，確保河水分流。歷經三年治理，再次順利完成。

而就在這次治理的同時，朱佑樘又委任徐貫受命，整治江南蘇松河水利。這次修治堤壩河道二百五十多所，徹底解決了江南水運淤泥堵塞的問題。經過這次治理後，以往水患多發的江南大地，從此水災頓漸，在之後的近二百年裡，幾乎都是旱澇保收的魚米之鄉。

而經過這三次大規模修整後，明朝自然災害的威脅也因此減少。三次水利整頓，共調動人力六十多萬，如此大規模的工程，既沒有激發民變，更沒有造成嚴重的財政負擔，順利地解決了問題。除了朱佑樘知人善任外，更由於弘治初年的幾次官場大整頓，大大地提升了明朝的行政效率。

不動聲色行革新

明孝宗朱佑樘的管理水準，明顯要比他的父親明憲宗更高一籌，他對於文臣極其禮敬，特別是對待王恕、謝遷、劉健、李東陽等幾位閣臣更是體貼備至。早年曾經教過他讀書的幾位重臣，終其一生都稱他們為「先生」，關係極其融洽。

而比起勤儉節約、整頓官場、興修水利這幾件大事外，「弘治中興」時期還有幾項影響深遠的改革。

首先值得一說的，就是官員考察改革。

明朝的官員考察，有京察和外察兩種。京察六年一次，考核京城五品（含五品）以下各級官員；外察三年一次，考核各地地方官吏，也被稱為「大計」。而在朱佑樘執政時期，變革最大的就是「大計」制度。

明朝的「大計」，起初是規定由各省的按察司負責，但後來御史權力大了，在永樂年間起，就逐漸變成巡按御史與按察司一道負責。本來這樣做的用意是，按察司職務高，但御史權力大，兩下互相制衡以確保考核公正。

但執行起來就出了問題。巡按御史畢竟是中央官吏，而按察司是地方官，一旦地方官互相勾結，巡按御史就會被掣肘。成化年間開始行政效率低落，跟這個制度大有關係。於是弘治八年（一四九五年）規矩改了，變成由各省的巡按御史與巡撫來主持考核，以往有地方司法大權的按察司，這下徹底靠邊站了。

這麼做的效果也很明顯，直接的成果是加強中央集權，防止地方官員勾結舞弊。但消極的後果也不少，最嚴重的是御史人少，考察對象多，難免會有疏漏。所以在當時，大計制度也有改革：一是巡按的考察內容經吏部判定後，可允許科道言官進行彈劾。二是在考察中不合格的官員，也可以上書自辯申訴。這樣既確保中央威權，也防止冤假錯案，官員管理審查的力度大大加強。

而比起官吏考察來，日常工作的管理上，朱佑樘也大刀闊度地拿出來一套新的監督制度。

早年明憲宗在位時期，最惱火的一件事就是政府執行力差。哪怕是聖旨發下去，官員們依然是左討論右討論，折騰大半年還不見執行。

這種拖沓風格，朱佑樘登基之後也是深受其苦。乾脆訂了一個新規矩：凡是交給大臣討論的奏章，普通內容的，覆奏處理不能超過兩天；如果事關多個部門的，不能超過十天；如果是涉及戰爭等重大事務的，最多不能超過十五天。也就是說，一件奏摺必須要在十五天內處理完。

這個工作規矩立下後，明朝的行政效率大大提速。而幾個重要的經濟改革也快速完成。

經濟方面，徵收制度也做了變革。明朝自開國以來，賦稅徵收的一個常見難題，就是欠稅太多。這種景象，首先是源於明朝一個福利制度。如果一個地區出現欠稅，那麼欠到第二年，就可以酌情打折，甚至減免大部分。

當初立這個制度是為了惠顧百姓，但真執行起來，卻是惠顧了貪官。好些人發現了其中的發財門道，稅糧照樣收，但交稅的時候故意拖延不交然後拖到第二年成了欠賦，就可以申請打折甚至減免。免出來的這部分，就入了地方官自己的腰包。所以多年以來，老百姓辛苦交稅，朝廷卻收不到，全便宜了中間這群蛀蟲。對於這事，朱佑樘實施了實徵冊制。

所謂實徵冊制，就是計畫手冊。每年秋糧徵收，地方上八月出預算，九月造花戶實徵冊，填寫通知單，十一月起開始徵糧，十二月徵收完畢。對照實徵冊有一分出入，就等著追責吧。

這樣一來，貪官的漏洞就給堵上了，以往那種鑽空子的發財絕招，徹底沒得用了，國家財政收入大增，腰包鼓起來了。

而更讓明朝財政好轉的，還有另一個改革：開中法。

開中法，也是明初建立時的舊制度，主要內容是商人們只要在邊境屯田，給國家輸送糧食，就可以換取食鹽貿易的資格，即「鹽引」。長期以來，這個辦法既充實了邊境糧食儲備，又活躍了經濟，好處多多。

但到了弘治年間，這個好處也基本沒了，明中期土地兼併嚴重，外加糧食價格與食鹽價格的比價早已改變，正規商人拿糧食換鹽，成本已經大虧，外加腐敗嚴重，鹽引流失，不法商人反而大肆利用鹽引，賺錢謀取暴利。如此一來，願意送糧的商人越來越少，食鹽業更混亂不堪。

弘治五年（一四九二年）起，在戶部尚書葉琪的主持下，明朝又重新調整開中法，最大的改變就是以後商人如果要拿鹽引，不必再辛苦運糧食，只要按照比價繳納白銀就好。這樣一變，利潤也變了。原先輸送糧食，運輸成本高，這下換成送白銀，成本大減，食鹽貿易利潤變多，一下子商人積極性提高，爭相來送錢。如果折合成貨幣收入的話，開中法這一項的收益，弘治年間每年是永樂年間的八倍，效果極其好。

當然這件事也有缺點，由於貨幣多了，商人不送糧食了，邊關的糧食價格大漲。但相比之下，積極效果更多，除了國家儲備充實外，幾大鹽商集團也趁機興起，特別是著名的兩淮鹽商，正是起於此時。

弘治年間在司法和軍事方面也有幾樣重要的變動。《問刑條例》和《大明會典》是兩部重要的司法典籍，其內容除了倡導寬仁治國、減省刑法外，《問刑條例》更針對《大明律》中與現實不符的狀況，增補了二百七十多條例。作為大明法律的重要補充，從此律例並行，更成為中國古代法律由明至清的一個重要特點。

弘治年間天下承平，對外戰事比較少，但邊境並不安定。除了為收復哈密而發動的幾次戰事外，明孝宗也曾大修邊牆，阻遏韃靼的侵擾，幾任三邊總制王越和秦竑等人也曾多次挫敗正在上升期的韃靼部落。

比起對外戰事來，這時期對明朝影響最大的卻是弘治七年（一四九四年）頒布的《僉民壯法》。這部法律規定，各州縣要徵發民兵，這些民兵們平時由官府進行訓練，戰時則補充入軍隊。這個民兵制度的最大影響，就是為明朝中後期大規模的募兵準備了充足的兵源，後來明朝幾支戰鬥力強大的募兵部隊。都是以「民壯」為單位。

英年早逝留隱患

在朱佑樘的苦心治理下，明朝的「弘治中興」，論各方面的成就都到達了另一個輝煌點。除了經濟的穩定與財政收入的增長外，朱佑樘的另一大成就就是組建了一個強大的文臣團隊。

弘治中興時期的明王朝，是又一個人才薈萃的時代，僅以內閣而論，幾任閣臣徐溥、邱浚、謝遷，劉健，李東陽，各個都是治世能臣。而以六部官員論，雖然王恕在弘治初期整肅官場後，就已退休歸家。但馬文升一直有很多建樹，而曾完成治河重任的劉大夏，後來更擔任兵部尚書，在邊防上貢獻頗多。六部的韓文、屠庸等大臣也都是能臣。邊境上更有三邊總制楊一清這樣的幹將，多次挫敗韃靼進攻，拱衛邊陲。

一生執政成就頗多的明孝宗朱佑樘，卻在三十六歲那年，生命早早到了盡頭。弘治十八年（一五〇五年）五月初六，朱佑樘病危，召見謝遷、劉健、李東陽三人至乾清宮東暖閣，諄諄叮囑後事道：太子年齡小，喜歡玩樂，幾位先生一定要好好輔佐他，讓他成為一個英明的皇帝啊。

雖然臨終前極為憂慮，但在朱佑樘心裡，這幾位重臣應該不會出差錯。更重要的是，他苦心建立的一個強大的文臣團隊，理當能最大限度地糾錯。

然而這個人才薈萃的文臣團隊，還是讓他失望了。太子朱厚照即位後，諸位德高望重的大臣們很快就挫敗在宦官劉瑾的手中。大明王朝開始了第二段宦官專權時代：權閹劉瑾時代。

十五、權閹劉瑾有多壞

明代政治的一大著名景象，便是「宦官專權」。

明朝的「宦官專權」，跟前代特別是漢唐相比較，在本質上還是不同。漢唐宦官最囂張者，可以不拿皇帝當回事，甚至操縱皇位廢立更替，拿捏帝王如玩偶。放在明朝，這類逆天的景象完全絕跡，明朝的宦官，不論在百官面前如何威風，可是皇帝面前，永遠只能是乖奴才，所謂耀武揚威，不過是狐假虎威。

之所以有這個區別，還是因為明朝中央集權制度設計得太聰明。各部門的重要權力完全拆分，彼此互相制約，確保皇權穩固。好比層層防火牆，阻止漢唐教訓重演。

在這制度下，明朝宦官能做到的最高境界，也只能是狐假虎威。有明一代，像這樣足夠厲害的「狐狸」，總共有三隻：明英宗正統年間的王振、明武宗正德年間的劉瑾、明熹宗天啟年間的魏忠賢。這三位，也常被稱為「三大權閹」。

而這三位「權閹」，論作為，都是壞事做絕；論名聲，清一色遺臭萬年。但其中的一位，死後卻不乏肯定之辭，甚至部分民間戲曲裡，還把他塑造成「青天大老爺」形象。這位特殊人物，便是劉瑾。

胸懷大志小宦官

劉瑾本姓談，出生於景泰元年（一四五〇年），陝西興平人。大約六歲以前，被一劉姓太監收養，因而改名換姓，淨身入宮，做了乾清宮的一個「答應」（雜役）。

這樣的身世，在明朝宦官裡很普通，之後一晃四十年，從景泰年間一直到弘治年間，眼看歲數奔五，劉瑾的狀況，依舊十分普通。只是個沒沒無聞的小人物。

這段時間劉瑾的具體生活，史料上沒講，卻不難猜。從孩童起做雜役，就是吃苦受罪的命，被人吆五喝六不說，挨打受辱更是家常便飯。既然一直很普通，也就一直這樣過。

這種苦日子的後果，反映在劉瑾身上很明顯，挨打多了，就很耐打；受辱多了，臉皮也厚。被整治得多了，不但整人的手段無師自通，而且還落下心理陰影，心胸極其狹窄，心態十分陰暗。

而這種性情的劉瑾，最不普通之處就是竟然有滿腹的理想。以正統年間權傾朝野，鬧出土木堡之變的王振為偶像，做宦官就得活成他那樣。

懷著這樣的理想，劉瑾早早就鑽營，但結果卻無比悲催，不但沒成果，還盡找倒楣。《中官考五》裡說，弘治年間他本攀附上了大太監李廣，眼看就要被提拔，誰知李太監突然猝死，緊接著被清算，劉瑾也慘被陪綁，發配南京勞改；好不容易被赦免回來，安排到乾清宮看門，卻又碰上失火，事後被追責問罪，差點砍頭。

人生如此失敗，劉瑾自己也常傷感，《震澤紀聞》裡說，那時他每當想起現實潦倒，就恨得咬牙切齒。生活，就在這樣的歎息中，苦熬著一年年度過。

但即使在這般灰暗的歲月裡，劉瑾卻也悄然體現出兩樣可怕的能力。後來他的橫空出世，操縱權柄，就是拜此所賜。

第一個能力，是情商。

劉瑾情商高，聽他說話就知道。一張嘴從來能說，逮著生人，三言兩句就能聊熟，這本事早名聲在外，人送綽號利嘴劉。察言觀色的功夫，他早就修練得爐火純青了。正是憑這本事，多年來劉瑾人生失敗，朋友卻不少交，走哪兒都有熟人。人脈很廣闊。

比情商更可怕的，卻是劉瑾的見識。

劉瑾是個聰明人，每次的鑽營失敗，都會耐心總結教訓，更日益累積了一個可怕的本事。無論多麼複雜的局面，都能迅速找到事物的關鍵點，果斷一擊中的，扭轉乾坤。在他不起眼的這四十年裡，這本事就顯然起過作用。他犯的幾個事好些都是死罪，最終卻都能安然脫險。

不久的將來，在那次命運攸關的博弈中，也正是劉瑾的這項本事，關鍵時刻產生了作用，從而奇蹟般地翻盤，奠定「權閹」地位。

而就在劉瑾人生最黑暗的時刻，時來運轉。他被分配到東宮陪當時的太子朱厚照讀書。

這事對劉瑾來說，真可謂是天上掉餡餅。但同時被這餡餅砸著的，不止劉瑾一個，而是一群宦官。

僅說其中幾位，就知道這些人來頭有多大。高鳳，內書堂出身的老知識份子，宦官裡少有的文化人；羅祥，成化年間就是御用監總管，品級極高；張永，大名鼎鼎，單說軍事水準，跟諸多武將比都不差。另外丘聚、魏彬、馬永成、谷大用，各個都不是善茬。比較之下，反而是劉瑾最沒競爭力。

然而就在劉瑾侍候朱厚照後，神奇的一幕很快就發生了。上面提到的這幾位厲害的宦官，很快就拜服在劉瑾腳下，還自願聚攏他身邊。以劉瑾為領袖，形成了明朝歷史上一個赫赫有名的太監團隊：「八虎」集團。更神奇的還在後面，十來歲的小太子朱厚照，偏偏寵信半老頭子劉瑾，連平日裡的玩耍取樂也常叫上他，很快把他當成了心腹。

之所以如此神奇，還是靠了劉瑾情商高和察言觀色的本事。無論拉攏同事，還是取悅小太子，都是手拿把攥。特別對小太子朱厚照，這孩子天生崇尚武力，喜好玩鬧。小太子平日的騎馬、打獵、摔跤等遊戲項目，件件都是劉瑾策劃，玩得過癮，自然寵愛有加，同事更是折服。就這樣地位扶搖直上，不但是朱厚照身邊最得寵的宦官，更是一群宦官的核心領袖。就這樣被太子寵著、同僚捧著，苦了大半輩子的劉瑾，一生的鑽營終於第一次見著了曙光。

弘治十八年（一五〇五年）五月初七，明孝宗朱佑樘駕崩，十五歲的太子朱厚照即位，次年改年號正德。這位正德皇帝，便是歷史上赫赫有名的荒唐天子：明武宗。

劉瑾差不多黑暗了一輩子的前途，就此光芒萬丈。

絕地反擊抓大權

按照西曆算，明武宗登基的月份是一五〇五年的六月，恰是漸熱的初夏，劉瑾的權勢也如這季節般越發變得火熱。做了內宮監總管，掌管宮廷營造和器皿製作的肥缺。接著又總督團營，已然是位高權重的宦官。

但劉瑾對此卻不滿足，他的人生偶像是王振。要想達到偶像的境界，至少要先拿下宦官中的最高權位：司禮監掌印太監。

這事的操作難度，不是一般的大。明朝自土木堡之變後，一直到劉瑾之前，國家權力其實是「雙輪制」，也就是皇權之下，管批紅的司禮監和管票擬的內閣，權力相互制約。所以想要坐上這個位置，皇帝寵信必須有，內閣的支持也不可缺。

當時司禮監的掌印太監是李榮，實際掌權太監是王岳。李榮是抱著明武宗長大的，王岳則是業務能力強。對比看來，劉瑾就不靠譜了，少與文臣打交道，文化水準又不高，哪樣也不成。

但劉瑾，卻偏選了另一條路：不用內閣支持，僅憑皇帝寵愛，不但要把持司禮監大權，更要完全壓服內閣。以他對馬永成的話說，就是一旦進入司禮監，必然令「科道結舌，文臣拱手」，都得聽我的。

這想法在當時，可謂瘋狂。但劉瑾真付諸行動了，第一步就是繼續爭取明武宗的寵信。

一直以來，明武宗雖然寵信劉瑾，但還是拿他當個老保姆。令明武宗刮目相看的，卻是一件事：明孝宗臨終前，遺囑召回各地鎮守太監，明武宗登基後，卻是劉瑾給揭了底。劉瑾告訴明武宗，所謂鎮守太監，以往都是司禮監委派，任命一個鎮守太監，就要收一大筆好處。現在既然要召回，不妨就由皇帝親自再派一批，任命一個就收兩三萬白銀的好處費，管保發財。

這事一辦，小皇帝明武宗樂開了花，真正見識了劉瑾的能耐，所謂「帝歡樂之，漸信用瑾」，正是起於此時。

從此以後，劉瑾在群臣眼裡算是徹底掛了號，而且他更招群臣恨的事，卻和明武宗的荒唐有關。

明武宗天資聰穎，但貪玩成性。登基即位正經了沒幾天，頑童本色發作，繼續變本加厲地玩。劉瑾及其「八虎」黨羽們也就順水推舟，甚至後宮裡開集市賣東西，陪著皇帝演小品，玩做買賣的遊戲，內容十分豐富。

如此一來，群臣們幾乎氣瘋了。正德初年的大臣，幾乎都是明孝宗留下的老班底，正直士大夫居多。臣子們看小皇帝不學好，真是急火攻心。帶著小皇帝不學好的劉瑾，當然更被恨死。先是御史言官們上奏，接著尚書們也上奏，到後來內閣大學士們也上奏，內容基本一致，直指劉瑾等「八虎」。好比一通亂拳輪流砸過來。

這樣的情景，從明武宗登基就開始，一直到第二年（一五〇六年）十月前，從來都沒消停過。基本情況就是大臣罵、劉瑾躲、明武宗敷衍，玩樂人生照樣繼續。但到了這年十月，一場驚心策劃的組合拳風暴衝劉瑾呼嘯而來。

這場風暴的策動人，是內閣閣老劉健、謝遷、李東陽三位，外加戶部尚書韓文為首的六部九卿高官們。組合拳的第一步是虛招，由五官監侯楊源出招，上奏警告「天變」，也就是皇帝寵信劉瑾，連老天爺都不願意了，再不改正就招災。結果是「帝意頗動」，真把皇帝唬著了。

第二步是實招，左右兩擺拳，一拳內閣打，劉健、謝遷、李東陽三人上奏，要求處死劉瑾等人。還沒等明武宗反應過來，另一重拳又招呼過來了，戶部尚書韓文領銜六部九卿上奏，奏摺更由當時文學家李夢陽起草，把劉瑾形容成東漢宦官十常侍。這招效果更好，明武宗震驚不已，甚至「驚泣不食」，真個動搖了。

消息傳來，劉瑾立刻就驚慌了，連忙召集其他幾位「八虎」成員開會討論，但商量半天，討論會卻開成了哭喪會，八人自感大禍臨頭，紛紛痛哭。

群臣壓力之下，明武宗只得服軟，派司禮監太監李榮和王岳，接連幾次去內閣傳旨，意思是自己和劉瑾等人感情深，這幾個人能否晚點處理？

但劉瑾最大的危機，這時才開始。他對司禮監的野心，司禮監的幾位實權人物早就知道，王岳傳了幾次旨，回來就放暗箭。苦口婆心勸：劉瑾不是個好玩意兒，大臣們是好心，不殺劉瑾，群臣寒心，誰還肯給你賣命，皇上你就從了吧。

幾次三番勸說下，明武宗的心理防線終於徹底崩潰，臨近晚上的時候，總算放話：第二天早晨，就除掉劉瑾等人。

如此一來，劉瑾的滅頂之災已然降臨。群臣威逼，司禮監推波助瀾，皇帝繳械。第二天早晨收拾他們，就是個走過場的事。而對這一切，劉瑾等幾人還渾然不知，眼看著稀裡糊塗就要給送上法場了。

就在這千鈞一髮的時刻，劉瑾常年經營的人脈終於起作用了。吏部尚書焦芳是劉瑾的死黨，危急關頭，火速派人送信：別等死了，快想辦法吧！

但事情依然毫無轉圜餘地，於是大家聽了繼續哭，據說劉瑾卻笑了。文官集團這次精心策劃，氣勢磅礴的攻擊，已然暴露了最大的漏洞。

針對這個軟肋，劉瑾做出了最冒險的決定，率領「八虎」連夜求見明武宗，求他回心轉意。

於是明朝歷史上著名的一幕上演了：白天被吵到頭炸的明武宗，晚上飲宴解悶。劉瑾等「八虎」們突然求見，進門就呼啦啦跪了一地，然後集體嚎哭，哭得明武宗也心軟，緊接著劉瑾抓住機會，說出了一句話。就是這關鍵一句，立刻扭轉了眼看到了懸崖邊的局勢。

「害奴等者王岳！」

這話看著奇怪，怎麼帳卻算在王太監頭上？明武宗也莫名其妙，接著劉瑾詳細分析，揭了王岳的好些老底，最後得出結論。這老太監和內閣重臣們，其實早有勾結。

這事一口咬定，後果就不一樣了。對於明朝皇帝來說，大臣攻擊宦官，很正常。宦官反咬大臣，也很正常。但唯獨宦官和大臣勾結，特別是掌握行政審核大權的司禮監太監竟然和內閣大臣勾結，這就極不正常了。這兩個部門是皇權下的「雙輪」，兩家若狼狽為奸，皇帝豈不要慘了？

於是本來已經被鬧怕了的明武宗，這下徹底給鬧怒了，據說當場發飆，罵王岳吃裡扒外。緊接著劉瑾又扔出一顆重磅炸彈。這群大臣敢嚷嚷，就是因為司禮監沒皇上您的人，要是我們幾個掌管司禮監，保證他們全老實。

明武宗一直憋著的怒火，這下徹底反彈。立刻下令行動，劉瑾當場獲得司禮監太監的任命。另外谷大用管東廠、張永抓御馬監，三大宦官重要部門，一下全歸了「八虎」。更連夜抓捕王岳，流放南京勞改。幾天後又派人追殺，將王岳害死在路上，眨眼之間，局勢逆轉。

等到第二天早朝，原本鬥志昂揚的群臣們，立刻看到了驚人一幕。之前可憐巴巴求活路，被追逼得沒處躲的「八虎」們，正人五人六地招搖。更當場宣布王岳獲罪流放的消息。這場煞費苦心的進攻，竟然就這樣被劉瑾絕殺了。

就這樣，群臣的攻勢給打壓下來。之前告密的焦芳也得到回報，得以晉升內閣大學士。原本和司禮監互相制約的內閣，這下唯劉瑾馬首是瞻了。雖然名義上的司禮監掌印太監，依然還是李榮，但這人本事不大，王岳在時就是傀儡了，這下更是傀儡。到了正德三年（一五〇八年）六月，劉瑾乾脆逼李榮退休，直接取而代之。

就這樣，經過一場賭博式逆襲，劉瑾奇蹟般成功，真的達到了偶像王振曾經的級別：一人之下，萬人之上，呼風喚雨，誰敢不從。

獨霸朝野真凶橫

正德元年（一五〇六年）十月，這場政治風暴落幕後，明朝政治就進入了劉瑾專政的時期。自從專權後，劉瑾也越發威風。先是窮追猛打整人，逼走了劉健等閣老，撤了韓文等人的職務，凡是先前罵過他的官員，幾乎都不放過。連小官也倒楣，南京給事中戴銑等二十一位言官，更被集體杖責。為首的戴銑被當場打死，一大批牽涉其中的官員，輕的挨打，重的流放充軍入獄，惡整了好些人。

說句題外話，戴銑被杖責致死事件中，一個三十四歲的年輕主事也憤然上書，結果先被劉瑾暴打，又降職發配貴州龍場。其後在貴州專心治學，後來成為一代儒學聖人——王陽明。整人整出個聖人，也算劉瑾的「意外貢獻」。

在整人這事上，劉瑾一向積極性高，除了權力鬥爭需要外，他的性格狹隘、手段毒辣，素來睚眥必報。不趕盡殺絕，絕不甘休。

為了整人，劉瑾還特意發明了一種刑罰。造了一種一百多斤的大枷，犯錯的就戴上示眾，鎖得奄奄一息之後才流放充軍。

而在幾次惡整後，劉瑾早已威風八面，就連上朝的時候，群臣拜完皇帝，接著還要拜他。京城的王公貴族，見了他都要磕頭。甚至和皇帝一樣有「名諱」，公文裡只能稱「劉太監」。有一次，都察院的奏疏裡不小心犯了劉瑾名諱，嚇得都御史屠庸帶著下屬們跪了一地，被劉瑾罵得狗血淋頭。

更「壯觀」的還在後頭，正德二年（一五〇七年）三月，劉瑾把文武百官叫到金水橋罰跪，宣讀「奸黨」名單，把謝遷等五十多官員列為奸黨。第二年七月，因為有人寫匿名信罵劉瑾，劉瑾聞訊大怒，又把三百多官員弄到奉天門外罰跪，大夏天日頭下，當場渴死四個人。氣焰極為囂張。

而且為了抓權，劉瑾在情報工作上也不放鬆，開設了「內行廠」，這特務組織有不但監視官員百姓，連同事都不放過，東廠和西廠兩大特務機關也都在監視之列。好些無辜百姓獲罪，不少大臣被整治。就連東廠西廠的好些老特務，也都連帶著被整。官憤、民憤甚至特務憤，都鬧得極大。

除了耍威風外，劉瑾好處也沒少撈，貪污腐敗更是折騰得厲害。朝廷的官職都能買，地方官進京辦事，京官出外辦差，都得給他送孝敬，最少兩萬兩美其名曰「常例」。鬧得很多官員沒錢，只能先找京城有錢人借，撈完後再還。如此一來，腐敗也就惡性循環。甚至有個官員因為交不起錢，竟上吊自殺。

而劉瑾自己也明白，執掌司禮監，不止要耍威風，要想確保威風，工作更要有保證。

在這件事上，劉瑾很有辦法。先是繼續哄明武宗，每次都趁著明武宗耍樂的時候請示工作，結果明武宗大怒，說我用你幹嘛，這點小事你看著辦。此等招數，後來的魏忠賢也照搬，確實很好用。

但劉瑾也知道，國家大事要他親自辦，肯定玩不轉。必須說，劉瑾很有自知之明。

自從劉瑾「看著辦」後，明朝的政務運轉，就變成了這種樣子：奏摺報上來，拿回劉瑾家，先由劉瑾的師爺張文冕以及妹夫孫聰等人商議，經劉瑾點頭後批覆，在經過內閣心腹焦芳潤色後，交給百官辦理。先前明朝的「雙輪制」，就此徹底打亂。

這麼搞了幾年，朝政辦了不少。好些竟然是雷人的事：比如勒令京城沒戶口的暫住人口，期限內全都要搬家；全國的寡婦更要勒令改嫁；家裡有人過世，來不及埋葬的就得立刻火葬。這幾件事，純粹損人不利己，鬧得上千京城暫住人口，主要是店鋪夥計、傭工，竟然聚集在京郊鬧事，揚言要殺了劉瑾。一直很囂張的劉瑾被嚇到不行，只好處理幾個領頭的草草了事。

日久天長，劉瑾也搞明白了。焦芳雖然聽話，但除了整同僚外，凡事就會依附。至於張師爺和孫妹夫，更是小官吏出身，處理不了大場面。遇到大事，真得有個能幫著出主意的。

很快劉瑾就找到了一個這樣的人物：張彩。

比起焦芳來，張彩確有真本事。此人和劉瑾同鄉，弘治三年（一四九〇年）就中了進士，相貌英俊，從政務到軍事都有一套本領，舉手投足都是名臣風範。以至於劉瑾第一次見面，就忍不住仰慕之情，當場拉著手喊：「子神人也。」

但這位張神人，其實也不是好貨。而且十分好色，竟然公然霸佔同僚下屬的老婆。這缺德角色跟劉瑾湊一塊，卻真是般配。正德二年（一五〇七年）他經焦芳舉薦，做了吏部文選司郎中。兩年後焦芳退休，更接了焦芳吏部尚書的要職。平時劉瑾在家辦公，一群文武大臣在外廳等，唯獨他不慌不忙，在內廳陪劉瑾喝酒，儼如是最親近心腹。

事實證明，這次劉瑾真沒看走眼。作為一個老於世故的官僚，張彩最大的價值就是幫劉瑾搞政績。

其中最大的一個政績，竟然是反腐敗。張彩一下就瞧出劉瑾撈錢的最大漏洞，「常例」看似來錢快，但送錢的都不傻，正好打著這個名頭撈錢，送給劉瑾兩萬，留在自己腰包裡的更不知道有多少。發財他們來，黑鍋劉瑾背。這麼一番開導，劉瑾果然大悟，立刻捲起袖子，反腐！

這樣一反，效果明顯，打掉了幾個出名的貪官。比如以貪婪著稱的江西布政使馬龍，素來橫暴；經常綁架老百姓撈錢的蘇州知府鮑撢；擅搞司法腐敗的山東參政張鎮，統統被逮捕問罪，一時大快人心。當然落馬貪官的財產都進了劉瑾的腰包，說到底，還是藉著反腐敗搞腐敗。

而更讓貪官們叫苦連天的，是與反腐同時進行的另一個政績：查盤。

所謂查盤，就是對明朝地方上的府庫、糧倉、草場，進行定期查帳。發展到正德年間早已荒廢，好些官員藉此中飽私囊，而且出了事還沒人負責。比如正德初年查盤寧夏糧草，發現問題極多，但相關官員要麼辭職，要麼病故，結果不了了之。

對於這個嚴重的問題，劉瑾出手更狠。只要查出有問題，不但在職官員追責，離職官員也跑不了，前後抓了四十多人。查出短缺多少糧草，就由相關官員按責任賠付，賠完了更要交罰款，弄得諸多貪官們，就算賠得起，也大多罰不起。有家產的充公，充公完了還不夠數的，子子孫孫接著賠。好些個貪污犯，就這樣被整得家破人亡。

按說盤查是個好事，但盤查完了的留存錢糧，基本都解送京城，其實就是送進劉瑾自家腰包。又搞政績又撈錢，外帶藉著盤查風暴，大肆栽贓陷害，惡整了不少政敵。可謂一舉三得。一個直接的後果，就是好些地方府庫錢糧無存，碰上鬧災打仗，甚至無錢可用。

隨著權位日益穩固，這個早年的權力動物，此時已進化成老辣圓熟的權奸。

灰飛煙滅彈指間

一直以來，劉瑾的成功經驗，總結下來就是八個字：看事夠準，辦事夠狠。也因為長期以來太過順利，劉瑾也把這工作方式當作成功的不二法寶。權力如日中天的劉瑾，終於在正德五年（一五一〇年）惹出來大麻煩，以致苦心經營的權勢頃刻土崩瓦解。

這麻煩，得從「八虎」之一的老朋友張永說起。

張永和劉瑾本是過命的交情，但隨著劉瑾權勢滔天，這親密交情也出問題了。張永雖然壞事也做過，但比較有原則。比起劉瑾能撈來，他卻比較守規矩，經濟上更「不私毫末」。在太監中間，算是個廉潔人物。

眼看著劉瑾越來越橫行，連比較守規矩的張永也看不過去。他又是個武將脾氣，看不慣就說。劉瑾是個小心眼，聽了就生氣，常給張永找麻煩。據說就連張永的部下，都曾被抓到內行廠拷問。

而關係惡化的另一原因是，張永能耐強，也得寵。在劉瑾看來，得盡早解決這個最具威脅性的同行，瞅準機會找明武宗進言，想把張永平調到南京去。這是個軟刀子，先調離權力中心，管你多得寵，慢慢就邊緣化。

但這次軟刀子碰硬茬，張永並不好惹，聞訊後立刻找明武宗鬧，還當著明武宗面，揪住劉瑾就暴打。雖然在明武宗的調解下，兩人表面和好，但仇算是結下了。

這事在劉瑾看來，不過是個小麻煩。接下來他惹的，卻是一個天大的麻煩：土地清丈。

土地清丈也是明朝的老問題了。自從明中期起，土地兼併越演越烈，大量土地被權貴佔用，國家農業稅減少，農民流離失所。到了明武宗時，問題已極為嚴重，理論上說，必須重新清丈。

但這事操作難度太大，圈佔土地的都不是一般人，各方利益勾搭連環，從中央到地方，情況極為複雜。但劉瑾卻偏瞧準這事：別人辦不了，我還辦不了？

為了完成這個大政績，劉瑾一直在努力。從正德二年（一五〇七年）起，開始在京郊和河南、山東、直隸等地，先後試點了九次。倒也清查出不少土地，僅山東一地，查出來的軍屯土地，就比永樂年間多了一萬多頃，成果極其顯著。

眼看事情很順利，劉瑾也決心搞把大的，這次他連張彩的苦勸也不聽了。正德四年（一五〇九年）八月正式下令，全國範圍大面積清丈，主要對象是北方邊境各省的軍屯。各地分派親信官員前往，期限內必須完成任務。

這一鬧，就不得了。劉瑾派出去的爪牙們，一心想著交差，還想順手發財，就吃柿子找軟的捏，專門欺壓勒索普通軍戶。先是遼東的錦州、義州兩地，發生了軍戶兵變，連府衙都燒了。緊接著軍事重鎮寧夏省，更爆出大麻煩。劉瑾的爪牙周東在當地欺壓軍戶，拷打軍屬，惹得邊軍眾怒。

早有野心的安化王朱寘鐇趁機拉攏、勾結當地都指揮何錦，正德五年（一五一〇年）四月二十三日起事。先殺當地巡撫總兵，繼而檄文傳告天下，歷數劉瑾十七條大罪，宣稱要「清君側」。正式扯旗造反，史稱「安化王之亂」。

這下事情鬧大了，劉瑾聞訊也嚇壞了，好在還把持司禮監，趕緊把歷數他罪狀的檄文藏起來。在他看來，這事也好交代，只要迅速平亂，恢復秩序，就能瞞哄過去。但平亂是個技術活，一般人幹不了，而最合適的兩人卻都和他有仇。一個是感情破裂的老哥們張永，一個是當年的三邊總制，被他惡整過的名將楊一清。但局勢危急，即使有仇也只好用。於是忍下一口氣，楊一清任提督軍務，張永任總督，率領平叛大軍出征。先解決眼下事再說。

然而萬萬沒想到，這是場雷聲大雨點小的叛亂，平叛大軍還沒出發，安化王之流，就早被寧夏副總兵仇鉞掃平了。後面的事，更讓劉瑾始料未及。楊一清和張永這一路，仗沒怎麼打，關係卻沒少拉，穩定寧夏當地秩序後，更經過密談，定下了誅殺劉瑾的大計。八月十五日張永凱旋，劉瑾的末日眼看就要到了。

劉瑾的敗亡，是從張永凱旋開始。本來劉瑾千防萬防，就怕張永趁機說壞話。明武宗晚上擺酒宴，拉二人一道慶賀。劉瑾一開始還作陪，但眼看張永快喝醉，又趕上自家兄長過世，次日還要出殯，實在不能跟著耗，只能先退席回家。劉瑾前腳剛走，本來裝醉的張永立刻恢復本色，忙按照和楊一清商量好的，火速拿出安化王叛亂的檄文，一口咬定劉瑾謀反。起初明武宗還沒當回事，隨口敷衍幾句，但張永下定決心，連哭帶求，一聲怒吼，更瞬間打中明武宗要害：「劉瑾取天下，置陛下於何地！」一下子明武宗猛醒，劉瑾的下場也就注定了。

跟當年逮捕王岳一樣，這次明武宗也是火速行動，當天晚上就由張永率領禁軍，火速將劉瑾逮捕，暫時關押在菜廠等候處理。消息好比重磅炸彈，大街小巷全議論這事，城裡更大批騎兵巡邏，防止劉瑾黨羽生變，氣氛極為緊張。

但大難臨頭，劉瑾卻還不緊張。情商極高的他，太了解明武宗。果然查了幾天，一看劉瑾除了貪污腐敗也沒其他罪，明武宗也不忍心將他治罪。聽說劉瑾在牢裡凍得沒衣服穿，又特意送了幾百件衣服，還允許劉瑾家人探監。這下劉瑾放心了，甚至得意洋洋向來探監的家人說：我這次最差也能當個富貴太監，死不了。

但劉瑾千算萬算，就漏算了一條。他這些年太過專橫，樹敵極多，眼看這次他落到井裡，大家立刻跟著扔石頭。而楊一清與張永事先的密謀緊接著繼續進行，在楊一清老同學李東陽的策動下，六部六科外加十三道御史集體上奏彈劾劉瑾。這還不算，抄家更抄出了新結果：在劉瑾家搜出了自製的龍袍、玉璽，更有上千盔甲武器，他要造反！

這件事，算是徹底擊碎了明武宗的心理防線，原本還念舊情，這下鐵面無情，當場破口大罵：「這奴才果然要造反。」後面的事情，就按照謀反罪來辦了。劉瑾先從菜廠轉到監獄，然後百官集體會審，坐實了謀反大罪，判了凌遲處死。他常年的胡作非為，這下遭了報應，身上剮下的每塊肉，都被圍觀的百姓搶光，爭著咬一口解恨。這位權傾天下五年的明朝「權閹」，就這樣徹底倒臺。

劉瑾謀反這事，後來清朝人編修《明史》的時候，基本照單全收。但後來很多史學家都提出了懷疑。最大的疑點是，在劉瑾被逮捕後的第一次抄家時，除了金銀財寶外，並沒有什麼重量級發現。但當明武宗露出對劉瑾的不忍心後，諸如盔甲、兵器、龍袍、玉璽，各種意外收穫一古腦都找出來了。隨之而來的，是明朝官場又一次大清洗，被劃為劉瑾一黨遭到革職流放的，多達六十位多官員，特別是從內閣到六部，幾乎一掃而光。特別是幫劉瑾搞政績的張彩，先被清算逮捕，後來死於牢獄中。

而對劉瑾一生的惡行，最沒爭議的就是腐敗這條，抄出來的家產數目驚人，具體數額爭議卻很大。這筆財富也直接充公了，大多搬運到明武宗的私人「豹房」裡。當然部分也嘉惠了老百姓，正德六年（一五一一年），經新科進士柴奇奏議，明朝大規模整修瓦浦等地的水利工程，所用的經費，正是劉瑾被抄沒的家產。

惡行昭著的劉瑾，後來也得到了肯定，特別是他的幾樣政績工程，比如盤查反腐成了明朝反腐的一項重要手段，清理邊境屯田雖然失敗了，但意義同樣重大。明朝學問家薛應旗就曾感慨，對劉瑾的這些成就，確實不能「因人而廢言」。

十六、「八虎」宦官張永

劉瑾敗亡，是他多年橫行後的咎由自取。但直接把他送上絕路的，卻是他早年的老哥們，得志之後的死對頭，同屬「八虎」宦官之列的張永。

雖然張永這一輩子，威權遠沒有劉瑾這般顯赫。但就明武宗執政的十五年裡，幾乎所有的大事件他都牽涉其中，一生的風光坎坷更與此相始終。堪稱是了解這十五年明朝政局變遷的頭號人物。而期間他的是非功過，更值得一說。

認真負責好太監

張永是保定人，出生於成化元年（一四六五年），比老哥們劉瑾小十一歲。十歲那年入宮，資歷比劉瑾淺，但早年的事業起點，卻比劉瑾強得多。

早年明武宗的祖父，即明憲宗朱見深在位的時候，他就很得寵，二十二歲之前，就擔任了內宮監右監丞，論官職是正五品。年紀輕輕，就是宦官裡的高級領導。

之所以能得寵，關鍵還是他辦事能力強。內宮監主管宮廷營造，事務繁瑣，那時候明憲宗又恰好沉迷煉丹修道，工程項目極多，工作挑戰力也大。但大小事情，張永都能處理得井井有條。而且一直以來，他還有個不貪小便宜好品德。按照名臣楊一清的話是「不私毫末」，很有自律精神。

像這樣能幹活又自律的人物，放哪都是寶。年紀輕輕就春風得意，誰知好景不長，二十二歲那年明憲宗過世。即位的明孝宗朱佑樘，開始叫停各類營造工程，大搞勤儉節約，張永也被裁員。直接一擼到底，發配到茂陵司香，也就是給明憲宗看墳。

對明朝宦官來說，要是被安排看墳，前途就沒指望了，大多也就認命。但張永心態好，在這個沒有前途的工作崗位上，依然做得勤勤懇懇。後來好幾次，明孝宗的親近宦官們來檢查工作，都對他稱讚不已。

認真久了，終有回報。明孝宗弘治九年（一四九六年），三十一歲的張永得到新職務，調東宮陪太子朱厚照讀書。也正是在這個前途遠大的新工作中，張永結識了劉瑾。

當時，劉瑾歲數大、見識廣，很讓人佩服，大家自願拜他當老大。工作更密切配合，比如給小太子朱厚照開發的遊戲項目，大多都是劉瑾策劃，張永執行，哄得小太子高興，一起得寵。兩人的關係還算是親密。

而且和劉瑾一樣，張永也有獨特的本事，雖然腦子不如劉瑾靈光，身板卻健壯，還會些武藝，騎馬射箭都不差，還常表演給大家看。也有野史說他在內書堂讀過書，不但有文化，還懂韜略，常給小太子侃軍事，樂得尚武的小太子喝采不已。日久天長，便成了「八虎」之中，僅次於劉瑾的得寵人物。

弘治十八年（一五〇五年）明孝宗過世，明武宗朱厚照即位。跟劉瑾一樣，張永的仕途也變得春風得意，先升了御馬監左丞，又提拔為御用監太監。之後正德元年（一五〇六年）十月，文官集團與司禮監配合發動的攻擊風暴中，張永更與劉瑾並肩戰鬥，及時接管了內宮兵權，火速逮捕王岳等司禮監宦官，辦事乾脆俐落，立下大功。

這事之後，張永更發達，明朝京城的精銳部隊，包括三千營、神機營和十二團營，都歸他提督。另外還兼管後宮營造、衣帽、尚膳等十幾個部門。甚至明武宗還給他特權，可以在宮內騎馬。「八虎」之中，可謂劉瑾老大，張永老二。

但比起劉瑾來，張永的形象就好得多。雖然撈錢的事他也幹，比如霸佔了已故宦官吳忠的財產，但小便宜還是不佔。特別是他兼顧後宮十多個部門，內宮後勤一把抓，各項事務都打理得好，而且從不貪佔，做事很講原則。

而就工作來說，張永依然是硬實力。特別是管理部隊，大搞訓練考核，提升戰鬥力，還擢拔了不少少壯軍官，很多人即使到了嘉靖年間，也是屢立戰功。京軍的面貌更是煥然一新。

一記黑拳滅老哥

工作春風得意，但和老大哥劉瑾的關係卻逐漸破裂了。

表面說，是脾氣問題，張永武人脾氣又有原則，見劉瑾辦事過分，就忍不住說，說多了劉瑾生氣，也就衝突不斷。劉瑾的「內行廠」，還抓過張永的心腹拷問。但實際上，還是利益問題。張永既有真本事，又很得寵，「八虎」之中，數他對劉瑾威脅最大，以劉瑾的性子，必然要解決他。

接著就發生了明朝宦官關係史上荒唐的一幕：劉瑾想解決張永，就故意進讒言，想打發張永去南京養老。張永知道後大怒，跑到明武宗身邊鬧，當著明武宗面，揪住劉瑾就往死裡打。明武宗也不含糊，立刻又叫來「八虎」中的谷大用作陪，擺酒宴說合，當下推杯換盞，交流感情。但再交流也沒用，老夥計已徹底鬧翻。

自這事以後幾年間，兩人關係一直僵著。劉瑾整不動張永，張永拿劉瑾也沒招，只能咬牙切齒，各忙各的。直到正德五年（一五一〇年）四月，劉瑾搞清丈惹出麻煩，鬧得寧夏安化王藉機叛亂，天下震驚。焦頭爛額的劉瑾沒轍，只得任命張永監軍，統帥三萬京軍平叛，明武宗更賜張永金印，如此威權，在明朝宦官史上都是空前的。

而這場意外的叛亂，不但給了張永清算老朋友劉瑾的機會，更讓他結識了一位新朋友：先前被劉瑾排擠回家，這次又重新得到委任的總制三邊軍務的楊一清。

早在正德年間前，楊一清就是個傳奇人物。十八歲就中了進士，弘治十五年（一五〇二年）起鎮守西北，多次挫敗蒙古入侵。這樣一個文武雙全的老軍事家，卻因不肯依附劉瑾，被劉瑾羅織罪名陷害，好不容易才保住命。論跟劉瑾的仇，結得可比張永深。

兩個跟劉瑾有仇的厲害人，成了受命平叛的工作搭檔。劉瑾的命運，也就注定了。

雖然後世有很多人說，張永和楊一清只是相互利用的關係。但就一生的交往和多次榮辱沉浮間的相互扶助來說，這兩個人是互相欽佩的朋友。而這友誼，正是從這次平叛開始。

受命的時候，楊一清還遠在江南老家，他和張永是分頭趕赴寧夏的，楊一清早到一步。其實就在出征前，這場叛亂已被寧夏當地駐軍平定。二人此行的任務，主要是穩定當地局勢。

而在張永到任後，楊一清卻看到了讓他驚訝的一幕。以紀律水準差、戰鬥力弱聞名的京軍，這次表現卻出人意料，一路上軍令森嚴，絕不擾民，反而嚴格巡邏、安定地方。以這位老軍事家的眼光判定，這些京軍都是訓練有素的好兵。這個叫張永的監軍太監，不簡單。

然後他又看到了到任後的張永，不但嚴格申明紀律，禁止擾民害民，更輕裝簡從僅帶五百親信走訪州縣、安撫百姓。所過之處，秩序無不井井有條。這人，值得交。

就這樣兩人相識，對楊一清的威名，張永也早有所聞。兩個互相佩服的人一起共事，在寧夏穩定秩序、發放賑濟。審訊叛亂主犯，釋放大批被牽連的無辜軍民，更向朝廷奏請減免當地賦稅。經過近三個月的忙碌，總算一切恢復正常。

合作愉快，關係也就親密。兩位新同事很快就成了無話不談的好朋友，也很自然的從工作談到了朝局，又從朝局談到了劉瑾。一說劉瑾，就同仇敵愾。而老謀深算的楊一清，更向張永和盤托出籌謀已久的計畫，由張永藉著凱旋，向明武宗進言。楊一清則聯合眾多文臣，上奏跟進彈劾。這樣裡外聯合，剷除劉瑾。

但對這事，張永一開始很猶豫，畢竟風險太大。但楊一清有句話徹底打動他：如果剷除了劉瑾，你就能取而代之，此後大權在手，名垂青史。張永終於下決心。

隨後的事情，便人盡皆知。八月十三日張永凱旋，當夜向明武宗進言，先是揭發劉瑾罪行，明武宗不理，接著張永哭，明武宗還是不為之所動。實在沒招，張永決然怒吼，說劉瑾一旦篡奪了天下，皇上您怎麼辦？這一吼把明武宗吼醒了，隨後劉瑾下獄，坐實了謀反大罪，被處剮刑，橫行五年的權閹，就此倒臺。

而在這過程裡，張永的作用，堪稱承前啟後，劉瑾被抓，來自他冒死進言，隨後查辦劉瑾，京城人心惶惶，他安排部隊巡邏穩定了局面。等著明武宗心中不忍，打算從輕發落劉瑾時，還是張永再度出手，二次查抄劉瑾府邸，找出盔甲武器甚至龍袍玉璽等關鍵物證，坐實了劉瑾謀反大罪。雖說整個事件，來自於楊一清、李東陽、楊廷和等文臣的籌謀，但衝鋒陷陣的卻是張永。

劉瑾倒臺後，在張永的力主下，「內行廠」和「西廠」兩大特務組織，從此徹底廢除，未再重設。隨後清洗劉瑾黨羽，張永也極講原則，從寬赦免了許多無辜，更配合文臣們請旨，複查劉瑾專權時釀成的冤案。

而在劉瑾敗亡後，張永權勢滔天、名聲大漲。好些朝臣都上奏讚揚他，甚至兵部尚書王敞說他「輯寧中外，兩建奇功」。封賞自然不少，連哥哥張富和弟弟張容也全都封了伯爵。劉瑾的司禮監掌印太監職務由他繼任接掌，之前提督御馬監等部門的兼職也保留，等於行政權和軍事權都是他一把抓。

好景不長官位丟

劉瑾敗亡伊始，大權在手的張永，同樣非常強橫，甚至他居然想要封侯。但萬沒想到，這事一聲張就遭內閣文臣們堅決反對，就連老友楊一清也不支持，只好作罷。

張永對楊一清極夠意思，一抓權就先給官。楊一清先當了戶部尚書，又調任吏部尚書，從當年威震邊關的封疆大吏，變成而今手握人事大權的中央重臣。

比起當年劉瑾在面前唯唯諾諾的焦芳來，楊一清卻不同。他有真本事，更是個明白人。雖然和張永交好，但眼看張永要犯壞，他也想辦法阻攔，日常生活中更勸張永要收斂。但萬萬沒想到，掌權沒兩年的張永，卻還是重複了昔日劉瑾重犯的一大錯誤：「八虎」集團窩裡反。

這次和張永交惡的，是「八虎」中的另一老夥計：丘聚。

當年「八虎」奪權的時候，丘聚也是得力幹將。正德元年（一五〇六年）十月的那場博弈中，丘聚搶佔的，是東廠提督太監大權。劉瑾專權初期，若說張永是左膀，他就是右臂。

但這位丘聚，也是個囂張人物，生性殘暴，做事更是肆意妄為。劉瑾最得寵的時候，他就從不買帳，好幾次傷了劉瑾的面子，惹怒劉瑾的後果很嚴重，被打發到南京養老，直到劉瑾敗亡後才復職。

而復職後的丘聚，依然本性不改，說話、做事還是一副囂張脾氣。而張永又豈是好惹？一開始就不喜歡他，本想讓自己的心腹張茂接管東廠，誰知明武宗不許，還是把東廠交給了丘聚。從那以後，兩人關係迅速惡化，明槍暗箭鬥了幾次。畢竟張永勢力大，藉著幾件小事，惡整了丘聚好多回。但丘聚雖然勢力小，卻掌握著特務機構東廠的優勢，因此遍布眼線，放大鏡般地找張永的毛病。

但對張永來說，這個時刻盯著自己的丘聚，其實只是小患。他真正的大麻煩是，在明武宗面前他已日漸失寵。

明武宗在位十五年，主要的工作就是玩。劉瑾敗亡初期，也曾裝模作樣地當了幾天勤勉皇帝，很快又本相畢露，變著花樣玩。而且早早就開發出了新遊戲場所：豹房。

豹房，是明武宗於正德二年（一五〇七年）在西苑開設的遊樂場所，裡面除了有各種珍奇異獸外，還有大批美女供其耍樂，各色遊樂項目更是不斷翻新花樣，要啥有啥。一開始陪明武宗在裡面玩耍的，還是劉瑾、張永這些「八虎」太監。後來「八虎」們掌了權，事情多，耍樂顧不上，這類事情也就交給了年輕一代的宦官們。

於是長江後浪推前浪，當「八虎」為權力互相傾軋時，在明武宗身邊幾位不起眼的年輕宦官，恩寵扶搖直上，大有後來居上之勢，其中鋒頭最猛的，就是錢寧。

錢寧，在史料中一向蹤影神祕，連他本來姓什麼，老家哪裡，都沒人能說清楚。但人盡皆知的，就是他一輩子的「乾爹」極多。早在明憲宗年間，就拜了大太監錢能做乾爹；後來劉瑾得寵，又認了劉瑾做乾爹；另外腳踩兩隻船，捎帶著拜了張永做乾爹。後來劉瑾敗亡，他更一下子攀上高枝，竟拜了明武宗做乾爹，被封為「皇庶子」，更受命執掌錦衣衛，從此大權在手。

錢寧的認爹之路，之所以如此順暢，還是他本人的能耐，一是會來事，察言觀色本事強；二是會說，口才極好；三是有真本事，武功很精湛，特別擅長射箭。可以說劉瑾和張永兩位前輩的拿手本領，他全部集於一身。如此的後起之秀，明武宗自然喜歡得不得了，不但認了乾兒子，更恩寵無比，平日遊戲耍樂全是他陪在身邊，鋒頭日益強盛。

但這時的錢寧，雖然得寵，但主要的工作還是陪明武宗玩。真正在宮裡宮外辛苦操持的，卻還是張永。

張永這時的主要工作是執掌司禮監。總體來說，他比劉瑾負責得多，國家大事處理謹慎，遇到重大問題就及時報告，更秉公辦事，拒絕各種送禮請託。而這時的明朝，正遇到一個大麻煩。正德五年（一五一〇年）十月，河北霸州農民劉六、劉七聚眾起事，開始只有幾千人，不到一年時間，就發展到數萬人，甚至橫掃山東、河北、河南、江蘇各省。這是自明朝開國以來，北方破壞力最大的一次暴亂。

對於這個大麻煩，張永很著急，和內閣眾臣一起多次向明武宗陳奏。但明武宗本人，一開始沒拿這回當事，直到越鬧越大，眼看地方上總兵、御史接連犧牲了好幾位，這才打起來精神來。正德六年（一五一一年）四月召開御前會議，決定由之前賦閒在家的太監谷大用總督，會同名將伏羌伯、毛銳率領明朝邊境精銳軍隊，全力平定動亂。

平叛的軍隊節節勝利，捷報頻傳。而張永雖然沒上前線，卻也沒閒著。參與平叛的許多基層將領都來自他的推薦，平叛的基本方略也是他參與制定。甚至還嚴把財政關，禁止大小官員藉平亂中飽私囊。期間諸如前線後勤供應、調兵遣將之類的雜活，也都有他的參與。正德七年（一五一二年）四月，明軍在霸州戰役中重創農民軍，平亂勝局已定，前後忙活的張永著實勞苦功高。

但幹了一堆細碎活的張永，恰如楊一清在他墓誌銘裡所說：「群小共媒蘖之」。也就是小人都被他得罪光，就開始一道算計他了。

霸州戰役結束沒多久，東廠提督丘聚指控張永的庫官吳紀盜取白銀七千兩。結果張永一下中招，就因為這理由被明武宗一擼到底，解除一切相關職務，勒令在京退休閒住。緊接著，張永的老友楊一清也被錢寧陷害，黯然罷官回鄉。

張永這次倒臺，比起劉瑾的結局總還算好，雖說官職沒了，但待遇還在。張永被免職後，其先前的官職被多人瓜分，比如「司禮監掌印太監」一職，由「八虎」中本事最小的老好人魏彬掌管。至於「御馬監」、「團營」等兼職，則分別由張忠、張雄等年輕太監執掌。張永倒楣，與其說是小人陷害，其實還是明武宗不放心。張永有能耐、和文臣關係深、立功多、威望大，再這麼風光下去，劉瑾的教訓可不遠。

大權在手鬥奸佞

按照一些野史的說法，被免職後的張永，那幾年心態非常好。該吃吃該喝喝，還經常與朋友交遊，生活悠然愜意。

但期間明朝的政局，卻越發水深火熱。好不容易平息了動亂，內部又不消停。平亂期間，來自大同的游擊江彬立下戰功，成了戰鬥英雄，偏被明武宗給看上，成了身邊的寵臣，更搶起了「乾兒子」錢寧的買賣。

而且比起錢寧來，這位江彬能力更強大。不但會來事、能撈錢，而且職業軍人出身，素來威武雄壯。有一次，明武宗玩豹子，沒想到豹子發飆，突然朝明武宗撲來，連錢寧都嚇得縮在一邊，關鍵時刻江彬不怕，毅然從斜刺裡殺出，一番搏殺將豹子制服，從此徹底得了寵。

而且比起宦官來，這位江英雄破壞力更大，幹的壞事也更多。竟然攛掇明武宗亂調兵，把宣府、遼東、大同等地邊軍調入京城，號稱「外四家」，天天陪他玩軍事演習，這可把明武宗樂壞了。還把專門存放軍糧的太平倉，大方賞給了江彬。

而素來得寵的錢寧，也因此給擠兌得夠嗆，眼看著權位岌岌可危。但江彬會打仗、帶兵，自己除了會射兩下箭，基本樣樣不通，想要扭轉局面，就要拉個同樣有競爭力人的入局，自然而然也就想到了張永。

正德九年（一五一四年）二月，乾清宮失火被毀，這事鬧得極大，明武宗本人也不得不下罪己詔懺悔。錢寧趁機給明武宗進言，說張永操持營造有方，不如重新啟用。這次張永一如既往認真，僅用四個月時間，便將乾清宮重新建好。一番牛刀小試，再次贏得明武宗歡心，隨後官運亨通，受命提督團營，幹起了軍務的老本行。

而在當時的宮廷權力分配中，這個任命非同小可。當時「外四家」的兵權，基本由江彬掌握，錢寧雖然還得寵，但軍事上插不進嘴。京城的軍事大權，真正能和新寵江彬分庭抗禮的，只有張永一人。

重操舊業的張永，屁股還沒坐熱，卻立刻碰上一個比江彬還狠的強敵：小王子。

小王子就是蒙古草原的統治者，赫赫有名的達延可汗。早在弘治年間起，他就不停地騷擾邊關，多次重創明軍。特別是明武宗登基後，他更是變本加厲，原先只是騷擾村鎮搶東西，這下卻時常攻城拔寨，大肆擄掠財物人口。劉六、劉七起義期間，明朝調邊境精銳入內地平叛，北方防務空虛，更給他可乘之機，鬧得烽煙不斷。

張永剛就任，小王子就大舉入侵宣府、大同等軍事重鎮，一路攻破邊關，軍民傷亡慘重，連京城都被迫戒嚴。張永臨危受命，以「提督宣大，延綏軍務」的身分，再度領兵出征。這一次又非常順利，一看張永大兵壓境，小王子立刻提兵撤退，張永穩紮穩打，收復州縣，隨後在當地安撫百姓，修繕城池，圓滿完成任務。擊退小王子入侵的功勞，算到了張永帳上。

但雖然打了勝仗，但個中原因就連明武宗也明白。每次都是小王子來，朝廷出兵，兵來了小王子跑，反覆折騰，其實問題沒有解決。

而眼看著小王子越發囂張，天生尚武的明武宗按耐不住了，成天在京城搞軍事演習已經乏味，去戰場上體驗一把的念頭更是越發強烈。但在往常，只要明武宗一冒出這念頭，群臣肯定拼命阻攔，直到正德十年（一五一五年），德高望重的內閣首輔楊廷和回家「丁憂」，御駕親征的機會才真的來了。

正德十二年（一五一七年），趁著群臣麻痹，明武宗精心策動，帶著江彬等人從居庸關出境，並祕調「外四家」在山西邊境集結，成功來了次「勝利大逃亡」。等到眾臣反應過來，明武宗已然統帥大軍，躍兵邊境。偏在此時，小王子也捲土重來，率五萬大軍攻打陽和地區，這可正撞到了明武宗槍口上。隨後明武宗統籌部署，在皇帝的感召下，明軍更是殊死奮戰，在應州與蒙古軍展開搏命廝殺，經過一天一夜血戰，終於成功將蒙古軍擊退。應州之戰，也成為正德年間一次著名的軍事大捷。雖然明朝的相關史書，都說此戰明軍傷亡慘重，斬獲極少。但從後來情況看，之後多年來，小王子都不敢輕易南下，此戰著實將其打怕了。

而在整個過程中，提督團營的張永，一直陪伴在明武宗身邊，不但出謀劃策，而且身先士卒。忙得「日切憂懼，寢食不得安」。打了勝仗的明武宗，更是玩上了癮，凱旋回來沒多久，又藉故巡視邊關，一路遊玩耍樂，在北方邊境招搖過市。國家大事，則全交給了最寵信的江彬。比起劉瑾來，江彬更過分，劉瑾雖然橫暴，但各類奏摺總算還能及時處理。江彬卻不同，大臣的奏報送過來，基本就扔一邊，好些奏摺甚至積壓兩三年。如此荒唐，大臣們憤怒了，大學士蔣冕曾冒死在明武宗面前阻攔，氣得明武宗差點拔劍殺他。典膳李恭因為揭發江彬惡行，更被江彬嚴刑拷打致死。

到了正德十四年（一五一九年），忍夠了的群臣們，更是集體在朝廷上哭訴攔阻，明武宗這次也發狠，當場進行杖責，一下打死了十多人。

這期間囂張的江彬，仗著明武宗的寵幸，壞事更沒少做。特別是陪明武宗巡視地方的時候，更趁機敲詐勒索，侵擾百姓。囂張的程度，就連張永也沒法多管。

但沒法管卻不是不管，張永也有自己的辦法，正面不行側面來，每次明武宗玩得高興的時候，都謹慎地旁敲側擊、想方設法地勸說，也見效了許多次。好些時候明武宗耍樂得高興時，突然決定回京，其實就來自張永的勸說。而面對江彬，張永也多次頂撞。明武宗巡視大同的時候，江彬及其屬下橫行地方，軍中百戶張壯看不過去，憤然出面攔阻，被江彬當場抓捕。事後張永立刻找江彬要人，一番據理力爭，終於保住了張壯的命。甚至到後來，一些州縣為免騷擾，都找張永說情。

正當明武宗玩得高興的時候，多事之秋的大明朝又出事了。正德十四年（一五一九年）六月二十四日，封地江西南昌的寧王朱宸濠，悍然扯旗叛亂。先殺江西巡撫許逵，繼而率八萬人猛攻安慶。這次動靜鬧得比安化王大，一旦寧王叛亂得手，一路順江東東下，就將直接威脅明朝的「糧倉」江南地區，甚至南京也岌岌可危。局面極其嚴峻。

情勢危急，朝野震動，但沒心沒肺的明武宗卻又樂開了花。他天生愛打仗，北邊打完了正好去南邊，立刻張羅要南征。八月份南征啟動，張永率軍先去打前站，明武宗率大部隊隨後跟進。其實和前幾次一樣，打仗只是捎帶手，旅遊玩樂才是真。

但就和安化王叛亂一樣，這次大軍還沒出動，叛亂就已消停。也算是寧王倒楣，駐守贛南的巡撫，正是一代大儒王守仁。事變之後，王守仁從容應對，利用朝廷賜予的令旗招募兵馬，然後發動奇襲，趁寧王大舉攻打安慶時，一舉端了南昌老窩，隨後又與回師的寧王在鄱陽湖決戰，將其打得全軍覆沒，更將禍首朱宸濠俘獲。這場寧王策劃了一輩子的叛亂，僅僅不到兩個月，就被王守仁乾脆俐落地掃平了。

但叛亂平了，事情卻沒完。明武宗這次鐵了心，非要去南方轉悠，王守仁幾次上奏報捷，更全被江彬壓下。明武宗這一路，更是鬧得過分。從山東過揚州，最後到南京，沿途大肆騷擾地方，江彬更趁機勒索民產。揚州知府蔣瑤阻止明武宗胡鬧，事後竟被江彬栓在御車上拖行，差點被活活拖死。照這個架勢下來，剛剛鬧過兵亂的江西地區，眼看要再受折騰。一旦因此再度激發動亂，一場明朝立國後的最大悲劇就極有可能上演。

關鍵時刻，還是張永果斷出手，與剛剛平亂的王守仁一起阻止了悲劇發生。

得知明武宗鐵心南下後，無奈的王守仁橫下一條心，決定押解朱宸濠赴南京請命，行至杭州時，恰好碰上打前站的張永。這兩人本來也沒深交，聽說王守仁到來，張永起初也躲著沒打算管這事。但王守仁倔強，竟然不顧危險硬闖張永住處，總算見到了張永。之後一番侃侃而談，將個中利害講清楚。起初張永故意出難題，說讓我幫忙進言可以，但寧王朱宸濠得交給我。意思是擒獲寧王的大功勞，你得讓給我。本以為王守仁會猶豫，誰知王守仁仰天長笑說：「我要這個人有什麼用！」這慷慨一幕震撼了張永，宦海沉浮數十年，第一次見到一位可以不計生死榮辱、忠貞為國的義士。

隨後張永密切配合，先向明武宗進言，大表王守仁功績，另外又授意王守仁，在報捷的奏摺上，一定要寫明仰仗明武宗的威武平亂。雙管齊下果然奏效，明武宗欣然改變了主意，江西不去了，王守仁也因功升遷江西巡撫。

事情還沒完，江彬很生氣，眼看治不了張永，就派親兵去江西四處打家劫舍，想給王守仁找麻煩，這就是「京軍之亂」。張永也早提防這招，隨後也趕到江西給王守仁撐腰，將這群兵痞治得服服帖帖。正德十五年（一五二〇年）八月，明武宗在南京舉行獻俘儀式，將淪為俘虜的寧王一通羞辱折騰，威風總算逞夠了，張永也趁機進言，說現在南方北方都掃平了，也該回京城歇歇了。這次朱厚照終於點頭。

臨危受命定江山

朱厚照這次鬧劇般的南巡，終告結束。但出乎所有人預料的是，他年輕的生命竟然走到了尾聲。回京的路上，朱厚照不慎落水，然後就患病在床，直到正德十六年（一五二一年）正月才返京，隨後就一病不起，折騰到三月二十二日，終於與世長辭。

這位荒唐了一輩子的帝王，臨終前終於有所悔悟，遺言道：「以前的事情全怪我，和大家都沒關係。」但是他留下的最大且即將爆發的危機是，遊戲一生，卻根本沒留下子嗣，而今英年早逝，誰來接班？

朱厚照過世後，京城的局面可謂凶險無比。特別是手握「外四家」重兵的江彬，更自作主張，將「外四家」改為「威武團練」，自封為「兵馬總督」。京城的兵權全都操控在手。

而對這大風險，張永也早有預判，先是和內閣首輔楊廷和等人商議，確立了興獻王之子朱厚熜為新君人選。繼而周密部署，先派心腹將領接管了京城九門的防務，然後以「坤寧宮典禮」的名義，騙江彬入宮朝賀，緊接著火速行動，先把江彬抓捕，再控制「外四家」兵權。這場一觸即發的動亂，就此消弭於無形。隨後楊廷和主持下，興獻王世子朱厚熜，於四月十三日抵達京城，五月正式即位，宣布次年改年號「嘉靖」。明朝歷史上最風雨飄搖的一次皇位交接，至此平穩過渡。

在這場平穩過渡中，張永一樣勞苦功高。但萬萬沒想到，後來他卻差點給陪綁。

嘉靖皇帝朱厚熜即位當月，就開始了大清算。先前被逮捕的江彬以及明武宗時期得寵的錢寧等人，統統都沒逃過一劫。錢寧被凌遲處死，江彬被殺，五個兒子被抄斬，家小都發為奴婢。但隨著清算行動的繼續，株連卻越來越廣，各地的鎮守太監都被抓回來嚴刑拷打。正德年間幾個風光的宦官，特別是「八虎」中其餘幾位：坑過張永的丘聚，被發配到南京勞改；頂替張永執掌司禮監的魏彬，被剝奪財產趕出宮門，竟然淪為了乞丐；谷大用被發配到茂陵看墳。眼看局面不利，張永也識趣，主動上書請求退休。誰知這樣也沒躲過，剛退休沒兩天，就被嘉靖皇帝發配到了南京，一勞改就是五年。

張永在劫難逃的時候，還是老友楊一清救了他。嘉靖皇帝登基後，楊一清得到重用，一度官至內閣大學士。聽說張永遭難，他仗義出手相救，多次進言張永有大功。在楊一清的百般維護下，張永總算得救，嘉靖五年（一五二六年）得以回京休養。是年北方邊境吃緊，精通軍務的張永再次得到啟用，受命提督團營。特別令新皇帝側目的是，他上奏邊境十三事，條條切中要害，也終於重新得寵，不但掌握兵權，更回任御用監掌印太監。

嘉靖七年（一五二八年），張永病故於任上。嘉靖皇帝聞訊後「諭祭三壇，予官槨，命有司營葬事，建造享堂」。悼念規格極其隆重。而張永臨終前的最大願望，就是希望老友楊一清為自己寫墓誌銘，評述一生功過。楊一清也不辱使命，欣然命筆完成。

但張永臨料想不到的是他最後的遺願，卻再次坑了老朋友。一年以後，就因為這篇墓誌銘，楊一清被政敵攻擊，說他收受張永賄賂。受不了這氣的楊一清，不但憤然辭職，數月後更鬱鬱而終。臨終遺言「拼搏一生，卻為小人所害」。這對相互扶持的朋友，就以這樣一種唏噓的方式，先後走完了宦海沉浮的一生。

十七、正德「頂樑柱」楊廷和

明武宗朱厚照在位的十五年，可謂是荒唐大連環。他這一輩子，開頭寵幸劉瑾，之後寵幸錢寧，晚期寵幸江彬，宮裡玩夠了宮外玩，京城玩夠了到處玩。最親近的心腹，幾乎沒一個好人，國家大事，從中央到地方都搞得一團糟，僅藩王叛亂前後就發生了兩次，外加北方韃靼侵擾，中原劉六劉七起義，到處都是麻煩。

但所有的麻煩，他都安然渡過，而且明朝的國事運轉，雖說百般動盪最終卻都有驚無險。政府的財政與國家儲備也算穩定。論及原因，明末文人陳子龍曾讚歎說：天下晏然者，以任相得人也。

而這位被讚歎為「任相得人」，從容化解正德年間各類危局的名臣，便是正德朝內閣首輔楊廷和。

青年才俊惹不起

楊廷和，字介夫，號石齋，四川新都人，天順三年（一四五九年）生人。其父楊春曾做過湖廣提學（教育廳廳長），生在這樣家庭的楊廷和，自幼天資聰穎，八歲就中了秀才，創下明朝科舉新紀錄，十二歲又鄉試成功，成為明王朝二百七十六年有記錄在案的最年輕舉人。次年楊廷和赴京參加會試，這次竟然名落孫山，但卻有意外收穫，他得到國子監丞黃明的賞識，留在京城國子監讀書備考。六年後一舉得中，恩師黃明更將愛女許配給楊廷和。如此雙喜臨門，傳為京城美談。

此後的楊廷和，一直官運亨通。先進翰林院，三十歲那年參加編修《明憲宗實錄》，與之共事的主編，正是內閣大學士丘浚。丘浚自恃才高，對編修裡的瑣碎事務不屑親為，皆悉數委於楊廷和。事後楊廷和將草稿交給丘浚審查，其行文流暢，編纂精細，令號稱博學綜聞的丘浚閱後大驚，當場大讚楊廷和「宰輔之才，他日成就遠勝於我」。從此對這位後輩刮目相看，但凡有重大奏議，常約其商討。

弘治四年（一四九一年）他經丘浚舉薦成為經筵講官，負責為明孝宗朱祐樘講學。七年後皇太子朱厚照出閣讀書，三十九歲的楊廷和被提拔為正三品詹事府詹事。他與這位當時的小太子，後來的明武宗的師生情誼，就是從此時開始的。

楊廷和除了學問好，對教育也很有一套，按照現在的話說，就是很懂兒童心理學。特別是對朱厚照，每當這小子貪玩厭學的時候，楊廷和都能循循溫言教之，每次都令朱厚照欣然成善。雖然本性難移的朱厚照貪玩依舊，且對其他幾位老師「多厭之」，卻唯獨對楊廷和禮敬有加。即使後來君臨天下，對楊廷和卻始終尊稱為「先生」，可謂感情深厚。

弘治十八年（一五〇五年）明孝宗朱祐樘駕崩，明武宗朱厚照即位。其後在「八虎」的陪伴下徹底不務正業，對此群臣皆憤然，發起了驅逐「八虎」的運動。結果反被劉瑾等「八虎」逮住漏洞，落得大敗虧輸。昔年曾舉薦過楊廷和的謝遷、劉健等重臣紛紛遭罷黜。沒有參與此事的楊廷和反而得利，正德二年（一五〇七年）被提拔為左春坊東閣大學士，正式進入了大明王朝政府最高決策機構——內閣。

雖然先前沒有與劉瑾發生衝突，但一心為公的楊廷和，對劉瑾的做法也同樣看不慣。而他也有自己的辦法，一日趁著給朱厚照開「經筵」的機會，楊廷和以諸葛亮《出師表》為例，勸說朱厚照要「親賢臣，遠小人」。所謂「小人」，當然是指劉瑾，朱厚照對此一笑置之，可立刻就有人給劉瑾打了「小報告」，聞訊後大怒的劉瑾假傳聖旨，貶楊廷和去南京做戶部侍郎。對此「變相發配」，楊廷和知道後不聲不響，當即收拾東西南下。不多久，此事忽然被朱厚照得知，朱厚照當即把劉瑾叫來一頓臭罵，結果「貶官」沒幾天的楊廷和大搖大擺的回來了，照例當他的內閣大學士。這下劉瑾才知道，這個楊廷和惹不起。

這事之後，劉瑾和楊廷和從此結了仇。而楊廷和也學乖了，知道跟劉瑾正面衝突，還不是時候。一直到正德五年（一五一〇年）劉瑾「清丈軍屯」惹禍，安化王朱寘鐇以「誅劉瑾」為名在甘肅安化起兵造反。此時，低調了好幾年的楊廷和舉薦仇鉞為寧夏副總兵、保勛為參將，命二人「協力剿賊」。之後仇、保二將裡應外合，使一度「西北震動」的安化王叛亂僅過十八天即被平定。同時也是楊廷和與李東陽聯名上奏，推薦楊一清掛帥出征。楊一清在西北與張永議定誅劉瑾之計後，第一時間遣使與李東陽、楊廷和等人聯絡。而在張永歸京揭發劉瑾奸惡，導致劉瑾被捕抄家後，也是楊廷和與李東陽一道領六部六科十三道御使彈劾劉瑾，終於把權傾一時的劉瑾推向了死路。

誅除劉瑾的成功，也令楊廷和聲望日隆，隨著劉瑾倒臺，文官集團再度掌握話語權，而李東陽年歲已高，楊廷和儼如已成為文官之首。正德七年（一五一二年）十一月，「三朝元老」李東陽退休，楊廷和「加少師，太子太師，華蓋殿大學士」，正式成為大明王朝的百官之首——內閣首輔。

日理萬機忙社稷

正德七年（一五一二年）十一月至正德十年（一五一五年）三月，是楊廷和擔任內閣首輔的第一個「任期」，在這個任期裡，楊廷和最重要的貢獻是穩定和恢復國民經濟。誠如他的前任李東陽所讚歎的：吾於文翰，頗有一日之長，若經濟事，須歸介夫（楊廷和）。

劉瑾專權五年的「橫暴」加「貪墨」，其實留給了大明朝一個殘破不堪的爛攤子，當時「盜賊縱橫，邊夷猖獗，財匱民窮」。尤其是「財匱民窮」成為了明朝最大的難題，偏偏朱厚照本人又折騰，從正德六年（一五一一年）起開始大規模擴建他的「豹房」（經費主要是抄劉瑾家的「贓款」）。與此同時，蒙古達延可汗持續擾邊、中原劉六劉七起義、江西賊亂、四川「順天王」起義皆越演越烈，局面一團糟糕。

為穩定人心，楊廷和的第一舉措就是減稅。經他力求，正德六年（一五一一年）正月二十六日，朝廷下詔減免河北遭兵禍的州縣稅糧一年。次年十二月，朝廷再次下詔山東、河南、河北等遭受「賊亂」的諸省減免稅糧一年。同時楊廷和奏議，中原地區凡因「賊亂」導致無主的荒地，一律招募當地流民耕種，並重新編訂戶口，令其為國家完糧納稅。且無糧農民可向官倉告貸，來年還貸時不收任何利息，告貸、還貸皆以戶部勘發的「憑票」為據，以防地方官從中貪墨敲詐。為防勢豪大戶藉機圈佔「災區」土地，楊廷和更奏請，對屯耕農民的身分要進行嚴格核查，「招撫流移」由各省布政使經辦，戶部派員督查，凡是「騙佔土地」之事，地方監察御史皆可「風聞言事」，但凡屬實，地方官和戶部官員皆被嚴辦。既做好行政監督，又實行層層問責，遭受兵亂荼毒數年的中原七省，終重歸穩定。

減稅雖可穩定人心，但此時朝廷開支巨大，增加收入同樣刻不容緩。早在劉瑾敗亡初，楊廷和就曾與李東陽一起上奏，先於正德八年一月整頓四川、陝西、貴州各省的「茶馬貿易」。同年四月，依四川布政使馬昊奏議，在四川、貴州等地試點「疊糧法」，當地稅糧稅銀由當地「布政司」和「兵備道」分別負責運送，既減少中間克扣環節，又減輕百姓負擔，更兼增加國庫收入。但影響更加深遠的，卻是楊廷和在大明朝的「糧倉」——江南地區完成的「論糧加耗」改革。

所謂「論糧加耗」改革，其實是與宣德時期名臣周忱在江南實行的「平米法」一脈相承。周忱的「平米法」，其實是用調整稅糧「損耗」（運費）徵收比例的方法來重新攤派稅收。富者多交，窮者少交，用以增加國庫收入，減輕百姓負擔。

但到了正德年間遇到新問題，明朝「官田」承受賦稅要重於「民田」，在「損耗」比例如何攤派的問題上，一直在「論田加耗」和「論糧加耗」兩種方式上反覆。論田加耗，即賦稅較重的官田承擔較少「損耗」或基本不承擔「損耗」，「民田」則承受較多「損耗」。此舉本意在減輕「官田」農戶的負擔，但因其核算方式繁瑣，以致「吏不勝煩擾」。而且江南地區土地兼併日重，「民田」多集於豪戶」，這些「豪戶」們使盡手段，將「民田」應承擔的賦稅轉嫁到無地農民甚至佃戶身上，導致「民田」農戶紛紛逃亡。為增加稅收，朝廷又推出了「論糧加耗」法，規定「官田」每石稅糧徵收「損耗」一石六斗，「民田」每畝徵收「損耗」一斗二升。結果卻又矯枉過正，「民田」負擔未減輕，「官田」更承受不起。從周忱離任之後的半個多世紀裡，明朝在兩種「損耗徵收政策」上反覆搖擺，雖也取得過成效，卻並未解決問題。至正德年間，江南每年的「逋賦」（往年拖欠的稅款）又日益增多。正德八年九月，新任江南巡撫張鳳奏請恢復「論糧加耗」法，眾臣意見不一，楊廷和獨具慧眼，一面力挺「論糧加耗」法，更在奏疏中指明，「江南財稅之弊，非在論糧或論田，卻在官民田科則（賦稅比例）不均也。」

因此，楊廷和一面廢止原先明朝施行的「論田加耗」法，斷了江南勢豪大戶將自己莊田冒充官田逃稅的漏洞。另一面則因地制宜，一是無論官田民田，其所承受「損耗」，皆按其賦稅比例統一徵收，二是因官田承受賦稅較重，因此允許官田農戶將「損耗」折合成白銀繳納。此兩項舉措看似簡單，實則影響深遠。

前者經過之後幾代江南地方官的修正，終演變成嘉靖十八年（一五三九年）江南巡撫歐陽鐸在當地實行的「徵一法」，即將每年江南地區應繳納的賦稅，不分官田民田，按照田畝數統一劃分。此舉徹底打破了明朝官田民田賦稅不均的局面，解決了楊廷和所憂心的「官民田科則不均」的問題。後者更幾經演變，成為萬曆時代張居正改革裡「一條鞭法」的重要內容。

即使當時，楊廷和的苦心也很快得到回報，從正德七年開始至正德九年，地方各省所拖欠的歷年「逋賦」，短短兩年即已償還近六成。明朝在正德九年的夏糧收入約為四百五十三萬九千石，秋糧收入約為兩千一百八十萬石，由戶部直接掌握。專門用以維持國家大政各項開支的「太倉銀庫」，是年收入白銀一百九十萬餘兩，支出一百三十萬餘兩，盈餘六十七萬餘兩。上述「GDP數值」，皆追平了「弘治中興」時期的最高水準。因此雖然「宦官專權」、「小人得志」、「皇帝怠政」，但大明王朝的國計民生，此時已然平穩運轉。

然而就在平穩運轉中，三年來嘔心瀝血操持國事且建樹累累的楊廷和卻橫遭晴天霹靂，正德九年十二月（一五一四年），楊廷和父親病逝。噩耗傳來，楊廷和悲痛萬分，立刻上疏請求依祖制歸家「丁憂三年」。朱厚照深感國家大事難離楊廷和，反命他「奪情」（即戴孝留任）。但楊廷和去意堅決，先後連上五道奏疏請辭，奏疏中痛陳自己「孝道未盡，縱九泉之下亦愧見先人」，並表示自己如今「慟哭旦夕，形神憔悴，難擔君命」。不僅如此，楊廷和更多次面見朱厚照苦苦求去，且說到激動處時，常「哽咽不能語」。

楊廷和想走的原因，除了真正悲傷外，也因首輔任上早就力不從心。

劉瑾敗亡後的朱厚照，在「怠政」方面變本加厲，不但寵信宦官錢寧，大修豹房，日夜奢靡享樂。更信任武將江彬，多次在大內大搞「閱兵」，沉迷於軍事遊戲中。「作風」方面，朱厚照更越發荒唐，雖然關於他微服逛青樓的劣跡今天依舊存在爭議，但他在豹房中廣納美女，日日淫樂，其中甚至包括已懷孕的「有夫之婦」，諸事皆見於各類史料。種種行為令擔任內閣首輔的楊廷和壓力倍增。

特別令楊廷和崩潰的是，夾在皇帝和百官之間，他這個內閣首輔已經越來越難做。明武宗不但做事越來越離譜，做皇帝也越來越沒規矩。楊廷和作為內閣首輔，他多次上奏疏要求朱厚照勤於政事、罷斥奸佞、開放言路，總共提了十多條建議，但朱厚照聽歸聽，哪條也不照辦。磨破嘴皮子說了好幾次，皇上這邊不搭理，百官那裡也落埋怨，成天受夾板氣，這內閣首輔實在是幹不動了。

正德十年（一五一五年）三月，經楊廷和多次懇求，明武宗朱厚照終下詔書，允許楊廷和歸鄉「丁憂」，內閣首輔一職由大學士梁儲暫代。這位荒唐皇帝朱厚照最為信賴的文臣就此暫別大明政壇。他的離去，也令荒淫無度的朱厚照少了重要的制衡，因此之後三年裡有了朱厚照「擅自出逃」、「親征達延汗」、「北巡北方邊鎮」等諸多令封建文官集團難以容忍的荒唐事。接替楊廷和的梁儲手足無措，竟然「懼不克任，屢請召之（楊廷和）」。而朱厚照固然荒唐，卻同樣對楊廷和念念不忘，每遇難事時皆感歎：「若先生（楊廷和）在，怎至如此也。」

首輔歸來夾板氣

朱厚照之所以常想念楊廷和，不只是因為師生情深。更重要原因是楊廷和不在的這兩年，國家已被他折騰得糟透了。

這兩年，朱厚照幹過的荒唐事不斷，朝政的問題，更是滾雪球一般積累。且不說皇帝與大臣間的關係越發緊張，單各地的民變就越來越多：福建南靖民亂、江西大帽山變亂，都越發鬧得厲害。接替楊廷和的幾位大臣，工作水準更是差得遠。到了正德十二年（一五一七年）十二月，朱厚照終於下旨，命楊廷和「奪情」，回任內閣首輔一職。

對楊廷和的這次回歸，朱厚照相當重視。楊廷和剛接到詔書，朱厚照早就派了車隊在四川新都迎接，然後一路張燈結綵，風風光光地回到京城。接著又看到更大陣仗，從崇文門到通州的道路全讓車馬擠滿了，京裡的百官甚至動貴國戚幾乎全部出動，夾道歡迎楊廷和。

楊廷和這麼高人氣，最重要的原因是，他不在國家運轉快亂套了，盼星星盼月亮，您老人家快回來吧

楊廷和到京城的時候，朱厚照還在宣府遊獵，立刻賜了羊酒銀幣。聽說楊廷和已經開始處理政

務，立刻放了心，又開始撒歡玩了。甚至越玩越瘋，成天帶一群隨從外出騎馬狂奔，而且好些個隨從都給累病了，他竟然還玩得歡。國家大事有楊先生負責，不瘋玩還幹啥？

朱厚照瘋玩了，楊廷和卻累壞了，兩年來積累下來的各種麻煩事，案牘上摞了好多堆，好不容易才處理完，卻又接連遇到新問題。朱厚照一邊玩，一邊還在找麻煩。最大的麻煩還是錢，朱厚照在外頭玩得歡，花錢跟流水似的，沒錢了就下旨讓內閣想辦法。他要錢要得輕鬆，楊廷和卻犯了難。這事還沒解決，朱厚照偏不消停，他一路所過之處都大肆擾民，鬧得民怨極大，再由著這麼胡鬧下去，恐怕要出大事。

楊廷和到底有水準，錢的問題很快有辦法了。打漕運的主意，先把運河沿線四十多個鎮守太監機構抄了，查出的大筆錢財，解決了戶部的銀荒，還遂了朱厚照的胃口。一看楊廷和弄到了錢，朱厚照十分高興，楊廷和趁機進言，說動朱厚照把一路途經州縣的賦稅都免了。這樣民怨才平息下來，總算沒出大事。

自從再次回任首輔後，楊廷和受的夾板氣，比起當年來更是加倍。日常辦公，上要聽甩手掌櫃朱厚照的聖旨，身邊還有太后的懿旨，樣樣都要聽。然後朱厚照這樣胡鬧，下面百官不滿意，成天不是鬧意見就是發牢騷，每次都要楊首輔處理。日久天長，大家找不著皇上，但老實幹活的首輔卻在眼皮底下，於是就成了出氣筒。

其實楊廷和何嘗不知道這些，一直以來他做最多的事，就是一遍遍寫奏摺勸朱厚照回京城，甚至朱厚照跑到哪裡，楊廷和的奏摺就追到哪裡。好不容易費盡口舌，總算在正德十四年（一五一九年）正月，玩夠了的朱厚照終於回京了。但剛歇了沒幾天，二月份竟又要南巡。這下楊廷和再也受不了了，不但拼死反對，更帶著群臣哭勸，結果好些個拼死阻攔的大臣們，竟遭到朱厚照杖責。當然在群臣的硬氣下，朱厚照也服了軟，改主意說不出去了。可群臣剛高興了沒兩天，寧王朱宸濠叛亂了，這下朱厚照可逮住理由，藉著「御駕親征」的名義，七月份率大軍浩浩蕩蕩南下。這下皇帝出去玩的念頭，八匹馬也拉不回來。

朱厚照這次南巡，一路還是瘋玩，一直從正德十四年的八月，折騰到第二年的八月，好不容易準備返京，路上卻又遭遇意外，不幸掉進水裡。自這以後，素來強壯的朱厚照，健康急劇下降，轉過年來一病不起，正德十六年（一五二一年）三月十四日，溘然長逝。

朱厚照臨終的時候，按照史料的說法，還是悔悟了自己的作為，但這位荒唐帝王絕想不到，他的死竟然也會令明朝陷入一場危機。他一生沉迷享樂，甚少臨幸後宮嬪妃，以致去世時竟未留下一個子嗣。臨終前的朱厚照雖有所悔悟，留下遺言道「天下重事要緊，是我誤天下事」，但對於「繼承人」問題卻隻字未提，可謂更「誤天下事」。

這樣一誤，事情麻煩大了，皇室子弟好幾萬，各個蠢蠢欲動。大明政壇一時間「權奸各欲立非次，以貪功避罪，相求如賈市」。而此時執掌大明精銳部隊「團營」的江彬更頻頻動作，早在朱厚照染病期間，他就假傳聖旨，將「團營」更名為「威武團練」，自任為「軍馬提督」，一舉把持了京城防務兵權，不軌之心昭然若揭。此時，皇帝駕崩，大權空虛，各路權臣政要紛紛串聯勾結，偌大的北京城像個火藥桶，稍微一點火苗就引爆。

就這關鍵時刻，楊廷和成了及時雨。早在朱厚照病危的時候，楊廷和就及時聯絡朱厚照的幾位親信宦官密談，坦言「若不幸有變，則君等禍福自擇之間不容髮」。一語說中眾宦官們的心事，擔憂朱厚照駕崩後會大權旁落的宦官們慌忙向楊廷和問計，楊廷和鎮定道：「使我輩預聞，處之如輪序，則天下以安，中外同福。」一席話給宦官們吃了「定心丸」。司禮監掌印太監魏彬當場允諾道：「願聽憑公（楊廷和）裁處也。」就這樣，皇位傳承的關鍵時刻，宦官集團被楊廷和成功拉到自己一邊。

有了宦官們支持，楊廷和就放開了手腳。朱厚照駕崩次日，楊廷和就按照《皇明祖訓》的制度規定，定下了已故興獻王世子朱厚熜入京繼承帝業的決定，並得到太后允可。連夜起草遺詔，次日頒布天下，由內閣次輔梁儲率領的赴湖北安陸迎接朱厚熜入京即位的使團也於三月十六日火速出發。一度懸而未決且引得眾權臣、藩王紛紛窺探的「繼承人」問題，在楊廷和的主持下，僅經兩日便定案了。

但在皇位過渡這件事上，最大的變數就是怎麼料理好權奸江彬，他手裡有兵權，幾萬「威武團練」在手，好比一隻正在磨牙的猛獸，萬一狂性大發，後果可不堪設想。

「馴獸」這件事，楊廷和有辦法。藉著起草遺詔的機會，下令將「威武團練」主力部隊全數遣散，並發放大筆安置費。這招打著朱厚照的旗號，動作又極突然，等到江彬反應過來後，手底下幾萬人早都給遣散了。

但危機並沒有解除，雖說「威武團練」主力沒了，可江彬手裡還有一支私人衛隊，外加許泰等軍官也是其親信。一看楊廷和動手，江彬也想發難，這時楊廷和故意在各種公開場合製造輿論，說自己不懂軍務，帶不了兵，現在新君初立，凡事更要仰仗江彬云云。甚至還常在江彬的幾位親信面前，極力稱讚江彬的才能，十分友善親切。

江彬本身就是一介武夫，雖說有點小聰明，可玩腦子還是不行。而且一直以來，楊廷和都是個勤懇幹活的好大叔形象，很少與江彬發生直接衝突。這樣一來，江彬認為皇帝雖然死了，但新皇帝根基不穩，大臣們不懂兵，想要安定江山還是離不開我。

基於這樣的判斷，江彬放心了，又恢復了吃喝玩樂的幸福生活，就等著新皇帝抵京，然後加官晉爵。

三月十八日，楊廷和藉口坤寧宮慶典，邀請江彬入宮開會，趁這個機會在宮內發難，由張永帶兵將江彬當場擒拿。這個正德朝最後一位權奸，就這樣被楊廷和算計倒臺。

更化改元功業大

從迎立新君到逮捕江彬，期間楊廷和統籌部署，算無遺策。他的貢獻按照《明史》的說法，就是「安危定傾，功在社稷」，而他對於大明江山最大的功勞，卻是在逮捕江彬後，也就是從迎立朱厚熜的使團出發，到朱厚熜抵達京城的這三十七天裡。

這三十七天，京城裡沒皇帝，楊廷和身為內閣首輔，百官之首，起草遺詔，又有太后支持，等於是大明王朝此時的「代理領導」。而大權在手的他，也抓住這寶貴時間，做了一件名垂青史的功業：更化改元。

更化改元，這詞的最早出處，是來自明武宗朱厚照的遺詔。意思是要革除自己在位時候的弊政，恢復國家的穩定。而事實是，遺詔的起草者是楊廷和，更化改元是楊廷和一生宦海沉浮裡始終在努力實現的大功業。

從這時起，一輩子小心謹慎的楊廷和，終於大刀闊斧了。先裁撤了朱厚照時期設立的「豹房」等機構，裡面平日供朱厚照取樂的美女、番僧乃至樂手，統統被遣返。接著朱厚照在各地設立的行宮也全數被查封，裡面儲備的錢糧更被楊廷和充了公，成了新皇帝的家底。

而期間力度最大的就是機構精簡，朱厚照時期設立的多個部門被查封，特別是內宮的東廠、錦衣衛等機構，更大力裁撤富餘人員。光是東廠和錦衣衛兩個特務機構，一口氣就裁了十萬人。國家省下了大筆經費，而幾位位高權重的宦官，羽翼更一下子給翦除了。

在這件事上，楊廷和決心非常大，誰說情都不行，卻也捅了馬蜂窩。這些被裁撤的人員，先前不是特務就是軍官，都是好勇鬥狠的角色，這一古腦給端了飯碗，怎肯善罷甘休。於是京城炸了鍋，一開始全是送禮請託的，後來送禮請託不行，威脅就上門了。好些人甚至寫恐嚇信，說要讓楊廷和好看。

在人事改革強力推動的同時，經濟改革也跟進。主要內容就是減稅，這期間僅田賦就減免一半，而且正德十五年以前的欠賦一概減免，朱厚照出巡時期的各項強徵也一概取消。但同時也追錢，特別是對鹽稅大力整頓。正德時期，趁著朱厚照不管事，好些勳貴都插手食鹽買賣，牟取暴利且大肆侵佔鹽稅。現在楊廷和公佈了欠稅名單，凡是一個月內還不上鹽稅的，財產就得充公，如果還不夠數的，就子子孫孫接著賠，直到賠完為止。同時各地的織造和鎮守太監，拖欠朝廷的各類稅款也一併大力追繳。

楊廷和主持政務的這三十七天，堪稱他人生裡最輝煌的縮影。大小事務累積辦了七十九項，每一件都是他親自主持籌畫，事無巨細都認真布局，每一個執行細節都監督到位。不但朱厚照時期的各項弊政大多革除，國家更氣象一新，人心日益穩定，財政儲備日漸豐厚。

但對這些工作成果，楊廷和心裡其有數。期間他也曾對幾位同僚感慨，說自己做的這幾件事也只是小修小補，如果不從根本上解決稅收制度的漏洞，國家大治也無從談起。

然而隨著新君朱厚熜的抵京，正賣力苦幹的楊廷和做夢也沒想到，他燦爛的仕途竟將在這位少年新君的手中戛然而止。一切，卻源於朱厚熜登基後的一場紛爭：大禮之爭。

十八、大禮之爭，君臣博弈

楊廷和政治生涯的結束，終於嘉靖皇帝朱厚熜之手，導火線就是朱厚熜即位之初，綿延十數年，禍及大小數百官員的「大禮之爭」。

君臣度蜜月

正德十六年（一五二一年）四月二十二日，奉「遺詔」即位的朱厚熜抵達京郊。主事的來了，正在京城賣力工作的楊廷和總算鬆口氣。

但沒想到，這位十五歲的新皇帝，還沒入京就鬧開了脾氣。楊廷和安排朱厚熜由東安門入京，居文華殿即位。朱厚熜一聽就火了，這個入京路線，是皇太子即位的專用路線，自己是外地藩王進京即位，怎麼能給堂兄（朱厚照）當兒子？

於是朱厚熜鬧起了脾氣，官員們苦勸半天，朱厚熜非但不聽，反而撂了挑子。這皇帝我不幹了，現在我就回安陸。

這話一說，張太后（朱厚照母親）就慌了神，趕緊下懿旨打圓場，說就聽新皇帝的吧。於是遂了朱厚熜的願，從大明門入文華殿，舉行登基大典，並宣布次年改元「嘉靖」。這位新君，便是

「嘉靖皇帝」。

本來在朱厚熜到京之前，楊廷和等人已經選好了新年號：紹治。但朱厚熜到了之後，權衡了再三，還是換成了「嘉靖」。這一換有學問，不但是換個詞，更表達了新皇帝的態度：我執政，有自己的主張，不用別人教。

比起荒唐一輩子的朱厚照來，朱厚熜從小就是好孩子，他父親是是明憲宗朱見深的次子朱佑杬，在朱見深的諸子中以「博文強識」著稱。明孝宗登基後，朱佑杬被封為興獻王，就藩安陸。正德二年（一五〇七年）朱厚熜出世，這孩子天資聰穎，更有父親苦心栽培，從小學業就好。十二歲那年父親去世，他更以世子的身分管理王府事務，小小年紀，就把王府上下打理得井井有條，很早就名聲在外。

也正是這特殊的成長經歷，奠定了這位新皇帝的執政風格，一肚子的心眼，少年老成的心機人物，且極具管理手腕。

而早在登基之前，朱厚熜就對楊廷和仰慕已久，在朝廷的使團來到湖北迎接他時，他就曾讚歎楊廷和的功勞，並誓言必將信用之。而對朱厚熜，楊廷和也一直很欣賞，早拿他當宗室中的才俊人物。從湖北到京城的一路上，朱厚熜的表現也著實令臣子們驚訝。他年紀雖輕，卻極有見識，一路上輕裝簡從，謝絕沿途官員的一切投獻和覲見，且衣食住行都極為簡樸。而且嚴格約束身旁的宦官。特別令臣子們動容的還有兩件事：一是臨離開家鄉之前，朱厚熜為父親舉行了拜祭儀式，在儀式上他痛哭流涕，情景令人傷感；二是當迎接他的使團抵達安陸時，宦官谷大用曾搶先前往求見，意圖博得個好印象，沒想到朱厚熜卻閉門婉拒。如上事情令楊廷和等人認定，這是一個至孝至誠，舉手投足都有仁君風範的英主。

因而對這位新君，即使是楊廷和等老臣們都寄託了厚望。而在朱厚熜登基之後，和楊廷和之間的配合也一度很有默契，國家大事但凡是楊廷和的奏議，朱厚熜也基本依從。特別是嘉靖元年（一五二二年）起，朱厚熜依楊廷和意見下詔，裁撤各地方司、州、府、縣冗員，勒令所有冗官「全部令其回籍，待缺取補」。至此將楊廷和「更化改元」裡的「機構精簡」徹底完成。此外。諸如清查軍中冗兵、禁止宗室子弟擅自在驛站「公款消費」，減免內務府徵派等改革內容，皆是這對君臣通力合作的結果。

老爹名分起爭執

但即使就在這段「通力合作」的蜜月期裡，君臣之間的一大裂痕卻也早已顯現。原因是從朱厚熜即位初期的那場風波開始——議禮之爭。

所謂「議禮之爭」之爭，其實就是朱厚熜父母的「名分」問題。按封建禮教的皇室帝位傳承制度，藩王入京繼承帝位，必須要尊奉「先帝」為「父皇」，而其生父只能尊奉為「皇叔考」。按此規定，登基即位的朱厚熜必須「過繼」給朱厚照的父親——明孝宗朱祐樘。而他的生父——已故興獻王朱佑杬只能給他當「二叔」。此事在現代人看來匪夷所思，但在當時，卻是封建社會倫理道德的大是大非問題。

對此，楊廷和更是堅定不移。朱厚熜抵京即位僅六天，即正德十六年（一五二一年）四月二十八日，楊廷和即率禮部尚書毛澄等六十餘名大臣聯名上奏，要求朱厚熜「依古制，以孝宗為考」（認明孝宗當爹）「興獻王及妃為皇叔父母」。也就是說，朱厚熜要認明孝宗當爹，而他的生父生母只能當叔叔嬸嬸。

這奏摺一上，朱厚熜就怒了。他自幼喪父，和父親感情深厚，哪能受得了這個，當場就發飆了，大怒道：「父母名稱，可這般互易哉？」但沒想到，就這句話讓朝臣給逮住理由了。大臣們前仆後繼，輪流上奏，不厭其煩的給朱厚熜解釋，按照規矩，要當皇帝就得換爹。

朱厚熜給解釋得頭大，為了不就範，也想了好些辦法，比如和楊廷和拉關係，常把楊廷和叫到宮裡喝茶聊天。對打頭陣的禮部尚書毛澄也百般拉攏，甚至還讓宦官送了大筆黃金，剛正不阿的毛澄憤然拒絕，還把送錢的宦官大罵一通。值得一提的是，雖然在換爹問題上，毛澄始終不就範，但他剛正的品格，卻得到朱厚熜的敬重，一直恩寵不衰。

但事情畢竟沒解決，一看朱厚熜不就範，群臣們也加強攻勢，不但毛澄屢次率大臣上奏，楊廷和等閣臣們更多次聯名支持。一直鬧到七月，朱厚熜還是一直逃避。到了七月二十三日，事情終於有了逆轉，新科進士張璁投機，對朱厚熜上《大禮疏》，以漢文帝和漢宣帝皆尊奉生父母為例，條條駁斥了楊廷和的「認爹論」。要求對興獻王「立廟京師」，「使母以子貴，尊與父同。」

雖然這份奏疏，完全是順著朱厚熜意思寫的，但水準卻極高，張璁精通議禮之學，理論基礎豐厚，駁起楊廷和等人的理論更是條理分明，字字珠璣。賦閒在家的正德朝名臣楊一清在聽罷此奏疏內容後當即大奇，驚歎道「縱聖賢再世，也難駁張璁也。」

朱厚熜本人更看得心花怒放，看完立刻大喜道「我父子得恩義兩全也。」立刻將此疏拿給楊廷和等眾大臣傳閱。歷經沉浮的楊廷和卻對此不屑一顧，當即冷笑道「書生焉知國體」。見楊廷和不從，朱厚熜企圖硬壓，立刻下旨「尊父為興獻帝，母為興獻皇后」。孰料楊廷和更硬，竟然將朱厚熜的聖旨「封駁」（即原封退還），聲稱「臣等不敢阿諛將順」。朱厚熜正無奈間，楊廷和卻已迅速反擊，「封駁」朱厚熜聖旨的次日，即命其親信門生給事中朱鳴、史于光、御史王真、盧瓊等人彈劾張璁，要求「將張璁斥罰，以杜邪言，以維禮教」。眼見眾議洶洶，朱厚熜也不敢力爭，只得對楊廷和的奏議一味敷衍，楊廷和不依，反覆奏請，逼到急處，忍無可忍的朱厚熜再次「罷工」跑到朱厚照生母張太后面求哭訴，請求「願避位奉母歸養」。孰料剛哭完，楊廷和也立刻「罷工」，上疏請求辭職，此舉果然讓朱厚熜慌了手腳。至是年十一月，經雙方妥協，興獻王夫婦被尊奉為朱厚熜的「本生父母」，明孝宗夫婦被尊奉為朱厚熜的「繼父母」，「大禮之爭」的第一回合，以「兩爹並行」的妥協而告結束。楊廷和當然沒忘了「秋後算帳」，挑起「議禮之爭」的張璁，被貶官到南京當了六品刑部主事。

但朱厚熜絕不滿足「兩爹並行」，而楊廷和在整個事件中體現的強大話語權，已然挑戰了帝王尊嚴。不將其趕走，皇位根本不穩。得勝的楊廷和沒想到，他這次惡治張璁，更惹了眾怒，反對者大有人在。

嘉靖元年正月（一五二二年），湖廣都御使席書上奏聲援張璁，要求將興獻帝「祭以天子之禮」。吏部員外郎方獻夫也上表，要求朱厚熜對明孝宗改稱「皇伯」，即「只認興獻王一個爹」。楊廷和動用權勢，將這些奏摺扣押。御史曹嘉等人聞訊後藉機彈劾楊廷和「怙惡擅權」，反被朱厚熜斥責。這時候的朱厚熜，對楊廷和如此寬容，原因在於明朝此時的處境還是很困難。

明王朝流年不利，嘉靖元年（一五二二年）正月二十一日，甘肅總兵李隆起兵叛亂，殺甘肅巡撫許銘並焚燒屍首。一時間「西北五衛軍大亂」，明朝西北邊防幾乎癱瘓。緊跟著蒙古部落也來湊熱鬧，從四月起連續六次發動對明朝北邊的大規模侵擾，明軍陣亡總兵一人、參將兩人、指揮五人，毀壞城池二十餘座，軍民死傷數萬人。七月，佔明朝賦稅近一半的「糧倉」——江南地區又橫遭天災，七月二十二日起，先是常州地區連降暴雨，「漂沒死者數萬」。接著松江（上海）又遭強颱襲擊，太湖水位連日暴漲，太湖周圍三十里盡被淹沒，一時間「江海混一，茫無涯岸」。此連時載有江南夏稅糧米的運糧船隊也遭颶風沉入河底，一年稅收可謂「泡湯」。就在同時，浙江沿海遭到海嘯襲擊，浙西數千里村鎮盡毀，素來富庶的江南大地，竟出現了「人相食」的慘景。江南巡撫歐陽倫在奏摺裡痛陳「此為百年未有之災也」。內憂外患下的朱厚熜，自然要對楊廷和頗多容忍。

楊廷和也不負所望。先是甘肅叛亂，他舉薦陝西按察使陳九疇巡撫甘肅，迅速平定了叛亂。繼而舉薦正德朝名臣楊一清回任三邊總制，為明朝穩住了邊防大局。值得一提的是，因楊一清在「議禮之爭」中與楊廷和觀點相左，門生朱鳴曾擔憂楊一清復職會對楊廷和不利。楊廷和卻不以為然道：「國事艱難，豈計私怨也。」嘉靖元年（一五二二年）九月，朱厚熜下詔加封楊廷和為「左柱國」，詔書中表彰他「挽救危局，功在社稷」，對楊廷和「慰勞倍至」。這位歷仕三朝的大明「總管」，此時已到達了人生最頂點。

而處於人生頂點的楊廷和，去職的另一因素卻是朱厚熜的修道問題

修道問題再犯忌

正是嘉靖元年江南這場「百年未有之災」，對朱厚熜產生了一個影響一生的「副作用」。趁朱厚熜對江南災情憂心忡忡期間，太監崔文向朱厚熜建議「修道」可以「避禍」，並舉薦了道士邵元節。從此朱厚熜在宮中設立祭壇，日日祈禱。不久後在楊廷和等人的努力下，江南災情平定，政府財政好轉，朱厚熜卻深信這是「道教」的保佑。邵元節更藉機吹捧朱厚熜為「下凡」的「大羅真仙」。此後，朱厚熜開始在乾清宮、坤寧宮、五花宮、西暖閣等處大建道教祭壇，挑選宮中太監、宮女數十名學習經道，且對道士賞賜無數，一時間皇宮裡「香花燈燭，日昔不絕」。偌大的大明皇宮一下子成了「道觀」。

對此活動，楊廷和當然不能坐視，不但直言上書勸諫，更發動百官彈劾忽悠朱厚熜信道的太監崔文。對剛被自己加封為「左柱國」的楊廷和，朱厚熜這次卻毫不留情面，當即把彈劾最為激烈的楊廷和門生劉最貶為廣德州判官，以示對楊廷和的「警告」。劉最在赴任廣德州的路上再遭崔文誣陷，以「苛待夫役」之罪又被抓回京城下獄，最終被判流放邊關。期間，楊廷和竭力營救，朱厚熜卻始終置之不理。

雖眼見自己有失勢的危機，楊廷和卻依舊不屈不撓，從嘉靖二年（一五二三年）開始，陸續發動鄭一鵬、朱鳴、王真等門生上書建言，阻止朱厚熜「修道」。群情激憤下，朱厚熜不得不再次讓步，下詔暫停了道教活動。不久之後，楊廷和又動用內閣權力，「封駁」了朱厚熜要求派太監「提督江南織造」的詔書，君臣關係更加惡化。

「封駁」事件再次發生後，楊廷和故伎重演，再次上奏請求辭官，以「罷工」來威脅。但這次朱厚熜對楊廷和的奏疏一概「留中不發」。

就在此時，在「議禮」衝突中被楊廷和下放到南京的張璁等人捲土重來，於嘉靖二年（一五二三年）夏再向朱厚熜上《議禮疏》，要求朱厚熜廢除「兩爹並行」，確認朱厚熜生父興獻王為「皇父」，「先帝」明孝宗朱祐樘只能被尊為「皇伯」。此議正中朱厚熜下懷，閱後立刻大讚道：「天理綱常，全仗此疏維持了。」在朱厚熜的主持下，「議禮之爭」風雲再起，朱厚熜立刻下詔命張璁、桂萼等楊廷和的「反對派」返京，之前曾與楊廷和作對的席書、方獻夫等人也紛紛行動，上表批判楊廷和。

楊廷和也竭力反擊，聯合文武大臣二百多人集體上書反對。這次朱厚熜終於忍無可忍，下詔斥責楊廷和的門生鄭本公「結交朋黨，營私亂政」，處以「停職罰俸」。相持數月，眼見「風向」不對，不少朝臣立刻轉向，原本支持楊廷和的禮部侍郎汪俊等人紛紛妥協。時任三邊總制的「封疆大吏」楊一清也上書支持張璁。深感大勢已去的楊廷和終於心灰意冷，於嘉靖三年（一五二四年）二月再次上表辭職，朱厚熜這次順水推舟，批准了楊廷和的辭呈。二月十一日，這位歷仕三朝，多次挽救危局的「救時宰相」，正式告別了沉浮一生的官場。

楊廷和的政治生涯結束了，然而「議禮之爭」卻更加白熱化。隨著楊廷和的離去，嘉靖初年的老臣毛澄、蔣冕等楊廷和的老戰友紛紛被清洗，率先「叛變」的汪俊官升禮部尚書。朱厚熜即位初期險些被楊廷和「整死」的王瓊也重新得到啟用，回任兵部尚書。而楊廷和之子——時任經筵講官的楊慎，則接過了楊廷和反對「議禮」的「大旗」。

嘉靖三年（一五二四年）四月，朱厚熜依張璁等人奏議，尊奉生父興獻王為「本生皇考恭穆獻皇帝」，生母蔣氏為「聖母章聖皇太后」，且藉生母蔣氏生日的機會大排宴席，賞賜「議禮之爭」中支持自己的朝臣。此舉不但徹底悖逆了儒家理學倫常，更激得老臣眾怒。楊廷和之子楊慎慨然宣稱「國家養士百五十年，仗義死節，正在今日。」七月十五日，楊慎率領二百一十五名朝臣在左順門以「痛哭」來「示威」，要求朱厚熜收回「議禮」成命，罷斥張璁、桂萼等「奸邪佞臣」。是日左順門「哭聲震天，宮廷大撼」。已然帝位穩固的朱厚熜這次並未懼怕，反而採取了強硬手段，先命太監抄錄參與示威的朝臣名單，接著命錦衣衛張網抓人，先後逮捕朝臣三百五十六人，凡涉案的五品以下官員一律「杖責」，編修王相等十多人竟被當場活活打死。四品以上涉案官員全部「奪俸」（扣工資），事件中帶頭的內閣大學士豐熙、吏部侍郎何孟春以及楊廷和之子楊慎三人遭充軍流放。

次年春天，朱厚熜為生父「興獻帝」在北京修建「世廟」，將其牌位安置在「觀德殿」，經歷「清洗」後的群臣們紛紛上表稱賀。三年後，由「議禮派」的始作俑者張璁以及老臣楊一清等人主編，記錄「議禮之爭」全過程的《明倫大典》正式成書，書中將楊廷和論定為「罪臣」。朱厚熜更藉機奪去楊廷和一切爵位，削職為民。嘉靖八年（一五二九年）六月，帶著「罪臣」的汙名，楊廷和在家鄉四川新都縣病逝，享年七十一歲。

「罪臣」難掩大功績

朱厚熜雖深恨楊廷和，但對楊廷和的施政，在楊廷和走後卻並未「因人而廢言」。繼楊廷和之後執掌明朝內閣大權的張璁，雖被斥為「佞臣」，但他的施政卻「多依楊公故例」。特別是嘉靖九年（一五三〇年），他先是奏請在江南地區「編審徭役」，延續了楊廷和一生為之嘔心瀝血的「江南財賦改革」，使明朝的財政狀況大為好轉。繼而又主張削減明朝宗室的祿米供應，收回宗室外戚在稅收、貿易等方面的特權，完成了楊廷和在「更化改元」時期耿耿於懷的「憾事」。

而在幼年時期就立志「蕩滌奸邪，興旺盛世」的朱厚熜，雖有「議禮之爭」的傾軋以及「崇信道教」的荒唐事，但他確實大行「革新」。一方面削減宦官權力，召回各省「鎮守太監」，提升內閣的行政權；另一面加強「監督權」，對政府官員的行政效率加以監督。

從嘉靖八年起（一五二九年）規定「散朝之後，即便齊入衙門辦事」，且「落實到個人」。每個官員應負責的日常事務，劃分為「三日」、「五日」、「十日」三個處理期限，凡是限期不能完成工作的官員，輕則罰俸重則降職。正德朝以來官場作風拖沓效率低下的陋習，至此開始好轉。《明史》說他即位初期「革除一切弊政，天下翕然稱治」，著實不虛。

嘉靖八年（一五二九年）六月楊廷和病逝，僅僅一個月後，明朝就連遭麻煩。自七月起，先是甘肅、寧夏各省遭蒙古部落入侵，繼而山西、山東兩省遭遇旱災，湖北、浙江遭遇水災，朝廷開支一時激增。朱厚熜擔憂國庫儲備難以維持，但大學士李時卻告訴他國庫「可支數年」。朱厚熜聞言感慨道：「此楊廷和之功，不可沒也。」

隆慶元年（一五六七年）正月十五，朱厚熜之子——隆慶皇帝朱載垕正式下詔：恢復楊廷和官職爵位，贈太保，謚號文忠。楊廷和的遺作《楊文忠公三錄》、《石齋集》也得以「解禁」出版。這位縱橫三朝的名臣，至此終於徹底恢復名譽。

十九、葡萄牙人，東西交流「吃螃蟹」

嘉靖皇帝朱厚熜在位四十五年發生了不少大事，但是一件在此時貌似微不足道的「小事」，卻成為了此後四百年間影響世界歷史的「大事件」——葡萄牙殖民者佔據澳門。

說起這件大事，得從葡萄牙殖民者的東來說起。

葡萄牙人會來事

弘治十二年（一四九九年）八月，當勵精圖治的明孝宗君臣正苦心經營著「弘治中興」時，遠在大洋彼岸的歐洲國家葡萄牙，卻爆發了一件足以改變東西方文明史的大事——葡萄牙航海家達伽馬的遠洋船隊，經好望角進入亞洲，成功抵達印度卡特里亞港後順利返航。至此，對歐洲人意味著巨大財富的「香料航線」徹底打通，歐洲人至今津津樂道的「大航海時代」，從此正式開始。

從這以後，當時歐洲航海最發達的葡萄牙和西班牙兩個國家，相繼吹響了進軍東方的號角。西班牙人在哥倫布發現美洲後，一路跟進建立據點，葡萄牙人則重點在南亞和東南亞擴張。明朝正德

注：吃螃蟹：指一個人必須勇於冒險、嘗試，才能比其他人更先嘗到真正的美味。

六年（一五一一年），葡萄牙人發動了對馬來王國（今馬來西亞）的進攻，經一個月滅掉馬來王國，在當地建立據點，從此徹底控制了馬六甲航線。而侵略的陰雲，也漸漸籠罩與馬六甲隔海相望的大明王朝。

這幾次擴張，看似和明朝八竿子打不著，其實關係頗大。因為葡萄牙造訪和侵略的諸多南亞和東南亞國家，都正好處於明朝「朝貢貿易」的體系下。葡萄牙征服的錫蘭、古里、果阿諸國，是大明王朝的附屬國。尤其馬來王國，就是《明史》中記錄的「滿剌加國」，葡萄牙人東來之前，這些國家常來進貢，順便做生意，而廣東福建各省也因此大獲其利。而自從葡萄牙殖民者東進後，正德年間起，明朝市舶司官員們驚訝地發現，往昔的很多老朋友，竟然不再來了。

對於明朝，葡萄牙殖民者其實嚮往已久，得到中國的絲綢瓷器再轉賣歐洲市場牟取暴利，本身就是他們開闢歐亞航路的終極目標。在鞏固了對馬六甲的統治後，葡萄牙人隨即將矛頭對準了明王朝。而他們的手段，也是軟硬兼施，先坑蒙拐騙，被戳穿後，就露出侵略的獠牙。

正德八年（一五一三年），葡萄牙船隊第一次抵達中國沿海，停靠在珠江口岸，要求上岸進行貿易。在遭到當地政府拒絕後，隨即佔領了珠江對面的屯門島，在島上修築工事，並刻石碑宣示葡萄牙「主權」。正德十三年（一五一八年），葡萄牙船隊停靠在廣東懷遠，他們故意穿上穆斯林的白布長袍，冒充已被滅掉的馬來王國使臣，企圖騙取明朝「朝貢勘合」（貿易許可證）。廣東當地官員幾經訊問，戳穿了他們的冒充把戲，葡萄牙人隨即承認自己是「佛郎機國」使臣。他們的把戲「穿幫」後立刻大撒金銀，賄賂廣東地方官以及鎮守太監。畢竟拿人手短，葡萄牙船隊被允許在廣東沿海停靠，船隊首領佩雷斯也得以允准入京覲見明武宗朱厚照。

佩雷斯入京「面聖」期間，滯留廣東的葡萄牙人露出了海盜面目。他們以貿易為名，在廣東沿海走走停停，所過之處皆大肆搶掠，甚至和廣東當地海盜勾結販賣人口，史載他們「大造火銃，劫掠村鎮」。當地鄉民怨聲載道，紛紛向官府告狀，但廣東鎮守太監陳倫和布政使吳廷舉收了葡萄牙人的錢，都睜一隻眼閉一隻眼。

正德十五年（一五二〇年），佩雷斯至南京覲見正在「南巡」的朱厚照，他這次的情報工作做得好，連明武宗身邊的近臣底細都摸得一清二楚。先送重禮結好了朱厚照的寵臣江彬，繼而又送給朱厚照西洋火銃等禮物，這下可投其所好，討得朱厚照龍顏大悅，不但慷慨賞賜了大筆金銀，更發給了葡萄牙人「貿易勘合」。也就是說，允許葡萄牙入貢，與明朝進行貿易。

期間，廣東御史邱道隆曾上書揭發葡萄牙海盜肆虐廣東沿海以及賄賂鎮守太監的事實，卻不了了之。佩雷斯在南京停留近一年，直到朱厚照結束南巡後才啟程離開。

應當說這次作為使者的佩雷斯，任務完成得不錯，雖然中間很多不愉快，但貿易權拿到手，如果能正常交易，肯定能獲得不錯的利潤。

怎料人算不如天算，歸京後的朱厚照不久後病死，其寵臣江彬被逮，江彬的罪狀裡，其中一條正是「裡通外夷」。此時佩雷斯正走到福建，立刻被福建地方官逮捕，押送到北京後經審判流放西北，從此下落不明。

不久後，嘉靖皇帝朱厚熜抵京即位，登基後第三天就收到了「滿剌加國」王子的訴狀，細陳了「滿剌加國」遭葡萄牙平滅的經過，請求明朝助他復國。朱厚熜雖然對「復國」毫無興趣，但禮部尚書毛澄認為葡萄牙人在廣東「久滯不去，有覬覦之意」，引起了朝廷上下的警覺。而廣東御史邱道隆那份被朱厚照「留中」的奏摺，更令朱厚熜閱後震怒。正德十六年（一五二一年）八月，朱厚熜下旨，命廣東地方官驅逐葡萄牙人，先前曾收受葡萄牙人賄賂的鎮守太監陳倫等人也被下獄。消息傳出後，葡萄牙船隊首領卡爾佛立刻將艦隊集結在屯門島，企圖負隅頑抗。由此，揭開了中世紀東西方之間第一次海上較量——屯門海戰。

屯門血戰國威揚

明朝翻臉後，葡萄牙人也厚起臉皮對明朝官員的警告置之不理，打算佔了屯門島再說。

葡萄牙人敢賴在屯門島，自然是有資本的。自達伽馬開闢「香料之路」後，他們一路向東擴張，連續平滅東非、南亞、東南亞多個小國，尚未遇到敵手。明政府翻臉後，葡萄牙人也火速做出了應對。不但在屯門島上構築火器工事，且又調來三艘重型戰船助戰。此舉更惹得素來以「天朝」自居的明朝大惱，立刻開始了戰備工作，廣東海道副使汪鋐臨危受命，擔負起了收復屯門，驅逐葡萄牙船隊的重任。

汪鋐受命後，一面命令沿海漁船全部停止出海，斷絕葡萄牙人外援；一面招募民兵以及曾在葡萄牙船隊中幫傭的水手，探知葡萄牙船隊內情。八月三十一日，汪鋐遣使至屯門再次向葡萄牙人宣召，勒令他們立刻撤離。遭葡萄牙首領卡爾佛野蠻拒絕。忍無可忍之下，次日廣東水師全力進攻，遭葡萄牙三艘重型軍艦火力攻擊。此時明朝海疆承平日久，主要的對手多是沿海海盜及倭寇，因此多以中小型戰船為主，難敵葡萄牙船隊的巨炮重艦，雖然汪鋐本人身先士卒，親率旗艦猛衝，卻還是被葡萄牙人猛烈的炮火打了回來。傷亡慘重下，明軍不得不暫且撤兵。

這場小規模的敗仗，一下子把大明打醒了。以往明朝作戰，火器已是利器，不管跟誰打，還從沒在這方面吃過虧。誰知在葡萄牙人面前，一次就吃了個大虧。汪鋐到底是久經沙場的老將，立刻回過神來：不能硬拼了。

次日汪鋐改變戰術，利用葡萄牙船隊船隻巨大行動不便的弱點，特製了三十艘小船，船上載滿柴草引火之物，藉南風大起之際放火撲向葡萄牙戰船，汪鋐率五十艘輕型戰船趁機衝鋒，分割包圍葡萄牙船隊，此舉果然奏效，熊熊烈火下葡萄牙船隻紛紛被焚毀。汪鋐唯恐燒不夠，又命水手趁亂潛水，將未著火的葡萄牙戰船鑿沉。一番激戰下，葡萄牙人引以為豪的「堅船利炮」，在明軍的打擊下幾乎全軍覆沒。

明軍趁勢搶灘登陸，收復屯門島，並一路追殺葡萄牙人，下令「凡遇佛郎機人（葡萄牙人）皆殺之」。從九月二日開始，四千多明軍在廣東南海地區撒下大網，全力搜殺漏網的葡萄牙人。先前牛氣烘烘的葡萄牙首領卡爾佛，僅帶幾十名殘兵藏身於附近島嶼中，所幸九月七日沿海颶風大起，明軍隨即停止了對葡萄牙人的搜捕，在盡毀屯門葡萄牙工事後撤兵。卡爾佛等人這才逃過一劫，狼狽返回馬來半島。

戰後，朝廷詔令東南沿海各省水師「遇佛郎機船可立毀之，遇佛郎機人可立殺人」。大獲全勝的汪鋐在此戰後被明政府嘉獎，特命「加一級，使食一品祿」。但他並未飄飄然，反而從戰鬥過程裡看到了明軍在火器製造和戰船上的差距，戰後曾三次上奏朱厚熜，請求在明軍中推廣使用葡萄牙火器「佛郎機銃」。為說服朱厚熜，他甚至將繳獲的葡萄牙火器送入京城當場實驗，終啟動了明軍的新一輪「軍事革新」。這種「佛郎機銃」幾經改良研發，衍生出了「大樣佛郎機」（重型火炮）、「小樣佛郎機」（輕型火炮）、「多雷佛郎機」（連發火炮）、「馬上佛郎機」（騎兵專用火炮）等多種型號，成為明軍的主戰火器，在明朝對蒙古和倭寇的戰爭中大放異彩。

而深謀遠慮的汪鋐是朱厚熜即位早期甚為信任的名臣，他在嘉靖十三年（一五三四年）調任中央，被授予「太子太保吏部尚書兼兵部尚書」。明朝文臣裡同時兼任兵部和吏部兩部尚書者，二百七十年裡汪鋐是唯一。

屯門之戰後，受挫的葡萄牙人並未死心，乾脆對明朝「撕破臉」，不再假惺惺的「遣使入貢」，反而開始籌謀對明朝的下一輪武裝入侵。嘉靖元年（一五二二年）九月，葡萄牙人別都盧率五艘重型戰艦和一千多名士兵再次抵達廣東。按照葡萄牙歷史學家巴羅斯記錄說：「這次遠征的偉大目的，是為了在南中國海獲得一塊永久的領土，從此壟斷東方的絲綢瓷器貿易。」

目的很美好，但戰鬥過程很殘酷。這次汪鋐早有準備，早早地為葡萄牙人紮好了「口袋」。葡萄牙艦隊剛到廣東新會縣西草灣，明朝水師就已將他們包圍。此時明軍已經裝備了葡萄牙人的「佛郎機銃」，火力上不弱於葡軍，明朝戰船更發揮了機動性強的優勢，早早地切斷了葡萄牙艦隊的後路。經一番激戰，明軍繳獲葡萄牙巨艦兩艘，生擒葡軍「總司令」別都盧。戰後，朱厚熜下詔，命將被俘的葡萄牙人全部斬首，其頭顱掛在廣州城樓上示眾。

比起之前的屯門海戰，這次葡萄牙人敗得更慘。戰後朱厚熜下詔，嚴令廣東、福建、浙江禁絕一切沿海邊民同海外的貿易。規定「沿海軍民，私與賊市，其鄰居不舉者，連坐」。機關算盡的葡萄牙人，在抵達中國沿海的這最初十幾年裡，先是冒名頂替騙貢品被「穿幫」，繼而張牙舞爪入侵，又被打得頭破血流。所謂「壟斷東方絲綢瓷器貿易」的「偉大目的」，卻還是黃粱一夢。

矇騙騙不過，打也打不過，但葡萄牙人不甘心，既然毫無辦法，乾脆使用打游擊的新招數。所謂打游擊，就是跟海盜似的，打一槍換個地方，到處姦淫擄掠，撈一把就跑。

雙嶼一戰再覆滅

嘉靖元年（一五二二年）屯門海戰後，葡萄牙人改變策略。不再大規模的武裝入侵，而是效仿日本倭寇在廣東、福建、浙江等沿海地區大肆劫掠，每到一處皆「屠戮村鎮，劫掠府庫，擄掠人口」，幹起了刀頭舔血的「強盜買賣」，甚至福建地方志還記載這些「佛郎機人」經常「烹製嬰兒為食」，可謂是喪心病狂的凶殘強盜。

葡萄牙人幹起這事來駕輕就熟，而且還很快找到了一個臭氣相投的合作夥伴：日本倭寇。

葡萄牙人和日本人之間，淵源也同樣深。同樣是嘉靖年間，葡萄牙人也造訪了日本。比起明朝對他們的排斥，此時正陷入軍閥混戰的日本，對他們卻極為歡迎。嘉靖二年（一五二三年），葡萄牙人就與日本九州諸侯簽訂合約，在當地建立商站，收購東方商品。西方的文化與科技，正是從此時開始源源不斷傳入日本。

日本人歡迎葡萄牙人，按照成語說就是「狼狽為奸」。一方面，葡萄牙人在日本大肆收購倭寇從中國搶掠來的貨物，成了倭寇「銷贓」的最佳「合作夥伴」；另一面，葡萄牙人帶來的火繩槍等「高科技武器」，更成了正在內戰中的日本各路「戰國英豪」們的最愛。而且雙方還形成了戰略合作模式，葡萄牙人自恃堅船利炮，開始替倭寇搶劫「打前站」，每當倭寇打劫，葡萄牙船隊皆先行進發，待搶劫得手後，大批倭寇即蜂擁而至，展開大肆燒殺，待搶劫之後，兩家再「坐地分贓」。與此同時，葡萄牙人盤踞的日本九州地區，更壓過日本其他地區各股倭寇勢力，自嘉靖年間開始成為侵華倭寇的主要來源地。

葡萄牙人對中國東南沿海的侵擾之所以越演越烈，除了與日本的「全方位合作」，更應了中國的一句俗話——「鬼子來了漢奸多」。早在正德年間葡萄牙初到廣東起，就有被稱為「奸民」的各色漢奸為其效力。後來葡萄牙人和明朝「撕破臉」，轉而與倭寇合夥侵擾東南沿海時，也有不少「漢奸」從中幫忙。他們或是給葡萄牙人入侵充當嚮導，或是幫助葡萄牙人上下活動賄賂當地官員。更有人給葡萄牙人出錢、出人、出槍，大力相助，甚至在葡萄牙人的「搶劫團夥」裡，更出現了越來越多的中國「炮灰」。這些人裡有沿海當地的流氓無賴，也有長期盤踞沿海島嶼的海盜。但起主要作用的卻是東南沿海的不少富家大戶，即《明史》中所說的「勢豪大戶」。為防止沿海住民與葡萄牙人勾結，明朝政府連下嚴令，頒出「保甲連坐」法令。嘉靖二十年（一五四一年），朱厚熜又下嚴令：「凡通番（勾結倭寇葡萄牙人）者，無論官民，一律死罪。」但重治之下，漢奸卻越治越多，誠如浙江巡撫朱紈在奏報裡所說：「江南奸民通番之事，數年來屢禁不止，令越嚴通番者卻越多，可謂人心思亂也。」

葡萄牙人到來後，之所以會冒出這麼多漢奸，說到底還是經濟問題。此時沿海經濟發展迅速，走私猖獗，傳統的海禁政策已經出了問題。早在葡萄牙人到來前，東南不少富戶，就多次組織走私，更有很多沿海漁民都是靠走私為業，成了一條產業鏈。葡萄牙人到來後，很快和這幫人掛上了鉤。

葡萄牙人不但與這些團夥做生意，而且還介入到幫派鬥爭裡。甚至和當地大戶勾搭連環，連好多地方官也被拉下水。在這幫人的幫助下，葡萄牙人更辦到了之前靠軍事手段都沒辦到的事：獲得了一塊根據地——雙嶼島。

雙嶼島，位於浙江舟山群島地區，該島距離浙江定海縣東南僅六十公里，位於出海口要道。在元朝時，這裡就是重要的海外貿易基地——六橫島雙嶼港。明朝建國後，為防止沿海倭寇騷擾，曾將該島居民大規模遷至內地，並嚴禁沿海居民上島。嚴刑峻法下，這座昔日的繁華貿易集市早已荒廢，但到明朝嘉靖年間，日益繁華的東南海外貿易卻讓它破土重生。

早在嘉靖五年（一五二六年），海寇頭目鄧獠、李光頭、許棟三人勾結葡萄牙海盜，在島上建屋設集。從此之後，大批海寇團夥以及海外商人紛紛來此貿易，尤其是葡萄牙人，他們不但重金從李光頭手中租得該島的「使用權」，更在島上修築堡壘，部署士兵防禦。甚至修建了天主教堂和醫院。在葡萄牙人的重兵保護下，這座位於浙江黃金要道的小島迅速地發展起來。雙嶼島最繁華時，島上每天往來的船舶總數高達兩千艘，每日成交的白銀數額高達十萬兩。不但日本、葡萄牙、東南亞各國商旅紛紛雲集，浙江沿海商人甚至做小生意的平民百姓也紛至沓來。中國的生絲、茶葉、絲綢、瓷器以這個小小的窗口大規模地出口海外，然而明朝的關稅白銀，卻也因此大量流失。繁華的貿易和巨大的貿易額，刺激了浙江甚至江南地區手工業的迅速發展，以同時期江南手工業重鎮蘇州為例，在雙嶼島貿易最繁盛期的嘉靖十年（一五三一年），蘇州當地從事紡織品的手工工廠的貨物，「至雙嶼者十之八也」。小小手工工廠尚且如此，東南沿海的勢豪大戶自不用說，許多大戶乾脆在島上入股，坐享其成。小小的雙嶼島，其實是盤結著各方面的利益。

在自家門口搞「自由市場」，如此局面朝廷當然不能坐視。但雙嶼島之所以敢明目張膽，關鍵還是在於島上的武裝力量。葡萄牙殖民者在島上大約有數百人的駐軍，更有堅固堡壘，外加倭寇以及當地海寇的武裝，雙嶼島的武裝力量不下千人。在島上南北兩側的港口，每天皆有葡萄牙武裝炮船巡邏，甚至對來此貿易的各路商旅，雙嶼島還很有「信譽」。凡是進入雙嶼島水域的商船，皆有葡萄牙炮船武裝護航。如此實力，當地政府自然不敢輕舉妄動。

當地政府甚至採取過斷絕島嶼水糧供應的方式，嚴禁周邊村落賣淡水糧食給雙嶼島。但雙嶼島對周邊村落採取高價收購糧食的政策，即使在嚴令之下，周邊村民還是紛紛冒死與之交易。甚至在明朝政府捕殺膽敢「資敵」的百姓時，葡萄牙艦船竟然撕破臉，憑堅船利炮在當地大肆搶掠。打也打不過，轟也轟不走，每天眼見著大筆的白銀在眼前流走，朝廷越發苦不堪言。

如何解決雙嶼島問題，長期以來，朝廷上下政策意見不一。嘉靖早期還是給事中的名臣夏言，就曾有過判斷：當時由於沿海動亂，朱厚熜決心裁撤市舶司，夏言認為不可。本身走私就猖獗，如果裁撤市舶司，正常貿易沒得做，不是逼著好人去走私？夏言甚至還斷言：一旦市舶司裁撤，沿海走私不但會形成團夥，甚至還會發展成武裝據點，成為沿海大患。雙嶼島的景象，印證了他的預言。

直到嘉靖二十六年（一五四七年），朝廷才終於下定決心，力主武力解決的右副都御史朱紈被委任為閩浙總督，受命討伐雙嶼島。

這裡要說一下朱紈，他是蘇州吳縣人，曾做過四川兵備副使，剿滅當地少數民族土司造反，也曾在廣東任布政使。此人忠直敢言，為官清正，更兼行軍打仗極富韜略，行事果敢，是嘉靖一朝出名的「幹臣」。但他萬萬沒想到，自己一生的英明，竟然會葬送在這小小的雙嶼島上。

朱紈到任浙江後，立刻採取了強硬措施，首先緝捕了當地與雙嶼島有關聯的商家八十多人，嚴懲其中罪大惡極者。嘉靖二十七年（一五四八年）四月七日，明軍正式發動了對雙嶼島的總攻，朱紈派水師先封鎖住了雙嶼島的南北港口，繼而以重炮轟炸，將雙嶼島覆蓋在一片火海之中。四月八日凌晨，明軍數百艘小船在炮火掩護下搶灘登陸，由於朱紈事先的「保密工作」做得好，對於明軍的這次突襲，整個雙嶼島竟一無所知。明軍大炮打響的時候，雙嶼島的「夜市」正熱火朝天，登時被明軍轟了個稀裡嘩啦。明軍隨後經過兩天苦戰，終於佔領島上的葡萄牙要塞，繳獲大量武器輜重。而先前佔據此島的「海寇」們，則大多在此戰中被一次性消滅，李光頭、許棟等人的海盜團夥在此戰裡全軍覆沒，而葡萄牙方面，僅陣亡者就有二百多人。值得一提的是，在此戰中，明軍繳獲了葡萄牙人的作戰火器，其後經過改良，廣泛裝備於明朝步兵中，這就是明朝中後期常用的「兵丁鳥槍」。

雙嶼島之戰後，朱紈乘勝追擊，又在漳州大破葡萄牙海盜團夥，斬首一百多人。同時藉著剿寇之戰的餘威，朱紈在閩浙地區大搞「清洗政策」。他讓被俘的葡萄牙人指認，凡是與海寇有勾連者，無論官紳百姓一律重懲治罪。僅是在福建漳州一地，一次性就斬掉了沿海「通倭」匪徒九十五人。這下可捅了馬蜂窩了。雙嶼島本身與閩浙地區的勢豪大戶本身就勾搭連環，朱紈此舉，雖本意在保家衛國，結果卻是得罪一群人。事發後，京中的浙江、福建籍官員連篇累牘紛紛彈劾朱紈，眾議洶洶之下，朱厚熜不得不修正之前的「海禁嚴令」，下詔申斥朱紈，命他「奪職待命」，即撤職聽候處理。剛烈的朱紈哪受得了這個氣，他索性給朱厚熜上書申辯冤屈，接著喝了一瓶毒藥以死抗議，結束了年僅五十七歲的生命。

朱紈之死，不僅是他個人命運的悲劇，更是葡萄牙來華命運的一個重要轉捩點。因朱紈的前車之鑒，明朝官員上下從此「無人敢擅言海事」。沿海貿易在經朱紈的短暫打擊之後，隨即強烈反彈。而屢遭敗仗的葡萄牙人也開始明白，像明朝這樣一個軍力強大、科技先進、文明繁華的大國，是不同於印度、馬六甲這些落後蠻邦的。軍事行動的結果，只能頭破血流。要想在中國獲得好處，硬的不行，只能來軟的。

低三下四住澳門

葡萄牙人「來軟的」的結果，就是獲得了澳門。

在葡萄牙人到來中國之前，澳門只是隸屬於中國廣東香山縣的一個小漁村。明朝以前，澳門見諸於中國歷史書中的大事件，當屬宋末張世傑在此抵禦元兵。對於明朝來說，這只是天朝治下的普通小村。

這個小村與葡萄牙人的淵源，還得從雙嶼之戰後說起。自從雙嶼島被毀後，葡萄牙人就倒楣了，一度陷入明軍的瘋狂搜殺中。沿海很多州縣還發佈懸賞令，砍一個葡萄牙人，就可以到官府領賞。這群人平時作惡多端，沿海百姓恨之入骨，這樣一刺激，更成了人民戰爭，見到白種人，就恨不得拿刀剁。

這樣一鬧，葡萄牙人就徹底成了過街的老鼠。之後幾年，都是人人喊打的局面，直到嘉靖三十二年（一五五三年），香山曬貨事件發生。

一五五三年，一群葡萄牙船隊停泊在廣東香山縣沿海，謊稱自己是東南亞國家入京的「貢使」，請求借地曝曬船上的貨物。同時他們用大筆白銀賄賂了廣東海道副使汪柏等人，最終騙過了中國官員，得以竊據澳門。一般說來，澳門就是這樣被葡萄牙佔據的。

事實上，明朝政府沒這麼好騙。葡萄牙人來時，廣東政府就知道他們的身分，早已嚴加戒備。之所以允諾他們暫居澳門，一是因為此時汪柏正集中兵力搜殺日本倭寇，不願橫生枝節。二是此時明朝正面臨「兩線作戰」——北有蒙古騎兵侵擾，南有倭寇肆虐。東南沿海遭荼毒的結果，就是佔明朝賦稅大頭的南方賦稅銳減。如此局面下，朝廷中也有人提出放鬆海禁，分化瓦解葡萄牙人，通過與葡萄牙人的貿易解決財政困難。因此葡萄牙這次的得計，也是順理成章。

而且經過了之前多次沉重打擊，入住澳門後的葡萄牙人開始裝孫子。一面在澳門設立集市，與沿海邊民貿易。與雙嶼島時期不同的是，此時明朝已經很懂經濟規則，但凡是往來貨物交易，皆要向市舶司繳納賦稅，否則將罰款扣船。加上葡萄牙人每年大筆的租金，一時間廣東地區賦稅激增，經濟十分繁榮。

但這種裝孫子的生活，葡萄牙人也一度不甘心。從嘉靖三十六年（一五五七年）起，開始越發不老實。他們開始在澳門當地建樓蓋房，甚至駐紮軍隊，將澳門變成他們永久的定居點。因為他們這時很熟悉明朝官場規則，定期給當地官員孝敬，於是地方官們也樂得無事，基本不搭理他們。

在這些庇護下，葡萄牙人又變得囂張。一開始還是小打小鬧，幹點拐賣人口之類的勾當，還蓋起了教堂，招納沿海百姓入教。一看明朝還是不太搭理他們，膽子又壯了，竟然生出了把澳門變成葡萄牙領土的大膽念頭。

有了這種念頭，葡萄牙人開始挑釁。嘉靖四十三年（一五六四年）一月，葡萄牙人在澳門新落成的天主教堂裡，竟然掛起了「聖母踏龍頭」的塑像，意在把中國踩在腳下。廣東當地儒生告發後，明朝地方官大怒，勒令葡萄牙人拆除。但葡萄牙人拖字當頭，一面好言敷衍，一面故意拖延。這事還沒解決，竟然又藉口經濟困難，連定居當地的租金也打算賴帳。

葡萄牙人賴帳，當然不只是為幾個錢，更為了名分。給你錢，是因為租你的地，現在我們打算把澳門變成自家領土，還憑什麼給錢？

當然葡萄牙人也知道，這事不好辦，但多年和明朝打交道的經驗令他們有了錯誤判斷，以為買通幾個地方官，上下糊弄一下，這事就能混過去。

但這一次，葡萄牙人失算了。明朝的官員，這時候確實比較會混，但並不是什麼都混，特別是主權問題，萬萬不能混。結果葡萄牙人犯糊塗，後果很嚴重。官員不來了，眨眼來了大批艦隊，領兵的是抗倭名將俞大猷。

這時候的俞大猷，已經是兩廣總兵，他早就看著葡萄牙人不順眼，這次便打算來真的。先是重兵包圍，把澳門圍個水洩不通，然後磨刀霍霍，眼看就要發起進攻了。

這可把葡萄牙人嚇壞了，深知大明朝不好惹，連忙求見廣東海道副使莫吉亨，先是誠心悔罪，又給大筆金銀孝敬。接著主動提出，不但補繳往年拖欠的租金，更把之後每年的租金和稅收提高一倍。看在錢的份上，莫吉亨作主寬恕了葡萄牙的行為，而「聖母踏龍頭」的塑像，也被葡萄牙人主動搗毀。明朝更警告葡萄牙，如果當地葡萄牙人再有違法行為，將以「連坐法」論處。隆慶三年（一五六九年），明朝正式在澳門實行「禁私通，嚴保甲」的政策，並規定葡萄牙人每年繳納五百兩白銀給香山縣。自此以後，澳門作為中國對外貿易的一個重要港口，開始蓬勃發展起來。

經此一鬧，直至明朝滅亡前，葡萄牙人基本上老實了。到了隆慶、萬曆年間，葡萄牙人還曾以防備倭寇為名，在澳門當地修築堡壘工事，同時葡萄牙人每年都花大筆白銀孝敬明朝歷任的兩廣總督。因此只要沒有鬧出人命官司以及拖欠租金賦稅的事，明朝之後歷任的廣東地方官，對葡萄牙人都基本是寬容的。

雖然對日常行為「睜一隻眼閉一隻眼」，但主權問題，明朝毫不含糊。雖然葡萄牙人早就在澳門設立「總署」，派駐官吏，但澳門一直被劃歸在廣東香山縣治下。尤其是司法權方面，在澳門當地大至人命官司，小至家長里短雞毛蒜皮，皆要由香山縣縣令審理解決，葡萄牙人毫無司法權力。同時一旦葡萄牙人拖欠貿易稅賦和租金，明朝通常會採取包圍、斷水斷糧等懲罰性措施。因此明朝末年的澳門，絕非割讓領土，而是明朝治下的一塊「經濟特區」。

葡萄牙真正得到澳門的主權，是在清朝入關後，先是趁明末變亂之際，取消了每年應向中國繳納的商稅，僅交租金。接著在清朝嘉慶年間，又向澳門派駐法官，將澳門的司法大權拿到手中。到了鴉片戰爭後，他們更趁清朝積弱之時，強迫清政府於一八八七年簽訂《中葡會議早約》和《中葡友好通商協定》，正式確立了澳門是葡萄牙領土。丟失澳門的罪責，確實應由清政府承擔。

但在明朝中後期，澳門這個「經濟特區」，對明王朝的意義卻是重大的。不但東南沿海貿易日益繁榮，日益劇增的貿易稅收充實了國庫，成就了嘉靖朝之後的「隆萬中興」。而且東西方文明的交往也從此開始日益擴大。大批的西方傳教士經澳門紛紛來華，而中國士大夫與西方學者的交流也日益頻繁，西方的天文、數學、水利、曆法等思想進入中國。明末科學家徐光啟正是在澳門認識了傳教士利瑪竇後，二人合作翻譯了西方經典數學《幾何原本》。今天有很多數學、物理、化學課本裡的各類名詞，最早皆來自此書。而對西方來說，東方文明的輸入，影響更為深遠。此時流行的儒家哲學思想西傳，被後來的西方啟蒙思想家們所推崇，掀起了影響整個歐洲文明進程的「中國熱」。毫不誇張地說，小小的澳門，是打開東西方文化壁壘的一扇門。

二〇、全能儒將譚綸

朱厚熜執政的嘉靖年間，一個重要特點就是戰爭極多。南方的倭寇，外加北方的韃靼部落，每年輪流侵擾，史稱「南倭北虜」之患。

論及影響，北方的韃靼侵擾，打得明朝頭疼，每年都是幾萬人肆虐，邊關敗績連連，軍民死傷慘重。而東南的倭寇劫掠，卻更讓明朝心疼。明朝的財政稅收，絕大多數都指望東南沿海，倭寇一打劫，不但財產損失慘重，連帶著是當地的稅賦也都一古腦泡湯。

自從嘉靖二十五年（一五四六年）起，倭寇越鬧越凶，嘉靖皇帝朱厚熜也越來越急。平倭的招數，能用的都用了。除了厲行海禁、嚴打走私外，更調兵遣將，集結精銳部隊到東南，多次重拳出擊，非要滅了倭患不可。結果卻是被倭寇打得落花流水，戰果十分丟人。

倭寇問題，並非是海盜打劫這麼簡單，成員也不止日本人。論及因素，是因為日本進入戰國時代，國內亂作一團，各色武士、浪人結夥流竄，侵擾程度加劇。更因為東南沿海商品經濟發展，傳統的海禁政策已經過時，各地走私猖獗。明朝既不開放民間貿易，更無力制止走私，於是走私團夥便與日本海盜互相勾結，背後還有沿海當地大戶撐腰，以至於局面鬧得不可收拾。

當然最重要的，還是軍事因素。發展到嘉靖年間，明朝傳統的衛所制度早已經敗壞不堪。軍屯大量流失，士兵更紛紛逃亡，勉強服役的絕大多數都是老弱殘兵，戰鬥力極差，上了戰場，更缺少殺敵立功的勇氣，招呼兩下子就跑路是常有的事。

而倭寇絕非簡單的強盜團夥，反而軍事素質極高。首先說武器，雖然在戰船和弓弩技術上，倭寇遠遜於明朝。但是火槍技術卻極先進，因為常年和葡萄牙人打交道，不但火器製造技術突飛猛進，戰術也日益成熟，還出現了線形射擊戰術，好些能征善戰的明朝猛將，都是陣亡在倭寇的火槍下。

除了火器外，倭寇的戰刀工藝也極好，特別是著名的武士刀，性能更強於明朝軍刀。而且就作戰而言，倭寇中的「真倭」大多都是日本的浪人武士，即使放在日本也都是戰鬥力強悍的職業軍官。這麼群人湊在一起，軍事素養極高，戰術紀律也極強，他們最擅長使用長蛇陣，將老弱兵隱藏在中間，精壯士兵打先鋒或者殿後。作戰時候的花招更是多，尤其缺德的是，針對明軍紀律敗壞的特點，倭寇還常故意把財寶、美女扔到地上，引誘明軍哄搶，然後趁機衝殺。

但作為一支曾經橫掃天下的虎師，在歷經多次失敗後，明軍很快煥發了鬥志，一批仁人志士們採取募兵的方式，很快招募了多支善打硬仗的鐵血軍隊，一群新興的名將也相繼脫穎而出。在嘉靖朝的最後二十年裡，東南抗倭戰局在這些將士的浴血奮戰下，終於艱難地朝好的方向扭轉，並最終於嘉靖四十五年（一五六六年），隨著最後一股倭寇團夥在越南萬橋山被殲滅，肆虐明朝近二百年的倭寇之患，終於徹底肅清。這是大明軍人的卓越功勳。

而在嘉靖年間跌宕起伏的抗倭戰爭中，湧現出的將星也格外多。但是，在曾經作為浙直總督胡宗憲的幕僚，幾乎全程參加抗倭戰爭的明朝大才子徐文長眼中，真正匹配得上「名將」身分的，滿打滿算不過三人：譚綸、戚繼光、俞大猷。

而三人當中，對比職業武將戚繼光和俞大猷，譚綸卻是唯一文官身分。

文官帶兵不簡單

三大名將中，論在後世的知名度，譚綸恐怕是最小。但論行政職務，他卻是最高，且另外兩位將星戚繼光和俞大猷都曾做過他的下屬。特別是今天已被公認是民族英雄的戚繼光，和譚綸的淵源非常深，軍旅中最光輝的生涯幾乎都是兩人同呼吸共命運。

譚綸的戎馬生涯，堪稱明朝「文官帶兵」景象的縮影。

說起明朝「文官帶兵」這事，很多人會覺得外行的文官偏要操持軍務，能打勝仗才怪。甚至一些專業史家，指摘明朝的弊病時，「文官帶兵」也是重要一條。

這些指摘，確實也有一定道理，「文官帶兵」發展到明朝中期，已經成了一項固定制度。明初只能由公侯擔任權力極大的「總兵」職務，到了明朝中後期，雖然依舊是武將的最高官職，權力卻早被牢牢壓制，不說上面有總督和巡撫兩個文職壓著，就連七品的御史也可以不拿總兵當回事。按照正德年間名臣楊一清的說法，在文官面前武將已經越發沒地位。就連一些以往雜役才做的事，武將們也心甘情願被文臣使喚，平日工作更是畢恭畢敬。

這個制度當然也有問題，武將日益被邊緣化，戰鬥熱情受打擊，而且文臣武將之間的關係也因此因趨惡化。文臣瞧武將是老粗，武將們雖說大多沒膽反抗，但心裡卻怨怒，打起仗來更是陽奉陰違。由於文武不和而造成的敗仗，在明朝也一直不少。

但是明朝的文官帶兵和宋代相比，雖說表面類似，卻還是有些許不同。並不是所有的文臣都能獲得帶兵的機會，明朝中期的文臣，更不會像宋代的范雍之流那樣，只憑著日常工作表現好，哪怕半點軍務不懂，也能成為統兵一方的大帥。一介文官想要在明朝帶兵，既要有真本事，更得有相關的歷練。而在這方面，明朝的政治體制中有一套成熟的選拔培養流程。

而作為明朝儒將的代表，譚綸正是從這個培養流程中訓練出來的。

譚綸字子理，江西宜黃人。嘉靖二十三年（一五四四年）進士，登第的時候很年輕，才二十四歲，但名次並不算好，沒機會成為庶吉士，僅授官南京禮部六品主事。清水衙門裡的小角色。

雖說正經學業不成，而且授官也不理想，但早年的譚綸是個小有名氣的青年，有名的不務正業。不但喜歡軍事，好讀兵書，而且還常寫心得體會。甚至日常生活中遇到些許小事，哪怕碰上鬥蛐蛐這類閒事也能和軍事聯繫起來，研究兵法非常著迷。其作品《說物寓武》，就是他的得意之作。

這愛好在後人看來，屬於軍事天賦。但在當時人看來，純屬閒得難受。而且譚綸早年做過的閒事還不止這條，更喜歡戲曲藝術，不但愛好填詞，更喜好琢磨曲牌，一研究起來也同樣入迷。而後來的人生裡，看似不務正業的譚綸，在這兩件入迷的事上，都展現出不小的成就。

在這兩件閒事裡，倒也體現了譚綸的一大優點：認真。只要喜歡的事，就會傾注百分百的心血，不做好不甘休。步入仕途後，他這認真的特點，也很快顯露出來。外加他天資聰穎，說話辦事穩重。沒過多久，竟也進入了朝廷的視線成為栽培對象，很快就升調南京兵部職方司郎中。

雖然還是在清水衙門的南京，但這個調動卻非同小可。南京的衙門，絕大多數是閒職，唯獨不清閒的就是執掌東南兵權的南京兵部。而職方司，更是其中極其重要的衙門。日常掌管各地軍事資料，戰時更要負責制定作戰方略，工作瑣碎辛苦。

但這個職務，卻是明朝「文官帶兵」的一個重要跳板，通常擔當這個職務的，都是未來為朝廷統兵打仗的角色。給這個職位既是考察更是難得的磨練機會。弘治年間的軍事家劉大夏，便是從這個職位走出來的。

在這個職位上，譚綸一樣做得很認真。尤其重要的是，通過這些辛苦瑣碎的工作，對於大明軍備的實際情況也逐漸了然於胸。怎樣打勝仗，也是這位青年書生一直苦苦思考的問題。

而嘉靖二十七年（一五四八年）五月，一場意外的危機，讓常年苦苦思考的譚綸得到了一展身手的機會。有股囂張的倭寇，居然突破明朝水師的層層防禦，一下子便殺到南京城下。消息傳來，整個南京都亂了套，官員們慌了神，守軍們也嚇得哆嗦，眼看一場浩劫在所難免。

危急時刻，譚綸卻猛然地站了出來主動請命。臨時招募了周圍一群壯丁，總共五百多人，簡單教授點武藝戰術就急火火地上了戰場。按照軍事常識，這群人去打倭寇，還不夠給人塞牙縫的。但是譚綸有辦法，一是會動員，他口才很好，諸如民族大義之類的話一說，立刻把大家煽動得嗷嗷叫；然後也會抓戰機，趁著倭寇們剛登岸，腳跟都沒站穩，就突然發起攻擊，而且是兩面夾擊，一部分人正面衝，另一部分人側面打，一下把倭寇切割成兩半。而譚綸本人也不含糊，帶頭衝在第一線。就這樣連衝帶殺，竟然就把敵人打垮了。

譚綸一戰成名，成了朝中擅長用兵的俊才，接著就任台州知府。

譚戚共事，黃金搭檔

在嘉靖年間，台州知府可是苦差事，雖然當地物產豐富，商貿發達，卻正處於倭寇侵擾的前線。倭寇鬧得最凶的那些年，這裡常被「光顧」。

到了這個新崗位上，當初從南京嘗到募兵甜頭的譚綸，這次得到廷許可在當地招兵買馬，編練新軍，很快又練出了一支千人的勁旅。這支他苦心打造的部隊，長期學習荊楚劍法和方陣，作戰紀律性極強，而且勇猛無比。幾年下來，多次挫敗倭寇進攻，戰果累累。

雖然一直打勝仗，但譚綸很快就發現力不從心。他的強項是駕馭將領和管理士兵，但具體的軍事訓練，實在是非他所長。累死累活這麼多年，最多也只能訓練這點人馬，每年用來保衛地方尚且勉強，至於徹底殲滅倭寇，實在不夠用。

為了實現肅清海疆的理想，他迫切需要的是一位擅長練兵、精通軍務且志同道合的搭檔。苦苦幹了幾年後，嘉靖三十四年（一五五五年），譚綸終於等來了這個搭檔，也是他一生的戰友：參將戚繼光。

作為一個卓越的軍事家，戚繼光經過幾次戰鬥，發現了明朝政府軍士氣低落、作戰怯懦、毫無積極性的問題。指望這幫人掃平倭寇，八輩子都沒戲，得練兵。

戚繼光決心訓練一支數千人的鐵血精銳，作為平定倭寇的專用部隊。想法很好，但做起來不容易，謹慎的戚繼光仔細估算至少得三年。

也就是說，三年裡，戚繼光的主要任務只有練兵。諸如倭寇侵擾、保衛疆土之類的事，基本要靠譚綸苦撐。要是碰到一般知府，聽到這計畫一定會跳腳，但譚綸卻毫不猶豫的接受了。驅逐倭寇、建功立業是他的夢想，以自己精準的眼光判斷，這個叫戚繼光的青年將領會是大明朝不世出的練兵人才。他說三年，準錯不了。

於是接下來的三年裡，倭寇多次大規模進犯，譚綸一直苦苦支撐，他手裡兵少，只能想盡辦法防守。除了修繕各類衛所工事外，還要動腦筋想計策。敵人進攻的時候，及時得到消息，把百姓安全轉移入堡壘，嚴防死守不叫倭寇搶走一粒糧。等著敵人受挫了，再瞅準機會打幾把，倒也有不少斬獲。除了辛苦支撐外，作為知府的譚綸也不遺餘力，盡可能為戚繼光提供後勤支援。能幫的忙，能扛的事，他全擔下了。

戚繼光果然不負所託，幾年辛苦磨練，終於訓練出了一支虎師。而後兩人密切配合，在台州多次挫敗倭寇進犯。尤其著名的，便是嘉靖四十年（一五六一年）的台州九戰。這場歷時月餘的慘烈廝殺中，戚繼光的新軍正面打，譚綸的親軍側面抄，二人密切配合，連續九次告捷，給予浙江倭寇毀滅性的打擊。明軍以不足三千人的兵力，斬首倭寇上千人，另溺死倭寇過萬，總殲敵數量數萬人，堪稱明朝抗倭戰爭以來的最輝煌勝利。此戰之後，飽受倭寇肆虐的浙江省，從此永享太平，再不見倭寇侵擾。而這支由譚綸配合、戚繼光苦心訓練的虎師，正是大名鼎鼎的戚家軍。

台州九戰的輝煌戰果，令二人名揚天下，甚至還獲得了一個並稱綽號：譚戚。但不久之後，這對搭檔卻不得不拆分。譚綸先因公調任福建參政，其後又逢親人過世回家丁憂。期間也曾短暫復出，平定過饒平林朝曦的叛亂，建樹頗多。

而這時的老戰友戚繼光，卻在浙江和福建之間折返跑。自從台州九戰後，浙江太平了，福建卻遭殃了。不敢去浙江找倒楣的倭寇，一古腦全跑去了福建。戚繼光起初也曾奉命救援，歷經橫嶼和牛田之戰，殲滅數千倭寇，滿以為萬事大吉，誰知他前腳剛走，後腳倭寇捲土重來。戰鬥一直不消停。

而到了嘉靖四十二年（一五六三年），福建的戰局更加惡化了，一股兩萬多人的倭寇，竟然攻克了福建興化。明朝調集重兵，戚繼光、俞大猷外加劉顯三位名將大軍壓境，可這麼大軍事行動，更要有個總指揮。於是譚綸再次出馬，以福建巡撫的身分坐鎮指揮。這次譚綸也不含糊，不但巧妙調和了三位猛將的關係，而且從容部署，依照三人不同的作戰特點分工。戚繼光戰鬥力強，負責正面突破；劉顯擅長山地戰突襲，負責側面包抄；俞大猷精通水戰，負責斷敵後路。這樣一分工，戰況立刻順利，明軍摧枯拉朽一般，一舉收復興化城。戰後盤點，明軍殲敵三千多人，解救被擄百姓兩千多名。次年二月，譚綸更與戚繼光密切配合，在仙遊之戰中全殲兩萬倭寇。至此，福建倭患完全肅清。

和其他幾位抗倭名將最大的不同是，戚繼光、俞大猷、劉顯等人，都有自己專門招募的親信部隊。但譚綸的情況不同，按照他自己的話說，自己帶將比帶兵強。事實也正是如此，譚綸性格穩重，戰略眼光卓越，外加作戰身先士卒，哪怕再驕橫的武將，對他也極佩服。外加譚綸熟悉人情世故，善於駕馭拿捏武將脾氣，因此行軍打仗，再難相處的武將和他配合也能默契十足。

戍邊北方再建功

而在抗倭戰爭勝利後，譚綸也和老戰友戚繼光一道，於隆慶年間北上，他擔任薊遼總督，戚繼光成為薊州總兵，依舊是默契配合，負責防禦北方蒙古。

也正是在這個任上，譚綸完成了他人生裡又一大軍事行動。先是以文官的身分，極力在朝中抗爭，呼籲朝廷給予戚繼光練兵的權力。在他的力挺下，戚繼光得以大展拳腳，在薊州編練新軍，戚家軍的擴編正是在此時完成。

而在邊境防務上，除了配合戚繼光外，譚綸也有自己的主張。首先在練兵方面，他雖然不擅長訓練人，但是把自己帶將的經驗給融入進去。他主張把昔日在抗倭戰爭中表現出色的南方士兵，特別是戚家軍士兵，分批安插在薊州軍隊中，以這個方式傳授士兵們戰鬥經驗。這辦法一推廣，邊關軍隊的戰鬥力直線上升。

除了戰鬥訓練外，譚綸在薊遼總督任上的另一貢獻，便是他卓越的防禦眼光。將漫長的薊州邊境，分成了十二個防區。薊州長城的著名工事「空心敵臺」，其設計方案與修築規劃，也來自他的精心策劃。經過艱辛的努力，這個匠心獨運的防禦工程，不但順利完工，財政預算更比計畫內減少了一半多。作為京城的門戶，薊州的防務也從此煥然一新。經過這番嘔心瀝血的改造，薊州重鎮修築邊牆兩千里，空心敵臺三千多座，練就新軍五萬多人，擁有火器戰車七百多輛，大小火炮五千多門。昔日孱弱不堪，經常慘遭侵擾的薊州地區，成為了堅不可摧的防線。之後十幾年間，幾次重創了蒙古騎兵侵擾，竟再無人敢來滋事。在這不世的功業中，確實有譚論的心血。

除了與戚繼光的密切配合外，譚綸與另一位名將俞大猷也是淵源頗深，不但曾經是同僚，共同浴血奮戰，而且在俞大猷幾次人生危機中，更不計得失的保護他。俞大猷精通火器戰車作戰，他獨創的獨輪戰車，也正是由譚綸力挺得以在軍中推廣，成為後來明軍的主戰火器。

西元一五七二年，在位六年的隆慶皇帝朱載垕去世，其子朱翊鈞即位，改年號為萬曆，隨後驅逐大學士高拱。譚綸的老上級張居正以輔政大學士的身分執掌大權，開始了長達十年的「張居正改革」。作為北部邊防的重臣，譚綸被召回京城，擔任了大明朝的兵部尚書。在兵部尚書任上，譚綸又提出了全面清理各地軍屯的主張，重新規劃軍屯土地。隨後在明朝各地軍鎮、軍屯土地的清理全面展開查處不法侵佔者多人，明朝的軍備從此煥然一新。當然此舉也引起頗多非議，諸多在清丈中利益受損的官員紛紛彈劾他。幸好有張居正支持，才得以無事。西元一五七七年，積勞成疾的譚綸病逝於任上，享年五十七歲。

譚綸在一生艱辛的戎馬生涯中，他的文化愛好也從沒耽誤。不但詩詞文學作品頗多，戲曲成就更是驕人。帶兵打仗的時候，部隊就常帶著戲班子，不只為了取樂，更常編演很多帶有愛國情懷的情節，用來提振士氣。這支跟隨他一輩子的戲班子，後來被他帶回家鄉，更與家鄉當地的戲曲風格融合，形成了中國傳統戲曲裡一大重要流派：宜黃腔。

二一、好人嚴嵩墮落史

嘉靖皇帝朱厚熜登基後，一場「大禮之爭」足足鬧騰了十八年。直到嘉靖十七年（一五三八年）九月十二日，朱厚熜生父興獻王被追尊為「文獻皇帝」，以帝王身分享受太廟祭祀供奉。名分、待遇全有了，這才算消停。

在這件事上，朱厚熜的態度很堅定，鬥志也一直昂揚，而心裡的小算盤更是打得精。表面爭的是老爹的名分，其實爭的是權力。他要挑戰的是明朝一個世紀來的行政傳統。

嘉靖皇帝小算盤

自從宣德年間起，明朝的最高權力就形成了三角體制。皇權之下，文官集團與宦官集團互相制衡。特別是文官集團，隨著內閣制度的成熟，不但話語權越來越大，而且對皇權更形成制約。而同屬文官集團的言官勢力，話語權也隨之增高。

而這樣的行政傳統，朱厚熜卻嗤之以鼻。在他眼裡，什麼文官、宦官、內閣、都察院、司禮監，統統都是皇帝的奴才。國家大事，就聽著皇帝（他本人）乾綱獨斷，大家只要老實聽話、認真執行，天下就能太平。

本著這樣的目標，朱厚熜先是打壓宦官集團，司禮監實權削弱，完全成了擺設，各地鎮守太監更被召回裁撤。內閣有了密封專奏權，看似權力提升，但幾任閣臣都被他牢牢拿捏在手。言官集團最慘，誰寫奏摺觸怒了他，不是被打得死去活來，就是貶官到荒遠地方。嘉靖年間因言獲罪的言官們，前後竟有幾十位。

而尤其厲害的是朱厚熜的政治手腕，駕馭臣子就像逗弄蛐蛐，由著大臣們互相掐，然後根據利益需要搭把手。政治鬥爭一直很熱鬧，他自己穩坐皇位看風景，權力遊戲玩得不亦樂乎。

在這樣一番治理之下，治國成就斐然。朱厚熜執政的前半段，是明朝極繁榮的時代，國家財政穩定，儲備充足，每年富餘白銀五百多萬，糧草足夠支用十年，民間經濟也富庶，東南商品經濟蓬勃發展。而且從嘉靖四年（一五二五年）起，明朝宣課司正式改以白銀收稅，白銀正式成為法定貨幣，經濟意義重大。

而這時期意義最深遠的，無疑是文化成就。《三國演義》和《水滸傳》兩部名著得以刊刻發行，《西遊記》和《金瓶梅》也在這一時期問世。陽明心學廣為傳播，流派縱橫。此外戲曲、繪畫乃至科學方面都是巨匠雲集。李開先、李時珍、徐文長等一連串流光溢彩的姓名，見證這個自由開放的文化盛世。

綜合上述成就，心機深沉的朱厚熜，以其圓熟的政治手段，成功締造了一個國富民強，文化繁榮的大明帝國。以帝王功績論，他是個相當出色的皇帝。

然而從朱厚熜執政的後半段起，這個一度繁榮的大明帝國，卻突然遭遇了劇烈震盪，國事一路轉衰。北方韃靼肆意侵擾，東南倭寇越演越烈，外加財政近乎崩潰，地方民變四起，到朱厚熜過世時的嘉靖四十五年（一五六六年），幾乎到了一場糊塗的地步。按照同年直臣海瑞《治安疏》中的評價：老百姓早已家家窮困潦倒，對嘉靖皇帝朱厚熜也早就不滿了。

費盡苦心的朱厚熜，為什麼最後會變成這種慘況？後人總結經驗教訓，認為一輩子聰明的朱厚熜，卻偏對一個奸臣看走了眼，且放任他專權二十年，結果把大好的江山糟蹋得不成樣子。這位臭名昭著的奸臣，便是嚴嵩。

但如此沉重的一個政治責任，嚴嵩是否擔負得起？還得從他的人生說起。

奸臣也曾很正派

早年的嚴嵩也曾名滿天下，既是才華橫溢的俊傑，更是剛正不阿的良臣。

嚴嵩是江西分宜人，出身於書香門第家庭，人又長得清瘦俊朗，舉手投足都是名士風範。二十五歲這年，也就是弘治十八年（一五〇五年），更高中了二甲第二名進士，也就是全國第五名，順利考取了庶吉士，隨後官授翰林學士。錄取嚴嵩的座師，便是後來正德年間權傾朝野的名臣楊廷和。

嚴嵩的得意人生剛開始，便遭受到晴天霹靂的打擊，正德四年（一五〇九年）嚴嵩的母親過世了。噩耗傳來，嚴嵩聞訊後嚎啕大哭，還為此害了一場大病，好不容易情緒穩定下來，接著做了一個驚人的決定：辭官。大好的前途不要了，回家隱居去。

這片至誠至孝，很快地傳播開了，聞者無不唏噓。嚴嵩回家後用僅有的一點積蓄，在家鄉修了個房舍，取名「鈐山堂」，與妻兒廝守此處，整日耕讀習字，過著與世無爭的清貧生活。一晃就是八年。昔日同僚們都很疑惑，這人到底是為什麼？原因是，嚴嵩覺得如今朝中奸臣當道，我既然不能阻止，但也絕不與之為伍。

一直對嚴嵩賞識有加的楊廷和，也把這一切看在眼裡。正德十一年（一五一六年），他自己還在丁憂，卻親自給嚴嵩寫信。母親去世後一度對仕途心灰意冷的嚴嵩，心思再度活絡起來，終於遵從了老師的勸導，再度出山為官。

嚴嵩這次出山後，依然還是進了翰林院。職務也沒變，仍舊是七品編修，可處境卻大不一樣，接連做了幾份極有前途的工作：在內書堂教宦官讀書，作為同考官外出主持會試。次年楊廷和復任首輔後，對嚴嵩更加器重。正德十三年（一五一八年）七月，更給了他一個重大任務：作為副使，去廣西桂林靖江王府，辦理襲封爵位公務。

誰知就是這個美差，差點把嚴嵩的命搭上。嚴嵩路過江西，正趕上寧王叛亂，當地喊殺聲一片，嚇得嚴嵩撒腿就跑。不但沒回京覆命，反而一溜煙跑回家，忙不迭地躲起來。直到兩年後明武宗病故，新君嘉靖皇帝朱厚熜登基，這才壯著膽子回來覆命。

以上就是四十二歲以前，嚴嵩的大體簡歷。總體說來，是個工作紮實、才學突出而且品德端正的好官員。

但也正是這段履歷，體現了嚴嵩不平凡之處：政治嗅覺靈敏。特別是隱居八年間，其實沒閒著，常和朝廷重臣有書信往來，朝局的變遷了然於胸。這樣一個人，只要有野心，就絕非池中物。同時暴露了嚴嵩性格裡一大毛病：閃躲。權奸當道說躲就躲，江西叛亂說溜就溜。他後來權傾朝野，最敗事招罵的正是這一條。

馬屁功夫拍到家

在嘉靖皇帝朱厚熜登基後，回京的嚴嵩處境也一度很慘澹。擔任南京翰林院侍讀，草草被打發到這個清水衙門裡去，升遷基本無望。

但禍兮福所依，嚴嵩剛進清水衙門，緊接著明朝政壇就爆發了「大禮之爭」。就連嚴嵩的恩師楊廷和，也最終慘遭失敗，罷官回家。反倒是窩在南京翰林院的嚴嵩，平安地躲過風暴。新寵桂萼是嚴嵩的同鄉好友，嘉靖四年（一五二五年）在桂萼的幫助下，閒了四年的嚴嵩，意外地升任京城國子監祭酒。

在嘉靖初期，國子監祭酒可是個好差事，除了要抓好國子監的日常教育工作，還得參加「經筵日講」。對於志向遠大的文臣來說，有幸參加經筵日講，便是最好的露臉機會。

這個露臉機會，嚴嵩真抓得牢。他學問好，而且口才極佳，每次充任講官都能表現得神采飛揚，句句說到朱厚熜心裡。自此之後，嚴嵩的官位青雲直上，每隔幾年就要升一級。先是禮部侍郎，再去南京就任禮部尚書，又過五年調回京城擔任禮部尚書。十年時間，便成為掌管朝廷禮部事宜的正二品大臣。

之所以這樣得寵，除了工作積極，日常表現良好外，嚴嵩的另一大本事就是會拍馬屁。

在明朝歷代皇帝裡，朱厚熜屬於極難伺候的一位。性格剛愎自用，對身邊官員更是百般苛察，越接近權力中心的大臣，生存環境也就越險惡。

但嚴嵩不是一般人，很快地就如魚得水。嘉靖七年（一五二八年），當時他在禮部侍郎任上，作為副使前往朱厚熜家鄉安陸辦理祭祀等事宜。回來後嚴嵩別出心裁地上了兩份奏摺，一份奏摺妙筆生花，描繪沿途所看到的各種「祥瑞」，哄得朱厚熜高興不已。接著捎帶手又上了另一份奏摺，這份奏摺卻是寫實手法，如實彙報了河南地區的災害，請求減免賦稅。朱厚熜這會正高興著，當下就批准了。

既拍了馬屁，也沒誤了正經事。這時的嚴嵩一直做了不少類似的事情。所以雖然拍馬屁，但名聲依然很好。

但按照許多明朝人筆記的說法，嚴嵩的變質恰是從此時開始。與他蒸蒸日上的官位相對應的，是他直線上升的生活水準，家裡的日子越過越奢侈，而奢侈程度，只靠他的俸祿，顯然是不夠。《世廟識餘錄》裡說，早在擔任國子監祭酒的時候，嚴嵩就開始撈好處。而後來擔任了禮部要職，胃口越來越大，藩王賜封襲爵，都要給他送錢，就連藩王獲賞賜，他也敢雁過拔毛，從中撈回扣。

嘉靖十七年（一五三八年）九月，朱厚熜想讓自己父親追尊廟號，並且神主進入太廟享受供奉。這事一放出風來，群臣就極力反對。身為禮部尚書的嚴嵩也小心翼翼地勸阻，未料一勸阻，就把朱厚熜勸怒了，立刻寫文點名把嚴嵩臭罵一頓。這下嚴嵩害怕了，當下態度大轉彎，全力支持朱厚熜。接下來在嚴嵩的精心謀劃下，朱厚熜終於如願以償，給父親加上了尊號，順利請入了太廟。歷時十八年的「大禮之爭」就此結束，確切地說是嚴嵩給劃上了句號。從此，嚴嵩聲名狼藉。

這事辦完，嚴嵩的官職接著就步步高升了，加封了太子太保，成了從一品大臣。而且成了當時朱厚熜時常私下召見的大臣之一，已經成了心腹近臣。

孤傲首輔夏言

而這時的嚴嵩，政治胃口也越來越大，他的下一個目標就是進入權力中樞內閣，成為萬人之上的內閣重臣。

內閣，這個大明王朝的核心權力機構，到了嘉靖年間變得跟火藥桶一般，丁點火星就能擦出大動靜，每天爭鬥不休，既難進，更難混。

朱厚熜登基後，內閣的要員們幾乎天天打，沒個消停的時候。一開始擔任首輔的是老好人費宏，後來繼任的是好老人李時，這兩個老好人，基本沒實權。有實權的幾位始終互相傾軋，一開始是張璁趕跑了楊一清，隨後又經過幾年惡鬥，張璁也被趕跑，內閣換成了夏言當家。

在嘉靖年間早期，夏言可是個出名的人物，不管是工作還是搞政治鬥爭，向來都是精力旺盛。實際工作的能力，更屬於超強級別。早期他最大的政績，就是清理了皇莊弊政。順利裁撤冗員，還查出大量被貴族侵佔的土地，事情辦得極漂亮。

更與當時諸多官員，特別是嚴嵩不同的是，夏言的經濟問題非常清白，辦事鐵面無私。窮得叮噹響，同僚也幾乎得罪光了。

這樣一個既能幹活又清白的大臣，朱厚熜自然無比信任。而在嚴嵩的升遷路上，夏言的得意，正是他最重要的契機。他與夏言是老鄉，長期以來關係極好，當年嚴嵩從南京禮部尚書任上調回京城，正是來自夏言的舉薦。後來夏言入閣，又再次舉薦嚴嵩接替自己禮部尚書的職務。可以說，正是隨著夏言的高升，嚴嵩緊隨其後，一路沾光。

關係親密得久了，夏言就不拿嚴嵩當外人。有一次嚴嵩置辦酒宴，邀請夏言參加，偏巧夏言那天心情不好就擺譜不來了，嚴嵩無奈，只好親自去請，夏言卻避而不見。丟盡面子的嚴嵩回到家，當著各路賓客的面，竟然對著為夏言的預備坐席恭恭敬敬地下拜，完全就是拿他當主子。幾年下來受了不少夏言的窩囊氣。

自從執政內閣後，夏言的個性就越發突出，尤其是嘉靖十七年（一五三八年）後，夏言就職內閣首輔，腰桿子更硬，為官、為人都變得更加專橫。三年之間，竟然多次惹怒朱厚熜，兩次被罷官。

但奇特的是，每次罷官之後，夏言在家閒住不多久，接著又大搖大擺地復職。論及原因，還是此人能力太強。而且除了工作外，朱厚熜的最大宗教信仰——修道，竟然也離不了夏言。夏言文采好，特別擅長撰寫道教祭天專用的「青詞」，這種文體可是大學問，講究對仗工整，辭藻華麗，通常採用駢體文格式，寫八股出身的朝臣會的沒幾個。

夏言不但會，而且寫得好，每次朱厚熜要搞道教活動，都離不了夏言的青詞，因而縱然有氣，好些時候也得忍著。

也正是如上原因，讓夏言產生了一個錯誤的判斷，離開我，皇帝的日子就過不下去了。同樣是這個判斷，令一直被夏言壓制的嚴嵩看到了勝利的曙光。

長期以來，在夏言的眼裡，嚴嵩不過是任自己呼來喝去的老家奴。但他不知道，自己在嚴嵩眼裡，角色已經悄然地轉換。夏言不再是官場的靠山，反而是前行的絆腳石，想要如願入閣，就必須扳倒他。

而以嚴嵩當時的身分地位，想要鬥倒位高權重的夏言，操作難度何其大。但以一種簡單粗暴的方式，嘉靖二十一年（一五四二年）五月，他竟然神奇地辦到了。

那天，朱厚熜單獨召見嚴嵩，商討點朝政問題。工作彙報完畢後，嚴嵩瞧準機會突然發動襲擊，當場「撲通」跪倒，痛哭流涕地揭發夏言。一開始，朱厚熜倒沒吃驚，反而像看戲似的冷眼看著嚴嵩表演。但隨著嚴嵩一句話脫口而出，一直當觀眾的朱厚熜立刻勃然變色，當場入戲了。

「夏言一向看不起您，連您親自送給他的東西，都敢輕易丟棄，實在是罪大惡極啊！」

這事說起來，是樁朱厚熜隱忍很久的舊帳。朱厚熜愛修道，為此還特意製作了五頂沉香木的黃冠，賜給最親近的幾位大臣，其中也包括夏言，不但表示恩寵，更要求上班的時候必須戴。但夏言卻覺得丟臉，不但自己不戴，還苦口婆心地勸朱厚熜不要戴。當時朱厚熜就覺得很沒面子，發了一通火，但想到還要使喚夏言幹活，還是把這口氣憋回去了。

這下嚴嵩舊事重提，朱厚熜心中的火苗子一竄就是三尺高。瞧瞧眼前這位嚴嵩，不但工作同樣賣力，而且老實聽話，一直乖巧，比夏言好得多。內閣離開你夏言還轉不動嗎？立刻給我滾！

就這樣，在經過多年隱忍之後，嚴嵩巧妙掐準了朱厚熜的脈搏，瞅準時機打出黑槍，一舉擊倒夏言。朱厚熜下詔，歷數了夏言五大罪過，勒令夏言罷官回家。六十三歲的嚴嵩，官拜武英殿大學士，正式成為內閣中的一員。論資歷，雖然嚴嵩是內閣中官職最小的一位，但幾位閣臣中唯獨他掌握票擬專奏權，等於大權獨攬。

嚴嵩終於爬上了文官權力的頂峰，當然，還不是巔峰，因為黯然離去的夏言，並未遠離權力中心，很快還會捲土重來。

婦人之仁鑄大錯

入閣後的嚴嵩，工作一直很積極，工作早請示晚彙報。特別是每天清晨一大早，就顛顛地跑到朱厚熜住的西苑等候指示，態度十分勤勉。

但實際的工作成果，跟夏言比就完全兩個檔次了。不但行政水準差了一大截，而且最大的問題，就是腐敗叢生。

嚴嵩的腐化變質，不是一、兩天。按照後來明朝一些文人的說法，做國子監祭酒的時候，就常收黑錢。剛擠走夏言入閣，就有御史揭發他貪污。鬧得極為尷尬。

但好在有朱厚熜力挺，親自送了「忠勤敏達」四個大字給他。之所以這麼喜歡嚴嵩，一是多年以來，嚴嵩在他面前性格溫順，凡事依附，比家裡養的貓還聽話。二是夏言走後，修道還要繼續，青詞也得有人寫。雖說嚴嵩文采比夏言差，但態度好、書寫熱情高，自然要格外倚重。

有了皇帝的垂青，嚴嵩更有恃無恐，在內閣裡大權獨攬，連老成厚道的翟鑾也被他給排擠走。嘉靖二十三年（一五四四年），更把兒子嚴世蕃調任尚寶司少卿，主管皇帝玉璽印章，爺倆聯手抓權。

這時朱厚熜已經一改早年勤勉的作風，從嘉靖二十一年（一五四二年）起，就幾乎不上朝了，成天窩在深宮裡修道煉丹。國家要事幾乎都是內閣成員們單獨請示彙報，等候裁決。

他這一放手，嚴嵩更放心撈好處。嚴家父子比貓還饞，不但大張胃口索賄，甚至還勾結地方官，連國家的鹽務稅收、農業稅錢糧都敢從中截留克扣，貪腐問題越發嚴重。

嘉靖初期經過強力整治，一度異常清明的明朝吏治，由於嚴嵩的胡搞再度迅速腐化。官場上行下效，貪賄成風，而且這幾年明朝的國事運轉也越發艱難，北方韃靼侵擾問題嚴重，軍費開支激增，外加朱厚熜沉迷修道，成天花錢，財政問題日益嚴重。嘉靖朝早年攢下來的錢糧，基本都花得差不多了，每年的財政入不敷出，問題越來越多。

朱厚熜雖然常年不上朝，但朝局的變化全都知曉。因此也越發懷念起精明強幹的夏言，於是嘉靖二十四年（一五四五年）十二月，閒了三年的夏言再度得到啟用，回任內閣首輔。

這下嚴嵩可慘了，折騰了三年多，一不留神老對頭回來了。雖說自己也得到撫慰，加了少師官銜，但大權完全旁落，外加當初那樑子，就等著被收拾吧。

而再度回任內閣首輔的夏言，雖說早有心理準備，但接手工作後還是給氣得發抖，才幾年工夫，朝政怎麼糟蹋成這樣子。

夏言是個幹實事的，這次新官上任，立刻就掀起了整頓風暴。中央官員大考核，不合格的一律罷免，一場整頓下來，大批官員丟官去職，絕大多數都是嚴嵩的親信。

如此劇烈的風暴，嚴嵩卻保持沉默，也沒辦法不沉默，自從夏言回來後，專奏票擬權力被夏言牢牢掌控，自己連個邊都沾不上，完全成了擺設。

但嚴嵩知道，事情鬧成這樣，並不是夏言有多強，而是皇帝對自己工作成績不滿意。於是一如既往，任勞任怨，朝政靠邊站了，但寫青詞還是積極，一心幫朱厚熜忙活修道大業。而且賣力拉攏朱厚熜身邊的宦官，求他們給自己說好話。因此，雖然嚴嵩沒了權，但官位總算是保住了。於是內閣成了這番格局：夏言大刀闊斧忙工作，嚴嵩小心翼翼伺候皇帝，分工明確，關係和諧。

但這樣的和諧，嚴嵩是受不了的。和上次一樣，他也只能默認現實，等著對手犯錯。

但還沒等夏言犯錯，嚴嵩自己早先犯的一個大錯，這次卻敗露了。

鬥志旺盛的夏言，越幹越起勁。他最擅長的吏治整頓方面，動作特別大，中央整頓完了，就考核地方。特別是稅收部門，一筆筆都要清帳，懲辦了諸多貪腐份子，追回了大量公款。而且順藤摸瓜，查到了嚴嵩頭上。嚴嵩兒子嚴世蕃，在尚寶司任上招權納賄，腐敗問題嚴重，相關黑材料已經被夏言掌握，眼看就要重辦。

這事可嚴重了，雖說以往嚴嵩貪腐朱厚熜也多了解，但跟這次比起來，那些不過小打小鬧。而且國事艱難，正好要抓腐敗典型，只要夏言不肯鬆口，嚴家父子倒楣，基本就是鐵板釘釘了。

危急時刻，嚴嵩拿出了裝可憐的壓箱法寶。拽著兒子跑到夏言家裡，先花錢買通夏言家丁，混進夏言臥室，看夏言正在午休，立刻拉著兒子跪倒，爺倆放聲嚎啕。到底把夏言給哭心軟了，想起這位老大哥，往昔像貓一樣侍奉自己，總算有些情分。於是就擺擺手，索性不追究，放了嚴嵩一馬。

但夏言並未想到，看似溫順如貓的嚴嵩其實是屬虎的，只要逮著機會就會反咬一口。

而且自從回任首輔後，夏言壯志滿懷，除舊佈新。但官場積弊日久，動作越大，得罪的人就越多，外加夏言為人做事素來囂張跋扈，天不怕地不怕，不但整頓腐敗不講情面，在朱厚熜的近臣面前也是一副大爺模樣。嚴嵩拼命地拉攏朱厚熜身邊的宦官，夏言卻拼命地得罪，每次宦官來辦公，他吆喝人家就和使喚奴才似的。嘉靖時代的宦官雖沒權，但說壞話的機會總還有，被夏言欺負得多了，就找機會在朱厚熜面前搬弄是非。時間久了，朱厚熜的心理也就自然朝嚴嵩傾斜。

如上變化，嚴嵩清楚，也一直在巧妙地助推。就等著夏言自己栽跟頭，再狠命撲上來把這老對頭徹底撕碎。

但對這日益逼近的危機，得意洋洋的夏言，不但毫無察覺，反而正壯志滿懷地準備完成一件驚天動地的大功業：收復河套。

罔顧國事害良臣

河套問題，從明朝景泰年間起，已經算是困擾明朝邊防的老問題了。

物產豐富的河套草原，長期被韃靼部落佔據，不但養肥了他們的騎兵戰馬，更成為其南下的跳板。特別是嘉靖年間起，盤踞河套的韃靼部落，變成了蒙古草原戰鬥力最強大的俺答可汗部，俺答此人精通用兵，最擅長大兵團突襲作戰，多次大舉南下，肆虐邊關，成為明朝大敵。尤其是嘉靖十九年至二十一年，俺答三次大規模侵擾山西，殺掠軍民無算。嘉靖二十三年更鬧出大動靜，竟然迫近到完縣，連京城都因此戒嚴。

對這大問題，嚴嵩當權的時候，基本都是坐視不管。這下換成夏言，他可不是個糊弄事的人，而且一直極度重視。復任首輔後，立刻選拔了一位厲害人物，就職三邊總督：曾銑。

作為嘉靖八年（一五二九年）的進士，曾銑可是當時難得的文武雙全人才，一肚子的謀略。當年巡按遼東的時候，一到任就碰上兵變，他卻不驚慌，居然略施小計就將兵變首惡擒獲，不費一兵一卒解決了問題。而他與夏言的關係，也格外親密。夏言的岳父蘇綱，是曾銑的同鄉好友，憑這特殊交情，曾銑一直深得夏言信任，終於在夏言回任首輔後，成為手握三邊軍務大權的封疆大吏。

而曾銑也用卓越戰績證明，他得到這個要職不是靠關係，而是硬實力。就職才三個月，即嘉靖二十五年（一五四六年）七月，在塞門力挫入寇的十萬蒙古騎兵。這是多年以來，明朝北部邊防一場難得的勝利，尤其可貴的是，跟以往明軍龜縮堡壘的防禦不同，這次曾銑陳兵邊境，派兵夜襲敵營，前後夾擊一戰得勝，打了一場漂亮的騎兵野戰突襲，也一舉提振了邊關將士的士氣。

曾銑此人，不但長於帶兵治軍，更是明朝中期難得的軍事戰術大師，即使在整個中國歷史上，他也是大規模使用火器的軍事先驅，就任之後，他組建了一支大規模的火器戰車部隊，且獨創了「五班輪射法」，即將火器士兵分為五列，輪流釋放火器，殺傷力強。

除了軍事水準相當高，曾銑更有卓越的戰略眼光。塞門大捷後，曾銑並未沾沾自喜，反而果斷上書要求朝廷下定決心收復河套草原。他看得很清楚，只要河套草原掌控在韃靼手裡，人家就可來去自如，年年侵擾，只有徹底解決源頭，天下才可能太平。而且曾銑不只喊口號，更提出了八條軍事改革措施，更制定了明確的作戰步驟。先修築自陝西府谷至內蒙古準噶爾旗之間的邊牆，作為軍事出擊的前哨。在修邊牆的三年裡，抓緊時間練兵六萬。然後每年春夏之交，部隊水陸並進，攜帶五十日的糧餉出擊，直搗河套韃靼部落巢穴。驅逐敵人之後，再在當地修築衛所工事，屯墾戍邊。就此一舉解決問題。

無論從軍事角度，還是明朝的實力，曾銑的這個決策可行性相當高。奏疏送上去，連夏言都激動不已，當場拍板票擬，全力說服朱厚熜。皇帝一表態，其他臣僚也紛紛附和，朝野上下喊打聲一片。

而唯獨保持沉默的，還是嚴嵩。曾銑打勝仗的捷報傳來，大家高興，他卻沉默。曾銑要求收復河套的奏疏送來，大家激動，他還是沉默。皇帝朱厚熜也興奮無比，下詔書命令內閣與兵部，全力支持曾銑的戰略計畫，要錢給錢要兵給兵。收復河套的戰略計畫，一步步有條不紊的進行著，他依然沉默。

嘉靖二十六年（一五四七年）五月，曾銑再度出兵，襲擊河套韃靼部落，打得敵人撥馬北逃，遷到黃河以北避難。曾銑率軍步步緊逼，一路高歌猛進。

然而到了嘉靖二十七年（一五四八年）正月，就在一切都順風順水的時候，一場意外卻發生了。朱厚熜變卦了。正月初二，朱厚熜突然下詔書質問臣子們，現在收復河套是最好的時機嗎？沒等大家反應過來，正月初六，朱厚熜又下了一道出人意料詔書，說打仗會勞苦百姓，請問大家忍心嗎？

這場令人震驚的變卦，還是起於沉默的嚴嵩。自從收復河套計畫啟動後，嚴嵩就判斷逆轉的機會來了。要論工作，嚴嵩不如夏言，但要論對朱厚熜的了解，夏言卻遠不及嚴嵩。朱厚熜雖說好大喜功，但他性格裡一大毛病就是猜疑。眼看這件事上，夏言和曾銑密切配合，從中央到地方一唱一和，他心裡本來就不痛快，而隨著曾銑節節勝利，朝野上下讚頌不斷，朱厚熜的心裡也就更不痛快。這些不痛快，嚴嵩都拿捏得準，所以從頭到尾一直保持沉默。

除了沉默外，嚴嵩的小動作也不斷，尤其是常年結交宦官的優勢，這會兒終於用上了。每次曾銑的邊關奏報送來，都挑選朱厚熜修道的時候，由宦官遞上去，多次攪了朱厚熜的雅興。次數多了，朱厚熜就惱火了。外加夏言急脾氣，每次朱厚熜惱火完了，夏言緊跟著彙報工作，三句話不離收復河套這件事，簡直是火上澆油。

而且老天爺似乎也幫在嚴嵩，就在這節骨眼，明朝連鬧了好幾次自然災害。嚴嵩知道朱厚熜迷信，每次彙報工作的時候，就把這些天災往收復河套這事上扯，全歸結成夏言想搞政績，曾銑想立功，這好哥倆聯手勾結，終於惹怒了老天爺。特別狠的是嚴嵩還給朱厚熜忽悠了個嚴重後果，再由著收復河套這事鬧下去，您的壽數健康可能都會受影響。

這樣一鬧，朱厚熜長期積累的火氣一下子來了個大爆發。到了正月，連發兩道詔書叫停，這可把正熱火朝天的夏言嚇傻了。接著朱厚熜召集近臣開會，沉默了好久的嚴嵩，突然煥發了精神，再次妙語連珠，極力反對收復河套。夏言這才弄明白，原來背後都是嚴嵩在搗鬼。

惱火之下的夏言犯了大糊塗，居然上奏摺辯白，連篇累牘大罵嚴嵩。他這麼一鬧，朱厚熜就更認準了：你小子給我沒事找事，鬧出天災來還不知錯，反而欺負老實巴交的嚴嵩。

這個理一認，夏言就沒救了。不但正順利推進的收復河套戰事被強制叫停，正在浴血奮戰的曾銑更被錦衣衛逮捕到京。尤其令人唏噓的是，錦衣衛到前線逮捕曾銑時，曾銑才剛剛深入河套，襲擊韃靼部落，打了大勝仗。

隨後曾銑被逮捕到京問罪，夏言也被株連，剝奪了一切職務，黯然罷官回家。

但事情到了這個地步，嚴嵩還不放心。夏言雖說罷官，但罷官對夏言來說，好似家常便飯，難保過幾年又東山再起。至於曾銑，威脅更大。他常年帶兵有方，軍中威望極高，錦衣衛逮捕他時，前線將士極為痛惜，哭聲長達百里。而且他最精銳的五千親兵，更恨得咬牙切齒，差點聚眾譁變。按照野史的說法，曾銑出事之後，這幫悍將們個個憤怒，天天在軍營裡磨刀，還有人嚷嚷著要殺到京城把嚴嵩剁了。

消息傳到嚴嵩耳朵裡，他卻極淡定，因為他知道，夏言的末日到了。

果然，邊關的這場變故，讓朱厚熜極憤怒。自從他登基後，北方遼東、大同發生過多次兵變，由於這事實在敏感，因此曾銑下獄後一直被嚴刑拷打。但曾銑一介良臣，鐵骨錚錚，受盡各種酷刑，依然咬緊牙關。

但曾銑不說，嚴嵩卻有辦法：你不說，有人幫你說。他一直與錦衣衛指揮使陸炳交好，而陸炳的背景更不簡單，父輩就在興獻王府為官，母親是朱厚熜的奶娘，和朱厚熜是髮小交情。偏偏也曾因貪腐問題，被夏言惡治過，這下新帳老帳一起算。兩人相互勾結，唆使早年因違反軍紀被曾銑懲治的邊將仇鸞出頭，誣告曾銑曾賄賂夏言。按說這瞎話編得很不高明，夏言的清廉，地球人都知道，說他跋扈專橫誰都信，至於收錢，基本沒人信。

沒人信不要緊，但朱厚熜信。嚴嵩再次掐準了朱厚熜的脈，朱厚熜本來就忌憚夏言專權，而且也知道他和曾銑關係密切。這下麻煩大了，明朝邊帥勾結中央大臣就是死路一條，這個罪名一坐實，誰都救不了。嘉靖二十七年（一五四八年）三月二十八日，曾銑被處斬，子女遭流放。四月二日，罷官回家的夏言也被抓至京城，十月二日，問斬於西市。這位嘉靖朝前期政績卓越的鐵腕閣老，落得了這樣悲慘的結局。這樁冤案，便是「河套之獄」。

「河套之獄」的結果，對於明朝的邊防來說後果極嚴重。收復河套，這不僅是夏言和曾銑的主張，更是明朝中期以來幾代君臣不懈的追求。而在這場風波中被徹底擱置。

本來已經被曾銑打得節節敗退的韃靼俺答部，更藉機捲土重來，兩年後就讓明朝嘗到苦果。嘉靖二十九年（一五五〇年），俺答可汗上演騎兵大突襲，繞過明朝邊關，八月突襲京城，將京城團團圍困。侵擾二十天後，才滿載著擄掠的人口錢糧，得意洋洋地離開。而京城周邊的二十多萬明軍，竟然嚇得一箭不發，這場奇恥大辱，史稱「庚戌之變」。

胡作非為惹群憤

除掉了夏言後，獨霸內閣的嚴嵩，從此有恃無恐，之後一直到嘉靖四十一年（一五六二年），便是著名的「嚴嵩專權」時期。

事實上，雖說是專權，但具體的行政大權嚴嵩其實少得很，朱厚熜雖說不上朝，但並非不管事，所有的國家大事歸根結柢都是他拍板，嚴嵩具體執行而已。

而且就權謀水準來說，嚴嵩比起幾位前任，著實上了一個新臺階。像之前的張璁、桂萼、夏言都有得寵的時候，但一不留神就會惹惱朱厚熜，最後都是慘澹收場。但嚴嵩卻不同，他對於朱厚熜脾氣秉性的拿捏可以說是恰到好處。

朱厚熜最大的特點，就是剛愎自用。反映到國家大事上，除了一意孤行外，就是死要面子。所以他雖然行政有水準，但選拔大臣的第一個標準就是要聽話。凡事順著他的，才是他眼裡的好臣子。

嚴嵩在這個標準上，做得相當到位。不但日常生活中很會拍馬屁，又擅長寫青詞，雖說水準不如夏言，但態度極為認真，就連日常辦公也充分給足皇帝面子。每次和朱厚熜討論國家大事，嚴嵩都擅長裝傻，經常先裝出一副茫然無知的樣子來，被朱厚熜一頓教育後，才做出恍然大悟狀，接著極力吹捧。每次一番表演後，都能把領導哄得很高興。

而這樣一來，所謂嚴嵩專權，其實就是國家大事朱厚熜一人拍板，嚴嵩隨聲附和，然後賣命執行，鬧到洪水滔天，便由嚴嵩出來背黑鍋。

而這種政治模式，對於明朝的最大傷害是，以往明朝這種相互制衡的體制，最大作用除了防止專權外，更重要的還是糾錯。特別是每當皇權出現錯誤的時候，文官集團的權力都能形成制約，最大限度地防範昏招敗筆發生。但讓朱厚熜這麼一鬧，糾錯職能停擺，萬一皇帝靠不住，後果就極嚴重。

而在年歲增長且皇位穩固後，朱厚熜也變得越發離譜，雖說國家大事還算認真，奏摺也及時批閱，但求仙修道的興趣越發濃厚，一開始還只是深宮裡偷偷地鬧，後來卻大張旗鼓搞起各種道教活動，外加不惜血本要煉就長生不老仙丹。且不說這玩意對身體有多少傷害，光說成本花費就是天文數字。此外還大興土木，修築各類道觀祭台，國庫都快折騰沒了。

而且不知是因為年歲大了，還是煉丹修道弄迷糊了，步入中年以後的朱厚熜，也一改早期精明強幹的風格。國家大事朝令夕改，好些個重要決斷更是想起一齣是一齣。比如東南倭寇問題、北方韃靼問題，都是一件決策分配下去，過沒多久就改變主意，或者是好不容易剛取得點成績，也不知道是哪根筋不對就改變主意，不但已經取得的成果半途而廢，國家大事更反覆折騰。

這種離譜的表現，如果換到一個運轉正常的內閣體制下，閣臣與皇帝間早不知道要鬥多少回了。但此時內閣，是如貓一般的嚴嵩當家，凡事大多依附，半句反對話也不敢說，很多政策上的敗筆，他其實都是替罪羊。

而如果說替罪羊嚴嵩也有錯的話，那麼最大的錯就是他的不負責任。

朱厚熜登基之後，換過的閣臣很多，如張璁、桂萼、夏言等人一直互相掣肘，但這些人平心而論，都是負責任的政治家。私人恩怨鬥歸鬥，但國家大事絕不含糊。比如張璁，為了「大禮之爭」跟楊廷和對罵，但當政後，楊廷和「更化改元」時期沒做完的事業，他甩開膀子繼續做。又比如夏言，一番惡鬥後趕走了張璁，但張璁整頓吏治、清理腐敗的種種作為，夏言不但繼續執行，而且做得更好。

但嚴嵩的表現卻毫無責任感，當初鬥死夏言後，連帶著夏言除舊佈新的改革也一併給廢了，邊防工作更是敗壞。除了替皇帝扛事外，他最熱衷的事情就是貪污腐敗。

嚴嵩的腐敗從很早就開始，專權之後腐敗工作更做得大，甚至還找來了兒子嚴世蕃當專業代理人。每次官員想找他送禮請託，嚴嵩總是擺擺手：別跟我說，找我兒子談。

而作為嚴嵩的兒子，嚴世蕃也不簡單。他只有一隻眼，但腦筋極為精明。當初藉河套事件做假口供坑死曾銑和夏言，都是他一手謀劃。

而且他的本事更厲害，首先是眼光準、文采好、記憶力極強。公文拿到手裡，就能過目不忘，每次嚴嵩找朱厚熜彙報工作，他都預先謀劃，朱厚熜的心思都能揣測得一清二楚，堪稱嚴嵩身邊的頂級參謀。

在撈錢問題上，嚴世蕃本事更大，還把腐敗搞成了規模化經營。朝廷做工程，比如修河道、建城牆，得給他家送錢，美其名曰「買命」；外地官員進京彙報工作，也要送錢，美其名曰「問安」；至於選拔官員，甚至提拔任用，更要送錢，美其名曰「講缺」；而且你升了官，分到一個肥差上，每年也要定期送錢，美其名曰「謝禮」；到後來最猖狂的時候，朝廷發給前線的糧草，他都敢雁過拔毛，最惡劣的時候，過他手就要扣一半。

在這樣一番規矩下，明朝的腐敗水準更上了一層樓，原先只是偷偷摸摸地私下交易，這下成了光明正大的規矩。朝廷的官職可以拿錢買，犯了罪可以用錢頂，甚至想做點利國利民的好事，比如整頓軍備、興修水利，更要拿腐敗來換。二十年間，明朝的貪腐之風越颳越烈。

當然作為首輔，除了這些敗事外，嚴嵩也確實做過一些好事。比如每當地方鬧災後，都及時請求賑濟。庚戌之變後，北方邊防局勢越發嚴峻，嚴嵩也曾重手整治。當年與他勾結一起誣陷曾銑的仇鸞，後來也與他反目，嚴嵩就故意整黑材料，趁著仇鸞與俺答開馬市反被忽悠，招來韃靼兵侵擾的機會，一古腦把仇鸞的貪腐老底全兜出來。結果這個曾銑蒙冤後一度風光無比的武將，聞訊後被嚇死，接著又被開棺戮屍，家產充公，腦袋切下來在邊境示眾，下場極慘。雖然嚴嵩幹這事，主要為了排斥異己，但仇鸞死後，如馬芳等少壯武將得以提拔也算是嚴嵩的貢獻。

總的說來，嚴嵩專權後，大事幹得少，基本全是附和朱厚熜，而在朱厚熜眼皮底下貪腐的事卻越幹越多。而且比起之前歷代首輔來，他更做了一件翻天的事：組黨。

官員之中，他到處物色親信，甚至還收為乾兒子，安插到各個部門裡。比如掌握奏摺傳送的通政司，就由他的乾兒子趙文華把持，方便欺上瞞下。另外六部九卿中，也遍布他的門生親信，連他的好些親戚都成了封疆大吏。他的親家陳圭是兩廣總兵，娘家侄子歐陽必進是兩廣總督，到後來連他的孫子嚴效忠等人，也都安插在錦衣衛等重要部門。這幫人有個共同稱呼：嚴黨。

而且在結黨這件事上，嚴嵩也很沒原則。要的就是沾親的、聽話的、捨得送錢的，至於辦事水準如何那是基本不管。而他最大的敗筆，就是在一些重大的國家大事上，安插自己的親信，偏偏安插的人選能力又差，結果壞了大事。最典型的，就是東南倭寇問題。

倭寇侵擾這事，從朱厚熜登基起就開始鬧。之後幾經反覆，到了嘉靖三十年（一五五一年），已經鬧成了大麻煩。大批倭寇成群侵擾，而且與東南沿海的勢豪大戶互相勾結，成了中日土匪勾結的巨盜團夥。僅是這一年，倭寇就侵擾沿海周邊數千里，整個浙東地區都慘遭荼毒。

這下問題嚴重了，江南是明朝財稅重地，輕易亂不得。朱厚熜也下了大決心，嘉靖三十三年（一五五四年），由南京兵部尚書張經出馬，集結精銳部隊到江南，非要一舉滅了倭寇不可。

張經在當時，是文官中僅次於曾銑的名將，受命後也毫不含糊，一番從容布置，與倭寇展開廝殺。誰知倭寇太過強橫，竟然數次將明軍打得大敗。張經立刻明白，這群中央朝臣眼中的海盜，其實沒這麼簡單。他們成分複雜、武器精良、戰鬥力強悍，必須慎重對待，於是按兵不動繼續調集兵馬，打算畢其功於一役。

但朱厚熜卻等不及了，外加張經為人耿直，得罪了嚴嵩的乾兒子趙文華，這下麻煩大了。好不容易張經打了勝仗，在王江涇地區聚殲倭寇，一舉斬首倭寇近兩千人，堪稱明朝抗倭戰爭以來的第一場勝仗。眼看著徹底肅清倭寇在望，嚴嵩卻使壞了，先在朱厚熜面前進讒言，說張經目無皇帝，不聽指揮，然後又歪曲前線戰局，說張經是在中央的催促下，才打了這一仗，真實目的是想養寇自重。這下朱厚熜中招了，他登時怒不可遏，張經的奏報送來，朱厚熜反而下令將張經逮至京城問罪，隨後被斬首。打了勝仗掉腦袋，這個令人驚訝的判決又是嚴嵩忽悠的結果。

而張經之死，對於嚴嵩而言好處多多，但東南的抗倭局勢卻是大壞。本來損失慘重的倭寇，這下死灰復燃，再度大肆侵擾東南沿海。這時的明朝，北方有韃靼連年侵擾，南方有倭寇長期肆虐。兩線作戰，疲憊不堪，都是嚴嵩惹出來的。

張經被砍頭後，東南倭寇又鬧騰了一年多，眼看蒙混不住了，嚴嵩趕緊命親信胡宗憲擔任浙直總督。這次總算找對了人，胡宗憲雖然也是嚴黨成員，且極會逢迎巴結，但這人有真本事。到任後先施展手段，誘殺倭寇頭目徐海，又計捕另一頭目汪直，這兩個人是倭寇中的華人大頭目，相繼落網正法。勢力熏天的倭寇們群龍無首，頓時成了一片散沙。隨後明軍全力圍剿，胡宗憲倚重戚繼光、俞大猷等名將，歷經十多年浴血奮戰，終於平定倭患。

赤膽忠心楊繼盛

而在專權多年後，嚴嵩早已臭名遠揚。但嘉靖年間，朱厚熜對言官管得嚴，稍有不如意就嚴懲。而且嚴嵩手腕又奸猾，誰得罪了他，不治死絕不甘休。雖然有不少正直的官員前仆後繼，上奏揭發嚴嵩的奸惡，反而被嚴嵩巧妙搪塞。他不但沒事，上奏的官員基本也都被惡治。

每次有官員彈劾嚴嵩，朱厚熜詢問起來，嚴嵩都想方設法把官員揭發的事情往朱厚熜身上引。最後得出中心思想是，這些官員表面罵我，其實罵的是皇上您啊。而且每次都如嚴嵩所願，朱厚熜幾乎都中招，上奏的十有八九都會下牢獄。

最著名的就是嘉靖三十二年（一五五三年），兵部武選司員外郎楊繼盛彈劾嚴嵩事件。楊繼盛原本是個吏部小主事，起先因為得罪武將仇鸞，慘被下了詔獄。後來仇鸞垮臺倒楣，嚴嵩聯想起這事，覺得楊繼盛是自己人，一心大力提拔，一年就給了他連升四級，做到了武選司這樣的肥差。

但楊繼盛鐵骨錚錚，當年得罪仇鸞，是為了公事；如今彈劾嚴嵩，也是因為公事。一年連升四級，在他單純的心靈裡，這不是嚴嵩的恩德，而是皇帝的恩典。為了這樣的恩典，他決定以死報國，揭發嚴嵩的罪惡。於是是年正月，楊繼盛演繹了明代歷史上浩氣長存的一幕：莊重地齋戒三天，沐浴更衣，然後鄭重地送上奏摺，並向全天下宣告了自己的態度。我彈劾的是奸臣嚴嵩，不是他死，就是我亡。

這封彈劾嚴嵩的奏疏，就是著名的《早誅奸險巧佞賊臣疏》，奏摺中揭發了嚴嵩十大罪惡，包括專權誤國、貪腐成風、縱子作惡、貪佔功勞、引狼入室，敗壞朝廷形象等等，筆筆如刀，字字犀利，將嚴嵩一黨的畫皮剝得鮮血淋漓。

奏摺送上去，嚴嵩就害怕了。但是看過奏疏之後，他卻鬆了口氣。楊繼盛一腔熱血，卻百密一疏，奏疏裡的一句話，犯了朱厚熜大忌諱：願陛下聽臣之言，查嵩之奸，或召問裕、景二王。

這話意思是，皇上您一定要相信我的話，如果不相信，您可以問問您的兩個兒子，也就是裕王和景王。

這話到了多疑的朱厚熜耳裡就完全變了味。問我兩個兒子？你什麼意思？嫌我老糊塗了？誰派你上這奏摺的？

這幾下嘀咕後，楊繼盛就慘了。先下了詔獄，被嚴刑拷打，各種酷刑一起上，逼他說出背後主謀。但楊繼盛毫不畏懼，鐵骨錚錚，連那些凶殘了一輩子的獄卒們，最後都震撼不已。當時楊繼盛腿上的肉都給打爛了，夜深人靜的時候，他起身拿個碎瓷片當刀，忍痛割除腿上的腐肉，嚇得身旁的獄卒都直哆嗦。

對楊繼盛這個鐵漢，嚴嵩又恨又怕。但是朱厚熜聽說了之後，反而又猶豫了，只是把楊繼盛關在牢房裡，好幾年不聞不問。這也是朱厚熜對付官員的老招數，誰要是打不死，就長期蹲牢房等著，時間久了也許還有生還的機會。後來上書罵朱厚熜的海瑞，也是這待遇。

但嚴嵩這次卻下了決心，非要楊繼盛死。後來嘉靖三十四（一五五五年）年，張經抗倭蒙冤，被押到京城問罪。嚴嵩知道朱厚熜恨張經，於是就故意在寫有張經的死刑奏議上，附上了楊繼盛的名字。朱厚熜果然再度中招，一怒之下簽了死刑令：十月二十九日，楊繼盛蒙冤被害，年近四十歲。

在嚴嵩看來，楊繼盛的死，是除掉了一個心腹大患。但是他沒有料到，從楊繼盛上刑場的那一天起，他就犯了一個大錯誤。明朝自從有大學士制度以後，還沒有哪位內閣首輔，會因為彈劾而置別人於死地，哪怕是當年依附閹黨的奸人焦芳也不敢囂張至此。楊繼盛之死，嚴嵩等於把天下人都得罪。

而更嚴重一個後果，卻是嚴嵩更加始料不及。朱厚熜這個人心眼小，外加眼裡揉不進沙子，雖然脾氣秉性被摸透，常被嚴嵩忽悠。但這次被忽悠得夠狠，事後回過味來心裡也絕不是滋味。如果說以往對嚴嵩是寵著，那麼楊繼盛事件後，雖然對嚴嵩還是寵，但心裡的提防卻更加了一層。

嚴嵩的覆滅，正是從此開始。

乾兒親兒不爭氣

直臣楊繼盛早年的恩師，便是與嚴嵩同朝為官的徐階。也正是這位徐階，最終把嚴嵩一家，送上了覆滅的不歸路。

徐階，松江人。嘉靖二年（一五二三年）進士，成績極高，一舉摘得探花，也就是全國第三。更巧合的是，當時錄取他的座師，同樣是楊廷和。論及科舉關係，算是嚴嵩師弟。

和這位嚴師兄比，徐階也有很多相似之處。態度很溫順、情商也極高、很會察言觀色拉關係，而且他身材瘦小，眉清目秀，外加脾氣好。如果說嚴嵩像隻大貓，他就像隻小白貓。

尤其像的是，他也擅長寫青詞，在朱厚熜的修道事業中也一直出工出力。

但他和嚴嵩，終究不是一路人。初入官場的時候，徐階還比較氣盛，看不過去就說，結果得罪了當時掌權的張璁。官職被一貶到底，發配到福建延平做了推官。之後在地方上歷經摸爬滾打，辛苦熬了十年。由於一直以來心態好，到哪裡都認真幹活，而且政績出色，得到了夏言的賞識，終於又調回京城。後來在夏言擔任內閣首輔時，一度官至吏部左侍郎。

但好景不長，後來夏言垮臺慘死，徐階也跟著倒楣，先被排擠出了吏部，但好在朱厚熜也很賞識他，又把他調入了翰林院，做了掌院學士。而就在這個崗位上，素來低調的徐階，第一次展現出了卓越才幹。他在翰林院勤抓教育，並以陽明心學中「知行並進」為原則，革新翰林院學習風氣，擢拔有用之才。後來主導萬曆年間改革的政治家張居正，便是他此時培育的俊才。

而在夏言遭難的那些年裡，由夏言一手提拔的徐階也變得更加低調。除了埋頭工作外，日常生活更小心謹慎，終於躲過了這輪政治風暴，到了嘉靖二十九年（一五五〇年）已經是朝廷的禮部尚書，正二品高官。

而也正是這一年，庚戌之變令素來小心謹慎的徐階，第一次爆發了無比的勇氣。

庚戌之變期間，大明朝一度亂作一團。朱厚熜召集群臣開會，外面強敵壓境，大臣們六神無主。就連平時最有本事的嚴嵩也慌了神，只能搪塞說，這幫人就是一群惡賊，搶完了東西就走，皇上您不用擔心。

但徐階卻語出驚人，說如果不能制止俺答的行為，一旦繼續放任他們，就是大明朝的滅頂之災。這一硬頂，讓嚴嵩警醒了，徐階卻不管不顧，竟然主動受命，提出應該假裝媾和，拖延時間，等待援軍到來後再組織反擊。事後的發展，正如徐階所預料，在明朝的外交拖延下，俺答果然上當，先被忽悠著談判，然後一看援軍到達才慌不迭地逃走。大明王朝也就躲過了一場慘禍。

這事之後，徐階青雲直上，也在嚴嵩眼裡徹底掛號。之後多年，嚴嵩想盡辦法，打算整倒徐階，但徐階卻機靈無比，明槍暗箭，巧妙躲閃。特別是他當年就職國子監時的學生楊繼盛，憤然彈劾嚴嵩，事後也有人懷疑是徐階指使，但就在楊繼盛獲罪的同時，徐階卻步步高升。嘉靖三十二年進了內閣，楊繼盛殉難的同年，又加了少傅，成了僅次於嚴嵩的人物。

自那以後，嚴嵩整徐階整得更賣力。國家大事全壟斷，各部門全塞上自己人，把徐階徹底邊緣化，讓他在內閣裡變成了擺設。

但處心積慮的嚴嵩，卻恰犯了夏言當初的錯誤：朱厚熜是什麼人？提拔徐階，就是為了牽制嚴嵩的，而嚴嵩反而越牽制越來勁，這下還了得？

於是日久天長，朱厚熜對嚴嵩的不滿也日益增加。偏偏雪上加霜，嚴嵩的夫人歐陽氏過世，按照禮制，兒子嚴世蕃要回家守孝。這位高級參謀一走，嚴嵩可就糟了，諸如批閱公文、撰寫青詞，樣樣都沒了代筆，全得自己來。嚴老頭八十多歲老眼昏花，回覆公文的速度也大不如前，腦筋更轉得慢，對朱厚熜的好些旨意，有時竟然反應不過來，好些次惹惱了朱厚熜。

而且就在這些年裡，嚴嵩這些乾兒子們也一個個不爭氣。最典型就是趙文華，作為工部尚書，竟然連朱厚熜修宮殿的錢都貪。事情敗露後他驚懼交加，竟然給嚇死了。事後朱厚熜窮追猛打，又把他侵吞軍餉的事查出來，一怒之下把趙文華抄了個傾家蕩產。

趙文華的倒楣，是嚴嵩勢力的一次沉重打擊。此後的朱厚熜，對嚴嵩的不滿更是與日俱增。偏偏嚴嵩腦子犯糊塗。嘉靖四十年（一五六一年）皇宮失火，把朱厚熜臥室都給燒了，朱厚熜沒地方住，忙召大臣們想辦法，也不知道嚴嵩哪跟筋轉錯，居然脫口而出：皇上您可以移居到南宮去嘛。

這話說出來，朱厚熜差點沒氣暈。南宮什麼地方？這是當年明英宗被軟禁的地方，你讓我移居南宮？這是拿我當什麼？還是徐階腦子快，立刻插嘴說，讓我兒子徐蟠來督造營建，十月之前，一定讓皇上您住上新家。隨後圓滿完成任務，這才把朱厚熜又哄高興。

而經過這事後，徐階和嚴嵩兩人，在朱厚熜心裡的地位已經徹底翻轉。而後，深受朱厚熜信任的道士藍道行，更藉著道教典禮的機會，忽悠朱厚熜說：老天爺說了，現在朝廷有奸臣當道，您可要小心。就像當年嚴嵩用這招構陷夏言一樣，徐階有樣學樣，上鉤的依然是朱厚熜。

這事過後沒多久，嘉靖四十一年（一五六二年）五月，御史鄒應龍彈劾嚴嵩。這次的彈劾巧妙地用了含沙射影的學問，不直接罵嚴嵩，反而彈劾嚴嵩的兒子嚴世蕃，偏偏這個嚴世蕃不爭氣，給母親守孝期間，還成天縱酒淫樂，生活極其腐化，把柄一大堆。這下果然觸怒了朱厚熜，當月十九日就下詔：嚴世蕃下詔獄，嚴嵩本人退休回家。掌權十多年的嚴嵩集團，這下轟然倒臺。

渾水摸魚除嚴嵩

嚴嵩倒臺，徐階扶正，成了內閣首輔。但這場爭鬥對於他來說，還沒到慶祝勝利的時候，反而更加白熱化。嚴嵩到底樹大根深，罷官之後先通過朱厚熜身邊的宦官，把道士藍道行羅織罪名下獄，並害死在牢獄中。然後又四下活動，使得兒子嚴世蕃成功脫罪，先只判了充軍流放，然後在流放路上順利脫身，回到家鄉定居。事實證明嚴世蕃這人確實壞透了，都走到這一步了還是張揚，在老家大興土木，欺男霸女，做了不少壞事。

而這個大漏洞，一下子被徐階抓住了。本來徐階當權後，藍道行入獄，形勢一度很不利，但藍道行硬骨頭，到死都沒招，總算穩住局面。此後嚴世蕃在家鄉作惡，露出了大馬腳，徐階隨後行動，先是御史林潤上書，揭發嚴世蕃的惡行，再次激怒朱厚熜，將嚴世蕃逮捕下獄。眼看大禍臨頭，嚴世蕃卻依然有信心，三法司審他的時候，此人一沒動刑二沒逼供，就把當年怎麼害死楊繼盛的事情招了。三法司的官員們也上套，滿以為這口供一交，嚴世蕃必死無疑。

但徐階卻一眼看出其中破綻，這還是嚴家的老把戲：拖皇帝下水。楊繼盛的死刑命令，是朱厚熜親自簽發的，別管對錯，他都絕對不會認這個錯，到時候一看口供，必然勃然大怒，不但嚴世蕃會趁機脫身，三法司的官員們，更很可能陪綁。結果徐階早有準備，提前擬好了另一個供詞，這份供詞裡寫明：嚴世蕃犯了三條大罪：一是聚眾謀反，二是勾結倭寇，三是爭奪一塊有王氣的田地，企圖顛覆大明江山。果然如徐階所料，口供一送上去，朱厚熜立刻暴跳如雷，隨後下令，將嚴世蕃立刻斬首。這位嘉靖年間最狡詐的權奸，就這樣一命嗚呼。由於對這變故毫無準備，死刑命令宣布後，從來自信滿滿的嚴世蕃，當場渾身顫抖得一個字也說不出來，就這樣結束了可恥的一生。

嚴家的這場大難，京城的老百姓們都非常解恨，甚至還有老百姓自發聚集，觀看行刑。但寵了嚴嵩一輩子的朱厚熜，卻依然不解恨，下令抄嚴嵩的家，共抄了黃金三萬多，白銀二百多萬。而且據奏報，抄沒到的家產，也只是嚴嵩家產的三分之一不到。風光一輩子的嚴嵩，則淪為了乞丐，每天在老家靠撿拾一些墳地的供品果腹。八十七歲那年淒涼的死去。一直到了萬曆年間，徐階的學生張居正當權時，才派官員至江西收葬嚴嵩的屍骨，這位明朝最出名的奸臣才得以入土為安。

嚴嵩死後，繼任的首輔徐階，也遇到了嚴嵩當初的煩惱。朱厚熜年歲已高，做事也越來越離譜。煉丹修道，陣仗也越鬧越大。但徐階和嚴嵩不同，嚴嵩只管混事撈錢，徐階卻認真負責。每次朱厚熜要瞎指揮，就繞著彎子陪小心，正面不行側面來，揣摩朱厚熜脾氣的本事，他比嚴嵩強得多。嚴嵩通常都是討得朱厚熜歡心，而徐階卻更進一步，多次說得朱厚熜改變主意。

於是徐階的苦心，也很快得到了回報，一批卓越人才得到提拔。除了楊博、高拱、張居正這些文官大展拳腳外，邊防形勢也大好。東南的譚論、戚繼光、俞大猷一路猛打，終於徹底肅清倭寇，北方在馬芳等人的鎮守下，多次挫敗蒙古入侵，邊防形勢也大大改觀。

但國家的形勢依然嚴峻，西南和南方都有大規模的民變爆發，自然災害也進入多發期。最大的問題是，長期以來積弊的吏治，不是一下子就能整肅好的，官場貪腐不斷，效率低下，老百姓賦稅沉重，窮困不已。可憐徐階左支右絀，累死累活，卻還挨了不少罵。

嚴重的統治危機，朱厚熜其實也心知肚明。嘉靖四十五年（一五六六年）二月，戶部主事，著名的清官海瑞上了震古鑠今的《治安疏》。奏疏中歷數了朱厚熜執政的種種錯誤，懇求朱厚熜改弦更張，做一個勵精圖治的聖君。眼看自己的執政成績，被海瑞寫得如此不堪，朱厚熜再次暴怒，竟氣得把奏摺怒摔在地，然後不住地大罵。但在徐階的全力維護下，海瑞雖然下了牢獄，但總算沒死，後來在隆慶年間得到赦免，並兩度出山為官，書寫了清官傳奇。

朱厚熜之所以不殺海瑞，因為他心裡明白海瑞說的都是不折不扣的事實。然而慘澹的局面，他已無力補救。嘉靖四十五年（一五六六年）入秋起，他就臥病在床，十二月十四日過世。

這時的內閣首輔徐階，擔負起主持大局的重任。起草遺詔，確立裕王朱載坖登基即位，十二月二十六日舉行登基大典，宣布改次年年號為「隆慶」。和楊廷和當年一樣，同樣是事先未立太子的皇權過度，這次也平穩完成。

但大明朝的政局，卻並不平穩。北方韃靼的侵擾依舊，南方倭寇雖平，但廣東、江西等省份還是動亂不斷。就連明朝的附屬國朝鮮，背後都敢說老大的壞話。朝鮮使節來京弔喪前，國王特意叮囑：「現在明朝局勢不穩，很可能要出大亂子。你這次去，可要留意啊。」

二二、振興大明看高拱

作為大明朝的鐵杆小弟，朝鮮敢在朱厚熜過世時悄悄說老大的壞話，絕非是有意不敬，而是這時期的明朝，情況確實太嚴重。

就說朱厚熜去世前後的一些事，南方的廣東和江西都有民間暴動，有些地區的動亂，甚至已經持續了十年，但朝廷卻連平叛的錢都拿不出來。北方的韃靼依舊肆虐侵擾，邊關戰火不斷，年年不消停。朝廷的儲備更是捉襟見肘，比如太倉的糧草儲備，最窘迫的時候竟然只足夠支持一個月。

作為內閣首輔、百官之首，徐階盡心竭力地確保了皇位順利交接，然後主持朝局，廢除嘉靖年間各種弊政，為期間諸多獲罪的大臣平反昭雪，穩定人心，減免各地的賦稅。裡裡外外，操碎了心。

徐階雖然精通權謀，但幹起國家大事來卻是小心謹慎，主要的政績，基本就是糾正嘉靖年間的弊端，大多是撥亂反正。雖然做得不錯，但這時明朝的問題並不是撥亂反正就能解決的。

朱厚熜留下的是一個爛攤子。除了各種弊政因素外，遇到了很多新問題。由於這時明朝商品經濟發展，思想也更加自由開放，傳統道德觀念受到強烈衝擊，官風民風也深受影響。而在經濟方面，商品經濟發達、土地兼併嚴重，民間一片繁榮但政府稅收卻銳減，而長期的官風腐化，也鬧得政府效率低下。大明帝國的上層建築早已經是百孔千瘡，而徐階的辦法，還是到處補窟窿，雖說裡外忙活，卻也越發力不從心。

而且徐階自己有個非常突出的問題。他是松江人，當地商品經濟日益發達，且從事紡織生意，大搞土地兼併的以勢豪大戶居首，而徐階自己家就是其中勢力最大的。這麼個背景，指望他能大刀闊斧，實在有點難。

就在這樣的情景下，另一個鐵腕強人，開始大展拳腳：高拱。

孤傲俊才，皇子依賴

高拱祖籍山西，先祖遷到河南新鄭。而比起明朝諸多名臣的寒微出身來，高拱的家庭條件著實好得很。

高拱的家庭是名副其實的官宦世家，祖父和父親都曾為官。他的天資好，讀書識字都極早，自幼就被讚譽為神童。十七歲就考取了舉人，而且還是鄉試第一名。雖說之後科舉不順，連續幾次都遭受挫折，直到三十歲那年才考取進士。但因為科舉成績好，如願做了庶吉士，先進了翰林院。三十九歲那年，又得到一個至關重要的任命，成為裕王朱載坖的講官，也就是大明帝國未來繼承人的老師。

這樣好的家庭條件，外加好學問，還有得意的仕途。這樣的人生，想不得意都不行。高拱性格的最大特點，就是太過得意，在同僚面前從來都是一副孤傲樣，自以為天下第一，誰也不放在眼裡。

按說這樣的脾氣，在上司面前很難混。但高拱有頭腦，在同僚面前是一派傲氣，但在朱載坖面前卻完全收斂，傲氣變成了自信的傲骨。朱載坖雖說是皇子，但常年不受父親待見，嘉靖皇帝性格猜忌，有時候對兒子也提防。日久天長，朱載垕的心理變得極沒有安全感，稍有風吹草動就會緊張得不行。這樣一來，高拱的自信，反而和朱載垕成為互補。

而高拱的到來，卻恰好令朱載垕心安。高拱行事穩重，判斷事務更是極為自信，尤其難得的是他對朱載垕忠誠無比，大小事情不但賣力效勞，更極力寬慰。時間久了，不但被朱載垕極力倚重，甚至成了精神依託。後來高拱升任國子監祭酒，暫時離開了裕王府，但遇到疑難事務，朱載垕還是會寫信詢問，從那時起就建立了深厚的感情。

高拱嶄露頭角的時候，正是嘉靖年間黨爭最激烈的時期，首輔嚴嵩權勢滔天，次輔徐階暗中積蓄能量，兩人都不好惹，夾在中間的官員，如果不想惹事就得夾起尾巴做人。

但高拱的表現卻實在高調，嚴嵩面前從來都不買帳。甚至有次聊天，還故意引用韓愈的詩詞，當面諷刺嚴嵩的囂張跋扈。這要擱在別人身上，怕早被嚴嵩惡治了。但嚴嵩深知此人不好惹，不但沒發火，反而滿臉陪笑，一心想套交情。

而徐階面前，高拱也極其強勢。老謀深算的徐階，早注意到了這個政治新星，也一心著力拉攏。有次高拱外出主持科舉考試，出題時不慎犯錯，差點被嘉靖皇帝治罪。還是徐階好說歹說，才讓高拱脫了干係。

嚴嵩和徐階兩位大佬之所以如此善待高調的高拱，說到底還是因為他的背景。堂堂裕王的老師，別看眼下不發達，將來裕王登基必然獲得重用，不搞好關係到時候就麻煩了。

高拱也知道這裡面的學問，所以嚴嵩得勢的時候，他擺譜不搭理，後來徐階得勢，甚至主動推薦他進入內閣，他照單全收。但成了閣臣後，對於徐階的示好，不但依然不搭理，反而迫不及待地拉攏同是新閣臣的郭朴一起對付徐階。兩人間的爭鬥，從嘉靖年間晚期就開始，直把徐階氣得夠嗆。

經過這幾件事之後，高拱的形象也在群臣中樹立起來，一個囂張跋扈、誰的帳都不買的狠角色。

但是在一位後輩同事張居正的面前，高拱居然時常收斂起囂張的氣焰。

作為後來萬曆時代獨掌朝綱的大改革家，這時候的張居正還只是個小角色。高拱認識張居正是在國子監祭酒任上，那時的張居正還是他的副手，但兩人合作久了，高拱就暗自詫異：這個年輕人不單學問好，做事能力更強，是個有前途的人物。

而後張居正在老師徐階的關照下做了裕王的講官，同樣也成功地抓住了機會，深得裕王的信任。他與高拱的關係也更近了一步，成了無話不談的朋友。

事實證明，高拱不是見誰都狂，反而是真心佩服有本事的人。按照他自己的話說，滿朝文武，他唯一看在眼裡的只有張居正。

而對張居正來說，一邊是老師徐階，一邊是好友高拱，這微妙關係卻著實為難。從嘉靖晚期開始，兩人就在內閣裡互掐，一直到嘉靖皇帝駕崩，昔日的裕王變成了隆慶皇帝朱載坖，卻還是不消停。

和朱厚熜不同，隆慶皇帝朱載坖是個性格異常低調淡泊的人物。執政最大的追求就是垂拱而治，國家大事基本都放手給大臣做。

所以自從他登基後，凡事大都是點頭。決策都是由大臣來，他這一放手，朝廷上吵得更凶了。

每次朝會都是吐沫橫飛，但對這熱火朝天的局面，朱載垕的反應也出名的淡定，甚至大臣吵鬧半天，他就和沒事人似的發呆，就當什麼都沒聽見。

但畢竟此時朝廷中人才雲集，朱載垕這一做法反倒比瞎指揮強。於是登基之後，一些正確的決策也得到貫徹執行。影響尤其深遠的，就是隆慶元年（一五六七年）的隆慶開關事件。當時雖然倭寇平定，但是海禁問題依然沒解決，不開放海禁東南肯定還要出事，但開放海禁就是違背祖制，大逆不道，這該怎麼辦？

平日不說話的朱載垕，這次做了個聰明的選擇，依照福建巡撫涂則民的奏議，將制度做了個小小的修正。海禁的祖制，表面上不動。但是在福建月港開放一個通商口岸，准許沿海商民從這裡出發，出海做生意。此舉的影響出乎意料的深遠，大批的中國商人走出國門，拓展海外市場，大明朝的商品出口量更是直線激增，沿海商品經濟從此迅速發展。最直接的影響，自然是財政收入。月港當地每年都收入大筆關稅，還得了一個「天子東南銀庫」的稱號。

而對於新君朱載垕而言，解決這個問題，只是小試牛刀而已。緊接著對他而言，最大麻煩就是老師高拱與老臣徐階之間的掐架。

徐階高拱對對碰

進入隆慶朝以後，徐階和高拱之間的爭鬥更加白熱化。

要說兩人之間的爭鬥，不只是爭首輔這麼簡單，最大的分歧還是在二人的治國理念。

徐階是陽明心學信徒，早年師從於陽明心學右派的代表人物聶豹，後來的行政手段也深受其影響。不但行政上講求穩定與小修小補，還特別熱衷於講學活動。而且還親自主持各種陽明心學推廣講學，熱情極其高漲。

按說單純宣傳學問，也不算壞事，但徐階此時的身分是內閣首輔，他這樣一帶頭，明朝上下講學成風，官員們熱衷學術討論，實際工作卻沒人做。這就應了一句老話：過猶不及。

徐階的這番行為，不但高拱覺得過分，就連徐階的弟子張居正也覺得過分，從思想主張說，高拱和張居正，都深受明朝實學風氣影響，做事講求實際和效率，反對務虛空談。特別是隨著徐階年齡增大，官樣文章越來越多，也令高拱越發不滿。

而兩人之間的直接衝突，從嘉靖晚期就開始了。當時的吏科給事中胡應嘉是徐階的心腹同鄉，上奏彈劾高拱大罪，甚至暗示說高拱有不軌之心。幸虧當時嘉靖皇帝已經病糊塗了，否則足夠高拱倒楣。

這筆舊帳，高拱還沒來得及算，隆慶元年（一五六七年）胡應嘉又出手了。這次又彈劾了高拱的親信——吏部尚書楊博，這下高拱氣糊塗了，竟然大手一揮，將胡應嘉革職了。

沒想到這下可捅了馬蜂窩。這次胡應嘉敢出頭，其實是有準備的。他彈劾楊博的事由是，是年京查的時候楊博惡整御史言官。高拱這一發飆，就等於和全天下的言官為敵。言官們群起攻之，前仆後繼地罵高拱，罵得高拱難以招架，只得自己上書辭職。

等到高拱黯然回家，他才回過味來，其實從始至終都是被冷眼旁觀的徐階算計了。先是用胡應嘉來挑釁，然後引誘高拱報復，一報復就上鉤，被言官們群毆，最終黯然去職。徐階老小子，夠狠。

當然高拱這時的狀況，其實也和此時明朝的形勢息息相關：高拱和徐階二人，在治國問題上分歧嚴重。但此時新君登基，百廢待興，高拱所期待的大刀闊斧改革，此時還完全不是時候。徐階的小修小補卻符合當時的需求，因此，哪怕千般委屈也只好犧牲高拱了。

而且幾年的鬥爭證明，在徐階面前高拱的級別還是太低，幾乎每次面對面的交鋒都佔下風。徐階一把年紀，老謀深算，面子上從不吃虧，每次高拱刻意挑釁，最後都能被他重拳回擊。

但聰明過頭的徐階，這次卻犯了糊塗，朱載垕對高拱的感情，那是群臣都知道的。就是一萬個徐階，在朱載垕心裡也比不過一個高拱，現在事情還沒做，先把人趕走了，這還了得。

於是高拱走後，徐階卻發現工作越來越難處理了。雖說內閣裡幾乎都換成了自己人，連得意門生張居正都成了閣臣，但皇帝對他的信任卻是與日俱減。而且朱載垕和父親不同，對宦官非常倚重，君臣之間的矛盾也越來越多。鬧了幾次後，徐階也嘗到了被御史們彈劾攻擊的滋味。眼看工作無法進行，名聲也快保不住，徐階明白這是朱載垕不想讓自己幹了。於是趕緊上奏請求退休，不出所料地立刻被批准。

徐階去職後，隆慶三年（一五六九年）十二月，在家閒住三年的高拱終於再次得到任命，回任內閣大學士。聞訊後的高拱不顧天氣寒冷，決定立刻啟程，而京城裡立刻炸了鍋。當年罵過高拱的言官們，竟然嚇得紛紛請求調動，其中罵高拱罵得最厲害的歐陽一敬，居然憂懼交加，一命嗚呼。大家都知道高拱脾氣大，報復起來怎麼得了。

而這個時刻，高拱卻表現出一個政治家的大度，主動派門生傳話，希望言官們以國家大事為重，並保證不會計較私人恩怨。而對老對頭徐階的報復，卻顯得更有學問。徐階退休回家沒多久，昔日的直臣海瑞做了應天巡撫，在當地推行強力改革，並查到了徐階家人侵佔土地的罪證。這下可鬧大了，徐階被逼退田不說，兩個兒子更被抓了充軍，眨眼之間，處境極度悲慘。

為求自救，徐階也能屈能伸，一面通過學生張居正，在內閣給高拱施壓，警告高拱不要做得太過分。一面言辭懇切，給高拱寫了一封道歉信。這樣雙管齊下，高拱面子上得到滿足，也就抬了手，不再追究徐階的責任。這以後的徐階，在家鄉著書立說，安度晚年，萬曆十一年（一五八三年）過世，總算善終。

慧眼識才開新政

而在了斷了與徐階的恩怨後，高拱也開始在國事上大展宏圖。在執政方略上，比起當年徐階的修補來，他卻是反其道而行，雖說沒有像張居正那樣喊出改革口號，但具體施政卻是一脈相承。

而其中高拱眼光最精準，且動作最大的就是吏治的整頓。

自嘉靖年間起，明朝官場貪腐成風，風氣大壞。雖然徐階在任時也想過很多辦法，包括他最得意的講學，其實就是廉政教育，但是收效甚微。

在這個問題上，高拱有獨特的手段，首先，是嚴抓考核關讓吏部的考核制度更完善，每個官員每個月的情況都要彙總，年終統一考核，不合格的就要嚴辦。另外官員選拔也改了規矩，鼓勵大批非進士身分的官員入仕提拔。一些地方官職，交給年富力強的官員，而鹽政、馬政等以往被人看輕的職務予以重視，著力提高相關職務的待遇，並選拔幹才。

在高拱的這番動作下，明朝的吏治考核狀況一下子大為扭轉，官場效率也提升。而比起這些改革來，高拱判定官員的眼光更是卓越，幾位封疆大吏就是典型的例子。

最著名的人物，當屬主持平定西南叛亂的名臣殷正茂。此人精通軍務，是明朝的封疆幹才，但最大的毛病，就是貪污腐敗，以至於雖然朝廷知道他有才能，卻不敢輕易任用。但高拱不管，眼看廣西韋銀豹叛亂越演越烈，便堅持選擇殷正茂前往平叛，而且還特意發話：殷正茂要多少軍費，就給他多少錢，不用查帳，只要他能平叛，就不怕他貪。關於這條，當時的老搭檔張居正也不明白，結果高拱解釋說：我讓他貪，但他能辦事，如果找個廉潔的，但是事情辦不了，豈不是花冤枉錢？

高拱用人，一向都是這個特點，用人用其長。而他更加卓越的抉擇，便是著名的隆慶和議。

隆慶和議，發生在隆慶四年（一五七〇年）十月。當時一直侵擾明朝邊關的蒙古土默特部，爆發了大內訌。可汗俺答的孫子把漢那吉，竟然公開向明朝投誠，原因是婚姻糾紛。把漢那吉眼看就要成婚，新娘便是著名的三娘子，誰知祖父俺答也對新娘子動了心，乾脆搶先一步，自己先和這位美麗的新娘成親了。

這下把漢那吉怒了，一跺腳投奔了明朝，但接著麻煩也來了，俺答立刻帶著大兵跟來，在宣大邊境晃蕩，嚷嚷要明朝交人。

老謀深算的高拱看出了破綻，俺答表面囂張，其實很怕明朝一怒之下將孫子殺掉。因此高拱因勢利導，命人與俺答談判，兩家很快達成協議，把漢那吉受封了官職，被明朝放回，還賜予了大筆禮物。雙方的關係一下子緩和下來了。

緊接著打鐵趁熱，雙方又開始商討通貢互市問題，這是俺答一直夢寐以求的事情，無奈長期以來明朝不搭理，以至於邊關戰爭不斷。

而對於這事，高拱也一直有主張。自從他執掌內閣後就著力發展軍備邊防，不但馬芳等名將多次立功，讓俺答嘗到戰敗的滋味。而且他做事極細心，就連邊境的州縣，也都換了精明強幹的官員，且提高了相關待遇，因此邊關穩固，逼得俺答早就想認輸，把漢那吉事件，不過是就坡下驢。

這樣一來，協定很快達成，但這事在朝廷內部還是遭到了很大阻力，好些重臣反對，甚至為此還投票表決，結果票數竟然相等。關鍵時刻，隆慶皇帝朱載垕再次表現了一個政治家的擔當，作主拍板同意。

隆慶五年（一五七一年）三月，著名的隆慶和議正式達成：明朝封俺答為順義王，其兄弟親戚甚至部下也都相繼封了官職。雙方開放貿易互市，從此以後，北方漢蒙兩族之間的貿易蓬勃發展。宣大一線，這裡原本燃燒的世紀戰火，從此也徹底熄滅。之後六十多年裡，雙方再未爆發戰爭。

除了邊境戰事外，高拱大膽地提拔了司法官員出身的潘季馴，主持了大規模的黃河修治工作。幾項政績下來，成就斐然。

然而政績不錯的高拱開始飄飄然了，他本來就是個傲氣沖天的角色，這下更是專橫無比。尤其是他還有急脾氣的大毛病，工作交代下去定期就要完成，無法完成就要追責，一點不順心，就逮住同僚罵個沒完。日久天長，越發招人厭。

這樣一來，內閣裡的幾位老同事也都一個個受不了他。像陳以勤、李春芳幾位本來都是和高拱一起為朱載垕講學的老同事，關係一直不錯，這下紛紛反目。特別是李春芳，掛名的首輔，出了名的好脾氣，都受不了高拱的跋扈，主動打報告辭官。更扯的是殷士儋，實在受不了高拱的欺負，竟然在內閣裡揮拳毆打高拱，演出了明朝內閣歷史上一齣活劇。

結果一通鬧將下來，高拱有了首輔的名分，但內閣的成員、往日的舊友，竟然就只剩下了張居正。到了隆慶六年，高拱權力更盛，上有皇帝信任，身邊門生簇擁，權力如日中天。

而一向與高拱親密合作的張居正，長期以來，都是扮演小弟角色。但高拱得寸進尺，越發囂張，眼看老同事都給排擠得差不多了，張居正也著慌，心裡也開始盤算了。等著他轟走我，不如我轟走他。

但高拱此時實力太大，不管哪方面，張居正都不是對手。但張居正有辦法：拉外援。

張居正的外援對象，就是宦官集團的二號頭目——東廠提督太監馮保。

說起馮保和高拱的恩怨，說來也是高拱自找的。深得朱載垕信任的高拱，不但抓住了內閣大權，甚至手還伸進了司禮監，連司禮監掌印太監的人選，都要由他來操控。

而在這事上，高拱的態度也很明確，要找沒本事、容易控制的。先是陳洪、又是孟春，一個是管日用品出身，一個是做飯出身，全是擺設。

但馮保就慘了，此人能力出眾，既能管特務，文化水準又高，還精通書畫收藏，外加一肚子心眼，實在不是個善茬。因此高拱百般提防，拼命壓制，終於把馮保壓制怒了，和張居正一拍即合。

孤傲強人慘遭算計

就在兩人順利勾結後，隆慶皇帝朱載垕的生命也走到了盡頭。他雖然才三十六歲，而且國家大事很有主見，無奈自幼體弱多病，登基後又做甩手掌櫃，成日沉溺玩樂，結果身體早早垮掉。隆慶六年（一五七二年）五月，朱載垕去世，廟號明穆宗。八歲的小太子朱翊鈞即位，次年改年號為萬曆。這就是大名鼎鼎的明神宗萬曆皇帝。

在人生的最後時刻，朱載垕對於高拱還是寄託了厚望。當眾對高拱說，國家大事，還需要您多多操勞啊。高拱也放了心，以顧命大臣自居。孰料一宣讀遺詔，卻完全不是這麼回事，竟然宣稱國家大事，由內閣和司禮監共同商量。這下高拱傻了，大明的祖制不是給破壞了嗎？緊接著一顆炸彈又扔過來，司禮監的掌印太監換成了馮保。

這下高拱明白了，背後一定有鬼。經過這麼多次政治鬥爭的勝利，他這次也是信心十足，覺得不過是馮保背後搞小動作，很容易對付。結果高拱很快發動了攻擊不但親自上書揭發馮保奸詐，更發動門生寫奏摺彈劾。按照高拱的算計：小皇帝歲數小，這麼一嚇唬，必然拿馮保開刀。

但沒有想到張居正早和馮保勾結，高拱的這番算計，先由張居正告訴了馮保，接著兩人火速行動，跑到萬曆皇帝母子處搬弄是非。尤其是高拱私下說話不注意，一句「八歲孩童，如何治天下」，被馮保添油加醋，變成了「八歲孩童，如果做天子」。一句話說錯，後果很嚴重，外加馮保動用特務機關，硬給高拱安插個迎立外藩的罪名，這下高拱沒救了。次日一早，聖旨就下來了：高拱擅權無君，逐回鄉里。

這樣一個突如其來的襲擊，著實出乎高拱預料，他聞訊後臉色蒼白，險些沒給栽倒。算計了高拱的張居正，倒是好人做到底，還給高拱申請了公費的馬車，護送高拱回家鄉。但整個過程對於高拱來說是個奇恥大辱。他與張居正往昔的同僚情誼，就此徹底決裂。

黯然回家的高拱，過了幾年孤獨淒涼的生活，於萬曆六年（一五七八年）病故。在此期間，馮保還曾羅織罪名，污蔑高拱謀反，差點將其逮回京城問罪。幸虧一干同僚拼命營救，這才逃過一劫。一直到萬曆皇帝親政後，下詔書稱讚高拱「擔當受降，北擄稱臣，功不可泯」，賜太師爵位，謚號文襄。這位親手開啟隆萬改革，為明王朝煥發第二春的政治家，名譽終於徹底昭雪。

二三、張居正的三位幫手

高拱去職之後，明朝進入了萬曆時代。這時的萬曆皇帝，還只是毛孩子，真正操持國家大事的，就是與馮保聯手擠走高拱的張居正。

而在高拱走後，張居正不但大權獨攬，更繼續了高拱未完成的事業。除舊佈新、振興大明，之後他的十年努力，便是著名的「張居正改革。」

關於這場改革，歷代史家史不絕書的多是這場改革的偉大成就。在國家內憂外患，階級矛盾尖銳，經濟困頓，外敵入侵的種種困境下，張居正以其十年堅忍不拔的努力，已經令走下坡路的明王朝重新爬坡。

十年改革下，明朝可供徵收稅賦的土地，由萬曆初年的四百多萬頃，激增到萬曆十年的六百八十萬頃；一條鞭法的普遍推行，更減少了的國家的稅收成本，增加了稅收利潤；考成法的貫徹，提升了國家的行政效率；商稅的改革，更刺激了東南沿海工商業的發展，擴大了國家的稅源。與此同時，明朝軍隊的實力也重新煥發，戚繼光在薊州、李成梁在遼東，皆多次挫敗蒙古部落的入侵。持續二百年的明蒙雙方大規模戰爭，至此徹底落幕。比起嘉靖朝後期國家內憂外患、戰火四起的景象，此時的明王朝是一個和平穩定、欣欣向榮的世界第一強國。

在張居正去世前的一年，即萬曆十年（一五八二年），明朝的國家年財政收入，達到了八百萬兩，如果把這個數字用大米的比價做換算，相當於清朝「康乾盛世」時期的八千多萬兩。明朝在萬曆十年的各地糧食儲備，足夠國家支用十年。與此同時，大江南北特別是東南沿海工商業蓬勃發展。歷史上稱這段時期為「萬曆中興」，毫不為過。

有如此大的成就，張居正本人自然居功至偉，但俗話說「一個好漢三個幫」，在這個開創盛世的年代裡，也注定要有為他披荊斬棘的能臣，這時期的戚繼光、李成梁、譚綸等人皆名垂青史。而有三個人雖然名聲不及他們，貢獻卻同樣突出——王國光、張學顏、潘季馴。

經濟奇才王國光

王國光，字汝觀，山西南陽人，嘉靖二十三年（一五四四年）進士。是比張居正早三年入仕的「師兄」。但比起師弟張居正來，王國光的官運，卻坎坷得多。

王國光從入仕起就是出名的清官，他的第一個官職是吳江知縣。到任後第一天，就在府衙門口立了一首詩：山西王國光，初任到吳江，若收一分錢，到死不還鄉。到任之後，他裁減吳江當地的賦稅損耗，減輕百姓負擔。他還有一個無與倫比的優點：聰明。不僅所管轄境內的各類案件都能斷得清清楚楚，連鄰縣發生的案件，他僅憑蛛絲馬跡的聽聞，就能推斷個分毫不差。到後來，周圍縣城凡有疑難事端皆多向他請教。

這樣的好官，在嘉靖朝，差不多是「哪裡最難辦派到哪裡」，之後王國光又相繼在河南、河北各地做知縣，所到之處皆是明朝上下公認「難治」的地方。他一如既往為官清廉，多次為民解困，所過之處皆「百姓安居，咸稱其善。」

王國光和張居正的交往，始於他調任兵部考功司主事時。此時的張居正，還是翰林院裡一名無權無職的小翰林。兩個同樣心懷天下的青年，從結識開始因共同的理想而一見如故。二人之間的交往始於最早的詩文唱和。

這時正是嚴嵩當道，國家政事大壞，王國光擔任吏部文選司郎中時，頂頭上司是嚴嵩的門生鄢懋卿；調任戶部時，頂頭上司又成了嚴嵩的乾兒子趙文華。也因此見多了嚴黨的蠅營狗苟，秉性剛直的王國光，起先曾多次與之衝突，後來張居正寫信勸他，要他「引而不發，不可強爭」。到嚴嵩倒臺時，王國光已官升至戶部左侍郎。隆慶四年（一五七〇年），五十八歲的王國光終被扶正，成為了大明朝的戶部尚書。

王國光能得到重用，一面是因為老友張居正的舉薦，另一面是因為他的能力。王國光素來以性格剛直、為官清廉著稱，而他的能力在官場上更是有目共睹。任職吏部的時候，他可以對全國各地知縣的姓名如數家珍，僅憑下面官員申報上來的一點材料，就能迅速判斷出地方官的政績優劣，而且大致不差。後來改任戶部，全國各省的賦稅、錢糧、每年的災荒、增產減產的數額，他全部了然於胸。甚至各地邊關每年所需要的軍餉，每次征戰所要調撥的軍糧，他在知道大概的情況後，立刻就能做出判斷。張居正的老對手高拱對王國光有個非常精確的評價：「理財奇人，當世無雙。」

從隆慶四年（一五七〇年）就任戶部尚書，到萬曆四年（一五七六年）王國光第一次告病去職，是王國光宦海生涯裡政績斐然的六年。明朝的勵精圖治其實是從隆慶年間開始，在高拱主政期間，通過調整地方賦稅、興修水利等措施，國家的收入開始增加，但糧食危機卻同樣嚴重。

此時明朝糧食儲備面臨兩大問題，一是管理分散，機構冗雜；二是糧食收支管理混亂，帳目不清。王國光深知「民以食為天」的道理。從隆慶年間開始他就大膽進行改革，首先是推出了「天下撫按官」制度，即只有巡撫、巡按可以調動地方糧食儲備，地方布政使無權調動。這就減少了自嘉靖年間開始，地方儲糧多被私人佔有流失嚴重的局面。

到了張居正改革時期，王國光更大展拳腳，他先進行機構精簡。在三年時間裡，明朝有關糧食管理的官員相繼被裁撤了三分之二。針對邊境地區軍糧調度效率低下的問題，王國光又出臺了「座糧廳」制，即設計臨時機構統一調撥糧食，增加了國家糧食運輸的效率。

王國光對張居正改革最大的貢獻，當屬萬曆元年（一五七三年）他受命編寫的《萬曆會計錄》，這部巨著詳細記錄了明朝兩京十三省的土地、賦稅分布情況，細緻到當地勢豪大戶的土地兼併細節，以及當地官田流失的狀況。堪稱是張居正推行一條鞭法以及清丈天下土地的重要參考資料。但也因如此，王國光幾乎把當時所有勢豪大戶都得罪了，萬曆三年（一五七五年）有人彈劾他任用私黨，藉裁撤冗員之機收受賄賂，雖有張居正力保，但王國光還是請求辭職，於次年獲准。

第一次辭職的王國光，是年已經六十三歲，他本以為可以終老於林泉，但是老朋友張居正還是離不開他。一年以後，吏部尚書張翰去職，吏部執掌人事大權，位高權重，一心攬權的張居正，在這個官職的任命上還是想起了王國光。結果，在張居正數次寫信懇勸後，王國光重新出山。擔任吏部尚書至萬曆十年（一五八二年），正因如此，他成了世人皆知的張居正的心腹。

萬曆十年張居正過世，萬曆皇帝隨即開始了對張居正的清算，王國光當然不能倖免。被剝奪一切職務後撤職回家，尤令他寒心的是，他家鄉的親眷族人，甚至同村鄉親們，早傳言他「站錯了隊」要被重辦，為免株連紛紛和他劃清界限。王國光回到家鄉才知道，他全家老小都被趕出村，甚至不許他回家居住。無奈之下，王國光一度曾躲到附近山洞裡居住。世態炎涼可見一斑。

神祕軍事家張學顏

第二個張居正的幫手，就是張學顏。

在《明史》的各類傳記裡，張學顏是一個比較神祕的人物，神祕到出生年份都無可察，只說是嘉靖三十二年進士，但不神祕的是他在張居正改革時期的貢獻。

如果說張居正對王國光一直「以兄事之」，那麼張學顏就是張居正不折不扣的小弟。而和王國光不一樣的是，張學顏這個人才是高拱發掘的。

張學顏，字子愚，號靜齋，河北肥鄉人。早年的他在家鄉，以孝順出名，他的母親早逝，之後他事繼母極孝，在鄉閭頗有善名。入仕後的張學顏，先做曲沃知縣，後任工科給事中，以行事嚴謹紮實著稱。在任職工部時，有關每次工程的材料用度，他計算得非常精確，甚至分毫不差。張學顏最早得到高拱賞識，是在嘉靖四十五年（一五六六年）他任陝西參議時，當時蒙古入寇嚴重，張學顏上《禦邊十策》，一反明朝上下防禦為主的戰略，提出主動出擊，殲滅敵人有生力量的構想。朱載坖即位後，因阿勒坦向明朝歸順，西北烽火日減，反而遼東地區因受土蠻入侵，漸成邊患重災區。隆慶四年（一五七〇年），高拱力排眾議，任命張學顏就任遼東巡撫，而與他搭檔的正是後來的遼東猛將李成梁。張學顏到任後，面對遼東漢人稀少而蒙古入侵日烈的局面，採取了招撫流民、拓展屯田的方法，不出幾年就扭轉遼東局面。遼東原是明朝軍費開支最多的地區，張學顏任巡撫後，至萬曆元年（一五七三年），遼東黑土地上已是沃野千里、田畝縱橫，遼東邊軍的軍糧，已可自給自足。也正因如此，萬曆年間的李成梁可以屢次大破土蠻，威震邊陲。

張學顏的能力也得到張居正的賞識，雖他是高拱舉薦的人，但因他的才幹，張居正也對他頗為倚重。張學顏本人也很識趣，萬曆元年（一五七三年）李成梁大破土蠻，斬首數千，取得遼東大捷。張學顏在報功時大讚張居正的功勞，博得了張居正的歡心。坊間更傳言張學顏多次給張居正行重賄，尤其是明朝人王世貞的各類文章裡，對這種說法更言之鑿鑿。張學顏行事也有果敢狠毒一面，張居正當政後，最早擔任遼東巡按御史的是張居正的門生劉台。後來因為劉台不滿張居正專權，竟上書彈劾他。門生彈劾座師，在明朝被視為奇恥大辱，礙於面子，張居正表面上不計較，只是將劉台罷官了事。但三年以後，已是戶部尚書的張學顏秉承張居正之意，羅織罪名稱劉台貪污，竟將劉台發配流放。在張居正當權期間，張學顏不但是可靠的幫手，更是得力的打手。

在王國光因受不了言官彈劾去職後，張居正越發需要張學顏這位幫手。萬曆四年，張學顏接替王國光成為明朝的戶部尚書。萬曆五年，張居正開始在全國推行一條鞭法，大規模的清丈土地。張學顏忠心耿耿，一面編纂《清丈條例》，作為整個清丈行動的指南，一面大力收集全國各地勢豪大戶的罪證，用以要脅他們：聽話的無事，不聽話的法辦。觸動整個王公貴族利益的清丈土地運動，最後得以圓滿成功，做事狠毒的張學顏實在功不可沒。

朝堂上對張學顏又恨又怕，後來的內閣大學士于慎行更直斥張學顏為張居正的爪牙。萬曆十年（一五八二年）張居正病逝，一時間諸多張居正的親信遭到清算，但張學顏卻得以倖免。年輕的萬曆皇帝起初對他也分外欣賞，並調任他為兵部尚書。張學顏兢兢業業，繼續清丈軍屯、整治國防，一度建樹頗多。尤其是他提出在廣東、福建地區擴編水師，用以拱衛國防，在之後的抗倭援朝戰爭中，發揮了重大作用。萬歷朝最傑出的水師將領陳璘，也得到他的賞識擔當大任。但到了萬曆十三年（一五八五年），他卻觸了萬曆帝的「霉頭」，建議將內廷衛隊的調度權收歸兵部以便統一指揮此事犯了萬曆的忌諱。不久之後，萬曆重翻老帳，指責張學顏是張居正一黨。結果，張學顏被罷官退休，結束了他毀譽參半的官場生涯。

水利大師潘季馴

張居正改革時期的第三位重要人物，就是潘季馴。

潘季馴，字良艮，浙江烏程人，嘉靖二十九年（一五五〇年）進士，明朝最傑出的水利專家。在成為一個傑出的水利專家之前，潘季馴主要是做司法工作的，他先任九江推官，後做御史。嘉靖四十四年（一五六五年），就在龐尚鵬巡按浙江的同時，潘季馴也正巡按廣東，在當地推行一條鞭法。但是潘季馴很早就與水利結下不解之緣，早在嘉靖二十九年（一五五〇年）入京趕考時，他從家鄉出發，乘船沿京杭大運河至北京，一路就將沿途水文資料詳細記錄。為官之後，潘季馴每到一地，都會搜羅當地的水利著作，精心研讀。他似乎天生就為治水而生的。

嘉靖四十五年（一五六六年）黃河發大水，導致河道淤積，時任御史的潘季馴主動請纓，協助工部尚書朱衡治理水患。此時黃河在沛縣決口，大量泥沙阻斷京杭大運河，朱衡主張在沛縣另開新河，重新連接京杭大運河。但潘季馴判斷此舉會勞而無功，建議恢復元朝人賈魯在此地修造的舊運河。二人爭執不下，結果朝廷支持了朱衡的建議，而事實果如潘季馴所料，朱衡的新河剛挖了一半，又遭黃河發水，瞬間被沖垮了。危急之下，潘季馴不計前嫌，幫助朱衡亡羊補牢，在新河沿岸規劃堤壩，遏制水勢，最終成功疏通河道，京杭大運河重新暢通。此事讓年近花甲的朱衡愧疚萬分，連稱「治河半生，方知人外有人」。

但明朝的水患並沒有因此而解決。明朝中期的水患，歸根結柢四個字——保漕棄黃。從嘉靖年間開始，明朝前期修築的水利工程大多已失修。為保證連接南北的京杭大運河暢通，長期以來採取了犧牲黃河流經的河南地帶。為了保障漕運暢通而對河南等地的水患大多放任，希望這樣能為黃河分流。結果，黃河水患不斷，京杭大運河唇亡齒寒屢屢遭阻斷。

到了隆慶年間，明朝終於為前人的錯誤埋單。隆慶三年、四年，黃河三次大規模決口，中原大地遭受百年未遇的水災。從蘇北的睢寧到宿遷，一百八十里的大地盡成汪洋。上千艘開往北京的運糧船被阻斷在長江南岸，大明王朝的主動脈一下子被切斷了。潘季馴再次臨危受命，被委任為治河總督，這時主持明朝國事的大學士高拱給了他極大的信任，命他可全權節制山東、南直隸、河南、安徽四省的兵馬錢糧，堪稱是明朝這時期的「最大地方官」。官大壓力也大，潘季馴到任後幾經勘察，多次親臨第一線，甚至有一次他的官船遭遇風浪，差點被打翻。皇天不負有心人，他終於找到了治水的方法。以往治理黃河，要麼拓寬河道，要麼加高堤壩。拓寬河道，會導致大量泥沙沉積，水位越發高漲，而加高堤壩的結果，更是堤壩高一尺水高一丈，越治水勢越烈。

所以潘季馴大膽提出了新的治水構想，即有限度的填充河道，縮短河道寬度，加大水的流量，利用水流的沖擊力，將泥沙沖走，水位自然下降。同時對沿岸河壩，改以前的加高為加厚，增加河壩的抗沖擊力。同時，潘季馴還精打細算，盡力縮減治河費用。結果，這項浩大的治理工程，花費白銀十一萬兩，比計畫內削減了一半，卻無損工程品質。這種獨特的治理黃河方法，就是著名的「束水沖沙法」。

但也因為這次成功的治河，潘季馴反而得罪了此時還是內閣次輔的張居正。因為張居正的本意，是要加高河壩、深挖河道。而張居正起先意圖拉攏潘季訓，但被深念高拱知遇之恩的潘季馴拒絕。報復隨即來了，治河剛剛成功，潘季馴就遭彈劾，黯然罷官去職。

這次「功高不賞反遭逐」，對潘季馴本人既是委屈，卻又是幸運。因為就在一年以後，明朝發生了巨大的人事變動，新登基的萬曆皇帝罷黜了高拱。之後高拱的親信們也紛紛被逐，以潘季馴寧折不彎的脾氣，難保不會發生事情。高拱去職後，潘季馴反而因禍得福。萬曆四年（一五七六年），朝廷下旨重新啟用潘季馴，想起張居正當年對自己的種種刁難，潘季馴起初以體弱多病為由婉拒。張居正得悉後，親筆給潘季馴寫信，一面為以前的事情道歉，希望潘季馴能不計前嫌；一面大讚潘季馴「早負才名，雅有清望」，誠懇言辭，終於打動潘季馴。張居正這般服軟也是有原因的，當年因潘季馴早早去職，他大規模治理黃河的計畫並未實現，結果到了萬曆年間，黃河又在高郵、徐州地帶相繼決口。明朝大規模投入人力物力治河，但正如潘季馴所料，傳統的治水方法，水勢會越治越烈。當年張居正不想用的人，現在卻不能不用了。

萬曆六年（一五七八年），潘季馴再次總理河漕。這次張居正給予了他全力的支持，加封他為右都御史兼工部侍郎，將治理運河的事交由他全權處理。這次張居正除了允諾潘季馴可節制中原四省的兵馬錢糧外，連當地地方官的人事罷免權也給了他。但這次的局面卻更糟，黃河全線決口竟達一百三十處。平均每個決口寬度都在一百丈以上、水深兩丈以上。更嚴重的是，毗鄰災區的古泗州，是明朝祖陵所在，一旦有失，政治風險是誰都無法承擔的。位高權重的潘季馴，此時正在風口浪尖上。

潘季馴迎難而上了，潘季馴再次找到了解決黃河氾濫的關鍵點——保漕治黃。是年六月，他向朝廷上了詳細的《兩河經略書》，這是中國水利史上第一本系統論述黃河全線治理的著作。依據這部方略，潘季馴放手行動，他建議北至天津、南至南直隸，沿著運河沿岸大規模修築堤壩，同時在黃河與大運河的交界處，再行「束水沖沙法」，增大流量沖刷泥沙。在水流的兩岸，修築三道立體堤壩，以緩解水勢。如果說之前歷經水利廢弛的黃河，已是一個垂垂老矣的病人，那麼潘季馴的藥方，就是對黃河進行大規模的手術。潘季馴更在奏摺裡誓言，願以三年為期，到期無果則以死謝罪。

萬曆六年八月起，這項浩大的工程開始了，潘季馴不但詳細籌謀，更施嚴刑峻法，多次罷免甚至治罪虐待河工的官員。同時潘季馴更發明了在黃河沿岸修建減水堤壩和洩洪渠。不但分流黃河水勢，更灌溉良田無數，僅用一年時間，這項計畫三年的工程即全線完工。從此以後，水災頻繁的淮河沿岸、蘇北地區，在此後的近一個世紀裡再未發生水災。而潘季馴建減水堤壩的洪澤州，更從以前的重災區變成膏腴遍地的樂土。萬曆八年四月（一五八〇年），六十歲的潘季馴加封太子太保，萬曆皇帝的詔書裡稱他「以水治水，計慮出於萬全，知人任人，率做先乎眾職」。極盡讚美之詞，絕對匹配得上潘季馴的不朽功動。

但兩年之後，名滿天下的潘季馴，厄運還是到來了。張居正去世後，潘季馴因不滿張居正慘遭清算，多次向萬曆上書，招來萬曆的嫉恨，最終被劃成「張居正一黨」，再次黯然罷官回家。萬曆十五年（一五八七年），黃河又在河南決口，萬曆皇帝這才想起了這位被他汙為「張居正同黨」的水利大師。次年二月，潘季馴再授太子太保，以河道總督身分奔赴河南。經兩年嘔心瀝血，終於成功治理河南水患，在山東、江蘇、安徽大規模修築堤壩。至此，整條黃河航線的治理，終於全面完成。而這次潘季馴未等朝廷封賞，早對宦海心灰意冷的他就主動辭官回家。萬曆二十三年（一五九五年），這位十六世紀人類最傑出的水利專家在家鄉病逝，享年七十四歲。

二四、萬曆時代的「蘇州稅監事件」

張居正的功勞與毛病

張居正十年嘔心瀝血的改革，造就了大明王朝的再度振興。其主要政策，也素來史不絕書：全國清丈土地，遏制兼併，增加朝廷稅收，並極力推行一條鞭法，將賦稅折合銀兩徵收。同時實行考成制度，提振官場效率。

改革的效果也立竿見影。邊境堅不可摧，戰事大大減少；國民經濟更直線上揚，朝廷收入激增，國庫存糧充足；朝廷儲備豐厚，同時大規模治理黃河，把黃氾區變成了產糧區，生產大為增加。

然而諸多成績，卻難掩其中弊病。最大的一條，便是張居正個人的專斷，幾乎把個人權力，凌駕萬人之上。內閣行政權力，更凌駕在各部門之上，明朝長期形成的相互制衡體系，再次被完全打亂。考成法在提升效率的同時，更箝制了百官，特別是把原本制約內閣權力的言官集團，也放在內閣「考成」的範圍裡，以前可以仗義執言的御史們，這下完全變成了內閣的奴才。

改革本來就是得罪人的差事，在推行過程中，難免有人利益受損，所以越往前行阻力越大，必須消除雜音才能全力推動。就這樣十年改革期間，張居正越發變得專斷。特別是萬曆五年（一五七七年）的奪情事件，當時張居正父親過世，他以奪情為名，拒絕回家守孝。招來朝野議論，連張居正的門生都上書彈劾老師。而面子掛不住的張居正做出了激憤之舉，在萬曆皇帝的力挺下，當眾杖責那些彈劾他的言官們，鬧出了大事件。

而隨著張居正的越發專橫，漸漸成年的萬曆皇帝也逐漸不能容忍。張居正的改革是以輔政的名義，藉助皇權的幫助來推進的，但是隨著威權日重，無論他怎樣小心行事，最終都會成為皇權的威脅。活著的時候沒人敢碰，但一旦人亡，不但難逃清算，昔日的改革也將會遭到衝擊。

而萬曆對張居正逐漸由敬重變痛恨，主要有三個原因：一是張居正對萬曆管束嚴格，但越到晚年，他自身生活卻放鬆了。甚至有好些腐化墮落的事情，傳到萬曆皇帝耳朵裡，印象自然大改。二是萬曆皇帝逐漸成年，但張居正多次乞求退休，萬曆的母親李太后卻不批，硬是要留用到底。日久天長，萬曆就深恨張居正奪了自己的權力。第三條是最致命的，在專制時代任何一個皇帝都不會允許超越皇權的力量存在，所以清算是必然的。

萬曆十年（一五八二年）六月二十日，張居正過世。十八歲的皇帝在隆重地哀悼後，隨後開始清算。張居正的同黨馮保被抄家，然後張居正被追奪一切官職、抄家。張家人有不少死在牢獄，全家一度被囚禁，長子張敬修更被活活打死。幸虧張居正一手提拔的親信大學士申時行在關鍵時刻求情，萬曆皇帝這才消氣，將張府兒女流放外地，母親劃撥水田供養。一代改革家的親族血脈總算保住了。

而萬曆皇帝親政後也一度非常勤勉，努力治國。對張居正改革時代的各種政策，除了一條鞭法保留，但是箝制百官的考成法被廢黜，此外軍事政事等方面的多項改革也半途廢止。從萬曆十五年（一五八七年）起，萬曆皇帝開始消極怠工，開啟了三十三年不上朝的時代。

而這時期的明朝，商品經濟依然十分繁榮，東南沿海更蓬勃發展。但發展到十七世紀早期，卻爆發了一件著名的蘇州稅監事件。

蘇州百姓憤抗稅

按照很多史書的說法，這事的整個過程大致是這樣的：萬曆皇帝朱翊鈞親政後，經過二十多年的發展，東南沿海工商業日趨繁榮，新興手工工廠如雨後春筍般誕生。明末的資本主義萌芽，在這時到達高潮期。按照許多史家的說法，萬曆覺得有利可圖，隨即從萬曆二十四年（一五九六年）開始，向全國各地派遣大批宦官充當「稅使」，強行加徵商業稅。這些稅使多是貪得無厭的宦官，攬到收稅的美差之後，更藉機巧立名目大肆橫徵暴斂，並從中漁利。萬曆二十九年（一六〇一年）派往蘇州的稅使太監，就是萬曆的親信孫隆。

孫隆到達蘇州後，即在當地橫行霸道，他招攬大批地痞流氓充當爪牙，在蘇州周邊設立關卡，強徵過路稅。更在蘇州城內挨家敲詐，向各位老闆徵收保護費。甚至連普通的手工工廠工人，也要向他們繳納利錢，是年正逢江南水災，絲綢銷售正是淡季，諸多以絲綢加工為業的手工工廠本就難以為繼，稅使的到來更雪上加霜，大批工廠主紛紛破產倒閉，僅蘇州一城，就有兩萬多工人「下崗」。沒活幹、破產了，可稅還要照交。孫隆的盤剝日烈，終引起了當地百姓的劇烈反抗。

導火線是一位以種植生絲為業的老農進城賣絲，入城前因無力繳納過路費，生絲被稅使們搶走大半。而當他把剩餘生絲賣掉，買米出城時又遭稅使勒索，在蘇州玄妙觀被毆打，圍觀百姓敢怒不敢言。就在此時，玄妙觀門口一個一直冷眼旁觀的中年漢子，突然手搖蒲扇高呼「打稅賊！」於是群情激憤，呼啦啦的圍上一群憤怒的百姓，積蓄已久的怨氣這時像火山一樣爆發出來。一時間「千人憤挺出，萬人夾道看」，整個蘇州城男女老少齊上陣，一齊追打稅官們。平日裡橫行的稅使稅官，一下子被打慘了。玄妙觀前欺負老農的稅棍，被憤怒的百姓當場打死，打完了還不甘休，眾人結夥又追到了蘇州稅使衙門，對各路收稅官員見一個打一個，見兩個打一雙。

從六月初六到初九，整整三天時間，百姓們共焚毀蘇州府衙三座，殺死稅官黃建節，另有負責收稅的稅棍多人殞命。蘇州稅使孫隆被揍得鼻青臉腫，倉皇逃回京城。孫隆手下的十二個爪牙的家全被百姓燒毀。史載這三天「若狂三晝夜」，對稅使多年的積怨，就這樣一古腦地發洩出來。

事件之後，因打死了朝廷命官，為免眾人遭株連，葛賢主動向蘇州知府自首。他入獄那天，成千上萬的蘇州市民為他送行。他坐牢期間，每天自發為他送飯的人從未間斷。因畏懼他巨大的影響力，明朝政府始終不敢懲辦葛賢，在關押了十三年後，最終還是將他釋放了。

三十多年後，晚年的葛賢又趕上了著名的「五人墓事件」，因敬佩五位義士，自願為他們守墓終生。葛賢去世後，被安葬在五人墓對面，即蘇州地方上大名鼎鼎的「葛將軍」。

關於葛賢的身分，他是織工不假，但不僅僅是織工，他還有一個身分叫「會頭」。明末東南地區，商品經濟發展迅速，手工工廠工人更是自由身，不再是元末時候的奴隸地位。工人群體的不斷壯大，也讓工人們開始自發的學會了維護自己的權利。以蘇州為例，偌大的蘇州城，不但有紡織工人的行會，甚至連大戶人家家裡的雜役、奴僕、官府打工的馬夫、走卒，都有自己的「行會」。比如大戶人家的奴僕，一旦主人給的工資低，就經常飯不做、地不擦，結夥罷工要求漲薪水。這樣的情形，在明朝的說法叫「奴變」。至於工廠工人罷工、要求漲工資的事情更是時有發生。明朝曾在江南做過地方官的官員們，都曾感慨江南「民變迭起」。在當時有「吳民喜亂」的說法，而大規模的「民變」，發起者就是「會頭」。

所以不難理解，為什麼玄妙觀前，葛賢搖蒲扇一呼立刻應者雲集。這樣的情景，確可看作此時東南地區商品經濟發達的縮影。

而耐人尋味的還有蘇州府衙對此事的態度，事件發生後，整個蘇州城的衙門、衙差，以及周邊的軍隊，似乎一夜之間全消失了。連續三天大規模的暴亂，焚燒府衙、殺死「朝廷命官」，這樣重大的事件，卻沒有看到蘇州地方官的身影，更未見大規模的鎮壓。甚至在孫隆逃到杭州，事件基本平息下來之後，蘇州知府才象徵性的張貼告示，要求緝拿禍首，卻未見任何實際行動。葛賢還能從容的組織眾人開會討論，做出主動自首的決定。抓捕之後，明明是謀反大罪，卻多年不殺不判，只是好吃好喝地供養起來。養到一定年數，就自動開釋了。在高度專制的中國封建社會發生這樣的事情，實在是一齣奇景。

但這樣的奇景，卻也是有原因的。一則官逼民反，百姓群情激昂，做官的自然也不敢去碰觸這個霉頭。二則，對於萬曆皇帝這種收稅方法，整個明朝文官集團都採取了抵制的措施，他們更樂得看稅使的笑話。由此，稅使問題也就牽出了萬曆一朝一個爭論頗多的弊政。

萬曆皇帝很委屈

說到稅使問題，多年來主流的看法是，這是萬曆皇帝橫徵暴斂，魚肉百姓的證據。因為稅使的橫暴，導致明朝人心喪亂，國力漸衰，一度繁榮的明朝「萬曆中興」，開始走了下坡路。「明實滅亡於萬曆」的說法，稅使問題一直被看作是重要的依據。

然而隱藏在稅使問題背後的是一個事實，那就是明朝著實到了「極窮」的地步了。

從萬曆十年（一五八二年）開始，明朝的商品經濟蓬勃發展，國勢也一度蒸蒸日上，人口和經濟總量與日俱增，但國庫收入卻與日俱減。申時行擔任首輔的八年（一五八二—一五九〇年），明朝的財政收入從最高的八百萬兩，下降到五百萬兩。到了發生抗稅事件的一六〇一年，更銳減到四百萬兩左右。

稅收減少了，但朝廷花錢的地方卻多了。從一五九二年至一五九九年，明朝相繼爆發了「三大征」，三場大戰共消耗白銀八百多萬兩，主要的來源是張居正當政時期留下的存銀。與此同時，明朝的宗室規模不斷擴大，每年對宗室的賞賜日益增多，到了萬曆時期，各級藩王宗室總人數已高達二十萬人。這些宗室享有免稅特權，靠國家養活，消耗國家大量資財。而萬曆清算張居正時，為收攬人心，廢除了張居正的多項政策，其中重要的一項就是張居正裁汰冗官的努力。張居正任上，明朝「吃國家財政」的公務員，比之前的隆慶朝減少了三分之二。而到了萬曆二十年（一五九二年）時，明朝的公務員總數，竟然比張居正時期膨脹了四倍。巨大的財政負擔，確實日益成為萬曆皇帝的心病。

而明朝稅收銳減的原因，卻有兩方面，一是張居正死後，土地兼併的捲土重來，大批國家經過清丈後可以納入稅收範圍的土地，又被巧立名目的納入各級官員、地主、王公貴戚名下，國家可用來徵收賦稅的土地，不到十年竟縮水到五百多萬頃。

明朝的稅收體系，本就是以農業稅為主。但在萬曆在位時，發展最迅速的卻是工商業。東南沿海商業貿易大興，整個國民經濟發展已形成嚴重的不平衡態勢。農民日益窮困，許多人甚至拋家捨業，有地不種卻跑到東南沿海打工，成了最早的農民工階層。東南沿海商業發達，但明朝的商業稅從開國起就相對比較輕。發達的工商業下，國家通過原有的稅收體系很難增收太多的賦稅。萬曆年間戶部收取的商業營業稅，在萬曆十年之後，一直保持在每年二十萬兩左右。明朝前半期主要的商業稅收入來自於鹽稅，但到了萬曆時期，隨著私鹽貿易的興盛，山西以及兩淮鹽商力量的壯大，明朝對食鹽貿易的壟斷早被打破。萬曆年間，全國的食鹽需求量有十八億斤，而官府經營的食鹽只佔五億斤，稅收自然大打折扣。明朝經過「隆慶開關」後，海外貿易蓬勃發展，但明朝收取關稅的體系依然是永樂年間的市舶司。收稅方式還是按照傳統的貨物進出口量，徵收成本價百分之二十的關稅。由於海外貿易貨物進出口交易價格與成本價格間的巨大落差，市舶司可收到的稅賦微乎其微。在萬曆年間，明朝市舶司的權力也日益萎縮，原本可以組織貿易集市、監管貿易的權利早被沿海商人取代。市舶司的許可權僅限於收稅，而商人們則可以巧立名目逃避稅賦。到了萬曆二十年（一五九二年），明朝市舶司的總收入竟然只有四萬兩。根據西方學者研究，這時期輸入中國的白銀總量，佔整個世界白銀總量的三分之一。大量白銀的輸入勢必引起通貨膨脹，萬曆手中的錢，也越發變得不值錢。

因此日益嚴峻的財政問題，才是萬曆派遣太監做稅使的原因，但這麼做的效果又如何呢？

稅使問題反抗多

稅使一出，文官集團自然反對，多年以來各類抨擊的奏摺不斷，一是不能容忍太監干政。二是萬曆時期的文官集團，商人階層出身的越來越多，許多還介入商業貿易。太監收稅，受害最大的就是他們，所以團結一心，誓把反對稅使進行到底。

稅使的橫行，確實給東南沿海商品經濟帶來了重創。萬曆派出的太監多是貪婪之人，巧立名目橫徵暴斂本就是拿手好戲，絲毫不管商家死活。橫徵暴斂更激化了種種矛盾，其實這時期不止蘇州，全國各地都有「群體性事件」發生。

派往陝西的太監梁永，在富平徵收商業稅，被當地縣令王正志阻止。王正志的衙役們為此和梁永的稅棍大打出手，結果王正志本人獲罪下獄。派往湖北徵稅的太監陳奉，因與湖北武昌同知邊孔發生衝突，將當地官員多人逮捕，結果引起了百姓憤怒。數萬人圍攻陳奉的官邸，將其幾十名隨從扔進長江餵魚，陳奉驚慌之下逃進楚王府，方才躲過一劫。派到天津收稅的馬堂，在當地公然掠奪百姓財物，引得當地百姓集體罷市，將馬堂家燒了個精光，隨從三十多人被殺。不僅如此，各地還相繼發生冒充稅使詐騙的事，一些地痞無賴剃掉鬍子，換上太監衣服，在地方上敲詐勒索。北京一個叫張禮的流氓，冒充太監在昌平收稅，連地方官都給忽悠了過去，一個月下來，詐騙金額高達上萬兩。

稅使敲詐地方，破壞工商業，引得民怨沸騰，這都是不爭的事實，但在如此橫暴之下，萬曆究竟得了多少錢？從萬曆二十四年（一五九六年）派稅使開始，到萬曆三十四年（一六〇六年），各地稅使上交的徵稅總額，十年一共收了只有三百萬兩。而事實上，「入公帑者不到十分之一」，也就是說，還有上千萬兩稅銀皆被這些蛀蟲們私分。萬曆企圖增加商業稅的努力，不但收效甚微，激發了他個人與文官集團的對立，更加重了明朝的統治危機。

如果把這一切的責任都強加給萬曆，顯然是不公平的。事實上，萬曆是在為整個明朝落後的政治體制埋單。明朝建立初期，是一個以農業稅為基礎的政治體系，但到了中晚期，整個國家的經濟形態在向著商業化社會轉型。舊有的稅收體制，卻依舊以農業稅為主。結果，農業稅日益銳減，商業發達而國家卻無力增收。萬曆增加商業稅的辦法，其實是一種簡單粗暴的方式。他沒有想過通過制度的調整來實現經濟轉型，卻只想一蹴而就，結果國家財政狀況每況愈下。到了後來努爾哈赤反叛時，財務緊張的明朝，不但軍餉拖欠，連部隊武器的日常保養維護都做不到。在後來遼東的戰事裡，往往是打了幾輪火器，彈藥就消耗殆盡了，只能白白地死在女真騎兵的弓箭馬刀下，與其說戰鬥力問題，不如說是經濟問題。

二五、抗倭援朝，帝國榮耀

說起明朝萬曆皇帝朱翊鈞（一五七三—一六二〇年）在位時期的戰爭，除了晚年與遼東女真的戰爭外，最耳熟能詳的就是「萬曆三大征」。從萬曆二十年（一五九二年）開始，經過「張居正改革」後承平日久的明朝，連續經歷了三場大規模的戰爭：寧夏哱拜叛亂、抗倭援朝戰爭、播州楊應龍之戰。三場大戰的勝利，讓親征後的萬曆皇帝找到了「君臨天下」的感覺，「萬曆中興」的文治武功也因此達到了頂點。

要論三大征中知名度最高，當屬一五九二年開始的明朝抗倭援朝戰爭

腦袋發熱小日本

抗倭援朝戰爭，在朝鮮叫「壬辰衛國戰爭」，日本稱作「文祿慶長之役」，爆發於明朝萬曆二十年（一五九二年）四月，導火線是日本實際統治著豐臣秀吉遣使者至朝鮮，要求朝鮮「借道」給日本，幫助日本攻打明朝。實際原因是，豐臣秀吉結束了日本「戰國時代」，統一日本後為穩固統治，即採取了對外擴張政策，提出自己是「夢日而生」，「凡是太陽照耀到的地方，就是日本國土」，這是日本最早的「軍國主義思想」。在侵朝戰爭爆發前，豐臣秀吉早已做好了「三步計

畫」，第一步滅亡朝鮮、第二步滅亡明朝、第三步佔領印度支那，稱霸世界。而經過了幾十年的內戰，以及長期對中國東南沿海的騷擾，日本上下諸侯也早已頭腦發熱，對明朝的態度也漸轉為平視，不再以天朝上國待之。整個日本上下，都瀰漫著一股擴張好戰的狂熱情緒。「借道」要求遭朝鮮拒絕後，豐臣秀吉隨即翻臉，派二十萬大軍入朝，拉開了侵朝戰爭的序幕。

此時朝鮮，正是李氏王朝統治時期，做了明朝二百多年的藩屬國，早承平日久，戰鬥力自然不強大。四月十四日日本出兵，五月二日日軍即佔領漢城，五月八日佔領平壤，六月十一日，朝鮮國王李昖逃奔鴨綠江。朝鮮八個省已經丟了七個，眼看亡國在即，朝鮮火速遣使者至明朝，請求明朝出兵援助。

朝鮮國王李昖逃到鴨綠江後，再次向萬曆皇帝遞交國書，朝鮮的使臣也分別遊說明朝各部大臣和內閣大員們，除了請求出兵外，更希望能夠到遼東避難。朝鮮國王更在國書裡向萬曆皇帝哭訴：「與其死於倭寇，不如死於父母之國。」

但對朝鮮戰局，大明朝卻是反應遲鈍。起初京城甚至有傳言，說是朝鮮國王和日本有勾結，企圖將明軍誘到朝鮮全殲，以達到侵略大明朝的目的。朝鮮七省淪陷後，明朝才派遼東鴨綠江寬甸堡副總兵佟養性率八名士兵渡江偵察敵情，佟養性回報說：「倭兵人少，可破也。」明朝內部「主戰」、「主和」兩派更是爭吵不休。兵部尚書石星主張火速出擊，消滅倭寇。但是都察院的言官們卻大多反對。萬曆皇帝最早也未表態。明朝態度猶疑的最主要原因是此時寧夏發生叛亂（即「三大征」中的寧夏之亂），明朝的戰略重點在於平叛，雙線作戰自然要慎重考慮。

隨著寧夏之亂接近平定，萬曆皇帝也終於下定了開戰的決心。如他對群臣的詔書「無遺他日疆患」。可謂一眼看穿了日本人的真實目的。兵部尚書石星主動要求率兵去朝鮮，但萬曆深知此人志大才疏，反而選擇了兵部侍郎宋應昌。十月，明朝正式任命李如松為征東提督與遼東經略宋應昌一起提兵入朝。而再此之前，明軍已經在朝鮮吃了兩次敗仗，先是遼東游擊史儒於六月率三千部隊入朝，對日軍進行試探性進攻，反遭埋伏。七月，遼東副總兵祖承訓再率五千軍隊入朝，在平壤城下幾乎被全殲。即使經過了兩次小規模的戰鬥，但明朝對侵朝日軍的情況依然模糊，甚至連日軍侵朝部隊的總數都沒有弄清楚。朝鮮方面說有三十萬人，祖承訓回報說有三萬人。而此時已盤踞建州的努爾哈赤也向明朝表忠心，表示願意協助明朝作戰，被明朝婉拒。

日軍在佔領朝鮮七省後，之所以不乘勝追擊，按照朝鮮歷史書的說法，是因為朝鮮水師名將李舜臣多次在海上重創日軍，同時朝鮮當地起義軍的抵抗也拖住了日軍的腳步。中國方面的說法是，明朝委派海商沈惟敬為特使出使日本，用談判方式迷惑了日本人，給明朝爭取了集結軍隊的時間。從後來事情的進展看，中國方面的說法可信度較高——李如松十二月入朝，於次年一月率四萬五千大軍抵達平壤城下，即使如此，平壤守將小西行長以為明朝此來是來「和談」的，以至於差點被李如松奇襲平壤得手。而另一個重要原因是，雖然豐臣秀吉頭腦發熱，但身為侵朝日軍實際總指揮的小西行長卻是明白人，他在給豐臣秀吉的戰報裡就建議豐臣秀吉不能急於進攻明朝，至少要等到朝鮮局勢穩定再說。更斷定明朝必定會重兵救援朝鮮。事實印證了他的判斷，萬曆二十一年（一五九三年）一月，明軍進抵平壤城下，李如松本來假借封貢的名義企圖直接奇襲平壤，但因為攻擊部隊過於猶豫，被小西行長識破，奇襲功敗垂成。早在出兵之前，明朝的作戰計畫就不是打持久戰，而是畢其功於一役，以一場大勝徹底消滅日軍。正如明朝使臣葛昆對朝鮮國王所說：「天朝

（明朝）之計畫，在於一戰定乾坤，務使倭寇片甲不留。」

揚威朝鮮李提督

一五九三年一月八日，帶著讓倭寇「片甲不留」的目的，李如松指揮的平壤會戰正式打響，李如松先命吳惟忠的戚家軍攻打日軍防守最嚴密的牡丹峰，不要求攻克，只要求拖住日軍。繼而三路大軍齊出攻城，先以三百門大小火炮轟擊，再發起衝鋒，日軍抵抗極為頑強，雖在明軍的炮火打擊下傷亡慘重，卻依然用火槍齊射還擊，連李如松的戰馬也被擊斃。戰局膠著時，戚家軍將領駱尚志率所部戚家軍奇襲南門，一舉擊破平壤防線。明軍乘勢追殺，攻克平壤城牆，日軍退入內城，又和明軍打起了巷戰。李如松卻不想無謂犧牲，見日軍縮入城內工事，乾脆就用火攻，將城內日軍燒得鬼哭狼嚎。次日，小西行長率領殘部從平壤東南門出逃，誰想平壤東南門外是條大河，慌不擇路的日軍倉皇渡河，淹死數千人。渡河後又被早已在河邊設伏的明將李寧截殺，砍死數百。至此，平壤戰役結束，明軍以陣亡七百人的代價收復平壤。而日軍的傷亡，根據日本人軍事書《日本戰史》裡記錄：日軍此戰共投入兵力三萬多人（包括小西行長的兩萬守軍和黑田長政的一萬援軍），陣亡高達兩萬多。

平壤戰後，明軍一路追擊，先前牛氣烘烘的日軍卻被打出了「恐明症」，幾乎對明軍望風而逃。在上甘嶺，竟出現了三個明軍士兵俘虜一百多日軍的鬧劇。李如松火速追擊，欲一舉收復朝鮮王京（漢城），然而潰敗的日軍並不甘心。日本大本營經過精心籌謀，制定了一個聚殲明軍的計畫，即將明軍誘到漢城城下，然後以優勢兵力圍殲。為此日軍在漢城集結了六萬軍隊，並用小股部隊引誘明軍南進。誰料日本用來「誘敵」的一千多軍隊，在漢城北部的碧蹄館遭遇明軍前鋒查大受，幾下子就被打得全軍覆沒。日軍主帥黑田長政當機立斷，在碧蹄館設伏就地殲滅明軍。查大受的先頭部隊，一下子遭到數萬日軍包圍，但明軍士氣高昂，用「車陣」迎戰，且不斷用騎兵發起反衝鋒，戰鬥打了一天一夜，幾萬日軍竟消滅不了這支明軍小部隊。

就在僵持不下間，不明情況的明軍提督李如松率親兵偵察前線，竟然一頭撞進了碧蹄館，和查大受一起被日軍包圍。日軍欣喜若狂，立刻集中兵力發起衝鋒，意圖「擒賊先擒王」，但久經沙場的李如松毫不慌亂，出乎日軍意料，在劣勢兵力下李如松發起了反衝鋒，以三千騎兵向數萬日軍攻擊。日軍猝不及防，包圍圈一下子被衝開了口子，李如松趁機率部突圍，日軍緊緊圍困，不斷纏鬥。惡戰從一月二十六日早晨打到黃昏，李如松衝不出去，日軍攻不進來，雙方陷入僵持，正在此時，李如松部將楊元得悉情況，率一千騎兵從周邊發起攻擊，筋疲力盡的日軍登時大潰，李如松趁機突圍而出，一場慘烈的遭遇戰就此結束。

碧蹄館之戰，明軍前後共動用兵力五千，並非大規模戰鬥，但戰鬥過程卻異常艱辛，李如松在戰後的奏報裡稱自己被「圍匝數重」，可謂艱苦之至。明軍傷亡過半，但日軍的情況更慘，僅陣亡將領就有三十人，士兵數目更高達八千人。這場日軍苦心發動的圍殲戰，並未阻止明軍進攻的腳步。

碧蹄館一戰死裡逃生的李如松明白日軍實力猶存，很難一下消滅。因此他開始用奇計，先是在二月，派數十敢死隊奇襲漢城城外的龍山，將侵朝日軍的糧食全部燒毀。斷糧的日軍無奈，終在四月退出漢城。同時遣使至北京，請求「和平談判」。明朝方面，從內閣大學士趙志皋到兵部尚書石星都建議應盡早結束戰爭，次輔張位更以永樂時期征越南一事為例，建議明軍謹防陷入朝鮮戰爭泥潭。見日本服軟，萬曆皇帝也表態願意和談，雙方達成協議，日軍撤出朝鮮，只留少量兵力駐紮朝鮮沿海，明朝軍隊也只留六千人駐朝，其餘撤回國內。朝鮮戰爭的第一階段就此結束。

但豐臣秀吉絕不是真心和談，只不過利用和談作為幌子乘機備戰。雙方使者往來密切，日方也假意接受了明軍的三大和平條件：冊封豐臣秀吉為明朝藩屬、從朝鮮撤軍、放還擄掠的朝鮮官民。而實際上，從一五九三年四月停戰起，日本就開始了新一輪備戰。一五九三年六月，豐臣秀吉頒布了「從軍法」，規定凡年滿十六歲男性都要服兵役，同時大量購買馬匹，在朝鮮沿海和日本本土訓練騎兵。一五九四年八月，豐臣秀吉更用重金收買葡萄牙人，得到了葡萄牙當時的主力戰船「蜈蚣船」，並下令仿製演練。一五九六年九月，依照先前和日本達成的「和平協定」，明朝使者楊方亨至日本「冊封」豐臣秀吉。而自以為實力大增的豐臣秀吉，此時終於露出了獠牙，他先是當眾羞辱明朝使者，將明朝使者驅逐出境。繼而又行反間計，在朝鮮散布謠言，說朝鮮水師大將李舜臣要造反，導致李舜臣被下牢獄。一五九七年一月，豐臣秀吉再次出兵，派十五萬大軍侵朝，朝鮮戰爭風雲再起。

戰歌浩蕩露梁海

這次日本侵朝，明朝偏又碰上了兩線作戰。西南播州土司楊應龍造反，明朝正在全力鎮壓。因此日軍壓境朝鮮時，駐朝明軍僅有六千多人。朝鮮方面還是一如既往地不經打，日軍勢如破竹，再次逼近漢城。碧蹄館之戰中救李如松突圍的楊元死守南元，幾乎全軍覆沒，楊元事後也因戰敗論死。危急關頭，由解生統領的兩千薊州兵（戚繼光當年在薊州練兵的骨血）死守稷山，與兩萬日軍血戰，成功將日軍打退，為明朝穩住了戰局。此時李如松已去世，明朝以兵部侍郎刑玠為薊遼總督，麻貴為備倭總兵，楊鎬為朝鮮軍務經略，率四萬大軍入朝。

明軍於一五九七年十月入朝，先攻打星州不克，繼而在青州設伏，重創日軍毛利秀元部。此戰雖未全殲敵人，但日軍從此再未發動進攻，明軍轉守為攻。十月二十三日，明軍兵分三路包圍蔚山加藤清正部，這是至關重要的一戰，如果能成功攻克蔚山，就意味著日軍的後路被斷，侵朝日軍將被分割圍殲。但日軍在蔚山苦心經營多年，在這裡布置了一支戰鬥力最強的軍隊。明軍進攻打響後，多次衝鋒皆受挫。戰事進行了十數日，明軍寸步難行，關鍵時刻游擊將軍陳寅率領從浙江趕來的戚家軍奮勇衝陣，連續攻破了日軍蔚山大營，明軍乘勝追擊，攻破日軍大部分堡壘，將日軍壓制在蔚山最後的要塞——島山營。眼看勝利就在眼前，不曾想指揮此戰的楊鎬為了讓嫡系李如梅（李如松的弟弟）搶功勞，竟下令擔任攻堅的戚家軍撤回，由李如梅發起攻擊。李如梅很不爭氣地被日軍打退，而大好戰機就這樣錯過。隨後明軍多次搶攻皆不能奏效，又趕上大雨如注，明軍火器無法轟擊，戰局驟然惡化。一五九八年一月，日軍小西行長率軍馳援，衝破明軍周邊包圍圈。明軍總指揮楊鎬竟然臨陣脫逃，帶頭逃竄，明軍登時大亂。幸虧戚家軍的吳惟忠，陳寅兩部堅決斷後阻擊，打退了日軍的進攻，終讓明軍全身而退。

蔚山之戰在清朝人編的《明史》中一直被說成大敗，有說法是明軍損失兩萬多人。而根據朝鮮人的史料記載，明軍損失的確切數目是三千兩百五十八人。日軍方面則付出了更大代價。《日本戰史》說，戰前蔚山加藤清正部有兩萬人，戰後只剩五千人。雖然如此，但蔚山之戰並未達到切斷日軍後路的目的，可謂功虧一簣。

蔚山之戰徹底把日軍打醒，此戰之後日軍的戰略變成了龜縮堡壘，消極防禦，即使總兵力遠遠多於明軍，卻不敢與明軍野戰。之後，明軍多次集中兵力，攻打日軍盤踞朝鮮的蔚山、泗川、順天三大要塞，日軍嚴防死守，使明軍一次次攻擊受挫。同年十月，發動侵朝戰爭的豐臣秀吉去世，接替豐臣秀吉主政的日本「五大老」，此時的主要目的已變成如何讓日軍全身而退。而潛伏在日本的明朝錦衣衛也及時獲知了這一情報，因此，薊遼總督刑玠決定，趁日軍撤退時，從海上阻截，徹底消滅日軍。

一五九八年十一月，日本主力部隊開始全線撤退。而明軍採取了「圍其必救」的戰術，由海戰名將陳璘與朝鮮水師名將李舜臣合兵，在露梁海設伏，截斷日軍主將小西行長的退路。十一月十九日，日軍島津義弘部前來援救小西行長，結果被明軍包圍，露梁海戰打響，明軍以巨艦封鎖海口，用炮火猛烈打擊日軍。當年俞大猷創建的抗倭英雄部隊「俞家軍」主動擔任衝鋒，由鄧子龍率領乘快船攻擊日艦，雙方先是炮戰，繼而是白刃戰。朝鮮水師特有的龜船甚至採取「自殺式衝鋒」，用撞擊的方式撞沉日艦。日本艦隊左突右衝，始終無法突破明軍包圍。最終在觀音浦，明軍火箭齊發，焚燒日艦，豐臣秀吉苦心創建的日本海軍陷入了一片火海之中。至二十日天明，戰鬥基本結束，明軍擊沉焚毀日軍戰船四百五十多艘，殲滅日軍近兩萬人。而被斷掉退路的小西行長也遭明軍圍殲，其部隊七千人陣亡。只剩他帶著幾十個親兵奪船而逃。而明軍也付出了慘重傷亡，水師副將鄧子龍和朝鮮水師主將李舜臣雙雙陣亡。至此，持續七年的抗倭援朝戰爭徹底結束。

戰爭結束後，對明朝的付出，朝鮮方面感激不盡，朝鮮國王特意在漢城設立了「大報壇」，用以感恩明王朝。而此時已經十多年不上朝的萬曆皇帝也破天荒的接見群臣，於萬曆二十七年（一五九九年）在北京舉行盛大獻俘儀式。

七年朝鮮戰爭，花費白銀近八百萬兩。此戰讓日本元氣大傷，乖乖龜縮在日本島二百多年。繼豐臣秀吉後統治日本的德川家康，乖乖地向明朝稱臣。即使在二百多年後甲午戰爭開戰前，日本國會依然有議員以抗倭援朝戰爭為由，反對向中國開戰。

二六、「紅封教」與梃擊案

在許多以宮廷為背景的武俠劇中，總會安排一些「皇妃」身分的女魔頭角色，一面用色相引誘皇帝，一面掌握著龐大的邪教集團，到處興風作浪。而在明朝的歷史上，卻真有一個這樣身分的女人，掌握著一個類似的邪教集團，雖然規模和本領都不能和傳說中的武俠角色相比，卻著實在大明政壇上掀起一股風波。這個看似女魔頭的女人，就是萬曆皇帝最寵幸的女人——鄭貴妃。她所掌握的這個邪教，就是竄犯在北京大興的紅封教。

不過這個所謂的「邪教」，在當時，規模確實小得可憐。最鼎盛的時候，滿打滿算不過三十六人，許多史料說它只是白蓮教的一個小分支。首領有兩位，一個是馬三道，一個叫李守才，都是大興當地的流氓無賴，絕非什麼武功高強的大人物。但就是這些小人物組成的小教派，在萬曆年間卻險些把天捅了個大窟窿。他們幹了一件刺殺皇太子的大事。

整個事情的過程是這樣的，萬曆四十三年（一六一五年）五月四日黃昏，大明朝的皇太子朱常洛正在宮中休息，突然一個手持棍棒的大漢闖入宮中，衝著朱常洛猛撲過來，連續打翻了兩個老太監，張牙舞爪地揮棒打向朱常洛。這位儒弱的太子登時嚇傻了，一時間竟忘了呼救，還好身邊太監反應快，立刻猛撲上去護主，隨後大批太監蜂擁而至，經一番搏鬥終將大漢擒拿。

然後會審，先是巡按御史審，得出結論這是個瘋子，接著刑部、大理寺會審，審訊的結果是：

此人叫張差，是大興的一個農民，因為家裡草料被人燒了，一怒之下上京告狀誤入太子府。但這個結論還是糊弄人的。一個叫王之寀的刑部主事決定追查真相，先把該犯餓了一頓，接著用一碗米飯想誘使罪犯說出了真相。原來是有兩個宮裡的太監找到他，要他進宮刺殺太子，事後保他榮華富貴。消息傳出後，百官大驚，眾議洶洶下，明朝又舉行了由六部十三司聯合參加的會審，恩威並施下，犯人全招了。指使他刺殺太子的兩個太監，就是鄭貴妃的貼身太監龐保、劉成，他的同夥還包括馬三道、李守成等大興當地地痞流氓，而他們都隸屬於大興的一個邪教組織——紅封教。紅封教的掌門人，就是那位讓萬曆著迷了三十年的鄭貴妃。

這就是明朝歷史上三大案之一——梃擊案。

萬曆皇帝終服軟

說到梃擊案，其實和萬曆在位時的「爭國本案」息息相關。所謂爭國本，就是爭論立太子的人選。在生兒育女的問題上，萬曆比較幸運。萬曆十年（一五八二年），他十八歲的時候臨幸了一個王姓宮女，該女子為他生了一個兒子，就是他的長子朱常洛。但他其實對這個宮女毫無感情，真正寵愛的是那位傳說中紅封教的掌門——鄭貴妃。鄭貴妃在萬曆初年入宮，很得萬曆寵愛，起點更比王宮女高得多，入宮就被封為嬪，萬曆十四年（一五八六年）生了兒子朱常洵後，又被萬曆冊封為貴妃。成了後宮佳麗中名分僅次於皇后的人物。對這位鄭貴妃，萬曆一生都不離不棄，一來因為鄭貴妃「妖豔貌美」，二來鄭貴妃性格潑辣直爽，尤其是她的活潑開朗，很能撫慰性格孤僻的萬曆的心情。在萬曆年輕時被張居正壓制的日子裡，整日陪伴他身邊的就是這位鄭貴妃，她不但時常鼓勵萬曆振作，更陪他一起讀書，兩人可謂患難之交。後來萬曆對鄭貴妃的寵愛更證明了，他對這個女人是有真感情的。

男人對女人有了真感情，自然要什麼給什麼。皇帝富有四海，基本什麼都能給。鄭貴妃名分有了，老爹兄弟也都封了高官，錢帛賞賜萬曆更不吝嗇，卻偏偏有一樣東西，鄭貴妃要了許多年，萬曆卻總也給不了——兒子的太子位。

歷朝歷代，冊立皇子，似乎最終拍板權都是帝王，大臣的意見最多僅供參考。無論漢朝、唐朝、還是清朝，基本就是皇帝想立誰就立誰，想廢誰就廢誰。大臣們固然有意見，卻多敢怒不敢言。

但明朝卻著實不一樣，明朝中後期，自由思想盛行，文官集團勢力龐大，皇權已漸漸被削弱，不但皇帝的詔書可以「封駁不辦」，更越發敢直言上奏，就是把皇帝氣得七竅生煙也不怕。看似直臣增多，其實是越發不把皇帝當回事。更要命的是，萬曆面對的還有一個不可違抗的祖制。朱元璋親手編纂的《皇明祖訓》，這是朱元璋為教化後世子孫定的規矩，在皇位傳承制度上，早規定了「立嫡立長」。也就是說，皇帝的接班人優先選擇皇后所生的皇子，若皇后無子，則選擇長子。萬曆之前，除了朱棣的叛亂事件外，整個大明王朝的皇位傳承制度，都是以此為原則有條不紊地進行。

是「祖制」，當然也就深入朝臣們的骨髓。隨著萬曆的皇子漸漸長大，不斷有大臣建議，要萬曆早立太子，心懷鬼胎的萬曆哪肯答應，總是閃躲。萬曆的心思哪瞞得過這些官場老油條，如此破壞祖制的大事，諸大臣自然拼死阻攔。萬曆也委屈，我是皇帝，天下是我的，我想選誰當接班人，你管得著嗎？

從萬曆十八年（一五九〇年），內閣首輔申時行奏請早立太子開始，萬曆和大臣們就太子的人選問題開始了長達數十年的僵持，大臣們前仆後繼，屢次上奏，萬曆卻「拖」字訣當頭，就是不給答案。萬曆被惹急了，就把幾個大臣拉出去打板子，再急了，就乾脆罷免掉一批。但一個大臣倒下，千萬個大臣站起來，為維護國家的倫常根本，眾大臣同仇敵愾，抖擻精神繼續戰鬥。先是做了八年首輔的申時行，當了多年萬曆與群臣之間的和事老後，實在不能忍受，憤然辭職而去。接班的王錫爵一開始也想和稀泥，沒幾天就混不下去，最後反而被群臣罵走。之後的內閣首輔位置，就亂哄哄的你方唱罷我登場，百官們大肆批評的奏章更是滿天飛。大理寺官員雒于仁上的《酒色財氣疏》，說萬曆喝酒、好色、貪財、脾氣臭，直接把萬曆比作了地痞流氓。在立太子問題上，更是罵聲一片，光祿寺大臣朱維景說萬曆「愚弄天下人」。刑部給事中王如堅說萬曆「言而無信」。對大臣們團結一致的反對勢力，萬曆招數用盡，打也打過，罷也罷過，也花盡心思籠絡，便五花八門地找藉口，卻都是無濟於事。終於到了萬曆三十年（一六〇二年），內閣首輔沈一貫請求冊立太子，萬曆順水推舟，終於欣然同意。

萬曆最終之所以服軟，一是朝臣們立場堅定。二是作為一個已經成熟的政治家，萬曆也明白眾怒難犯的道理，總不可能將所有的官員統統罷免，將來誰給你打工。此外萬曆的母親李太后，其實一直很喜歡長孫朱常洛母子。有一次萬曆與母親交談，母親問他為什麼不喜歡朱常洛，萬曆脫口而出：他是宮女生的，氣得李太后當場反駁了一句：你也是宮女生的。擺在萬曆眼前的形勢很明顯，群臣反對，母親也反對，朝野上下除了鄭貴妃一家，連個盟友也找不到。這樣的光杆司令是當然當不得的，最後的妥協也就順理成章。

倒楣太子被追打

朱常洛在萬曆三十年（一六〇二年）被正式冊立為太子，但這時候的他，位置並不牢固。

鄭貴妃做夢都想讓兒子當皇帝，而這時候的她，有萬曆的寵信，外加弟弟鄭國泰也位高權重，姐弟通力合作，想辦法抓朱常洛的把柄，然後就可以名正言順的取代了。而且朱常洛也並非什麼賢能之人，他的性格和隆慶皇帝朱載垕比較像，性格比較軟弱，待人接物知書達理。在歷代宮廷鬥爭裡，這樣的人往往是吃大虧的。

晚明許多文人的筆記中，對鄭貴妃的描述多說地「狡媚以惑聖寵。」即說她是憑美麗的容貌和狡詐的心機，得到萬曆的寵愛的。

在和朱常洛爭位的過程裡，鄭貴妃行事的主要方式就是簡單粗暴。遇到事情，就一哭二鬧三上吊。先連哭帶鬧，給自己的兒子要來了封地，全是河南肥沃的良田，賞賜甚厚。然後給自己的父親和弟弟要官，父親當了都督同知，弟弟當了指揮使，全都手握兵權。但接連的連哭帶鬧，任誰都會受不了，最後終於玩出了刺殺太子。

張差招供後，朝廷上下舉座皆驚，這等於是鄭貴妃結黨篡權，欲謀害太子，謀反大罪等於坐實了。刑部起先會審時，之所以鬧出個荒唐結果，是因為刑部侍郎胡世相等人早與鄭貴妃勾結。甚至更有傳言，內閣首輔沈一貫也是鄭貴妃的同黨。小小的紅封教，竟一下子鬧出了驚天的大案，而主角只是一個半點武功不會，就敢拿著大木棒追殺太子的傻漢子。

但萬曆皇帝不傻，整個事情的來龍去脈他也明白了八九分。鄭貴妃的算盤打得好，她是想刺殺太子，再讓自己兒子接班，且不說太子真死了她能否如願，刺殺的方式竟然這樣簡單愚蠢。如今鬧得滿城風雨，只能解鈴還須繫鈴人了。

所以當鄭貴妃再次哭鬧時候，萬曆明確告訴她，求我沒用，求我兒子有用。結果，鄭貴妃主動找太子求和，賭咒發誓自己沒有謀害他。太子朱常洛也很識趣，連忙順水推舟表示自己不會聽小人挑唆。結果，五月二十八日，萬曆左手牽著太子朱常洛，右手拉著鄭貴妃，三人一起召見群臣，當著大臣的面，演出了一齣一家三口和樂融融的團圓劇。後面的事情就毫無懸念了，張差、龐保、劉成三人以刺殺案主謀的身分被處死。朝廷緊急行動，迅速取締了大興邪教紅封教。這個剛露頭沒幾天的組織，在演出了這場驚天大案後，接著就在這個糊塗結果裡灰飛煙滅了。

從中漁利東林黨

梃擊案的另一個重要結果，就是東林黨對明朝朝政的滲透。

東林黨的坐大，其實是和萬歷朝爭國本案的走向有關。早年為立儲之爭，大批官員不是辭職就是丟官，萬曆本想通過提拔聽話的官員達到目的，誰想到提拔上來的，卻一個比一個不聽話。最後萬曆洩氣了，不就是不聽話嗎，缺了你還玩不轉嗎？到後來，萬曆寧可讓官位空著，也不找補缺的。到了他執政後期，別說中央各部門，就連地方州縣，許多縣令知府的職務一空就是好多年。在這過程裡，權力體系的漏洞越來越大。而早年發起於無錫東林書院，漸成一派勢力的東林黨，則開始了一次又一次的滲透。

在梃擊案之前，藉著幾次「京察」的機會，東林黨勢力一度遭到清洗，排斥東林黨的沈一貫成功地促使萬曆立儲，更使他威望日增，擠壓了東林黨的生存空間。在幾次嘗試進入權力階層失敗後，東林黨的創始人顧憲成也在梃擊案的前一年含恨而終，而正是梃擊案讓東林黨反彈了，任職在朝廷中下層的東林黨人，比如誘騙張差招供的王之寀，以他們出色的表現，博得了「太子忠臣」的身分，一時聲名大噪。太子地位得以穩固，而東林黨也成了太子的盟友。而先前東林黨的反對派，為對付東林黨日益壯大的勢力也開始拉幫結派，形成了齊楚浙三黨。明朝黨爭，從此越演越烈。

二七、遼東問題送大禮

說起「明亡清興」的整個過程，不得不提到發生在萬曆四十六年（一六一八年）的薩爾滸之戰。是役，新崛起的女真努爾哈赤部，以六萬劣勢兵力，打敗明朝十萬大軍，從此雄霸遼東，成為明朝重大邊患。現代許多學者都認為，這場以少勝多的戰役，不但是清王朝建國的起點，更敲響了明朝三百年滅亡的喪鐘。

然而細觀這場戰爭的來龍去脈，卻不得不感慨：不但這場悲慘失敗的命運是可以避免的。甚至，滿清王朝可能無法崛起於遼東。在遼東問題上，從永樂、萬曆再到末世的崇禎皇帝，明朝至始至終都是昏招不斷。就好比一支足球隊，在面對對手的時候，不但戰術布置嚴重錯誤，後衛更不斷的給對方前鋒送大禮，最終落得慘敗的結局。

且看看，明王朝究竟送了哪些大禮。

朱棣的一著不慎

要論第一個給努爾哈赤送大禮的人，或許要追溯到永樂皇帝朱棣。

明朝獲得對遼東的主權，是朱元璋在位的事情。元朝敗退漠北後，朱元璋乘勝追擊，一舉擊破了盤踞遼東的元朝納哈出部，並降服了先前臣服於元朝的朝鮮。對於這片新的土地，早期的明朝極為重視。開國名將藍玉就曾奏報說：「遼東雖地廣人稀，然南接長城，東連朝鮮，實繫天下安危，當為邊防之重也。」後來藍玉案爆發，朱元璋並不因人廢言。洪武二十八年（一三九五年）、三十一年（一三九八年）曾兩次大規模移民遼東，在當地屯墾駐守。後來朱元璋大封藩王時，更將他的三個兒子封在開原、瀋陽、廣寧，分別為韓王，遼王，沈王。如果這個政策可以繼續下去，後來的努爾哈赤想要統一遼東，恐怕會困難重重。

但事情在朱元璋過世後發生了變化，朱棣發動「靖難之役」奪權成功後，生怕其他藩王有樣學樣，因此開始大規模的內遷邊境藩王。尤其是東北三王，更連同家眷一起被遷入內地。遼東大地，一下子形成了真空地帶。當然此後明朝也不斷地派駐軍隊屯墾戍邊，但是比起當初的大規模遷移，實在不能同日而語。

明朝建國後的戰略重點首重邊防，首先針對的對象就是北方的蒙古部落，遼東雖然也駐紮重兵，但主要對手同樣也是蒙古人。在明朝立國的大部分時間裡，對於當地的女真人缺少足夠的重視。在嘉靖朝時，東遷的蒙古「黃金家族」土蠻部以及「朵顏三衛」的朵顏部都把遼東當作侵擾對象。明朝的軍隊大多數也是針對西面的蒙古部落，而不是開原以北的女真部落。

隆慶、萬曆年間，明朝以戚繼光守薊州、李成梁守遼東，對蒙古部落採取「樹德於西，耀威於東」的政策。即對西面的阿勒坦等蒙古部落，用通貢互市的手段進行籠絡，而對東面的土蠻，則採取堅決的打擊。這種政策保障了邊防的平安。然而曾是黃金家族的土蠻部，也在明朝的持續打擊下日益衰落。尤其在李成梁就任遼東總兵後，對土蠻採取主動出擊的戰術，幾乎年年出擊，從隆慶四年（一五七〇年）至萬曆八年（一五八〇年），李成梁的遼東軍累積斬首土蠻軍達五萬人，強大的土蠻幾乎被打得奄奄一息。而另一個蒙古泰寧部也遭到毀滅性的打擊，其首領速巴亥被李成梁擊斃。到了張居正改革的末期，無論是土蠻還是朵顏三衛都已大為衰弱，不再是明朝在遼東的主要威脅。然而，之前不顯山露水的女真部落，就這樣浮出水面了。

毀譽參半李成梁

說到女真部落的壯大，不得不說說李成梁的功過。

在隆慶、萬曆兩朝，遼東總兵李成梁是公認的「天下第一名將」，《明史》說他的戰功「二百年未有」，即使是戚繼光與他相比也相形見絀。李成梁，祖上是陝西人士，後來遷移到朝鮮，在明朝時期又歸國內附。四十歲之前，他只是個窮困潦倒的秀才，靠借錢行賄才承襲了祖上的官職，當上了鐵嶺指揮使。然而之後他否極泰來，連打勝仗。隆慶四年（一五七〇年）遼東總兵王首道陣亡，李成梁補缺，從此獨當一面，連續重創蒙古軍，成為當時第一名將。他雖然是是張居正的心腹，後來張居正過世，萬曆皇帝依然對他倚重有加，李成梁的「李家軍」盤踞遼東五十年，儼如一方諸侯。

李成梁之所以能打仗，因為他善於使用詭計，經常以少勝多。但最重要的一點，就是他善於樹私恩。比起戚繼光來，李成梁的軍隊才更是私家軍，他用優厚的賞賜招攬壯士，甚至將遼東的軍屯土地拿給士兵們私分。在軍隊裡樹立自己的絕對權威，他的部隊如果不是李家的「自己人」休想指揮得動。而另一方面，李成梁很善於「養寇」、「玩寇」，消滅掉一股勢力後，總要對敵人網開一面，保證遼東年年有仗打，他年年勝利就可以年年要賞賜。因此幾十年來，他戰功卓著，在明朝大將中無人能出其右。

可就是這個戰功卓著的名帥，為明王朝培養了掘墓人——努爾哈赤。

遼東女真，從明太祖朱元璋時代就開始接受冊封，各部落都是明朝的「朝廷命官」，努爾哈赤的六世祖猛哥帖木兒，就在明成祖朱棣遷走遼東三王後，被冊封為建州衛指揮使。遼東女真開始成為邊患，是從嘉靖末年開始的。先前，他們經常隨明朝攻打蒙古部落，也曾有個別時期被蒙古部落裹脅，跟著蒙古一起打明朝。土木堡之變時，就有女真部落參加瓦剌對明朝的作戰，但一直以來，明朝都視女真人為「小角色」。嘉靖四十五年（一五六六年），海西女真五千人曾侵擾明朝遼東重地撫順，這是女真部落有歷史記載的第一次大規模侵擾。之後的四、五年時間裡，建州女真、哈達女真都曾和遼東明軍發生摩擦。此時的明朝財政緊張，遼東明軍也多為步兵，騎兵甚少。因此對於女真部落的侵擾，也多採取消極防禦，憑城堅守。直到李成梁的到來。

李成梁是一個擅長打騎兵戰的將領，但明朝戰馬匱乏的情況讓他巧婦難為無米之炊。為擁有一支強大的騎兵，李成梁決定重修寬甸六堡。寬甸六堡，即孤山新堡、新甸堡、寬甸堡、大奠堡、永甸堡、長甸堡。東起鴨綠江，綿延二百多里，由正統年間名將董鄂修築，至明朝後期已廢棄。李成梁重修六堡後，不但拓地七百里，更把六堡變成了貿易集市和戰馬產地。當地水草豐美，適合放牧，且臨近女真控制區便於貿易。更重要的是，它是抵禦女真騎兵進入遼東的屏障。寬甸六堡的繁榮，不但讓李成梁迅速獲得了巨額的財富，更得到了充足的戰馬來源。從此之後，李成梁的嫡系遼東騎兵開始壯大終成勁旅。

實力壯大後的李成梁，發動了對蒙古、女真部落的全面清剿，在重創蒙古部落後，李成梁將矛頭轉向了女真。萬曆元年，李成梁以誘敵深入之計，重創建州女真。建州女真首領王杲被俘，後送到京城處死。萬曆十一年（一五八三年），李成梁假裝與葉赫女真做生意，將葉赫女真頭領海清努誘騙到開原城襲殺。同年，李成梁又向哈達部發動總攻，全殲女真哈達部。至萬曆十九年，一度聲勢浩大的女真部落相繼被李成梁重創，幾乎奄奄一息。

然而李成梁卻獨獨漏掉了一個人——努爾哈赤。

努爾哈赤，是建州女真的世襲貴族，先前被李成梁殺死的王杲正是努爾哈赤的外祖父。萬曆十一年（一五八三年），李成梁發動了對建州女真阿台部的攻擊，全殲阿台部。然而努爾哈赤的父親、祖父皆在這場戰鬥裡被明軍誤殺。事後努爾哈赤忍氣吞聲，反而投靠了李成梁。之後就是《清史稿》裡津津樂道的「努爾哈赤十三副鎧甲起兵」，四處攻打其餘部落，而李成梁也樂得見女真部落自相殘殺，反而對努爾哈赤大肆籠絡。從萬曆十一年開始，努爾哈赤相繼滅掉了海西女真、葉赫女真，統一了建州女真。到萬曆二十一年（一五九三年），努爾哈赤在古勒山之戰以少勝多，擊敗海西女真、葉赫女真、蒙古科爾沁聯軍，正式確立了他在遼東諸部落中的最強地位。

李成梁一反常態，始終縱容努爾哈赤的所作所為。究其原因，是李成梁治理遼東的方式，就是通過挑撥各部落爭鬥從中漁利，樂見女真部落相互攻殺。而李成梁始終把海西、葉赫女真當作最強敵手，早期的努爾哈赤實力弱小，自然不被李成梁當作敵人。最重要的，是努爾哈赤對李成梁始終恭順有加，每年不惜血本地賄賂、討好李成梁，按照明史學者孟森的說法是「無所不用其極」。一五九二年抗倭援朝爆發後，大批駐遼東的明軍進入朝鮮作戰，遼東成為真空地帶，更給了努爾哈赤擴充地盤的機會。就在抗倭援朝戰爭勝利結束後的萬曆二十八年（一六〇〇年），努爾哈赤已創立了滿文，分散的女真族已被他整合成一支團結的力量，成為明朝大敵。

努爾哈赤終崛起

對於即將到來的危險，明朝還是渾然不覺。李成梁於明朝萬曆十九年（一五九一年）退休，其長子李如松接替他的職務，卻在一五九七年遭蒙古泰寧部伏擊陣亡。這時候的努爾哈赤依然比較老實，除了繼續攻打不聽其節制的女真部落外，對明朝依舊畢恭畢敬。此時，他還頂著明朝冊封他的「龍虎將軍」頭銜。十六世紀的最後十年，騷擾遼東最猖獗的是短暫復甦的蒙古泰寧部和土蠻部。駐遼東明軍的戰略重點也一直集中在遼西地區。十年之間，明朝遼東總兵一職先後換了八人，除了李如松戰死沙場外，其餘七人都是因為指揮不動遼東軍而去職。李成梁以私恩帶兵的弊端，在此時暴露無遺，早年跟隨李成梁征戰的猛將們大多早已腐化，全不復當年之勇，連李成梁的兒子李如梅、李如柏等人也不例外。萬曆二十八年（一六〇〇年），遼東明軍和女真部落發生了一次罕見的摩擦，遼東總兵馬林被女真哈達部擊敗。馬林被降職，李成梁重新被啟用，回任遼東總兵。李成梁到任後不久，努爾哈赤順勢出兵，徹底剿滅了哈達部，既向李成梁表了忠心，又乘機擴大了實力。李成梁還在奏摺裡稱讚努爾哈赤「忠勇可嘉」。即使如此，李成梁也不得不承認，他辛苦打造的遼東軍已不是當年光景，掌控遼東局勢，年已八十歲的他已力不從心。

所以李成梁回任後，面對老部下日漸腐化，長子戰死，其他兒子不爭氣的境況，選擇了對努爾哈赤繼續毫無保留的信任。明朝的遼東駐軍繼續西傾，東面撫順、清河地帶的明軍被大批調去抵禦蒙古。對六堡北面的努爾哈赤毫不設防。明軍接連擊敗蒙古泰寧部和土蠻部，遼東局勢再次穩定。從一五九九年李成梁復職到一六一五年去世，是遼東最「和平」的十七年，蒙古部落的氣焰再次被壓制，努爾哈赤依舊表面恭順，因此史書評價這段時期遼東「烽煙漸少，百姓安居」。明朝也因此冊封李成梁為「太子太傅」，然而明朝並沒有想到這十七年的和平，是暴風雨前夜最後的寧靜。

事實上，即使此時的努爾哈赤已然羽翼豐滿，但明朝還是有能力遏制他的。遏制的棋子，就是作為遼東屏障的寬甸六堡。六堡是早期李成梁鎮守遼東的傑作，是遼東鐵騎發家的本錢，只要六堡在明朝手裡，遼東大地就有屏障保護，努爾哈赤也衝不出白山黑水。然而李成梁卻在萬曆三十四年（一六〇六年）做出了一個令人瞠目結舌的決定——放棄六堡。數十年的辛苦經營就此毀滅，十幾萬邊民流離失所，七百里肥沃的土地、近萬匹精良戰馬皆落入努爾哈赤之手。李成梁還藉此向朝廷表功，說自己「招撫流民十萬」。此舉的直接後果就是努爾哈赤獲得了充足的戰馬，建立了他的八旗鐵騎。從此遼東再無險可守，努爾哈赤奪取遼東，已經一馬平川。

努爾哈赤當然不會放過這個機會，萬曆四十三年（一六一五年）李成梁去世的次年，統一女真的努爾哈赤正式在赫圖阿拉建立政權，國號「後金」，並自稱「天命可汗」。他之所以沒有立刻對明朝進攻，是因為他在創建八旗制度。經過兩年打造，八旗軍制終於定型。萬曆四十六年（一六一八年）正月，努爾哈赤露出了隱藏已久的獠牙，他以「七大恨」作為開戰的理由，對明朝發動攻擊。

四月，努爾哈赤連續攻破撫順、清河，掠奪財物無數，並正式致書明朝，要求明朝對他進行冊封。萬曆四十七年（一六一九年）正月，被努爾哈赤挑釁激怒的明朝，在「三大征」結束近二十年後再次吹響了集結號，明朝與努爾哈刺的戰爭開始了。以兵部侍郎楊鎬為遼東經略，調全國七省精兵十二萬人，兵分四路要剿滅努爾哈赤。二月十一日，楊鎬在遼陽誓師，四路大軍分別由杜松、劉珽、馬林、李如柏率領，分別從朝鮮、撫順、開原、清河四個方向發起進攻，意圖直搗赫圖阿拉，剿滅努爾哈赤。結果， 努爾哈赤以六萬人以寡擊眾，採取「憑爾幾路來，我就一路去」的戰術，集中優勢兵力各個擊破，僅用五天時間就徹底擊敗明軍。明朝四路大軍裡，杜松、劉珽兩部全軍覆沒；馬林部慘遭重創，只以身免；李如柏部倉皇逃回，明軍損失士兵四萬五千八百多人，陣亡將領三百一十二人。這場近乎恥辱的失敗，就是歷史上著名的「薩爾滸之戰」。當年對明朝畢恭畢敬的女真部落酋長，「無所不用其極」拍李成梁馬屁的小馬仔，此時終成遼東梟雄。明朝再次嘗到了養虎遺患的苦果，承平十七年的遼東大地，從此將迎來持續二十五年的兵災。

二八、東林黨「教父」高攀龍

明朝末年大名鼎鼎的東林黨裡人才薈萃，很多位高權重的朝廷重臣皆出自東林黨。其中，天啟年間擔任光祿寺卿的高攀龍是一個特殊的人物。

難兄難弟辦書院

高攀龍，嘉靖四十一年（一五六二年）生人，江蘇無錫人，萬曆十七年（一五八九年）中進士。他出身在書香門第的家庭，自幼受到良好教育。早在萬曆十四年（一五八六年）就與同在無錫的東林黨創始人顧憲成結交，並受顧憲成影響潛心研究傳統程朱理學。自此確立了恪守信仰，不畏犧牲的剛直原則。科場登第後，高攀龍的仕途並不得意，他先在行人司做了一個小官，很快就介入了萬曆立太子的「爭國本案」。當時的內閣首輔王錫爵，對萬曆與群臣間的矛盾，採取調和態度。但高攀龍並不理解，在他眼裡，對就是對，錯就是錯，不用誰來和稀泥。於是高攀龍上奏彈劾王錫爵，彈劾的結果就是高攀龍被貶到廣東做八品典史，政治生命似乎就此結束了。但一個不入流的芝麻綠豆官竟敢向百官之首開炮，高攀龍的剛直之名、也因此在士林中傳開。

萬曆三十二年（一六〇四年）高攀龍卸任歸鄉，寓居家鄉多年後，此時老友顧憲成正值仕途失意，於是這對難兄難弟合計再三決定開班講學。早在高攀龍任職廣東時，就曾在工作之餘四處講學，雖然他師程朱理學，卻不是有氣節沒能力的書呆子。在任期間，他還四處訪查民情，了解時政弊端。從此形成了他在學術上與眾不同的觀點，著重經世致用之學。回到無錫後，他在新湖邊造「水樓」作為潛心攻讀的世外桃源，也正是在這一時期，他提出了「修身齊家治國平天下」的「實用之學」的思想。萬曆三十二年，高攀龍與顧憲成聯手，在北宋學者楊龜山的講學舊地重建書院，命名為東林書院。此後從者雲集，不但是學術場所，更成為政治活動地。

明末時期的江南，以學風開放自由著稱。書院宣導自由辯論且專好議論時事，顧、高二人以其尖銳的思想對朝局大膽的抨擊。漸為當時知識界所側目，不但許多學者慕名而來，很多心憂國事的官僚士大夫也紛紛相助。到後來，多位高權重的名臣也敬慕東林的學說，甘心拜入門下。之所以有如此的影響力，也因顧、高二人的分工所致。作為書院的創始人，顧憲成的主要工作是講學，授課，傳播東林書院的思想，以其人格魅力召喚志同道合者。高攀龍的工作，主要在培訓青年門徒，他以「立身做人」為書院求學之本，以道德考評為第一宗旨。他培養的學生，陸續通過科舉等方式進入明朝權力層，成為東林一脈的「潛力股」。如果說名滿天下的顧憲成是東林黨草創時代的旗幟，那麼甘於寂寞的高攀龍卻是東林黨發展壯大的無名英雄。

在高攀龍的身上，有許多東林黨人顯著的特點，他的性格剛直、寧折不彎、做事不求妥協、有進無退，對自身以及他人的品行道德要求甚高，並且事事追求完美。

眼光卓越救危局

東林黨第一次慘遭挫折，是在萬曆三十九年（一六一一年）的京察時，此時東林黨在朝廷的力量已非常強大，葉向高位列大學士，他計畫推薦時任戶部尚書的李三才進入內閣，從而執掌朝廷大權。但反對東林黨的力量同樣強大，朝中漸成齊黨、浙黨、楚黨三大黨派，聯合反對東林黨。趁著這一年「京察」的機會，兩派勢力相互爭鬥，最終勢單力孤的東林黨敗下陣來。李三才憤然辭官，葉向高職權亦遭掣肘。

這時期，許多由東林書院培養出來的官員已進入權力層，卻都是些各部主事之類的小官。看似大勢已去，連顧憲成都感到絕望不已。這以後的幾年，東林黨人員大減，講學凋零，最困難的時候，前來東林書院聽講的人數只有之前的二成。次年，顧憲成鬱鬱而終，在這關鍵時刻，身在鄉野的高攀龍卻挺身而出。他致信葉向高，要求葉向高盡可能利用職務之便，將東林黨的年輕官員安插在刑部、大理寺等司法部門，哪怕只做官職微小的主事，並堅信「此為重振東林之本也」。三年以後，東林黨藉「梃擊案」迎來了翻身的機會，一群東林黨芝麻官們圍著張差問題窮追猛打，一步步抽絲剝繭揭開真相。此事之後，東林黨儼如成了保護太子的英雄，一時聲威大震。

萬曆四十八年（一六二〇年），明神宗朱翊鈞在內憂外患中去世，「爭國本」的主角朱常洛即位，東林黨的地位也因此提升。但朱常洛即位後縱欲過度，導致身體大壞，又服食「紅丸」（壯陽藥）中毒斃命，在位僅八個月。局勢再度緊張起來。

朱常洛之子朱由校即位，次年改年號為「天啟」。這期間，朱常洛寵妃李選侍企圖挾持朱由校以把持朝政。在東林黨直臣楊漣等人的逼迫下，李選侍被迫離開乾清宮，朱由校在東林黨的擁立下順利登基。至此，東林黨儼如成為朱常洛、朱由校父子兩代人的登基功臣。順利即位的天啟帝也知恩圖報，登基伊始，東林黨人分別佔據了禮部尚書、吏部尚書、大理寺卿等要職。其後通過分化瓦解的手段，擊敗了反對派「齊楚浙三黨聯盟」，葉向高坐上了內閣首輔的位置，至此執掌了大明朝文官集團的大權。史書上所說的「眾正盈朝」，就是這個時期。而高攀龍在此時回到朝廷，擔任光祿寺丞。

此時的明朝，內部矛盾剛剛平靜，外戰卻打得一團糟，努爾哈赤相繼攻克了遼陽、瀋陽等重鎮，兵鋒直逼山海關。一旦山海關淪陷，北京恐怕不保，群臣焦急萬分，卻苦於無人能禦敵。明朝連續派了幾人擔當遼東經略，有的推辭不幹，有的到了就撂挑子。關鍵時刻，高攀龍保舉了內閣大學士孫承宗。他對天啟帝說：能挽救遼東危局者，唯此人也。事實也正如他所料，孫承宗到任後，整治軍備、訓練軍隊，打造出足以與努爾哈赤女真騎兵匹敵的「關寧鐵騎」，修築了女真人從始至終未能攻破的關寧防線。邊防形勢終於安定下來，東林黨也趁此機會掌握了遼東的兵權。（孫承宗也是東林黨人）

因舉薦孫承宗有功，高攀龍的官位節節攀升，到了天啟四年（一五二四年）已經官至掌管稽查大權的都察院左都御史。而此時東林黨的對手已經換成了一心想要專權的閹黨。閹黨的首領魏忠賢是憑著與天啟帝乳母客氏的關係飛黃騰達的，在百官中並無根基，此時為了擴大權力，正在文官中大肆拉攏同夥。身負監察大權的高攀龍也就成了他的眼中釘。

蛟龍葬水終殉難

眼光精準的高攀龍，在很多關鍵時刻做出正確的判斷。不但挽救了東林黨的危機，也扭轉了朝廷危急的局勢。但在與魏忠賢的爭鬥中，嫉惡如仇的高攀龍卻錯估了魏忠賢對天啟皇帝的影響力。因此，高攀龍親身經歷的崔呈秀事件導致了東林黨的覆亡。

天啟四年（一六二四年），高攀龍查明巡按御史崔呈秀巡視淮揚時，在當地違反朝廷制度，鋪張浪費。這在當時官場本不算大事，但他斷定崔呈秀「性奸心毒，不早除之，必為魏閹（魏忠賢）幫凶」。

當時東林黨與魏忠賢的爭鬥已達白熱化。高攀龍早就搜羅了魏忠賢大量賣官鬻爵、貪贓枉法的證據，授意御史們彈劾。他認定天啟皇帝「聖明」，必然會聞聽後剷除魏忠賢，卻唯獨葉向高看得透，他就對高攀龍說「此不足以置其死地也」。

這時又發生了崔呈秀事件，高攀龍力主嚴懲，主張將崔呈秀革職流放。卻不曾想，聞聽凶信的崔呈秀狗急跳牆，二話不說立刻投奔了魏忠賢，不但大表忠心，更認魏忠賢為乾爹。結果，本想拿崔呈秀殺一儆百整頓吏治的高攀龍，反遭到魏忠賢與崔呈秀的聯名告狀，反咬他與趙南星沆瀣一氣，陷害忠良。結果如葉向高所料，天啟皇帝支持了魏忠賢，一心想整頓官風的高攀龍卻遭罷官回鄉。這以後，魏忠賢開始大興冤獄，迫害東林黨人，藉熊廷弼失遼東案和楊漣彈劾魏忠賢案，將東林黨多名要員一網打盡。楊漣、汪文言等東林黨精英在獄中被迫害致死。

東林黨垮臺後，已經回家閒住的高攀龍自知不能倖免。崔呈秀果然羅織罪名，一心要致高攀龍於死地。回天無力下，剛直的高攀龍，選擇了一種最瀟灑的方式告別人間。他鄭重的沐浴更衣，到東林書院舊址拜祭，在靜默沉思中，追憶往昔崢嶸歲月。歸家之後，像平日一樣談笑風生、和家人寒暄，然後獨自進入內室平靜地寫下遺書。最後從容地面向北方叩拜，然後跳入後花園池中，就這樣以蛟龍入水的方式告別了不平凡的一生。

二九、明朝「花木蘭」秦良玉

在中國傳統戲曲評書中，「女將風采」素來是一個不朽的亮點。北魏有花木蘭從軍、隋唐有黑白夫人戰尉遲恭、北宋有穆桂英掛帥、南宋有梁紅玉破敵，諸多巾幗英豪的風采，波瀾壯闊的人生，絲毫不遜於沙場鬚眉。但上述人物，或為虛構，或是真實人生基礎上的「藝術加工」。但晚明亂世卻實實在在出了一個女英雄，她在國家危亡時挺身赴國難，為挽救大廈將傾的明王朝，戰鬥到生命的最後。秦良玉的故事不必虛構，沒有藝術加工，卻以其壯懷激烈的人生，衝撞著每個人心中恆久的血性。

石柱媳婦初建功

秦良玉，字貞素，重慶忠縣人，明末清初最傑出的女軍事家。

秦良玉生於萬曆二年（一五七四年），她的家族是巴蜀地區的大戶。秦良玉的父親秦葵，是明朝的貢生。雖是書香門第，卻一直有結社習武的傳統，秦家的祖訓就是「持干戈以衛社稷」。早年他們就在當地集合鄉勇，編練民團，幾代下來漸成規模。早在嘉靖年間譚綸平定四川叛亂時，秦家鄉勇皆有參戰，秦葵還曾立有戰功。都說女兒類父，秦良玉也不例外。生長在這樣的家庭，既受儒家忠義思想薰陶，更受客家尚武精神傳承。少年時的秦良玉即展現出文武全才的資質，自小和兄弟們一起學習騎射武藝，成果卻比其他幾個孩子都好。兵法韜略更是悟性極高，每與父兄論帶兵之道常侃侃而談，揮之方遒。身為「千金小姐」的秦良玉，並非是想像中的「小家碧玉」，曾與她並肩作戰的四川總督李化龍曾形容她「劍眉鹿目，姿容秀美，體魄雄壯」。那時候的秦良玉芳齡二十六歲，儼如英姿颯爽的女戰將。

英雄配英雄，二十一歲那年，秦良玉與四川石柱宣撫使馬千乘喜結連理。這位石宣撫使也大有來頭，其祖上正是大名鼎鼎的漢朝伏波將軍馬援。在明朝的軍事史上，馬家石柱精兵曾有濃墨重彩的一筆，其家族特有的「白杆步兵」，素來是明朝強軍。早在明英宗征麓川時，面對麓川叛軍的大象陣，石家白杆兵就勇當先鋒，以血肉之軀衝擊叛軍象兵，如林長矛竟殺得敵軍大象嗷嗷狂逃。白杆軍之驍勇，從此天下聞名。

到了馬千乘這一代，馬家勇士虎威不減，秦良玉帶去馬家的嫁妝，是秦家珍藏多年的十八卷歷朝兵書。針對這時期戰場熱兵器地位日重的趨勢，秦良玉幫助丈夫革新戰法，在保持白杆兵驍勇善戰的同時，也裝備了大量的火槍武器，形成了白杆長矛與精良火槍協同作戰的戰法。她更效仿秦家軍陣，設立了以四川梆子發佈軍令的方法，依照梆子聲音長短的不同，部隊演變不同的戰法。秦良玉的到來，令馬家白杆軍如虎添翼。夫妻倆恩恩愛愛，夫唱婦隨，數年苦心經營下，馬家白杆軍漸成西南勁旅。

萬曆二十七年（一五九九年），播州楊應龍叛亂。當時楊應龍悍然起兵，攻陷四川重慶、瀘州等地，兵逼成都。萬急局面下，秦良玉夫婦慨然從征，率三千五百勁旅出擊。這支奇特的白杆兵第一次讓來自中原的明軍大開眼界，他們手持四川特產白蠟樹做成的長矛，槍頭上配鐵鉤，槍尾配鐵環，既可捅殺亦可砍殺，更可用鐵環作錘重擊。他們翻山越嶺腿腳敏捷，如在平地上疾馳，打起仗來更是凶悍無比。秦良玉夫婦出征後連戰連捷，將驕橫的楊應龍打得稀裡嘩啦。

次年四月，明軍轉守為攻，進兵至楊應龍的咽喉地帶——貴州桑木關。此地易守難攻的地勢，讓剛剛從抗倭援朝戰場上凱旋的明軍傻了眼。這次白杆兵又大顯神威，他們以白杆槍攀掛城牆，一舉登上敵城。驚愕的城頭叛軍們還沒緩過神來，接著就成了白杆軍的槍下鬼。桑木關一破，楊應龍大勢已去，不久之後明軍殺入楊應龍老巢，絕望下的楊應龍上吊自殺。

平亂之戰讓秦良玉名滿天下，四川總督李化龍自掏腰包，打造了一面刻有「女中豪傑」的金牌，贈予秦良玉表敬意。馬千乘也獲明朝彩緞獎勵，這位戰場上的錚錚鐵漢，其實是個憨厚寡言的人。多年征戰明朝給予的賞賜信物，皆封存家中，從不輕易示人。他平日也絕口不談往日功勞，這樣好的人沒有戰死沙場卻命喪於小人陷害。

萬曆三十七年（一六〇九年），石柱當地發現銀礦，萬曆聞訊後，即刻派宦官稅使邱乘雲到石柱當地收稅。沒想到邱乘雲眼紅銀礦，竟張口索賄一萬兩白銀，否則就要石柱鄉民整族搬遷，剛直的馬千乘憤然拒絕。結果邱乘雲羅織罪名，誣陷馬千乘謀反，竟將馬千乘押解回京，三年後死於京城詔獄。逮馬千乘時，石柱軍民群情激憤，持械與邱乘雲的稅棍們對峙，但馬千乘命令部下不准輕舉妄動，慨然上了囚車，要到京城與邱乘雲評理，誰知一去竟成永別。馬千乘被拘押的三年裡，秦良玉上下奔走營救丈夫，但此時萬曆皇帝怠政、群臣忙著黨爭，無人過問這位大明功臣的生死。直到馬千乘死訊傳來，石柱當地上下悲憤難忍，一時間造反報仇的呼聲甚囂塵上。身負家仇的秦良玉卻格外冷靜，她耐心勸導鄉親百姓，整頓當地軍務，承襲了丈夫的土司一職，很快安定了人心。此後兢兢業業治理地方，未生任何不滿之言。

遼東浴血驚天下

馬千乘含冤而死八年後，秦良玉及其麾下白杆兵再赴國難，對手變成了號稱十七世紀世界最強騎兵的勁旅——滿洲八旗。

此時已是萬曆四十八年（一六二〇年），努爾哈赤的女真騎兵早已肆虐遼東。明朝先遭薩爾滸之敗，接著又因遼東經略袁應泰瞎指揮，被努爾哈赤採用反間計，裡應外合奪佔瀋陽。潰敗的局面下，明朝想起了長期遭他們薄待的馬家精銳。遼東開戰後，秦良玉先命其兄長秦邦平和弟弟秦民屏，率領三千精兵先行趕赴遼東。部隊到遼東後還未休息，就被心急火燎的袁應泰派上了戰場，他們與從浙江趕來的童仲揆部合兵，不顧鞍馬勞頓一齊馳援瀋陽。但他們趕到渾河時，瀋陽卻已淪陷，這支總數僅有六千人的川浙步兵，一下子與努爾哈赤的六萬主力騎兵遭遇。

強敵壓境下，川浙精兵在渾河北岸紮營列陣，與有優勢兵力的清軍對決。大戰打響後，努爾哈赤先派扈衛精騎衝鋒，被白杆軍擊退。隨後又以後軍進攻，白杆軍結陣迎敵，火器齊發，戰鬥異常慘烈，優勢兵力的八旗軍不但毫無進展，反而一上午就損失數千人。努爾哈赤緊急命令瀋陽城剛剛投降的明朝炮手，以大炮向白杆兵猛轟，更集中五倍於白杆兵的精騎猛衝。敵眾我寡之下，白杆兵終於不支，防線被八旗軍陸續突破，但頑強的川軍們依然死戰不退。直到日暮西沉時，除了秦民屏率少數部隊突圍而出外，兩千白杆精兵壯烈殉國。此時和白杆兵並肩戰鬥的童仲揆部浙軍，也血戰到最後一刻。全軍在陣線被突破的情況下，抱定必死之心，向八旗軍發動了最後一次反衝鋒。全軍一百多名將領和數千精兵皆慷慨捐軀，這支與白杆兵並肩作戰的浙軍是戚家軍最後的骨血。

渾河岸邊這場悲壯的廝殺，白杆兵與浙軍並肩戰鬥，以寡敵眾，此戰八旗軍傷亡慘重，清朝人魏源稱之為「遼左用兵第一血戰」。而戰法獨特的白杆兵，讓嘗夠了勝利滋味的八旗騎兵，第一次知道了厲害。慷慨壯烈的渾河血戰震撼了明廷上下，秦邦平殉國的噩耗傳來後，天啟皇帝朱由校稱讚此戰「凜凜有生氣」。又加封秦良玉二品武官。

剛剛經歷喪兄之痛的秦良玉，此時更難忍受的是明朝正規軍對她的排斥，明朝軍隊派系分化嚴重，尤其是北方邊兵，打仗雖然膿包，窩裡鬥卻一點不差。秦良玉馳援山海關時，就曾遭守關軍將刁難，嘲笑他們是「蠻夷軍」。渾河血戰時，受命支援白杆兵的原帶風堡總兵李稟誠，眼見戰事激烈嚇得撥馬就逃。事後竟然還在秦良玉面前擺「正規軍」的派頭，態度極其傲慢。但秦良玉以國事為重，對這些絲毫不計較，繼續兢兢業業地守護國門。這期間，她還受命平定了四川永寧土司奢崇明的叛亂，穩定了明朝的西南大後方。

白杆兵與八旗鐵騎的再次交手，發生在明朝崇禎三年（一六三〇年）。滿清八旗繞過明朝重兵把守的遼東防線，經河北入寇北京地區。明朝廷一時亂了手腳，接到勤王命令後，秦良玉馬不停蹄，率五千白杆兵奔赴京城。這時北京周邊的救援部隊多達二十萬，但懾於後金八旗鐵騎的兵鋒竟無人敢戰，僅在周邊觀望。秦良玉迎難而上，以五千精兵屯兵宣武門外與後金精兵對峙。

此時北京的局勢，已糟的不能再糟，皇太極雖暫時後撤，但北京城外的遵化、永平、灤州、遷安四鎮仍在後金手中。大明都城已似八旗軍砧板上的弱肉，隨時想剁就剁。為挽救危局，兵部尚書孫承宗決定發動反擊收復四城，秦良玉再次主動請纓。是年二月，秦良玉和關寧鐵騎名將祖大壽密切配合，先攻灤州。白杆兵再次發揮善於攀爬的優點，持白杆槍強登灤州城門，一舉奇襲成功。次日，明軍又攻遷安，再次攻克。為打退明軍，留守四鎮的金將阿敏主動出擊，企圖在遵化與明軍決戰。結果，明軍先用炮轟，再以白杆兵正面出擊，遼東騎兵兩翼包抄，數千八旗鐵騎一下子被白杆軍長矛捅成了馬蜂窩。阿敏不服，在永平城下擺開了陣勢，又被明軍打得稀裡嘩啦。僅用五天的時間，淪陷的關內四鎮全部收復，驕橫的八旗鐵騎在付出了慘重傷亡後狼狽逃回關外。在這五天中，秦良玉衣不解甲，屢屢衝鋒在前，和八旗鐵騎硬碰硬的廝殺。她在這場被稱為「遵永大捷」的勝利中居功至偉。

北京保衛戰結束後，秦良玉得到了崇禎極高的禮遇，崇禎在平臺召見她，並賜彩帶等物。比起協同作戰的遼東軍所得到的大筆白銀撫卹，對秦良玉的封賞可謂刻薄，但忠誠衛國的秦良玉並無怨言。戰後，崇禎命她守禦川地，防備此時已成氣候的「流賊」張獻忠。

保衛西南功業傳

秦良玉和張獻忠等農民軍的血戰開始於崇禎七年（一六三四年），很長一段時間裡，白杆兵都是農民軍的噩夢。

從崇禎七年（一六三四年）秦良玉以數千白杆兵解夔州之圍，殺退進犯四川的張獻忠開始，秦良玉的主要對手就是此時竄擾中原大地的各路農民軍。而物產豐饒的四川，正是農民軍眼中的肥肉。之後幾年裡，秦良玉相繼擊敗羅汝才、張獻忠等各部侵擾。但好景不長，崇禎十二年（一六三九年），反覆無常的張獻忠在向明朝投降兩年後，趁明朝忙於遼東戰事時再度造反，制定「四正六隅十面網」計畫的楊嗣昌統兵南下征討。

楊嗣昌是個戰略家，四正六隅十面網確實是好計，但實施上卻錯漏百出。雙方先在荊襄地帶鏖戰，楊嗣昌起初旗開得勝，將張獻忠趕入湖廣。此後急於求成的他，一口氣將四川精銳全部調到身邊，全力搜殺張獻忠，卻導致四川本地防務空虛。張獻忠在捉了幾天迷藏後，反而掉轉槍口奔向夔州，秦良玉麾下數萬白杆軍精兵，聞訊後立刻馳援。但四川巡撫邵潔春無能，竟然荒唐地將秦良玉三萬部隊分成兩半，一部分屯駐在夔州城內。結果，善打山地戰的白杆兵虎落平陽，反而被張獻忠趁機包圍。對邵潔春的瞎指揮，秦良玉頗有怨言，但還是選擇了執行命令。夔州一戰，白杆兵失去了地理優勢，以三萬兵馬抵擋張獻忠數十萬大軍，最後全軍覆沒。成都淪陷，導致秦良玉多年苦心經營的白杆精兵，一戰幾乎盡沒。

秦良玉回到石柱家鄉，重新整頓兵馬以圖恢復。不到幾年的時間，一支近萬人的新白杆軍重新建立起來，然而就在崇禎十七年（一六四四年），李自成攻入北京，明朝滅亡，崇禎皇帝煤山上吊，結束了苦命的一生。噩耗傳來，秦良玉悲痛欲絕，在石柱舉行了盛大的葬禮，幾次痛哭至昏厥。這時已經佔據荊楚大地的張獻忠又向四川殺來，偏偏南明派來的四川巡撫陳士奇也是個草包，秦良玉苦心繪製四川地圖，建議陳士奇派重兵防禦入川各隘口，阻止張獻忠西進，皆被陳士奇拒絕。這位根本不知兵的大文官偏愛瞎指揮，把全蜀境內的幾萬大軍統統集中在成都，滿以為大軍駐紮在身邊，他就安全了。結果，張獻忠率幾十萬大軍一路殺來，在沒有遇到任何抵抗的情況下直撲成都。秦良玉聞訊後，立刻親率麾下一萬多白杆兵在夔州阻擊，一場惡戰之後，秦良玉終於不支退走。張獻忠乘勝追擊，連下成都、重慶各重鎮盡佔四川大地，那位瞎指揮的陳巡撫，被張獻忠俘虜後罵不絕口，英勇就義，卻是很有氣節。但明朝的大好西蜀國土，就是在他的荒唐指揮下斷送的。一同被斷送的，還有秦良玉的一顆救國之心。

懾於秦良玉的威名，張獻忠佔有西蜀，甚至建立大西政權後，一直不敢染指秦良玉鎮守的石柱地區。他也曾著力拉攏，派人送了冊封秦良玉的印璽，秦良玉憤然拒絕，堅定宣布：「石柱有敢從賊者，皆族誅之。」噩耗接踵而來，秦良玉的愛子馬祥麟受命鎮守湖北，在血戰中壯烈殉國，臨終前給秦良玉留下遺書：「勿以兒安危為念。」秦良玉得知後並未落淚，反而朗聲大笑：「好，真我好兒也！」

之後的南明弘光、隆武、永曆各政權，皆曾派人冊封秦良玉。南明隆武政權在一六四六年封秦良玉為「忠貞侯」，她也因此成為中國歷史上第一個因戰功封侯的女將軍。一六四八年，這位一生忠於國事的愛國將領，帶著未能匡扶社稷的遺憾閉上了眼睛。其孫馬萬年將祖母葬於龍山。而她所鎮守的四川石柱地區，此後一直堅決抵抗外來入侵。無論是張獻忠的大西軍，還是入關的清軍，多次進攻皆不能討得便宜。直到清朝順治十六年（一六五九年），在得悉南明永曆政權已滅亡後，其孫馬萬年才宣布歸順了清王朝。

秦良玉的不凡一生，連清王朝也甚為敬佩。清軍佔領石柱後，曾為秦良玉舉行了盛大的祭奠儀式。清朝康熙、乾隆兩朝，還曾由朝廷出資修建祠堂。而在清朝人編修的《明史》中，她也是唯一一位被列入將相傳的女子，不但是明朝的唯一，更是中國歷史上的唯一。

三〇、隻手擎天孫承宗

明朝遼東邊事曠日持久，從萬曆朝晚期的一六一九年，一直打到崇禎皇帝煤山自縊的一六四四年。打仗多，走馬換將的頻率也快，在清朝人編修的《明史》裡，清朝的史官對這時期與八旗軍交手的諸多將領褒貶不一。唯獨對一個人，卻是給予高度的評價：「夫攻不足者守有餘，度彼之才，恢復固未易言，令專任之，尤足以甚固封守。」這句讚歎的潛臺詞是：如果明朝能夠給予他無比的信任，那麼清王朝是無法取明朝代之的。

這個人物，就是寧錦防線的締造者——孫承宗。

臨危受命守遼東

明朝嘉靖四十二年（一五六三年），孫承宗出生於河北高陽，這裡位於明朝「九邊」重鎮薊州。素來是戰火紛飛之地，到孫承宗六歲的時候，高陽又被劃為練兵基地。明政府在當地招募鄉民為兵，訓練部隊。戚家軍的北方軍營，好些士兵都來自於此。

這樣的環境下，孫承宗自幼就深受軍事啟蒙。讀書之餘，更不忘了習武練劍，他體魄健壯，生得「鐵面劍眉，鬚髯戟張」，活脫脫的武士模樣。十六歲就高中秀才。後來的人生經歷格外豐富。

既在國子監讀過書，也在大同巡撫房守正家裡做過家庭教師，更曾親歷過一次大同兵變，在巡撫大人全都嚇壞了的情況下，他挺身而出一番慷慨陳詞，竟然從容化解危難。

以上就是四十歲以前，孫承宗的基本人生。去過很多地方、做過很多事情，但絕大多數都和軍旅生活有著不解之緣。

同樣是在這期間，他敢於擔當的性格，日益顯露出來。大同兵變的時候，別人躲，他挺身而出；後來的遼東戰局，依然是別人躲，依然還是他挺身而出。

萬曆三十二年（一六〇四年），四十一歲的孫承宗赴京趕考，一舉考取榜眼（全國第二）從此步入大明官場。先做翰林，後做詹事府諭德（太子府老師），深得太子朱常洛的器重，又被安排成為其子朱由校的老師。在此期間與楊漣、左光斗、葉向高等人交好，成為東林黨一員。

孫承宗的人生態度平淡、快樂、工作認真，很得朱常洛父子的賞識。人緣不錯，東林黨的朋友尤其多。官運很好，天啟皇帝朱由校登基後，已經升任內閣大學士。但接下來的事情，就注定了他的人生不再平淡。遼東戰局日益吃緊，到了天啟二年（一六二二年），明朝在遼東的屯兵重鎮，包括六堡、撫順、清河、瀋陽、遼陽、廣寧全部都已丟失。明朝僅有的控制區域，就是作為北京門戶的山海關。在這種嚴峻的局面下，明朝兵部侍郎王在晉更提出了放棄整個遼東，全數退守山海關的方略。

而讀到王在晉奏報的孫承宗，不等皇帝開口就做出了抉擇，他要到前線去，去面對這場大明朝開國以來最大的國防危機。天啟二年（一六二二年），孫承宗以兵部尚書兼東閣大學士的身分督師薊遼，成為手握遼東重兵的大帥。權力重，壓力卻更重，因為他所面對的敵人是清太祖努爾哈赤。

在孫承宗到來以前，努爾哈赤這個對手，與明朝交手多次，從著名的薩爾滸戰役開始，基本都是打一次贏一次，儼如是明軍無法戰勝的剋星。

論軍事才能，努爾哈赤是不世出的軍事家，創建了八旗制度，奠定了後金強大的軍事力量。八旗軍的戰略戰術，幾乎是專對著明軍火器戰法的弱點。當時明軍的火器戰術基本沿襲自戚繼光、俞大猷等人。但是戚繼光的火器協同作戰需要以嚴格的訓練和充足後勤作保證，對於後來訓練鬆散的明軍根本行不通。於是原本嚴整的火器協同作戰，變成了只要遇到敵人，火器就一通亂打。這戰術對付劫掠為主的韃靼騎兵可能還奏效，但遇到訓練有素的八旗軍隊就完全癱瘓。八旗對付明軍火器，招數主要有二，一是用穿鐵甲的死兵反覆衝鋒，消耗明軍彈藥；二是戰車戰術，以特製的松木戰車為掩體，掩護八旗軍衝鋒。更嚴重的情況是，到了天啟年間，八旗軍使用火器的能力也不斷成熟，早在瀋陽之戰和渾河之戰時，八旗軍就已經開始以火器作為輔助手段了。

而最致命的卻是明朝自身的傾軋，明朝之前的統帥，多屬無能之輩。丟失瀋陽的遼東經略袁應泰，因在山東治水有功而名揚官場，但打仗卻一竅不通。努爾哈赤奪瀋陽、遼陽之戰，就因他部署有誤導致數萬明軍將士白白犧牲。遼東巡撫王化貞更是可笑，他妄圖通過招降努爾哈赤的孫女婿李永芳，把努爾哈赤一舉蕩平。反被努爾哈赤搞了反間計，一下丟了廣寧。

這時期的遼東經略裡也不是沒有能人，在薩爾滸之戰後臨危受命的熊廷弼，到任後採取正面穩守，部署游擊隊四處騷擾的戰略，一度遏止了努爾哈赤的勢頭。但他是文官集團裡的「楚黨」，東林黨得勢後，立刻把他排擠掉，換上了袁應泰。袁應泰兵敗自殺後，他再度被啟用。這時候他雖是遼東經略，但掌握遼東軍務的遼東巡撫王化貞卻是東林黨成員。然後就是在王化貞的瞎指揮下，導致遼東大半疆土盡落努爾哈赤之手。

到了孫承宗接任的時候，已是一副爛攤子。

從頭收拾爛攤子

孫承宗到任後，先參考王在晉的方略，再考察山海關，就發現了王在晉的方略太荒唐。在山海關外的八里鋪屯兵駐守，表面可互為犄角，一旦敵軍攻破八里鋪，山海關將不保，努爾哈赤就可以長驅直入。發現問題後，孫承宗痛罵了王在晉一頓，接著將他貶出遼東。然後，開始實施他苦心策劃的層層推進的戰略。

天啟二年（一六二二年）八月，孫承宗以薊遼督師的身分，督管山海關、薊州、遼東、山東登州、萊州各地的防務。先裁撤大批殘兵敗將，再從入關難民中選拔精壯組建一支精兵。經過一年整頓，同時在山海關以及登州、萊州也建立了一支強大的水師。次年八月起，孫承宗先命祖大壽重築寧遠城，從寧遠推進到錦州，建立了寧遠、錦州、山海關三位一體的防線，這就是著名的寧錦防線。

在這過程裡，孫承宗更提出「以遼人守遼土，以遼土養遼人」的觀點，遣散當地的「客兵」，選拔祖大壽、趙率教、滿桂等善戰將領，組成了一支戰鬥力強悍的遼東軍。在抵達山海關前，孫承宗從遼東邊防的各類奏章中，發現了一封批評王在晉方略的奏疏，閱後大為讚賞。就任遼東後，經過考察更確認此奏章的作者是不世出的將才，立刻將他提拔為寧前兵備道。之後很多年，他都是孫承宗整頓遼東的重要助手。他，就是後來爭議頗多的袁崇煥。

而在孫承宗的戰術思想裡，有一條也和戚繼光等軍事家一脈相承：以車克騎。孫承宗的主要思路，是建立以戰車作戰為主的新式陸軍。具體的部署是以戰車承載火器、步兵保護、騎兵兩翼衝擊，攻防時先以火器攻擊，根據敵軍的不同距離，分別發射不同性能的火器。持長短冷兵器的步兵配合保衛戰車，騎兵保護側翼。敵人受挫後，迅速發起反擊，同時騎兵斷掉敵人後路，保證重創敵軍。

他的軍陣採取散兵式的佈陣，大的車營由不同的小營組成，根據作戰任務的區別，分成不同的「子營」。所謂的「關寧鐵騎」，只是這個戰鬥體系中的一部分。關於車營的戰術特色，孫承宗曾著有《車營答扣》，完整論述了車營的作戰特點和收復遼東的戰略部署。

在孫承宗由山海關東進，逐步拓展領土的過程裡，終於和努爾哈赤發生了小規模軍事衝突。天啟三年（一六二三年）五月，努爾哈赤命大貝勒代善領軍，發動了對錦州的試探性攻擊，錦州守將馬世龍以兩千守軍據城抵抗。孫承宗聞訊後，立即命令錦州周邊的杏山、塔山守軍，從後路夾擊。結果，代善在攻城受挫後，立即遭到明軍的偷襲，被迫撤軍回師，戰後清點損失，被明軍斬首六百多人，這場小規模的戰鬥，讓努爾哈赤見識到關寧防線的可怕。

在意識到孫承宗的厲害後，努爾哈赤暫時選擇了隱忍，只與明軍進行小規模的衝突，不再發動大規模的進攻。但孫承宗不但能守，更能滲透。這段時期的遼東，大戰沒有，小規模戰鬥天天有，明軍常常採取偷襲、屯田、推進的方式，一步步紮下根據地。到天啟五年（一六二五年）九月，原本只敢縮在山海關裡的明軍，已經在山海關外拓地千里，不但擁有寧遠、錦州等防禦核心，前部更延伸到大凌河地區。

這時期孫承宗最主要的助手，就是後來立下擊敗努爾哈赤奇功的袁崇煥。在孫承宗身邊，袁崇煥先做寧前兵備道，後做寧前道，管理駐軍、招撫流民、編練軍隊等事務多由他經手辦理。孫承宗更對袁崇煥傾注了極大心血，常命他閱讀兵書，更時常教授他帶兵之道。日常事務中袁崇煥若出紕漏，常招來孫承宗嚴厲批評。

孫承宗另一個寄予希望的人，就是獨守皮島的毛文龍。在孫承宗主持下，明軍陸續佔領了從皮島到登州之間的各大海島，開通了從登州到皮島的航線，明軍的物資補給可以源源不斷地送到。孫承宗還向天啟皇帝請旨，給予毛文龍尚方寶劍並賜一品都督。並多次告誡毛文龍「勿輕動，皮島穩固，即汝大功」。通過水陸穩固了遼東防禦的戰略布局。

從天啟二年到天啟五年（一六二二～一六二五年），是遼東戰事的一段「和平期」。除了努爾哈赤早期的試探性進攻外，千人以上規模的戰鬥很少發生。這段時期明軍在遼東的控制範圍，從山海關一路向東滲透，堅城如雨後春筍般拔地而起。努爾哈赤的眼前，漸漸築起一面衝不破的鐵壁。努爾哈赤當然不會甘心，在明朝擴展過程裡，努爾哈赤也不斷的派遣精銳騎兵，分成小隊，對明朝的屯墾駐軍展開攻擊。雙方在廣闊的遼東大地上，展開了犬牙交錯的爭奪戰。結果，是步步為營的明軍，領土一寸一寸地滲透著。而多次與後金的小規模戰鬥，更讓明軍經受了實戰的演練，建立了在野戰時擊敗八旗軍的信心。

前線進展順利，孫承宗的後院卻起火了。天啟四年（一六二四年），在與魏忠賢閹黨的爭鬥中逐漸失勢的東林黨決定發起殊死一擊。是年六月，左副都御史楊漣上書彈劾魏忠賢大罪，東林黨官員紛紛響應，掀起了轟轟烈烈的「倒魏」運動。但雷聲大雨點小，信任魏忠賢的天啟皇帝並不採納。「倒魏」風潮過後，是年十月，魏忠賢反戈一擊，以「結黨謀逆」為名大肆捕殺東林黨人。東林黨身分的高官葉向高、趙南星等人紛紛罷官，楊漣、左光斗、魏大中等人下獄迫害致死。在掃清了朝堂障礙後，雄踞遼東的孫承宗，也就成了魏忠賢下一個目標。

孫承宗深受天啟皇帝信任，更手握重兵。魏忠賢起初並不想與他為敵，反而極力拉攏。東林黨遭清洗後，他曾派親信太監紀用去遼東「勞軍」，私下送給孫承宗兩萬白銀，被孫承宗原封不動退回，這下惹惱了魏忠賢。魏忠賢先指使言官彈劾，天啟皇帝不聽，又在天啟皇帝面前誣陷孫承宗謀反，天啟皇帝也不納。其實在這段鬥爭期間，有東林黨人提出由孫承宗率兵入京，「清君側」誅殺魏忠賢。孫承宗拒絕這個建議，決定面見天啟皇帝，揭發魏忠賢的罪狀。但魏忠賢一面阻撓孫承宗覲見，又在京城設下埋伏，企圖趁孫承宗進京時將他逮捕。洞悉魏忠賢詭計的孫承宗，在行至北京半路後毅然返程。東林黨徹底倒臺之後，勢單力孤的孫承宗也無法支撐。天啟五年（一六二五年）九月，孫承宗的親信部將馬世龍在進抵柳河時，遭到後金騎兵伏擊受挫。這場小規模的戰鬥，卻招來了魏忠賢的親信言官鋪天蓋地的謾罵。魏忠賢更藉此叫囂著要治孫承宗「貪戰失地」之罪，並指使戶部扣下了本應發放到遼東的二十四萬餉銀。在無力挽救朝局的情形下，孫承宗只好選擇「保身」，此事之後他主動提出了辭呈。天啟皇帝雖然信任魏忠賢，但對孫承宗也同樣關心。儘管孫承宗的辭職得到批准，但天啟皇帝警告魏忠賢「若吾師有不測，即治汝之罪」。是年十月，孫承宗平安退休歸鄉。在這場血雨腥風的政治風暴裡，他是東林黨人中少有的全身而退者。

得意門生袁崇煥

孫承宗的去職，卻成就了他一直悉心培養的袁崇煥。

孫承宗離開後，繼任者是兵部侍郎高第。後世史書說他是魏忠賢的爪牙，其實他不過是個膽小怕事的好好先生。魏忠賢要他接孫承宗的班，竟嚇得他當場拼命磕頭，鼻涕眼淚淌了一地。到任遼東後，高第更加膽小怕事。天啟五年（一六二五年）十一月，高第下令，山海關以東所有的據點都要放棄，當地的部隊百姓盡數撤回關內。短短幾個月，明軍浴血奮戰打下的國土幾乎全部丟失。山海關周邊，僅留下孤城寧遠，以及鎮守在當地拒絕從命的寧前道袁崇煥。

天啟六年（一六二六年）正月，努爾哈赤率領六萬大軍發動進攻，兵不血刃的把寧遠以東孫承宗打下的所有國土，以及明軍倉皇撤退時留下的幾十萬石軍糧全數接收。一月二十三日，努爾哈赤發動了對寧遠的猛攻，在外無援兵，兄弟部隊盡撤，孤立無助的情況下，袁崇煥率領一萬軍民決死抵抗。在三天的浴血奮戰裡，兵力處於劣勢的明軍數次挫敗努爾哈赤的進攻，消滅後金軍數千人，並憑藉火炮，成功地擊傷了努爾哈赤。一月二十六日，身受重傷的努爾哈赤下令撤軍，寧遠之戰以明軍完勝而告終。「八旗不可戰勝」的神話就此結束。八月一日，怒火攻心的努爾哈赤含恨而死，留下遺言：「小小的寧遠城竟攻不下來，這是命啊。」

寧遠大捷後，袁崇煥一戰成名，一躍成為主持遼東防務的遼東巡撫。他繼續了孫承宗的工作，恢復了被高第拋棄掉的國土，重建了寧遠——錦州——山海關三位一體防線。天啟七年（一六二七年）五月六日，繼努爾哈赤後成為後金大汗的皇太極，率七萬大軍發動了對遼東的全面進攻，明軍憑錦州堅城挫敗後金攻勢。五月三十日，在寧遠城下，袁崇煥親自率軍和後金軍破天荒地打了場野戰。以戰車、步兵、騎兵協同作戰的明軍，將八旗軍殺得頭破血流，僅一天會戰，八旗軍就傷亡五千多人。戰敗的皇太極又攻錦州，再次遭到重創。六月五日，皇太極倉皇撤軍。二十九天的連番大戰，後金累積傷亡一萬多人。

戰後，天啟皇帝在詔書裡大讚：「十年之積弱，今日一旦挫其狂鋒。」這場被歷史上稱為「寧錦大捷」的勝仗，讓明朝上下欣喜若狂。連魏忠賢的侄孫（時年四歲）都因此封了爵位。指揮此戰的袁崇煥，更因此被看作是大明第一將星。但追根究柢，可以說是孫承宗栽樹，袁崇煥乘涼。

袁崇煥在就任遼東巡撫後，做了一件看似微不足道的錯事。在恢復孫承宗的關寧防線時，他卻拋棄了孫承宗早年佔領的大凌河城。這座孫承宗曾苦心經營的要塞，在皇太極發動進攻時被八旗軍拆毀。而誰都沒有想到，四年之後，這座堅城將成為孫承宗戎馬生涯的終點。

寧錦之戰勝利後，後金受重創，暫時停止了對明朝的攻勢。失去了利用價值的袁崇煥，也隨即被魏忠賢掃地出門，落了和孫承宗一樣罷官回鄉的命運。隨後就任薊遼總督的，是當年被孫承宗趕走的閻鳴泰，他在遼東做得最多的事，就是給魏忠賢修了一大堆「生祠」。好在關寧防線穩固，後金又在休養生息，暫時無大戰事。

天啟七年（一六二七年）八月，天啟皇帝朱由校病故，其弟朱由檢即位，次年改年號為崇禎。登基後的崇禎果斷地除掉了魏忠賢，將這位把持朝政多年的宦官流放，並在流放路上逼他自殺。之後就是撥亂反正，被魏忠賢迫害致死的東林黨盡數平反，被罷官者大多復職。而遼東戰事，也成為這位力圖振作的新君最關注的事情。魏忠賢垮臺後，歸養在家的孫承宗寫下《三十五忠詩》，悼念被魏忠賢迫害致死的東林黨同僚，並表達了重新為國效力的願望。當時得到啟用的東林黨官員，都極力主張啟用孫承宗。但不巧的是，此時的兵部尚書正是早年在山海關被孫承宗痛罵的王在晉。王在晉先翻出孫承宗柳河小敗的老帳，又指使親信言官彈劾孫承宗。尤其缺德的是，王在晉指責孫承宗在天啟年間意欲率兵入京，說這是「挾兵震主」、「居心叵測」。一句「意欲」，斷送了孫承宗的報國夢。結果，孫承宗不得不上書為自己申辯，希望擔負守土之責的薊遼督師一職。但崇禎卻選擇了袁崇煥。之所以置孫承宗不用，當然不僅因王在晉的污蔑，畢竟孫承宗是兩代帝師，這樣一個資歷深厚且手握重兵的重臣，是任何皇帝都會忌憚的，尤其是素來剛愎自用的崇禎。

再度出山的袁崇煥，很想「青出於藍」，他先在面見崇禎的時候誇口，說要「五年復遼」，引得崇禎大為高興。就任之後，除了整頓兵馬加強防務外，他卻開始「拆孫承宗的台」。先是向崇禎請旨，撤銷孫承宗原本設在登州、萊州兩地的巡撫官職，將當地事權統歸他調度。這兩地巡撫原本的職責，在於主管對遼東諸海島的海上航線以及管制諸島嶼，一經撤掉，明朝在遼東的各島嶼頓失依託陷入孤軍作戰。另一件的事，就是殺掉了鎮守皮島的毛文龍。毛文龍多年孤守皮島，雖然有貪污等問題但罪不至死。毛文龍一死，皮島防務名存實亡，無法再對皇太極起到掣肘作用。

崇禎二年（一六二九年）報應就到了，是年十月，皇太極繞開關寧防線從蒙古草原大迂迴，出人意料地攻破河北邊鎮。到十月底，已進抵到距離北京僅二百公里的遵化。朝廷上下大驚。聞訊後的袁崇煥慌忙回兵援救，先在遵化與皇太極接觸，卻被擊敗。隨後皇太極乘勝進兵，連克永平、遷安、灤州等城池。眼看就要兵臨北京城下，盛怒的崇禎先追究責任，殺掉了原兵部尚書王洽，接著下令孫承宗起復，擔任兵部尚書兼東閣大學士。挽救危局的重任，再次落到他身上。

雖然崇禎此舉是「臨時拉墊背」，但孫承宗毫無怨言，受命後立刻趕到通州主持防務。這時候明朝雖然有二十萬援軍，但大多是戰鬥力低下的內地軍隊，無力與八旗抗衡，唯一能指望的就是火速馳援的袁崇煥。面對危局，孫承宗判斷，皇太極在佔領遵永四城後，會繞開薊州直撲北京。因此他急命袁崇煥率軍在京郊的三河一帶佈防，阻止皇太極南下。但是他親手培養出來的袁崇煥，這次不買他的帳。孫承宗的調令他不聽，反而自作主張跟在皇太極部隊後面，企圖在皇太極抵京後，利用北京堅城來重創對手。結果，沒有遭到任何抵抗的皇太極長驅南下，與袁崇煥在京城下對峙，而臨危受命的孫承宗，卻成了光杆司令。

十一月二十日開始，袁崇煥率軍與皇太極在京城下交戰，在廣渠門、左安門兩度重創皇太極，岌岌可危的局勢總算穩定下來。但十二月一日，惱火袁崇煥自作主張的崇禎，突然逮捕袁崇煥下獄，跟隨袁崇煥前來馳援的猛將祖大壽憤憤不平，竟帶著遼東軍回去了。京城防務再度危急，關鍵時刻作為老上級的孫承宗挺身而出了。他先是恩威並施勸說祖大壽，讓這位平日驕橫的猛將乖乖低頭，主動向崇禎請罪，順從地把軍隊帶回來。緊接著又集合了另一位愛將馬世龍的兵力，在孫承宗的主持下，人心惶惶的明軍再次眾志成城。十二月十七日，皇太極集合所部八萬兵馬攻擊永定門，發動了最強的一輪攻勢。明軍列陣城下殊死抵抗，在付出了沉重代價後再次擊退皇太極。師老兵疲的皇太極終於洩氣了。但警報並未解除，老謀深算的皇太極只是撤出京城周邊，北京北面的遵化、永平、灤州，遷安四重鎮，依然掌握在他手裡，由阿敏鎮守。北京城依然岌岌可危。

在經過精心準備後，崇禎三年（一六三〇年）五月，孫承宗以自己打造出的車營以及川軍秦良玉部為主力，發動了收復四城的大戰。眾志成城的明軍以摧枯拉朽之勢，僅用兩天時間就打下灤州和遷安。五月十二日，明軍與阿敏部在遵化大戰，明軍先以火炮猛轟，再以重兵衝鋒，阿敏僅支撐了一上午就倉皇而逃。次日，明軍再克永平，已被殺得聞風喪膽的阿敏倉皇逃竄。此時，孫承宗早命馬世龍在後金軍逃亡路上設伏，一番截殺再次重創對手。至此，淪陷的四鎮全部收復，北京危急的局勢在孫承宗的努力下終於轉危為安。

力挽狂瀾的孫承宗，在遵永之戰勝利後，個人聲望達到了最高點。此戰三個月後，崇禎將袁崇煥判死刑，在北京凌遲處死。孫承宗再次接任了薊遼總督的職務，但此時昔日的遼東猛將黑雲龍、趙率教、滿桂等人均在北京保衛戰中戰死，收復遵永四城的功臣馬世龍在戰後也病逝。孫承宗親手打造的十二萬遼東車營精兵，戰後有近五萬人被抽調或移防薊州、宣府地區，或調至鎮壓農民軍的前線。這些被抽調的皆是昔日遼東最精銳的部隊。缺兵少將還不算，此時崇禎又任命邱禾嘉為遼東巡撫。也正是這個任命，讓孫承宗重複了熊廷弼曾有過的遭遇——經撫不和。

痛徹心扉大凌河

邱禾嘉在崇禎登基初期只是兵部的六品主事，因上書分析兵事得到了崇禎的賞識。孫承宗收復遵永四城時，他身先士卒立功頗多，也因功升為遼東巡撫。但觀他就任遼東巡撫後的表現，就只能用搗亂二字來形容。

崇禎四年（一六三一年）正月，孫承宗到達遼東，然後開始了長達七個月的考察。當後金採取繞開山海關，過境蒙古襲擾中原的新戰略時，明朝應當怎樣應對？孫承宗的態度是遼東防線必須再進一步佔領一個足夠威脅後金首府盛京的地盤，使後金不敢再輕舉妄動。孫承宗最終確定的目標是大凌河。

在遏制後金的戰略問題上，邱禾嘉和孫承宗的意見相吻合，也同意將地盤前推。但在具體地點上兩人發生了分歧。邱禾嘉的主張是推進到廣寧、右屯、義州三城，但他的觀點著實荒唐。因為廣寧城距離海邊有一百八十里、距離遼河一百六十里，遠離關寧防線，水陸補給非常困難。義州比廣寧還遠還偏僻，如果要在這兩個城池站住腳就必須先紮根義州。但這座當年被袁崇煥放棄的重鎮，義州原有的城牆早被拆盡。而且這三個城池距離後金的主力部隊太近，一旦遭到攻打，主力部隊根本鞭長莫及。更何況同時修築三城，力量必然分散。孫承宗的主張是先修築大凌河城，該城距離錦州僅四十里，和周邊的杏山、松山等明朝控制區域遙相呼應更直指後金的腹地，威懾後金的老巢盛京。一旦明軍站住腳，就可以對後金形成直接威脅。依明朝遼東軍力的實際情況，這是一個相對穩妥的戰略。

無奈邱禾嘉的目光短淺，不但和孫承宗意見相左，更蔑視祖大壽這些「大老粗」型的武將。到任沒多久，就和遼東諸將關係鬧得很僵。但崇禎對他很賞識，在他就任前曾囑咐他可與孫承宗「各行其事」。明朝的官制總督雖職權大於巡撫，但兩職務的職權是相對獨立的。總督對巡撫只能「協調」，卻無權直接發號施令，碰上關係不好的就會相互掣肘。築城的分歧發生後，雙方爭執不下。因袁崇煥事件，崇禎開始對地方督撫的權力非常制約，這時候的孫承宗既無天啟時期的臨機專斷權，又受邱禾嘉這樣自以為是的巡撫牽制。無奈下，只好向朝廷請示。對孫，邱二人的不同意見，朝廷幾經討論，畢竟孫承宗德高望重，還是同意了他的主張。崇禎四年（一六三一年）五月，大凌河築城工程正式開始。

孫承宗深知這次行動，遠難於當年築寧遠城。因此花了大心血，命祖大壽、何可綱二將率四千精兵先行進佔，調一萬四千工匠奉命修築，又派遣秦良玉麾下的一萬川軍前往護衛。七月中旬，工程正式開始，但就在這關鍵時刻，邱禾嘉搗亂了。他非但自作主張從大凌河抽走了一半工匠，前往修築右屯衛，大凌河的工程進度一下子被拖延下來。孫承宗上奏彈劾，朝廷卻置之不理，兩人的「對台戲」唱了沒幾天，朝廷裡又橫生枝節。八月，原本支持孫承宗的兵部尚書梁廷棟因得罪崇禎被罷官，崇禎居然遷怒於孫承宗，急忙下詔叫停所有築城工程。負責護衛工程的上萬川軍精兵被調至薊州，大凌河當地僅留下萬餘兵士和一萬石糧草。眼見工期被人為地一拖再拖，孫承宗主張暫停築城，將士兵撤回。因為此時的大凌河城防只築了一半，又無強兵保護，一旦皇太極重兵來犯，局面將異常危險。邱禾嘉這次又來搗亂了，崇禎同意修的時候，他不修，現在不讓修了卻又非要修下去。北京保衛戰後，崇禎規定遼東地區部隊調度必須要有總督巡撫二人的共同手令，邱禾嘉不同意，兵當然調不回來。而皇太極卻來了。八月初，洞悉明軍意圖的皇太極集合八旗精兵以及蒙古科爾沁等部落，共合兵八萬多人，兵分兩路，一路插入錦州與大凌河之間，斷絕明軍周邊，一路直撲大凌河。

八月二日，皇太極進抵大凌河，這次皇太極使出圍城打援的方法，在大凌河四面挖壕修寨，將城池圍得水洩不通。同時在周邊部署重兵，迎擊明朝援軍。此時負責大凌河防衛的，正是遼東猛將祖大壽、何可綱，見皇太極壓城，他們毫不慌張立刻組織防禦。此時的大凌河城，除了祖、何二將帶來的一萬多士兵外，就只有沒有作戰經驗的工匠，局勢萬分危急。但消息傳來後，朝廷方面卻反應遲鈍。崇禎雖然嚴令孫、邱二督撫不惜一切代價救援，但又下令無兵部命令關內駐軍不得擅動。結果孫承宗根本調不動薊州等地的明軍來援助，接著朝中就有人主張放棄大凌河。雖然此時遼東駐軍尚有數萬，但各有防區，能夠第一時間投入使用的機動部隊，只有吳襄部的三萬人，卻多是毫無戰鬥經驗的新兵。

在此危局下，孫承宗和邱禾嘉偏偏又生分歧。深知大凌河重要性的孫承宗主張不惜一切代價，集中遼東精銳出兵援救，裡應外合打垮皇太極。但先前壯志滿懷的邱禾嘉，這時候卻被嚇破了膽，他主張遼東駐軍不可輕動，最好由關內來的援軍進行救援。沒有巡撫和總督二人的命令，遼東駐軍根本無法調動，無法說服邱禾嘉也就救不了大凌河。孫承宗幾經力爭，到八月十日，邱禾嘉才象徵性的同意派遣五百人；六天以後，又派出兩千人；十天以後，再派出六千人。這點兵力自然救不了大凌河，反而是驅羊羔入虎口。其實在這段時間裡，後金軍主力主要用於清除大凌河周邊的防禦工事，祖大壽在大凌河的抵抗也甚為劇烈，不但多次擊退後金軍的進攻，更組織了幾次反撲險些突圍成功。部署在錦州至大凌河道路上打援的後金軍只有兩萬多人，正是救援的最好時期。但在邱禾嘉縮頭烏龜式的戰術下，戰機就這樣白白喪失了。

孫承宗並不甘心，說服不了邱禾嘉，那就另想辦法。經過多方奔走，朝廷終於從關內調兵了。九月二十四日，由監軍兵備道張春率領的三萬多援軍抵達錦州，而此時的大凌河早已彈盡糧絕。一萬石糧食全部吃光，部下傷亡過半，周圍的堡壘工事皆被後金佔領。更命致的是，眼見大凌河只剩最後一口氣，皇太極放心地把大部圍城部隊調走，部署在明朝援軍必經的長山口。這時後金用來等待迎擊明軍的部隊已有六萬人之多，以張春的部隊人數，解圍是很困難的。

張春是孫承宗的老部下，在北京保衛戰中，他是孫承宗的得力助手。援救大凌河時，已是六十五歲高齡。此人有才能，但麾下的部隊素質參差不齊，既有孫承宗親手調教出的遼東車營，也有河北、河南、山東各地的地方軍隊。孫承宗又命吳襄從遼東當地部隊裡選出七千精壯隨行，卻也是「矬子裡拔將軍」（**短中取長之意**）。孫承宗本欲親自帶兵，但張春主動請纓，聲稱「督帥身負遼東重任，不可輕動」。孫承宗納其言，行前更反覆叮囑，若遇後金軍主力不可盲目衝擊，必須以車陣逼之，伺機反擊。九月二十七日黎明，張春率軍進至大凌河周邊的長山口，皇太極已親率六萬多精兵等候多時，決定命運的大凌河會戰長山口之戰，打響了。

人數劣勢，戰鬥力參差不齊，這樣的戰鬥當然不能硬拼。好在張春也是沙場老將，臨陣部署得當，他立刻排出了孫承宗部擅長的「車陣」。中軍以戰車火器構成防禦體系，步兵列陣阻擊，兩翼分別部署了吳襄和宋偉的騎兵。皇太極也出猛招，親率精銳衝擊張春中軍，並拿出了他剛剛組建的火炮部隊，三十門火炮齊轟明軍。戰事異常慘烈，後金軍先以他們慣用的「死兵」衝擊，被明軍打退。接著以騎兵施放弓弩，明軍也以猛烈槍炮還擊，史載「弓矢如雨，炮聲震天」。這些從內地二線部隊抽調來的明軍，戰鬥意志異常頑強，皇太極的中軍衝鋒連連碰壁。他的近臣綽和諾被明軍打死，侄兒富喀禪受重傷，攻打明軍左翼的恩哥德爾更慘，不但進攻未果，更被明將宋偉發動反突擊。打到最慘烈時，恩哥德爾部竟紛紛後撤（戰後被皇太極集體處罰）。這時皇太極的處境是危險的，後金軍野戰最擅長的是速決戰，一旦久攻不下，就很容易被對手反擊。之前寧錦會戰的失敗就是如此。

但意外在這時候發生了，負責明軍右翼防禦的是總兵吳襄，他率領的是幾千名從遼東蒙古部落招募的新兵，戰鬥力本就不強。與他對壘的後金軍佟圖賴部是皇太極麾下精銳，幾次衝鋒之後，明軍雖打退敵人，但吳襄漸漸感到懼害。比起後來鬧出大動靜的兒子吳三桂來，吳襄的軍事才能只能說一般。偏在這時，一小股在衝鋒時被打散的後金騎兵，竟稀裡糊塗闖到了吳襄的面前。吳襄誤以為軍陣已破，立刻撥馬狂逃，把整個大軍扔在原處。明軍的右翼立刻被突破了。左翼殺得性起的宋偉是吳襄的老同事，見吳襄逃命，自己也不甘落後，帶著麾下部隊一道腳底抹油。長山口戰場，張春的中軍一下子陷入皇太極的合圍中。絕境之下，張春決死一搏，使出了最後一招——火攻。明軍立刻收縮陣線，四周戰車環列，排成三角陣形，周邊推出上百輛小型戰車——油櫃車（明朝的「火焰噴射器」）。張春一聲令下，各戰車噴出劇烈的火舌，衝鋒的後金騎兵立刻陷入火海中。眼看著反撲有望，突然狂風大作，劇烈的北風朝著明軍的戰陣撲來，火勢立刻轉向，燒死大批明軍士兵。如此倒楣，明軍卻依舊死戰，張春命大軍繼續收縮，集中所有的火器彈藥，準備再向後金軍打一場反衝鋒。明軍攻勢還沒打響，又突然天降大雨，傾盆的雨水將軍陣淋了個透心涼，先前猛烈發射的槍炮全成了燒火棍。於是，這場艱難的戰事已無法扭轉了。後金軍乘機全線突入，在戰事的最後階段，張春命部將率軍先撤，自己親領殘兵阻擊。在手刃了數名金兵之後，終因傷重被俘。

是役，明軍傷亡二萬多人，張春及其麾下三十三名將領被俘。血戰到最後的張春被俘後寧死不屈，皇太極敬佩他的氣節，一直未殺他，只將他囚禁在盛京三官廟。之後十年，他身處囚籠，一直「著漢服」、「拒剃髮」。崇禎十四年（一六四一年），聞聽松錦大戰明朝全軍覆沒的敗訊後，深感希望破滅的他憤然自盡，死前留詩「苦節傲冰霜，至大而至剛」，表明自己身在敵國卻氣節不改的心志。

高陽殉難，英名流傳

長山之戰的失敗，標誌著孫承宗援救大凌河的最後希望破滅。到十月份，祖大壽決定「詐降」，先殺死了拒絕投降的副將何可綱，接著十月二十八日，祖大壽整軍投降，所部的數萬軍民和精良火器皆落入皇太極之手。對這位遼東名將的投誠，皇太極非常高興，當場賞賜大批財物，祖大壽趁機獻計，願作為內應進入錦州，幫皇太極拿下錦州城。皇太極欣然允諾。但祖大壽其實是要詐，他到達錦州後立刻翻臉，反而在錦州整頓軍馬，對後金軍嚴陣以待。祖大壽雖然忠誠，但他的兒子（有說養子）祖可法卻誠心歸順，後來成了皇太極身邊的重要謀士。

但命運真正被逆轉的，卻是祖大壽的老上級孫承宗。修築大凌河一事，戰前就爭議頗多，外加此時的兵部尚書梁廷棟早已被罷官。敗報傳來後，言官們彈劾孫承宗的奏章立刻連篇累牘。心力憔悴的孫承宗再難支撐了，他無奈地再次辭官而去。大凌河，這場孫承宗戎馬生涯裡最大的「滑鐵盧」，卻也是明朝命運的一個關口。如果大凌河不失，不但寧錦防線多一道屏障，更可威脅後金腹地。這樣，皇太極就很難不顧一切地勞師襲遠。之後，皇太極多次繞道入塞，大肆燒殺。正在鎮壓農民起義的明朝，長期陷入內外交困的境地。

崇禎十一年（一六三八年），已改國號為「清」的皇太極，命其弟多爾袞率軍故伎重演，從河北入寇中原。河北各邊鎮淪陷無數，其中就有孫承宗的家鄉高陽。已經退休歸家的孫承宗，率領全家十八口人上城抵抗，就憑高陽縣這些毫無作戰經驗的鄉民，竟與多爾袞的精兵足足死磕了一天，直到次日城池才陷落。為了區區一個小縣，清軍竟付出了一千多人傷亡的代價。城破後，孫承宗的兒子、孫子十八人舉家殉國，孫承宗拒絕投降。慨然自盡身亡，享年七十六歲。令人歎息的是，噩耗傳開後，雖然舉國悲痛，但崇禎只是輕描淡寫的命「復故官，予祭葬」。直到明朝滅亡後的一六四五年，才由南明弘光帝給予追封諡號。崇禎如此對待這位功勳卓著的統帥，可謂刻薄到令人寒心。

三一、李自成的十次生死時刻

雖說明朝最終被清朝取代，但直接滅亡明朝政權的，卻是與明朝周旋了十五年的晚明梟雄李自成。

在波瀾壯闊的明末農民大起義中，他因生計所迫投奔了農民軍，從底層士兵做起，轉投無數農民軍勢力後，成為一方梟雄。而後幾經起落，卻越挫越勇，最終揮師東進佔領北京，逼得崇禎皇帝煤山自縊，親手終結了統治中國二百六十八年的大明王朝。

李自成的戰鬥經歷並不是一帆風順，甚至可以說，在大多數時期他都屬於完全的劣勢。有無數次機會，明朝可以一舉將他剿滅，但死亡之神卻一次次與他擦肩而過。他這些人生的「大難」中，有幸運也有明朝自己錯失機會。一次次機會的錯失，最終讓明朝付出了亡國的慘痛代價。

兩件昏招造亂局

說起明末農民起義的大爆發，以及屢「剿」不平。很多人把原因歸結到明末吏治腐敗、政府財用匱乏以及天災橫行催化內部的矛盾，其實是有兩個看似微不足道的因素造成了農民大起義的越演越烈。

第一個因素，發生在崇禎元年（一六二八年）秋天，因財政緊張，新登基的崇禎皇帝取消了對北部的蒙古部落的賞賜。一個月之後，蒙古草原發生了嚴重災害，北方各蒙古部落請求明朝援助被拒絕。這時期明朝的國庫空虛，財政開銷當然能省則省。這次的結果，是省下了該年賞賜給蒙古部落的白銀二十萬兩。

但這時候花在蒙古部落身上的錢是萬萬省不得的，因為皇太極即位早期，與之相鄰的大部分蒙古部落一直站在明朝這一邊。尤其是「黃金家族」末代可汗林丹汗在位時，雖早期曾與明朝發生戰爭，但因為努爾哈赤的崛起，雙方很快地聯合起來共同對付他。明朝從天啟年間起就與林丹汗互市，賞賜大量白銀。而在與努爾哈赤多次的戰爭裡，蒙古部落都曾出兵相助。努爾哈赤死後，即位的皇太極開始了對蒙古草原的滲透，尤其是寧錦之戰敗北後，隨即將矛頭對準了以林丹汗為主的蒙古各部，到崇禎登基時，雙方互有勝負。明朝北部的薊州、大同、宣化、陝西、寧夏等地也暫時得到平靜，戰火僅局限於遼東一地。

但崇禎的一刀切，使得原本是北部屏障的林丹汗隨即與明朝反目，悍然發兵侵擾山西地區，雙方兵戎相見。失去明朝援助的林丹汗，也難抵擋後金咄咄逼人的攻勢，最終在敗退青海後被殺。他的敗亡，導致蒙古部落成為一盤散沙，無力對抗皇太極的侵入。喀爾喀、科爾沁、察哈爾等蒙古部落相繼歸附。就連早年被明朝封為「順義王」的河套蒙古各部落，也最終倒向了後金一邊。

明朝對蒙古的災荒置之不理，更給了後金以經濟援助加通婚籠絡蒙古部落的機會。不到兩年的時間，薊州、宣化北面的蒙古部落盡成了皇太極的勢力範圍。繞道蒙古侵擾中原，已經是一馬平川了。所以，崇禎在位的十七年間，每到剿滅農民軍的戰役打到關鍵時刻，即有皇太極破關南下的情景。本來局限於遼東一地的明清戰爭，最終演變成戰火蔓延整個北方的全面戰爭，大量的人力物力被牽制。二十萬兩白銀，換來了明朝兩線作戰的困局和北方的漫天戰火。

第二個因素是後人提及較多的，崇禎二年（一六二九年）四月，刑部給事中劉懋上奏，要求清理驛站。明朝晚期的驛站，早已經機構臃腫且滋生腐敗，成為國家沉重的財政負擔。劉懋的對策就是裁撤，富餘的官員罷官，多餘的驛夫驛卒遣返回鄉。當時的兵部侍郎申用懋深謀遠慮，認為一次性裁撤風險太大，應當以六年為期逐步進行，且不能一裁了之，對被裁的官員驛夫，要發足遣散費用，其中精壯的驛卒，更可挑選編入各地駐軍之中。這個方法可謂老成謀國，但心急的崇禎不聽，覺得劉懋的建議簡單實用，決定貫徹實行。這次明朝效率很高，用一年時間遣散了八萬多驛卒，一年可節省白銀六十八萬兩。其中的一個驛卒，就是銀川驛站的李自成。六十八萬兩白銀，換來了大明王朝的終結者。

明朝的農民起義，直接因素是天災。天啟七年（一六二七年），山東就曾爆發白蓮教起義。到了崇禎元年，陝西爆發大旱，引發了大批農民暴動，最早的領導人卻多是當地地主士紳。原因很簡單，災荒缺糧，饑民們開始哄搶地主，地主們為保身索性挑動農民去哄搶官府。

其中發生最早，影響最大的，是崇禎元年（一六二八年）陝西谷城的王喜胤起義和陝西宜川的王左貴起義，這兩股勢力在當時都各有數萬人，麾下成員也多「明星陣容」。王喜胤手下的偏將，是後來的「闖王」高迎祥；大營門口站崗的哨兵，其中一個就是後來的「大西皇帝」張獻忠。而李自成則是王左貴麾下的一名士兵。

李自成是在崇禎三年（一六三〇年）投奔農民軍的。在此之前，他剛與死神擦肩而過。驛站被裁撤後，李自成回到家鄉陝西米脂，因生活困難欠下了當地士紳艾舉人的債務。官司打到縣衙後，李自成被官府「披重枷遊街示眾」。此時正值酷夏，重刑具在身且水米未進的李自成險些被「將置至死」。幸虧親友相救，結夥和衙差們群毆，這才逃到外地。幾個月後，李自成潛回家鄉殺死艾舉人，為避禍又逃到甘肅投軍。起初事業發展得不錯，在甘肅張掖駐軍王國部被提為把總。但此時明朝財政困難，軍隊多被欠餉，崇禎二年（一六二九年）十二月，為領餉銀問題，李自成遭王國責打，索性領著士兵發動兵變，殺死王國後揚長而去，投奔到陝西農民軍王左貴部，開始了他的「造反」生涯。

臨陣猶豫再鑄錯

在崇禎元年陝西動亂初起時，在如何處理的問題上，朝廷內部就意見不一。起初地方官為逃避責任，大力隱瞞造反真相，總幻想著來年天災過了，農民自然偃旗息鼓。但天災卻年年持續，到崇禎三年（一六三〇年）陝西已經大亂四起，主要的農民軍勢力多達十多股，總數三十多萬人。這時候的明朝剛剛經歷過北京保衛戰，京城周圍正滿目瘡痍，自然不願再啟戰端，所以「主撫」派佔據上風。一直主張招撫農民軍的御史楊鶴被任命為陝西三邊總督，趕赴陝西平亂。

楊鶴是個好官，在崇禎元年（一六二八年）動亂初起時，他就提出「元氣」說，認為老百姓是國家元氣，不能輕易殺戮。之前在官場上，他也「有清明」，是腐敗官場上難得的廉潔人物。可要處理這樣的事件，僅廉潔明顯不夠。楊鶴很認真，對農民軍採取寬容政策，禁止官軍任意殺戮。而且很勇敢，多次不顧危險單獨進入農民軍大營，曉之以理動之以情勸說，更鐵面無私地殺掉了陝西當地一批頗有民憤的官員。忙活到崇禎四年（一六三一年）初，陝西境內十多路農民軍盡數接受招撫，共招降農民軍十多萬人，看似成績不錯但多是表面文章。楊鶴的方式基本是「求人投降」，只要對方肯投誠，什麼條件都答應，甚至允諾農民軍可以保留軍隊武裝，留在原地駐紮，這樣的做法顯然治標不治本。要招撫，就要給錢，崇禎先後撥給楊鶴十五萬白銀，看似不少，但分攤到每個農民軍手裡也不過半兩白銀。何況，各路農民軍雖接受招安，但實力並未減損，一旦楊鶴的錢花完，天災又不停，重新造反是遲早的。到崇禎四年八月，各路反軍紛紛撕毀合約，再扯反旗，明朝的十五萬兩白銀打了水漂，楊鶴本人被充軍流放。

招撫不行，就「剿滅」。這時候的主角，變成了洪承疇。

洪承疇，字彥演，福建南安人。楊鶴招撫陝西的時候，他是陝西參議，對楊鶴的招撫主張，他向來堅決反對。戰事重起後，陝西當地大潰，官員紛紛逃命。洪承疇非但不跑，反而臨時招募了一支千人民團奔赴平亂前線。他的第一仗是在陝西韓城擊潰了攻打韓城的王左貴部，李自成此時正是王左貴部的前鋒將軍。這一仗王左貴敗得很慘，其部隊幾乎被打散。李自成也因此與王左貴走散，之後一段時間，他只是陝西當地的一股散兵游勇。被洪承疇追得走投無路的王左貴，於崇禎四年年底向洪承疇投降。但洪承疇不是楊鶴，接受王左貴投降後沒幾天就翻臉，派兵偷襲王左貴，王左貴及身邊部將皆被殺死，如果李自成還在王左貴麾下，恐怕也難逃這場滅頂之災。

王左貴覆滅之後，洪承疇得到重用，不到半年的時間就成了陝西三邊總督，這時期他的主要精力，放在王喜胤和神一魁這兩股最大勢力上，崇禎四年（一六三一年）十月起，洪承疇開始全力圍剿王喜胤，這時他手裡最大的王牌就是擔任延綏副總兵的曹文詔，曹文詔是孫承宗的舊部，手中還有一千名戰鬥力強悍的遼東騎兵。僅用兩個月時間，曹文詔就在甘肅河曲擊斃了王喜胤，這時候的李自成，正在王喜胤的部將王自用麾下效力。又經過了三個月時間，神一魁也全軍覆沒。在這期間，李自成追隨王自用，逃脫了曹文詔的追殺流竄到陝西、山西的交界地帶。這時候陸續集結到此處的各路農民軍約有二十多萬。

明朝鎮壓農民起義的第一個拐點已經出現。此時洪承疇和曹文詔已平定陝西大部，如果與陝西交界的山西、河南兩省可以配合作戰並封鎖農民軍進入的要道，這場聲勢浩大的農民起義就會戛然而止。

崇禎五年（一六三二年）十一月，王自用召集農民軍各頭領開會，列席會議的李自成，此時有了自己的名號——闖將！他成為這次會議的三十六位頭目之一，與他一道列席的還有著名的「闖王」高迎祥、「八大王」羅汝才。開會商議的結果，就是王自用被推舉為首領，二十萬農民軍兵分五路，進入山西。這時擔任山西巡撫的是許鼎臣，在此之前洪承疇已經上奏要求山西務必守住關口，即使不能阻擋農民軍也要盡可能的拖住，他在後面夾擊，必可大獲全勝。許鼎臣也很積極，張口向崇禎要兵，朝廷一口氣調來了賀人龍、李卑、艾萬年三位總兵，都是能征善戰的勇將。可偏偏許鼎臣無能，他最大的毛病就是朝令夕改，還沒等他部署好，各路農民軍就長驅直入了。結果，本是陝西一省的暴亂，至此變成了中原大亂。雖然之後朝廷調曹文詔入山西，一度重創農民軍，但農民起義在中原的燎原之勢，已經不可阻擋。

李自成在進入山西後迎來了他命運的又一轉折。他的老上級王自用在崇禎六年（一六三三年）

病故了，麾下的兩萬兵馬盡被李自成接管。但剛接管了沒兩天，曹文詔進入山西，各路農民軍皆遭慘敗。幸運的是，這時候曹文詔主要針對的是實力最強的紫金梁部，曹文詔一直把紫金梁追到河北。而這時的李自成與張獻忠、高迎祥等人結夥南下，進入了河南境內，此時的他又成了高迎祥麾下的幹將了。河南的軍事行動進展得很順利，農民軍連戰連捷，一直轉戰到河南武安。但就在武安當地，他們遭到明將左良玉部的阻擊。這時曹文詔在武安四周精心設計了包圍圈，彙集了包括山西總兵曹文詔、京營總兵王樸在內的十萬明軍，封死了農民軍突圍的所有出路。高迎祥、張獻忠、羅汝才、李自成等所有明末農民起義的精英幾乎全身陷包圍圈內，畢其功於一役的機會似乎就在眼前。

但就在對農民軍要發動總攻前，曹文詔卻被調走了，職務從山西總兵平級調動成大同總兵。原因是曹文詔與河南御史劉令譽不睦，被回京述職的劉令譽告了黑狀，罪名是「養寇自重」。把曹文詔故意示弱誘引農民軍武安會師的方略說成是「養寇」，這正犯了崇禎的忌諱。曹文詔被調到暫無戰事的大同邊鎮，剛到任沒三個月，就趕上皇太極繞道大同進犯，曹文詔僅憑手中兩千多兵馬與皇太極八萬精兵血戰十五天，硬是保住了大同，迫使皇太極撤退。崇禎卻非抓住他失去邊地縣城的小錯，非但不獎賞，反命他「戴罪立功」。而更要命的是，曹文詔精心設計的河南包圍圈也被毀了，曹文詔走後，明軍失去了最能征善戰的將領，參與包圍的各路部隊誰都不敢出頭衝鋒。與農民軍乾耗到冬天後，代理曹文詔指揮的京營總兵王樸，在收受農民軍賄賂後，中了農民軍的「詐降」計，在包圍圈上讓出一條口子，滿以為農民軍會出來投降。結果十多萬農民軍趁機突圍成功。這次的後果更嚴重，各路農民軍突圍後化整為零，分別去了不同的省份，山西、陝西、河南、湖廣皆戰火蔓延。中原大亂從此開始。

李自成跟隨高迎祥去了陝西，他們打了幾個勝仗後，接著遇到了主持陝西、山西、河南、湖廣、四川五省軍務的「五省總督」陳奇瑜。比起曹文詔的猛打猛衝，陳奇瑜的戰略是「追而小打」。從崇禎七年（一六三四年）二月起，陳奇瑜和農民軍發生了二十三場戰鬥，全是小規模廝殺，打完了立刻收手，只尾隨其後追擊。結果是把農民軍逼進了陝西車廂峽。這是陝西南部長五十里的一個山谷，兩面群山環繞，通道狹窄只有南北兩個出口，早被明軍封死。高迎祥、李自成的八萬農民軍，就這樣再次進入了死地。

但這次農民軍再次使出詐降加上行賄的老辦法。被困十幾天後，農民軍開始請求投降，深知這套把戲的陳奇瑜起先不肯，但農民軍又賄賂他身邊的將領，陳奇瑜雖是清官，卻抗不住身邊屬下的連番勸說。加上此時明軍兵力確實不足，就准許了農民軍投降，撤出了對峽谷南口的封鎖，結果，農民軍在出谷後再次發動反擊。重創了陳奇瑜之後，再次進入河南地界。

闖王覆滅，闖將接班

車廂峽突圍後，李自成的實力大為膨脹，他成為了高迎祥麾下的實力派人物。手中擁有了數萬軍隊，這一年恰是河南大旱，大批饑民加入農民軍，河南當地的農民軍總數一下破了四十萬。但河南是中原腹地，正好方便明軍圍困。崇禎立刻調集了十萬大軍，從東南西北四個方向齊向河南壓來，再次施行鐵壁合圍戰略。在明軍的連續打擊下，各路農民軍損失慘重。到了崇禎八年

（一六三五年）五月，各路農民軍被集體壓制在河南洛陽地區。

嚴峻形勢下，農民軍齊集河南滎陽商議對策，在大多數人主張撤出河南北進，甚至有人提出投降的時候，李自成卻提出了從明軍包圍的縫隙裡衝出去，南下明朝的中都鳳陽的新戰略。這個瘋狂的建議一出口就幾乎遭到集體反對，支持他的人只有兩個，一個是他的老上級高迎祥，另一個是他的老戰友張獻忠。結果，當其他各路農民軍或北逃山西、或東進湖廣時，高迎祥、李自成、張獻忠三人合兵，一舉攻克鳳陽。不但將當地劫掠一空，更刨了朱元璋的祖墳，燒了朱元璋曾寄居的皇覺寺。明朝也成了中國歷史上唯一一個還沒滅亡，就被人挖了祖墳的皇室。

如此的奇恥大辱，崇禎當然憤怒。憤怒之後，就想起了之前被他「戴罪」的曹文詔。刨完朱元璋祖墳的李自成，早在明朝大軍到來前揮師北進，又竄進了陝西境內，在他背後緊緊追趕的就是曹文詔。李自成一路北上狂奔，從陝西寧州一直跑到真寧，曹文詔死追不放，為了奪取「剿滅」李自成的頭功，他竟然拋下大部隊，僅帶麾下三千精銳追趕。結果被李自成以三萬兵馬在真寧伏擊，在付出六千多人的傷亡代價後，終於全殲曹文詔部三千人。全軍覆沒的曹文詔在李自成的包圍下揮劍自刎，這位將軍先打努爾哈赤、又打皇太極、再打李自成，戎馬一生，這是他唯一的一場敗仗，卻要了他的命。

擊斃曹文詔是李自成軍事生涯的一場輝煌傑作。但此時的農民起義，卻正是低潮期。與李自成分兵後在湖廣活動的高迎祥，遇到了主持江北、河南、湖廣、四川、山東五省軍務的「五省總督」盧象升。盧象升手裡有一支他親手訓練的天雄軍，其戰鬥力足夠和滿清八旗相媲美。「刨祖墳」事件後，盧象升先在動陽擊敗高迎祥，之後連戰十餘次，相繼給高迎祥、張獻忠殲滅性打擊。到了崇禎八年（一六三五年）的汝陽之戰，盧象升在總兵力只有對手十分之一且斷水斷糧的絕境下，再度擊潰高迎祥。從崇禎八年五月到十一月，他在六個月裡先後斬殺高迎祥部三萬多人，高迎祥部幾乎被打殘了。同時，在滎陽大會後進入山西、陝西、湖廣地區的其他各路農民軍也大部被明朝殲滅，整個中原地區主要的農民軍勢力，就剩下高迎祥、張獻忠、李自成三支。

到了崇禎九年（一六三六年），農民軍的處境更是雪上加霜，先是高迎祥持續戰敗，在滁州與七頂山連續被盧象升重創，殘存的十萬人幾乎被殲滅。接著李自成的部下高傑叛變，投降了陝西總督洪承疇，又與洪承疇合兵，斬殺李自成部上萬人。

偏在此時，皇太極再次入寇山西，因為曹文詔已經犧牲，所以在抵抗皇太極的人選上，崇禎圈定了盧象升。這樣做的結果就是高迎祥成功的從湖廣地區逃脫，北上與李自成會合。是年七月，高迎祥從漢中入陝西，遭到了陝西巡撫孫傳庭的阻擊，受挫後的高迎祥企圖從子午谷入境，卻正中了孫傳庭的埋伏。七月二十日，全軍覆沒的高迎祥被俘，隨後被處死。這場農民軍巨大的挫敗，卻讓在陝西苦苦等候高迎祥的李自成「上位」。他被高迎祥的部下擁立，收編了他的殘部，也繼承了高迎祥「闖王」的稱號。從這時候起，他成為明末農民起義的領袖。

四正六隅十面網，說來容易做來難

「上位」的李自成，首先遇到了一個他一直沒有遭遇過的對手——楊嗣昌。

楊嗣昌是崇禎三年招撫陝西失敗的楊鶴的兒子，他是個心胸狹窄、嫉賢妒能的人，功勳卓著的盧象升就是被他害死的。擒殺高迎祥的孫傳庭，因忍受不了他的誣陷，竟氣到耳朵失聰。但他的戰略眼光卓越，看出了先前明朝絞殺農民軍的最大漏洞是各省政令不通，不能協調一致，各自為戰且私心甚重。所以他針對性的提出一個新戰略：四正六隅十面網。這個戰略的主要部署，就是把全國劃分成統一戰區，各省協調一致行動，各負其責統一指揮。因這個戰略，使得農民軍「流動作戰」的難度從此難上加難。

從崇禎十年（一六三七年）明朝實行「四正六隅十面網」的戰略後，李自成就成了最大受害者，他這時期多在陝西、山西兩省活動，利用兩省之間步調不一致的問題屢屢見縫插針，牽著明朝的鼻子走。但「四正六隅十面網」後，這一招就失效了。兩省協同作戰，默契配合，屢屢堵住李自成的逃跑路線。農民軍打游擊可以，擺開陣勢的「正戰」就不是官軍的對手了。屢遭重創的李自成拼死衝出合圍，又殺進了四川，試圖攻克成都，還是被明軍擊退。退兵的過程裡，被名將曹變蛟、祖大弼等人一路追殺，直追五十里，又把李自成趕回了陝西。李自成還沒喘口氣，陝西的孫傳庭又殺了上來。四面圍堵之下，李自成決定南下，準備再去河南發展。但這一步戰略，早在明軍的預料之中。是年十二月，在入河南必經之路的陝西潼關南原，李自成陷入了孫傳庭、洪承疇等各路人馬的夾擊。明軍這次布置了三萬精兵，鋪天蓋地地壓上來，誓要活捉李自成。戰鬥從早晨打到晚上，李自成終於趁明軍麻痹，率部衝了出來，之後藏進了陝西、山西交界的商洛山中。先前他的幾十萬大軍，此時只剩下了包括他在內的十八人。就在同時，一直在湖廣地區與明朝周旋的張獻忠，也在傷亡慘重下選擇投降，其數千殘兵被安置在谷城。一度轟轟烈烈的明末農民大起義，這時徹底陷入了低潮。

在李自成兵敗後，孫傳庭本希望包圍商洛山重兵搜索李自成，但這時北方邊警又起，他麾下的精銳部隊多被東調拱衛京城。而在第二年抗擊皇太極南侵的戰鬥中，他因得罪楊嗣昌，甚至一度遭下獄。對於投降的張獻忠，之前他曾屢降屢叛，所以有官員上奏要求在張獻忠投降後把他除掉，但是招撫張獻忠的湖廣總督熊文燦力保，才讓張獻忠逃過了一劫。李自成、張獻忠這兩顆微弱的火種就這樣保留了下來。

結果，僅僅過了一年多，趁明朝主力部隊集中遼東的機會，崇禎十二年五月（一六三九年），反覆無常的張獻忠再次造反。九月，楊嗣昌親自統兵鎮壓，這位提出「四正六隅十面網」的戰略家的實戰能力卻近乎低能，被張獻忠牽著鼻子走了幾個月，最後兵敗自殺。

次年五月，遼東再遭皇太極入侵，明朝由洪承疇領軍十三萬，與皇太極在錦州、松山地區展開了長達一年的廝殺。在戰事已獲主動權的情況下，卻因崇禎的瞎指揮，強令洪承疇盲目進兵，最終功虧一簣，反被清軍打得全軍覆沒，明軍傷亡五萬多人，幾乎報銷了所有精銳軍隊。也是在這一年，河南發生百年不遇的旱災，李自成乘勢而起，很快聚集了數萬軍隊。他與張獻忠遙相呼應，先取湖北孝感、漢陽，繼而揮師北上，於崇禎十四年正月佔領洛陽，殺了福王朱常洵。繼而兩攻開封，最後通過掘開黃河大壩引黃河水的方式，將開封徹底毀掉。

這時候的明朝，精兵良將多在兩線作戰中耗盡，唯一能與李自成抗衡的就是剛從牢獄裡放出來的孫傳庭。崇禎十六年（一六四三年）夏，孫傳庭在崇禎皇帝的幾次催促下，率領新招募的十幾萬兵馬出潼關與李自成決戰。他很清楚李自成雖然勇猛，但只要明軍守住潼關，阻止李自成入陝西，明朝就有翻身的機會。但急功近利的崇禎再次斷送掉這個機會，孫傳庭被迫出兵，這些從沒上過戰場的新兵，在野戰裡哪裡是李自成麾下虎狼之師的對手，到十月份，孫傳庭敗績連連，在渭南之戰全軍覆沒後他以自盡的方式壯烈殉國。

至此，李自成推翻大明王朝已無障礙。次年（一六四四年）正月初一，李自成在長安建立大順政權，繼而揮師北進，明朝再也無力抵擋。三月十八日，李自成兵不血刃地佔領北京，崇禎皇帝自縊於煤山。受盡了十七年來兩線作戰之苦的明王朝，最終滅亡了。

腐化墮落，闖王不長

大難不死的李自成，得到了做皇帝的「後福」，自以為打下北京就能奪取天下的李自成，進京後他的部隊四處掠奪民財，農民軍紀律日益敗壞，將領迅速腐化。此時南明政權尤在，北方滿清虎視眈眈，李自成卻天真的以為天下太平了。作為一個開國皇帝，從始至終除了破壞就是劫掠。他當然也沒有把此時還鎮守在山海關的吳三桂當回事，最後吳三桂勾結清兵入關，在山海關重創李自成，隨後一路追殺。只做了四十二天皇帝的李自成敗出北京後，接著又丟西安，潰逃到湖北九宮山一帶。一六四五年正月十二日，他竟在當地民團的襲擊下殞命。在多少次大風大浪裡逃生，最終卻在小河溝裡翻了船。

三二、舜水先生渡東洋

崇禎十七年（一六四四年）三月，李自成攻破北京，崇禎皇帝煤山殉國，而後清兵南下，李自成覆滅，也就意味著國祚二百七十六年的大明王朝，已經黯然謝幕。

但是在當時明朝人眼中，大明王朝只是遭受一次重創，生命卻還未終止。北京淪陷，只是中央政府停擺。全國大部分地區，特別是經濟繁榮的東南地區，依然在明王朝治下。各地更有諸多皇室藩王，陪都南京更有完備的中央機構，此外各地效忠於明朝的軍隊數目更多達百萬以上。抖擻精神收拾舊山河，再造社稷指日可待。

所以這一年，崇禎皇帝三月殉難，五月份新政府就啟動。福王朱由崧在南京正式登基即位，宣告次年改年號為「弘光」。南明王朝時代至此拉開大幕。

南明王朝多短命

崇禎皇帝殉難時，沒有派太子南下，小太子朱慈烺先被李自成俘獲，而後在戰亂中失蹤（康熙四十七年被清政府捕獲殺害），如此一來，群龍無首。

而按照《皇明祖訓》的法統，福王朱由崧本該是最合法的繼承人。但明末黨爭成風，傳染病似的傳到了南明，大臣們拉幫結派、各執一詞。朱由崧雖然在鳳陽總督馬士英等人的擁戴下順利登基，但內部非但不消停，反而鬧得更凶。

當時史可法作為兵部尚書，早早就制定了防禦計畫。長江以北劃分了四大軍鎮，由劉澤清、黃得功、高傑、劉良佐四大總兵坐鎮，外加武昌軍閥左良玉，組成鐵壁防線阻遏清軍南下。

但真正實行起來，卻完全亂了套。首先，江北四鎮大多是跋扈軍頭，基本不聽調度。朝廷方面，有擁立大功的馬士英與兵部尚書史可法也是互相擠兌，最後把史可法調派至揚州。

武昌左良玉，崇禎年間就是名將，也是出了名的會算計，打農民軍的時候就常出工不出力。南明建立後，此人更野心膨脹，弘光元年（一六四五年）三月竟然打出「清君側」旗號，悍然舉兵東進，要端了南明政權的老窩。

雖說左良玉很快兵敗，病死軍中，但後果很嚴重。已經料理了李自成的清王朝，緊跟著大舉南下。一盤散沙的弘光政權頓時不知所措，忠心抗敵的高傑一招不慎，被身邊叛徒殺害；劉澤清和劉良佐先後叛變投降；繼而揚州淪陷，史可法壯烈殉難；左良玉的兒子左夢庚也變節投敵。五月十五日，清軍兵不血刃地佔領南京，弘光皇帝朱由崧出逃，錢謙益等重臣投降。七天以後，由黃得功保護逃亡蕪湖的朱由崧終被清軍逮捕，黃得功力戰殉國。朱由崧被俘後被送至北京殺害，南明的弘光政權就這樣迅速敗亡。

值得一說的還有馬士英，之前雖然和東林黨勢不兩立，但大難臨頭，別人非逃即降，他卻一直藏身民間，不屈不撓地組織抗清戰爭，直到兩年後才被清軍俘獲，壯烈就義。

弘光政權敗亡後，南明的抗爭卻並未停止。各省的志士們紛紛擁戴藩王組建新政權，繼續抗清大業。但新問題又來了，原先朱由崧登基總算符合法統。但從此以後，只要有皇室身分的就能稱帝，法統全亂了套。

而被擁立的藩王們手裡大多沒實權，基本都是當地名士甚至軍閥擁戴。朝廷內部的人更是各懷心思，忠心為國的有，渾水摸魚想撈好處的卻是更多。力量始終無法聚攏，一旦清軍壓境馬上就作鳥獸散。

結果，就是諸多小朝廷曇花一現。魯王朱以海以監國身分在浙江主持大局，六年後被滅。唐王朱聿鍵在福州稱帝，建立隆武政權，卻被海盜出身的鄭芝龍挾持，兩年後清軍攻打福建，鄭芝龍火線叛變，朱聿鍵逃亡未果，被清軍俘獲後絕食自盡。他弟弟朱聿鐭在廣州組建邵武政權，才四十一天就被清軍平滅，滿朝君臣自盡殉國。

就這樣，南明王朝的抗清政權，一個個相繼被消滅，國土更相繼淪陷，從華東到華南，各省相繼淪入清王朝之手。

永曆政權最給力

而真正給予清王朝重重一擊，且抗爭最為頑強的，卻是永曆政權。

隆武皇帝殉國後，是年（一六四六年）十一月十八日，桂王朱由榔在廣東肇慶登基，創建永曆政權。登基才一個多月，就被清軍趕出廣東，被迫到廣西棲身。但藉著此時各地風起雲湧的抗清風暴，永曆政權團結各路抗清力量，包括李自成和張獻忠農民軍的餘部，甚至還策反了清軍的李成棟和金聲桓等部隊，終於站住了腳跟。實力最強大的時候，甚至控制了雲南、貴州、廣西、廣東、湖南、四川、江西七省，與清朝分庭抗禮，成為大明王朝最後一面獵獵飄揚的旗幟。

尤其是，在張獻忠義子孫可望和李定國歸附後，永曆王朝的軍事實力更是完美升級，一改早期被清軍打得到處跑的丟人形象，反而常把清軍打得滿地爬。特別是李定國苦心訓練了一支三萬人的虎師，在桂林和衡陽兩場血戰中，先後將清朝精銳孔有德部與尼堪部打得全軍覆沒。永曆六年（一六五二年）衡陽一戰，更是力挫清朝敬謹親王尼堪統帥的八旗勁旅，擊斃驕橫的尼堪。當下明軍將士群情激奮，齊聲高唱《滿江紅》。捷報傳開天下沸騰，好些退居山野的明朝遺民更紛紛起事，抗清形勢大好。

而在東南沿海方面，永曆政權更取得了更大的突破。雖然鄭芝龍變節了，但他兒子鄭成功忠心明室，在廈門誓師抗清，奉永曆王朝為正朔，實力迅速壯大，更練就了一支堪稱東亞最強悍的海軍。多次在沿海發動軍事行動重創清軍，就這樣東南和西南兩線並進，打得清軍應接不暇。

在戰事節節勝利之時，永曆政權內部卻出問題。永曆十年（一六五六年）權臣孫可望野心膨脹，竟悍然發動叛亂，後被李定國迅速平定，但後果極其嚴重。孫可望兵敗後降清，將永曆政權虛實和盤托出。永曆政權經過這場內戰後實力大衰，而主持政局的李定國雖然忠心耿耿，但政治水準一般，處理不了內部的複雜關係。結果，兩年後清軍進攻，永曆政權終於崩盤。

四川、雲南各省先後淪陷，李定國在磨盤山設伏，再度重創清軍，伏屍二十多里。但明軍同樣死傷慘重，大局更是難以挽救，永曆皇帝一行人退居緬甸，大明山河全數淪陷。

就在大廈將傾之時，坐鎮東南的延平郡王鄭成功，發動了最後一次強硬的逆襲。永曆十二年

（一六五八年），趁清朝精銳雲集西南之機，鄭成功憤然以十七萬大軍以及數百艘戰艦的規模，與活動於浙東的永曆朝兵部侍郎張煌言聯手，水陸並進攻打南京。在遭遇了颶風襲擊等考驗後，到第二年四月，鄭成功勢如破竹，連續在定海、瓜州，鎮江等戰役中接連給予清軍毀滅性的打擊。尤其是鎮江野戰，一場硬碰硬的陸戰較量，號稱風馳電掣的四千八旗騎兵竟被打得只剩下一百多人。張煌言也高歌猛進，陸續收復蕪湖等地。到永曆十三年七月，鄭成功重兵壓境南京，光復東南半壁勝利在望。

眼看大好形勢，在東南艱苦抗戰十多年的鄭成功更是熱血滿懷。七月十二日，鄭成功命令全軍白衣白甲，在戰船上舉行盛大儀式，隆重祭奠明太祖朱元璋。當時長江一線，明軍炮口林立，戰旗招展，十多萬大軍哭聲震天。鄭成功更豪情大發，當場揮劍賦詩：試看天塹投鞭渡，不信中原不姓朱。場景十分震撼。

然而豪情之下的鄭成功卻頭腦發熱，南京守將管效忠假裝投誠，一番花言巧語竟然騙過了他，在戰局最有利的時刻放棄了大好的攻城機會，就等著對方獻城投降。結果戰機稍縱即逝，清軍趁機調兵遣將，給鄭成功來了個反包圍。七月二十二日清軍反撲，從觀音山後發動突襲，猝不及防的鄭成功頓時大潰，被清軍一路追殺。也幸虧明軍作戰素質高，浴血突圍，終於在清軍沿江的鐵壁合圍中殺開了一條血路，順利退兵廈門，然而傷亡卻極慘重。這支笑傲東南十多年的抗清力量，至此已無法與清廷爭鋒，而南明王朝最後一次翻盤的機會也因此錯失。

這以後的永曆王朝，局面再也無法挽救。避居緬甸的永曆皇帝朱由榔一家，最終被緬甸國王出賣，落入了清朝手中。永曆十六年（一六六二年），清朝平西王吳三桂在昆明，將朱由榔一家二十五人處死，南明最後一位帝王就此殉難。

但南明的生命力卻著實頑強。敗退廈門的鄭成功仍然奉著永曆的旗號，雖然光復無望，卻依然矢志不渝。永曆十五年（一六六一年）四月，鄭成功揮師東進，收復被荷蘭殖民者霸佔三十九年的臺灣島，並在此繼續建立抗清根據地。自此之後，奉永曆政權為正朔的臺灣鄭氏家族，對內恩養明朝皇室、厲兵秣馬，對外則縱橫東海、頑強抗清。更重要的意義是，鄭氏家族拓展海路，開闢海上絲綢之路，在十七世紀大航海時代留下了濃墨重彩一筆。

但無論怎樣，隨著鄭成功攻打南京的失敗，南明最後一次光復的機會，已然不復存在。諸多追隨南明王朝的仁人志士也相繼做出了選擇。有人如顧炎武般，終生不仕清廷，也有人如李定國般，在永曆王朝覆滅後依然轉戰於邊境。李定國，這位幾乎贏得每一場對清朝戰爭勝利卻難挽大局的鐵血戰將，臨終前叮囑：寧可死在荒郊野外，也絕不投降。他的數千部下也因此一直繁衍生息於緬甸阿瓦河東。

諸多明朝遺民在大勢已去的情況下，仍然堅持著沉默的抗爭。鄭成功軍中有一位幕僚文士，搭船出海，踏上離鄉背井的路途。自此之後，儘管他的復國之夢始終宛如泡影，然而他傑出的思想成就與孜孜不倦的傳道，卻彷彿飄飛的蒲公英種子在日本開花結果，甚至深遠地影響了這個民族的未來。他，便是號稱明末清初五大學者之一的思想家——舜水先生朱之瑜。

實學才俊初長成

朱之瑜，字魯嶼，號舜水，萬曆二十八年（一六〇〇年）出生於浙江餘姚一個名門望族。

明朝萬曆年間是中國歷史上一段著名的思想自由的時代，各家學派縱橫，新思想層出不窮，且高度對外開放。不但西方文藝復興時代的科技成果大量傳入中國，傳統的封建禮教更遭到強烈衝擊，普通百姓的生活觀念、道德傳統都發生了顛覆改變。市民文化蓬勃發展，城市商業發達，民間奢靡風氣日盛，連婦女離婚、改嫁都一度成了尋常現象。士大夫更熱衷享樂，文化成就非凡，從小說《三言二拍》到戲曲《臨川四夢》，內容極其豐富。

而知識階層的理念更發生了翻天巨變，出現了各種新型學術流派，且民間知識份子參與政事的熱情更是空前高漲。地方上的生員學士們話語權越來越大，甚至常為民請命。諸多士林名流不但熱衷傳道講學，更積極介入政事，在朝野覆雨翻雲。晚明東林黨的誕生，更使得黨爭加劇。

也正是在這樣的風氣下，明末各色學術流派的名流極多。很多知名度如雷貫耳的名流，不但精通學問，更擅長搞政治。平日以正氣凜然出了名，一旦大禍臨頭，跑得比誰都快。投靠魏忠賢的陸萬齡和清軍入關後變節投敵的錢謙益，都是這類貨色。

另外有一些人，論道德品質，從來表裡如一堪稱君子，素來為民請命大節不虧。可是行政水準一般，外加眼光短淺，小事斤斤計較，政績雖然不少，但大事面前敗筆同樣多。多位東林黨人都屬此類，雖然鐵骨錚錚，卻只會壞事，直到把明朝搞垮。

在這個自由時代，度過青春年華的朱之瑜，既有名士的風骨，更有務實的水準和卓越的眼光。

以清末學問家梁啟超的觀點，值得尊敬的只有「晚明五大思想家」，朱之瑜便是其中之一。

朱之瑜有不錯的家學淵源，他的家族是浙江餘姚當地的名門。餘姚在明朝，號稱「文獻名邦」，以文教昌盛著稱。科舉的成績斐然，狀元出了好多位。各行各業更是名流薈萃，締造「弘治中興」的大學士謝遷、陽明心學的開山聖人王守仁都是其中傑出代表。

即使與這些名流相比，朱之瑜的家世也毫不遜色，從曾祖父起就是知名的學問家。而且祖上三代派頭都相當大，祖父朱孔孟，曾三次拒絕朝廷邀請，婉拒出山做官。父親朱正這輩最風光，在朝廷的反覆邀請下做了漕運總督。

朱之瑜家族一向以學問和品德著稱，倘若看到朝政腐敗，國事不堪，哪怕是天大的高官厚祿也絕不就範。世代傳承下來的風骨，便是儒家「道不同不相為謀」的信條。

照說這樣的身世，朱之瑜的成長理應很舒適，不說錦衣玉食，也該衣食無憂。但從八歲起，朱之瑜的童年就變得異常慘淡，甚至一度生計無著，學業也無法維繼。

因為這年，朱之瑜的父親朱正還未就任河道總督就突發疾病過世。朱家雖說名頭響，卻並不富裕，外加頂樑柱一塌，生活猝然艱辛起來。朱家兄弟三人，朱之瑜排行老三，兩個哥哥也同樣未成年。這下寡母帶著三個幼子，生活從此貧寒。

於是像許多窮人家孩子一樣，小朱之瑜也早當家。小小年紀就出外幹活，養家糊口。不但接觸過種地、屠宰之類的農活，甚至連城裡的幫傭雜役也曾做過。各行業的民間疾苦，從此感同身受。

但他的學業卻從未荒廢過。朱家雖然家道中落，但名聲尤在，門生故交也多。因此多方關照，朱家三兄弟的學問教育總算是沒耽誤。特別是朱之瑜，在同鄉李契玄門下求學，也很快展現出不凡的天賦。

而且不只朱之瑜爭氣，朱家兄弟三人各個都不差。無論生活怎樣寒苦，卻從不放棄追求。特別是大哥朱啟明，多年來贍養家小、照料母弟，是家中的第一擎天柱。自身的學問進步很快，不但書讀得好，武功兵法更涉獵得多。到朱之瑜二十五歲這年，也就是天啟五年（一六二五年），朱啟明考取武進士成了朝廷官員，家庭條件才大大改善。

隨後朱啟明就職松江府，朱之瑜也隨同前往，拜在了當地學問名家朱永佑門下，後來朱啟明官運亨通，一度官至漕運總兵，朱之瑜的際遇也大大地改善，教授過他學業的還有張肯堂和吳鍾巒，都是當時的名流。

這三位老師在明朝也都大有來頭，他們都是當時聲名顯赫的人物。朱永佑是崇禎年間的吏部侍郎、南明魯王政權的工部尚書；張肯堂是天啟年間進士、崇禎年間的福建巡撫、南明魯王政權的東閣大學士；最厲害的是吳鍾巒，雖說後來官職不高，但他是東林黨的幹才，與東林黨智囊高攀龍是好友，更是東林幹將李應升的座師。

而這三位老師，不但聲名在外、品德高尚，而且就教書育人來說，雖然學問的細節有差別，但不約而同傳授給朱之瑜的是明清時期一門風格清新的學問——實學。

實學，乃明清儒學一大重要成就，源起於宋代的「事功學派」，反對務虛空談，強調經世致用。也就是講究實際的行政能力，造福江山社稷。這學說發展到明代已是空前繁榮，隆慶萬曆年間的傑出政治家高拱和張居正都是實學的忠實信徒。演變到晚明年間，更為包括東林黨在內的諸多士大夫階層所追奉。

但這學說雖然好，卻也難學。不僅僅是學問好、理解能力強就能學得好的，還要有實際的操作能力，既要有豐富的閱歷和靈活的手段，更要有紮實的學問積累和牢固的道德底線。也就是學問好懂，實際應用起來卻很困難。甚至很多晚明標榜有實學成就的名流，真正遇到了事情就全現了形，不是昏招迭出，就是道德淪喪。

但放在朱之瑜身上，這學問卻能駕輕就熟。他出身名門，祖上的道德傳統早已刻骨銘心。外加身世貧寒，小小年紀就浮沉世事，嘗盡炎涼百態，遠非關門讀書的書呆子可比。多年的自學在心中積累了很多困惑，接觸到這全新學問，好像找到了明燈，學習過程更似如魚得水。

從學習科目說，實學的學問最難學的，一是門類繁多，不但要學四書五經等傳統學問，甚至連種地、打柴、財政稅收乃至軍事兵法，樣樣都要涉獵。二是操作性強，不光是死記硬背，更要求學生要有獨立的見解，甚至還考察學生的實際操作的能力。所以在當時，凡是學實學的淘汰率很高，好些學生起初熱情高漲，最後卻學得灰頭土臉。

而朱之瑜在這些表現上，卻越發強大，學問基礎好，天賦也不凡，經史子集爛熟於心，社會經驗也豐富。討論學問，經常能聯繫實際，舉一反三。很快名聲鵲起，成為知名的青年俊才。

而在這幾位恩師中，對他影響極大的當屬吳鍾巒。此人堪稱實學界的翹楚，不但學問遠播，行政水準更是高。做教諭把考生學業抓得好，後來任職長興知縣，治理地方更是井井有條。屬於既有學問，又有行政能力的幹才。而他對朱之瑜影響最大的卻是信仰。

和諸多實學名家不同，吳鍾巒雖說行政水準強，卻對實學「經世致用」的主張，有不同的看法。以他自己的話說：「不明於生死，必不能忠孝，不能忠孝，雖有經濟之才，何益哉。」也就是說：一個人要是沒了道德底線，就算再大的才能也是沒用的。

正是這番教誨，給了朱之瑜極深的震撼，從而在後來人生的關口做出了重大的抉擇。

而在當時，二十五歲才投身實學的朱之瑜卻後來者居上，學問做得好，讓幾位老師很賞識。在當時明朝的官場環境下，哪怕不走科舉途徑，僅憑名流關照也能有不錯的前程。他也一度壯志滿懷，渴望著有報國的一天，能夠一展經世致用的才華建功立業。

一眨眼十三年過去，人近中年的朱之瑜已經娶妻生子、成家立業。名聲也格外響亮，成了以學問和品德著稱的俊傑。老師吳鍾巒更給他一個空前高的評價：開國以來第一。就在這一年，蘇松學政亓煒以「文武全才第一」的稱譽，將朱之瑜推薦至禮部。按照明朝官場流程，只要朱之瑜接受徵召就可獲得官職，大展宏圖。

面對這天上掉下來的機會，朱之瑜卻推辭了。

艱辛復國路

推辭的原因也很簡單：看透了。

自從就學以來，朱之瑜的學問精進了很多，雖未親歷但官場，但其中的變遷震盪也見識了很多。

首先，給他極大震撼的是大哥朱啟明的遭遇。一直兢兢業業的兄長，只因不肯賄賂權貴，最後落得黯然罷官回家。堅持原則竟落得這般結局。

而隨後幾位恩師的際遇也令人唏噓，特別是吳鍾巒。魏忠賢倒臺後，東林黨得勢，他也大受信用。在縣令任上政績卓著，但因為得罪了首輔周延儒，外加拒絕給百姓臨時加派賦稅，而後被整治。一度被調到廣西做推官。

見多識廣、眼光不凡的朱之瑜早就判定大明朝已經不可救藥，所謂「然顛覆非一木所支，大川豈一人攸濟。」正是朱之瑜的真知灼見。即使再有能耐，也救不了大明王朝。

朱之瑜不但看到了明朝政局的黑暗，甚至對於黑暗中的細節都把握得一清二楚。他在拒絕徵召後，對妻子說：我要是出來做官，如果做知縣，做滿三年肯定政績卓越，然後官運亨通，能調任御史，接下來鐵定就壞了。因為以我的性子，當御史就會仗義執言，一直言就會獲罪，而且肯定會是大罪，不但性命不保，家室更得連累。所以，絕不做官。

就這樣，三十八歲的朱之瑜眼光通透，朝局動盪、王朝命運、乃至自身優劣都看得清楚。

在這樣的信條下，朱之瑜的人生進入到躲藏的階段。朝廷一徵召，他就躲，從崇禎年間一直到南明永曆年間，朝廷徵召了十六次，躲了十六次，始終隱居鄉里，靜看風景。

這期間大明王朝的變遷，正如朱之瑜的斷言：國事日益敗壞，政治軍事都積重難返。崇禎皇帝更是急功近利、凡事操切，結果越急越麻煩。不但諸多能臣先後獲罪，國事更越發不堪，李自成和清王朝來回地鬧，終於崇禎十七年（一六四四年），崇禎皇帝在煤山上吊，明朝就滅亡了。

他在這段隱居期間，生活卻也豐富多彩，除了種地、讀書、傳道、講學外，還常從事商業貿易。他本身就閱歷豐富，外加學以致用，不但家業打理得井井有條，交遊也日益廣泛，不但知識界朋友多，甚至三教九流，日本、越南都有不少朋友，人脈越發廣闊。

雖然絕意仕途，但朱之瑜依然牽掛民生。除了在各地講學，義務傳授知識外，還經常為民請命。遇到官民糾紛，也常站出來主持公道。名聲也更加響亮，成為浙東名士。

但到了南明弘光元年（一六四五年），這舒適的日子戛然而止。北京淪陷後，南明弘光政權建立，四處招攬英才。朱之瑜名聲在外，也就入朝廷了法眼，一直極力請他出山。官位也越許越大，特別是這年四月，更封他做兵部職方司郎中兼浙江提刑按察司副使，是手握地方司法大權的高官。

但朱之瑜卻看得明白，這個弘光小朝廷一建立就鬧內鬥，絕對沒有前途。因此不管怎麼徵召，就是找各種藉口拒絕。但萬沒想到，這下惹惱了權臣馬士英，立刻下令整治，給他扣上了「不受朝命，無人臣禮」的罪名將他逮捕法辦。好在朱之瑜提前得知消息，趕緊星夜逃命，躲進了舟山群島。

這事理說不過是個小風波，等著風聲過了就能回來。但朱之瑜想不到這場匆匆的話別，竟是他與家人的永訣。因為一個月後，清軍大舉南下，南明小朝廷迅速淪亡。浙江大地淪入一片戰火中，唯獨朱之瑜藏身的舟山群島，暫且還算太平。但家鄉卻回不去了。

國難臨頭，南明王朝兵敗如山倒，弘光皇帝朱由崧被俘。先前鬥得烏煙瘴氣的弘光群臣，有人像錢謙益一樣變節、有人像史可法一樣殉難，更有人像馬士英一樣不屈不撓，奔走抗清。而小小舟山群島因地理位置險要，不習水戰的清朝暫時難以染指，魯王朱以海也隨後避難此地，以「監國」的名義，再度豎起了抗清大旗。

朱之瑜一開始還是以行商的身分在當地隱居。雖然日常生活中，他常常自嘲，說大廈將傾，自已無能為力。但眼見著明朝這座「大廈」，已經到了倒塌的邊緣，始終靜眼旁觀的朱之瑜做出了人生的重要抉擇：投身抗清，全力復國。

朱之瑜之所以改變以往的態度，是因為悉心輔導他學業的三位恩師，即張肯堂、吳鍾巒、朱永佑都先後投身魯王，為抗清大業奔走。更重要的原因是，他一直平靜的外表下始終埋藏著澎湃的熱血。對明王朝縱然千般失望，卻依舊有萬般忠誠。哪怕千難萬險，仍然百死不悔、義無反顧的背後是儒家明知不可為而為之的偉大情懷。

朱之瑜雖然做出抉擇，卻依然拒絕官位。以平民百姓的身分，放棄舒適的生活，甘願忍受奔波的艱難和生死的考驗，投身抗清復國的事業。

從這時起，朱之瑜不再沉默，反而積極奔走，而他最重要的任務就是為南明小朝廷籌餉。

自從弘光政權滅亡後，魯王政權的日子也極不好過。雖然是「監國」，但地盤就幾個島，外加大量軍隊集結，經濟越發窘迫。

朱之瑜則挑起了這個擔子。閒居多年，他常年行商，社會關係極廣，不但沿海朋友多，海外也多知交。因而臨危受命，駕船出海，四處奔走，求錢求兵，力助復國。

而求餉的第一站，便是與朱之瑜後半生結下不解之緣的日本。

選擇日本作為第一站，還是因為朱之瑜的人脈。當時的日本，已經進入德川家族的幕府統治時期。而且從明末起，就開始閉關鎖國政策，只有長崎港對外開放，但和中國一直有極深的淵源。明末海外貿易繁榮，長崎當地也是華商雲集，好些名流跟朱之瑜多有交往。局面嚴峻，自然要先找老朋友。

此時日本海禁條令嚴厲，朱之瑜一行人到了日本連岸都上不了，被困守在船中，最後只好無奈返程。

這次碰壁後，朱之瑜並不甘心，奔走的力度反而更大，範圍也越來越廣。從東南沿海到朝鮮、日本，甚至南下安南，凡是有交情的、打過交道的、能夠求救的幾乎全走遍了。甚至到後來，沒什麼交情但有實力的也硬著頭皮去求助。還曾作為魯王的特使，出面聯絡各地抗清力量，十幾年來，人生幾乎在海上度過。

這段海上漂泊的過程極度凶險，且不說當時航海技術差，船行海上遇到風暴就可能翻船。而且大亂之世，海匪縱橫，外加清軍步步南下常在海面上搜殺。行船海上的每一天，基本都是生死考驗。

這樣的考驗，朱之瑜全然不懼，反而在這艱苦的奔波中一次次展現他過人的毅力。多少次大風大浪，隨行人員都嚇壞了，他卻談笑自若。最危險的一次，他再次啟程去日本，不料半路遇到清軍戰船，一干人等慘遭俘虜，清兵如狼似虎，鋼刀架在脖子上逼迫朱之瑜投降，結果朱之瑜面不改色，反而給面前的清兵講忠孝之道。這一番風采，就連敵人也大為嘆服，清軍主將劉文高敬佩不已，當場將朱之瑜釋放。

在歷經了多次挫折後，朱之瑜找到了新的落腳點——安南會安。

安南會安，即今天的越南對外港口會安市，明末的時候，這裡同樣也是華商雲集之地。利用朋友關係，朱之瑜在此地籌措餉銀，發展抗清力量，源源不斷地援助魯王政權。而後他多方求助，奔走各國，會安港成為重要的中轉站，一度是海外遺民的抗清大本營。朱之瑜在當地定居十二年，一直盡心竭力。

但沉重的打擊接踵而至。先是永曆五年（一六五一年），清軍悍然發動了對舟山群島的大規模進攻，魯王政權兵敗如山倒，舟山各島相繼淪陷。而朱之瑜的三位授業恩師張肯堂、吳鍾巒、朱永佑都先後力戰不屈，死節殉難。聞聽噩耗的朱之瑜悲憤不已，甚至從此不再過中秋節，以示對老師故友的紀念。

而這場動亂之後，避居安南的朱之瑜與中原的聯繫，好像斷了線的風箏。魯王的下落、抗清大業的進展，幾乎都毫無音訊。最亂的時候，甚至連歸國的船隻都找不到，徹底斷了聯繫。在近乎絕望的局面下，朱之瑜依舊沒有放棄，一面四處打聽，一面繼續求助籌餉。幾年下來，總算又籌措了一筆餉銀。而他卻一如既往，過得極為清苦。最困難的時候連僕人都離開了，孤零零地一個人。但無論怎樣山窮水盡，他始終努力不懈。

而在歷經五年的努力後，一封遲滯了三年的書信，終於送到了朱之瑜手中。這是舟山群島淪陷後，魯王寫給他的徵召書信，信中告訴朱之瑜：魯王一行人已經到了金門，寄住在抗清名將鄭成功處，依然在為復國而戰。讀到此處，在絕望中奔走多年的朱之瑜好似看到了微茫的曙光，登時欣喜不已。

然而再讀下去，欣喜便化為悲傷。對歷經苦難的朱之瑜，魯王非但毫無撫慰，反而嚴詞指責，說朱之瑜只顧自己在安南過小日子，根本不知為國效力。讀罷來信，這位孤苦的寒儒自然萬分委屈，不但寫了一封真誠的回書，詳述了自己在安南期間的生活狀況和救國赤誠。更為此改變了自己一向的堅持，破天荒地接受了南明政府授予的官職。不為榮華富貴，只為表白孤忠臣子的信念。

這封回書，便是著名的《上監國魯王謝恩疏》，這篇記錄了朱之瑜十二年客居生涯的奏疏，文辭懇切，記錄詳盡，不但道盡了一位孤忠臣子滿腔的熱血，時至今日更是後人研究明末清初安南歷史的重要史料。

但朱之瑜沒想到，抗清不容易，要離開安南更不容易。雖然他這十幾年，在安南的活動都是祕密進行，一直十分低調，但名聲到底傳開了。這時統治安南的是安南阮氏王朝第五代國王阮福瀕，聽說了朱之瑜的聲名，便打算為自己所用。

永曆十一年（一六五七年），朱之瑜被強行帶入安南官府逼他就範做官，朱之瑜毫無懼色，揮筆寫下一段文字，大意是我不甘心做亡國奴，才在你這裡定居。生死都是大明的人，想讓我給你們當官，那是做夢。

一看朱之瑜夠強硬，阮福瀕更來了興趣。第二天更把朱之瑜帶進王宮，打算親自接見。誰知一見面，朱之瑜硬著脖子，就是不肯給安南國王下拜。阮福瀕見狀大怒，乾脆使出硬手段，先恐嚇說要殺他，結果朱之瑜不慌不忙，說你殺我可以，就拜託一件事，我死之後，我的墓碑上要寫「明徵君朱某之墓」。弄得阮福瀕也尷尬，之後幾天，朱之瑜被軟禁在安南王宮，失去了人身自由。但他談笑生風，該吃吃該喝喝，就是不把安南國王放在眼裡。

這下阮福瀕暴怒了，為此更做出一件令人髮指的暴行。每天派兵去朱之瑜家，殺朱之瑜的鄰居，一下連殺了好些人。誰知朱之瑜聞訊後還是不就範。這下阮福瀕沒招了，硬的不行來軟的，又好言相勸，說你只要做官，就給你造豪華府邸，把你的妻妾子女全接來，以後榮華富貴享不盡。朱之瑜朗聲大笑：我離開家鄉十三年了，哪有什麼妻妾。一番慨然高論，阮福瀕也忍不住側目了，最後又試探了一下：派大臣寫了一個「確」字，詢問朱之瑜的打算。這下朱之瑜豪情大發，揮筆寫下一幅《堅確賦》，表達了自己奔走復國，摒棄榮華富貴的信念。阮福瀕終於服了，最終還是放了朱之瑜。

歷經五十多天的囚徒生涯後，不屈不撓的朱之瑜終於重獲了自由。這番意外的遭遇，史稱「供役之難」。五十多天的折磨中，朱之瑜歷經了富貴榮華的誘惑與死亡的考驗，卻始終不為所動，以其高貴的品質令凶殘的敵人也不禁心悅誠服。按梁啟超的話說，這場遭遇好比一場突然的颶風，卻折射了朱之瑜至誠愛國的高尚人格。

而朱之瑜在這場災難面前也一如既往，被囚禁的每一天都堅持寫日記。五十多天的日記，留下了隨筆詩詞等諸多作品，取名為《安南供役記事》。

永曆十二年（一六五八年）秋，歷經坎坷的朱之瑜終於如願返回故國，成為鄭成功軍中的一位文士。而他奔走十多年的抗清大業，這時已呈現出最燦爛的曙光，鄭成功以麾下十餘萬大軍，與魯王餘部合兵，水陸並進，發動了對清朝東南地區的大規模討伐。這次的作戰計畫，除了牽制清軍主力，挽救西南永曆政權外，更重要的目標便是攻克南京，光復大明東南半壁。

這個作戰計畫一啟動，朱之瑜也熱情高漲，除了作為幕僚、參與戰事外，也幹起了外交的老本行。期間再度出使日本，尋求日本幕府的支持。雖然這次出使還是碰了一鼻子灰，但卻有個意外的小插曲。日本學者安東守約，在朱之瑜朋友陳明德的引薦下，主動給朱之瑜寫信。信中除了以儒家弟子禮節向朱之瑜問好外，更恭恭敬敬地求教各類儒家學問。閱信後的朱之瑜欣喜不已，發現日本竟也有這樣有見識的儒學弟子，立刻欣然回信並收下了這位日本學生。或許連他自己都沒想到，這件不起眼的小事，竟深深影響了後半生。

當時，朱之瑜在鄭成功身邊積極建言、出謀劃策。而北伐的戰事進展順利，雖然一開始遇到颶風，但明軍憑藉海軍優勢，還是終於打開了局面。在浙江、江蘇的各次水戰中，連續重創清軍主力。張煌言的陸軍也高歌猛進，攻城拔寨。到第二年夏天，鄭成功已經打到南京城下，光復大明就在眼前。

但朱之瑜的心情，卻逐漸變涼了。大家都興高采烈，卻唯獨他看得準，這個風光無限的鄭成功，也不怎麼靠得住。

鄭成功雖然治軍嚴明，部隊戰力強悍。但有兩大毛病，一是剛愎自用；二是優柔寡斷。部隊打進長江的時候，朱之瑜就發現不妙。人人都腦袋發熱，不但對戰局判斷盲目樂觀，而且毫無遠見。朱之瑜曾建議鄭成功，每攻克一地，都要設法招攬當地儒學文士，穩定人心。誰知就連這小小的建議，鄭成功也棄之不聽。

於是戰局的進行，很快急轉直下，七月份清軍反撲，鄭成功猝不及防，兵敗如山倒。損失慘重後敗退廈門。而另一路大軍張煌言部隨後也陷入孤軍奮戰中，不得不敗退回來。而後永曆政權失陷，鄭成功困守廈門。雖然勉強支撐，但抗清的大業，在劃過這抹最燦爛餘暉後，終於還是無情地熄滅了。

永曆十四年（一六六〇年）春，六十一歲的朱之瑜放棄了已絕望的抗清大業，做出了一個新的人生抉擇：乃次蹈海全節之志。也就是再度漂泊海外，不事清朝。

而漂泊的目的地，就是之前他已經去過六次的日本。

雖然前幾次去日本都碰了壁，但朱之瑜的名號，在日本早就傳開了。就連日本的諸多名流學士也仰慕他的為人因此春天抵日，不但受到熱情接待，而且為了他更破了日本一個四十年的規矩。德川幕府厲行鎖國法令，外國人不得在日本定居。但先前已拜朱之瑜為師的安東守約，是柳川藩士安東親清的次子，當時更是柳川藩主立花忠茂的近侍，是當地知名的重量級人物。有他上下奔走，事情總算有了轉圜，朱之瑜獲准在長崎租屋定居。日本鎖國令以來，他是唯一獲得在日本定居的外國人。

傳道在東洋

初到日本的朱之瑜，就受到了極多的關照。特別是安東守約替朱之瑜辦妥了定居和租屋的一系列雜事後，除了時常登門求教外，還生怕老師過得苦，竟把自己一半的俸祿都慷慨贈送。靠這些幫助，朱之瑜的生活總算安頓下來。

此時，永曆皇帝朱由榔已經在昆明殉難了。鄭成功雖然揮師東進，光復臺灣，並繼續敬奉永曆年號，再造抗清根據地。但旋即也英年早逝，病故臺灣，抗清的大局也越發不可為。

壞消息一個個傳來，朱之瑜的內心極度悲傷，客居日本後，他也始終以明朝衣冠示人。每當想起故國淪喪，常常夜深人靜的時候切齒流淚。兒子寫信給他，告知因為生活困頓也開始在家鄉開館教書，他回信諄諄教誨：教書可以，實在窮得過不下去，做別的營生也行，種地、做買賣甚至屠宰都能養家糊口。就算日子過不下去了，就算餓死也不能做清朝的官。

不但這樣教育兒子，自己也是這麼做。客居日本幾年裡，除了和安東守約等人討論學問外，基本都是深居簡出。到了永曆十九年（一六六五年），手頭有了點積蓄，他打算買幾畝地，從此躬耕度日、不問世事。

這時候的日本，恰好是個重大的思想演變期。經過德川幕府的統一後，日本傳統的主流佛學思想已經日益衰退。進入十七世紀後，明朝百花齊放的儒學思想已經在日本廣泛傳播，湧現學派無數。更有諸多視儒學學問為正統，專心求道的傑出學者，先前為朱之瑜定居奔走的安東守約就是其中的傑出人物。

但這時候的日本儒學，學派多思想雜。幾個重要的學派，有官方的朱子學，即以朱熹理學為正宗的流派；還有古學派，即追奉春秋戰國時期孔孟思想的學派；更有悄然崛起的陽明學派，即王陽明心學思想的忠實追隨者們。這幾個流派，都標榜自己是正統，互相更爭個沒完。而且這幫人雖說學習熱情高，但水準也都有限，對中國儒家文化的探索，大多都是一知半解，更盼著有正宗大師來解惑。

而這時的日本幕府集團，也有自己的算盤。儒學雖然好，但眼下吵得亂哄哄，沒個主流思想，肯定不利於統治。傳播儒學，更得有公認的大師級人物主持大局，朱之瑜就是最好的人選。所以朱之瑜能夠破例定居，安東守約等人的殷勤接待與奔走，上述情景才是根由。

也正是這樣的背景，注定了朱之瑜的晚年絕不會平靜。他不僅會意外的捲入這場日本文化變革洪流中，更將以其卓越的才學與執著的傳道成為宗師級的人物。甚至，決定日本的歷史走向。

此時，六十五歲的朱之瑜正一心一意選購田畝的時候，一位重量級人物的邀約改變了他隱居的決定，此人正是德川光國。

比起藩士身分的安東守約，德川光國的身分更加高貴。他是日本統治者大將軍德川家康的叔父，也是水戶藩的藩主，屬於絕對位高權重的大人物。

推廣儒學是德川光國一個宏大的追求。正是在他的力主下，德川幕府在江戶建立學堂，他的地盤水戶更是儒學成風。但學校易建，老師難尋，對朱之瑜這樣一個至寶自然不能放過。於是這年派儒臣小宅生順為使，盛情邀請朱之瑜去江戶講學，更送他一個「國師」的響亮名譽。

對這隆重邀請，朱之瑜一開始沒什麼興趣。但小宅生順也是日本儒學名流，且極講禮節，恭恭敬敬地遊說。外加一直伺候自己的安東守約更是熱情勸說。特別讓朱之瑜動心的是，安東守約說德川光國尊敬儒學，更愛惜人才。這下朱之瑜才決定去瞧一瞧。

次年六月，朱之瑜抵達江戶。德川光國以弟子禮節，恭恭敬敬地侍奉朱之瑜講學。甚至為了表示尊敬，連朱之瑜的名字都不敢稱呼，建議朱之瑜能再取個名號。這一建議勾起了朱之瑜的思鄉之情，他長歎一聲，為自己取了這個光耀日本史的稱呼：舜水先生。

舜水者，朱之瑜故鄉的河流名稱。一聲舜水，背後正是這位海外遺民有家難歸的酸楚。

這事傳開，全日本幾乎沸騰。從江戶到水戶，各路名流蜂擁而至，紛紛一睹這位儒學名師的風采。此後幾年，朱之瑜遊走在江戶和水戶兩地講學傳道。所過之處，無不聽眾雲集，一開始還只是學界名流，後來就連各地諸侯、政界要人都紛紛登門拜訪。特別是水戶地區，好多次開課時，聽講的學生裡竟然有白髮蒼蒼的老者，場面極其熱烈。

而朱之瑜也用自己的表現證明，他的宗師名號確實名不虛傳。單說工作態度，就極其認真。雖說學生換成日本人，水準資質比明朝學生差得多，但他毫不歧視。不但傾囊相授，教學的每個環節更是督導嚴格。

最令日本學生們佩服的是朱之瑜的教學方法。聽課的學生類型不同、資質不同，他的教課方法也就不同。學生安積覺天賦好但是耐心差，朱之瑜就特意給他題寫一個作業本，讓他把每天的學業，學完後原原本本寫下來。而另一個學生服部其忠卻很不像話，不但學習不認真，常耍小聰明經常裝病曠課，還常拉同學出去玩。但朱之瑜有耐心、很少動怒，每次都諄諄教誨，甚至教育學生，一勸就是一整晚。結果這位頑劣的學生，從此態度大變，終生勤懇治學。如上美談，在日本各種史料中一直津津樂道。

尤其令學生們感動的是，朱之瑜對學生不但關心學業，更關心生活。學生家裡經濟發生困難，他都會慷慨幫助。每當學生們遇到變故，心情沉痛時，他更耐心安撫，鼓勵學生重新站起來。所謂「撫之如慈母，督之如嚴父」，正是他一直以來的光輝形象。

而工作認真的朱之瑜，對實學的傳授也是毫不保留。而這一貢獻，對於整個日本歷史都是惠澤深遠。

如果說崇禎年間的朱之瑜是個出名的實學弟子；南明年代的朱之瑜是個出名的抗清義士，那麼在日本傳道時，他的角色更悄然轉換。幾位恩師的學問，他不但融會貫通、完美繼承，更大膽創新，自成一家。開創的獨特的思想體系，甚至超越了他所生活的時代。

朱之瑜的實學思想，歸結下來有五條。而對當時日本影響最直接的，正是其代表哲學思想的「踐履論」。

所謂「踐履論」，通俗的解釋就是強調實踐。其儒家宣傳的「道」，不是空泛的講義，而存在於實際生活之中。求「道」的過程，更要靠實踐中的學習領悟。而且任何一種「道」，都不止於理論，更要有實際的應用性。而且人的品格形成、道德塑造也來自於實際生活行動的影響，要獲得崇高的道德更需要後天勤奮的努力。

這個論點，不但放在日本，就算在明末也算是風格一新。程朱理學在當時，已經演變成空洞的倫理綱常，朱之瑜卻打破常規，將其中的「道」通俗化，變成了摸得著的生活常識。陽明心學強調「良知」，認為「滿街都是聖人」，人自身就有無盡潛能。對於這些朱之瑜部分同意，但強調想成為聖人可以，但要後天努力，有再好的良知也要學習。而在行為方面，程朱理學和陽明心學，觀點也對立，一個認為要先懂道理，才能有行動。一個認為要知行合一，也就是知識和行為要統一。這兩觀點都有偏差，朱之瑜的理論卻正好補上漏洞，他認為行動不僅要靠知識，更重要的是獲取知識的過程。換句話說，幾大儒學流派的主張，朱之瑜既有繼承又有創新，其獨立思想更是完美地超越前人。

而對當時的日本來說，他的思想具有包容性。朱之瑜之前，日本幾大儒學學派各執一端，觀點更針鋒相對，多年來的學術爭論，鬥成一團混沌。朱之瑜一講學，這下混沌全開。朱之瑜的思想，既對幾大儒學流派的成就都有客觀的認可，更逐一點出其不足，提出全新求知思路。這樣一來，幾大學派求同存異、相互交流，日本的儒學水準頓時提升不少。

另外，朱之瑜的「革新論」更深遠地影響了日本政治的演進。

朱之瑜的實學，源出宋代「事功學派」，這一學派在宋朝，就是變法宣導者。朱之瑜的革新論思想更進一步，不但宣揚革新、宣導仁政，而且對於仁政的內容也做了大膽定義。除了要求統治者「愛民」外，更對「仁政」做了全新的闡述：他眼中的仁政，不只要求皇帝勤政愛民，更講究「利民」，也就是要用實實在在的手段，發展國家的經濟，讓大多數老百姓得到好處，從而富國強民。傳統的儒家觀點，講究「小人喻於利」，朱之瑜反而大大方方的講「利」，不但提倡，更把商品經濟提到極高位置。即使與同時代西方「重商主義」的思潮相比，朱之瑜的觀念也毫不遜色。

特別進步的是，在怎麼實現「利民」的問題上，朱之瑜更有創意，提出了「禮教」和「法治」並重的思想。中國傳統的法治觀念裡，偏儒學的就講究「禮教」，也就是道德教育。偏法家的就強調「法治」，也就是用法令約束。對這兩種觀念朱之瑜也都認同，但他獨創一家。禮教和法治都重要，一個成熟的國家道德教育和法制約束可兩者並行，法律的進步與執行更要以保護道德為根本目標。如此主張，即使放在現代社會也是振聾發聵。

也正是這種革新思想的傳播，在未來的二百年裡，彷彿一股洶湧的暗流，默默地推動了日本社會的演進，甚至對於十九世紀日本的明治維新也是影響深遠。

而與「革新論」相輔相成的，便是朱之瑜獨特的經濟思想：致用論。

如果說「革新論」是針對國家的治國理念，那麼「致用論」則是實實在在的利民手段，在如何發展生產、繁榮經濟方面提出了諸多獨到的見解。

對於明朝的滅亡原因，朱之瑜在「致用論」裡做了痛苦的反思，提出了一個全新的答案。明朝的滅亡，首要的原因正是經濟的破產。長期以來的八股取士，造就大量無用的庸官，外加災害橫行、變故橫生，國家的政策卻依然呆板生硬。水深火熱的局面下，只知道添加稅賦，好些官員空談道德，卻沒有實際利民的本事，終於火上澆油，把這個王朝徹底毀掉。

也正因為這樣的歷史教訓，造就了朱之瑜「致用論」中不凡的思想，除了痛批八股取士和儒家傳統「輕利重義」的舊觀念外，朱之瑜更對繁榮經濟，總結出三條辦法。第一是執政者必須要懂經濟，有實在的經濟眼光。第二是摒棄傳統重農抑商的理念，鼓勵商品經濟特別是民營經濟。而第三條更大膽，甚至把孔夫子都顛覆了。比起孔子鄙薄生產技術的態度，朱舜水卻高度重視生產技術的革新，認為農業和手工業技術的進步是經濟發展的源頭。即使是士大夫階層也該從中積極學習。

朱之瑜常年從事生產，技術水準很高。到了日本後，不但教書更教生產。他除了在課堂上講生產理論，還經常帶學生實習，不是跑到農村教種地，就是到城裡店鋪裡教手工技術，每次都親自示範。有次在油漆店裡演示刷油漆，把圍觀群眾看得嘆服，還以為他是專業油漆工人。另外包括種地、釀酒、屠宰，只要他會的全都傾囊傳授。以德川光國的回憶：先生為一經濟家，假今日曠野無人之地，士農工商各業，先生皆可兼之。

「致用論」對日本生產的衝擊更是影響深遠。一是明朝先進的生產技術，從此大範圍在日本傳播。二是對傳統觀念的顛覆，日本傳統的儒學鄙薄生產，但朱之瑜不但重視生產，更把生產的位置抬得極高。以至於後來日本的諸多儒學門生以及實幹家，乃至十九世紀日本維新時代的諸多精英，正是在這樣的土壤裡孕育的。

而朱之瑜也知道要推廣生產、傳播實學，最直接的方式就是辦教育。在這事上，他同樣有獨到的見解：社會論。

與經濟思想的「致用論」相同，朱之瑜教育思想的「社會論」同樣來自對明朝滅亡的沉重回憶。

在朱之瑜眼裡，明朝的滅亡，首先是經濟問題，然後就是教育問題。他認為，明朝一直重視教育，但培養出來的，要麼是道貌岸然的偽君子，要麼是毫無實際能力的書呆子。這幫人除了爭權奪利、空談學問，對於國家大事半點貢獻都沒有。明末為什麼這種人多？說到底還是教育出問題。

怎麼解決這問題？這就是朱之瑜的「社會論」，首先是學習的目的要改變，不是為了當官而學習，而是要為了造福社會而學習；其次是學習的內容要改變，不但要學道德禮節，更要學對實際生活有用的知識。包括為人的智慧與經濟生產的知識，學到了就要用得著，對國家民族才會有好處；三是學習方法要改變，不能關在學堂裡閉門造車，學生更要接觸社會、了解社會，才能成為一個有作為的人；四是教學的方法要改變，不能教那些晦澀難懂的教條，再複雜的學問都應該用通俗易懂的方式最廣泛地傳播普及。這點他充分吸取儒學大師陳白沙的經驗，四書五經的學問，甚至被他變成朗朗上口的兒歌，三歲小孩都能傳誦。

而其中對日本教育甚至當代教育影響最大的是教育普及這一條。朱之瑜認為，國家應該重視教育，廣設學堂讓大多數人都有受教育的權力。

永曆二十四年（一六七〇年），德川光國在水戶設立儒學學宮，這是日本儒學發展史上又一件承前啟後的大事。朱之瑜不但積極參與，更親自設計了學宮的樣式營造、工程設計，在學宮落成後，又制定了一套以中國儒家傳統為基礎的學宮禮儀。從頭到尾，他都是這件大事的締造者。

而對德川幕府時代的文化影響尤其大的，就是朱之瑜的史學思想：尊史論。

早在青年讀書時代起，朱之瑜就以史學見長，他所植根的「事功學派」同樣也以治史著稱。而在客居日本之後，他也把自己卓越的史學思想帶給了日本人。

朱之瑜的「尊史論」，核心有兩條，一是尊史，也就是尊重歷史的事實。日本之前常年戰亂，史料駁雜，同一件事說法更是五花八門。因此德川幕府統治時期，想編修一部日本歷史，卻常年辦不成。

朱之瑜的「尊史論」一出來，問題就解決了。朱之瑜認為，修史首先要有明確的歷史觀念，即強調正統，也就是國家統一，尊奉正朔。以這樣的觀念，來博采眾家之長，辨析各種史料。而在修史目的上，「尊史論」的目標更現實：致用。就是歷史的教訓，要對現實有反思和啟迪作用。也就是他一直說的「經以史佐」。在這樣的觀念影響下，朱之瑜的幾位日本弟子啟動了著名的修史運動。由德川光國主持，朱之瑜弟子安積覺擔任主編的《大日本史》，終於修撰完成。這部史書對於日本的影響意義更超越了學術本身。它宣導的五大思想：尊王、抑藩、忠君、愛國、大一統。更成為後來倒幕運動和明治維新的思想源頭。

對於朱之瑜的史學思想，日本人雖然仰慕但也是選擇性繼承。朱之瑜「尊史論」中另一思想，反而在日本不大被重視。在歷史演進問題上，朱之瑜的「尊史論」中，還有這樣驚人的觀點——百姓者，分而聽之則愚，合而聽之則神。其心既變，川決天崩。按照白話說，就是人民群眾才是歷史前進的動力。

就這樣，朱之瑜人生最後二十年的時光，彷彿一抹濃重的晚霞，在日本的國土上招搖出片片動人的華彩。他一直潛心治學，門下弟子遍布，最親近的五大弟子，即安積覺、今井弘濟、五十川剛伯、服部其忠、下川三省，其後都學業大進，成為日本歷史上影響深遠的精英名流。特別是安積覺，他與朱之瑜的另一弟子德川光國，一起開創了日本近代儒學的重大流派：水戶學派。

永曆三十七年（一六八三年）四月，八十三歲的朱之瑜，在臥病一年多後，溘然長逝於日本大阪。噩耗傳開，日本舉國悲痛，德川光國親自率領諸多貴族名流送葬。臨終前的朱之瑜，留遺囑要求自己的墓碑，一定要刻上「故明人朱之瑜墓」。享譽日本的朱之瑜，一生仍舊過得十分清苦。但臨終的時候，家產卻積攢了三千多兩黃金。這是他省吃儉用二十年，籌措的反清復明經費。故國的淪喪，他一生念念不忘。

他的離世，更成了他諸多日本弟子的痛事。幾個親近弟子為他提寫祭文，文中情真意切。送葬當日，許多弟子更是當場痛哭失聲。特別是最早的學生安東守約，在朱之瑜周年祭奠的時候依然泣不成聲。

朱之瑜死後，他的弟子們做的最重要的一件事，就是整理朱之瑜文集。其中最為著名的，就是《舜水先生文集》，這部共二十八卷的巨著，不但記錄了朱之瑜諸多的學術思想，甚至包括經濟和政論思想。一直到近代，諸多日本倒幕和維新時代的精英人物依然對此敬慕不已。日本明治維新時代，諸多影響深遠的經濟、政治政策，其實都脫胎於朱之瑜的哲學。誠如安東守約的感慨：對於朱之瑜這位傑出的哲人，幾百年間日本人一直求教不息。

朱之瑜過世八個月後，清朝發動了征臺戰爭，南明王朝最後一個政權：明鄭政權，終於降旗投降。朱之瑜臨終前念念不忘的復國大業就此徹底如夢。大明王朝三十九年沉重的餘波：南明王朝，徹底劃上句號。

大地叢書介紹

作者：姜狼
定價：360 元

本書是一部通俗歷史讀物，是歷史中國系列中的一部。全書共分數十篇章，從春秋五霸（齊桓公姜小白、晉文公姬重耳、宋襄公子茲甫、秦穆公嬴任好和楚莊王熊侶）到春秋名相（管仲、晏嬰）；從著名兵法家（田穰苴、孫子）到春秋名臣（伍子胥、范蠡）；再由儒家的代表孔子到道家的代表老子，還有對中國文學史上第一部詩歌總集《詩經》的介紹，等等，作者將春秋近三百多年的歷史用一種獨特的方式展現在讀者面前。

大地叢書介紹

作者：醉罷君山
定價：320 元

秦朝（西元前221年－西元前207年），是中國歷史上第一個建立大一統的帝國。秦朝源自周朝諸侯國-秦國。秦國於戰國時期逐漸轉強，到秦國君王嬴政陸續征服六國而一統中原，史稱秦朝。

秦王政建立秦朝後自稱「始皇帝」（即秦始皇），從此中國有了皇帝的稱號。雖然秦朝外表十分強盛，但由於秦始皇集權、過度發展、嚴重勞役百姓，所以秦朝之統治不免帶有苛急、暴虐之特點，讓天下百姓飽受苛政之苦而想要叛變。

秦始皇最後留下的，是一個外強中乾的帝國。秦二世繼位後，秦廷被掌權的趙高掌控而混亂不堪。此時秦末民變爆發，六國有力的軍人各自復國，雖然秦將章邯努力平亂，但於鉅鹿之戰被楚將項羽擊敗，秦軍主力投降。西元前207年十月，新任秦王子嬰於咸陽向楚將劉邦投降，秦朝滅亡。

本書用故事串聯歷史，帶你逃離歷史課本的枯燥，回到那個活生生的大秦帝國。

大地叢書介紹

作者：張程

定價：320 元

魏晉南北朝（西元220年—589年），是中國歷史上一段分裂的時期。這個時期由220年曹丕強迫東漢漢獻帝禪讓，建立曹魏開始，到589年隋朝滅南朝陳重新統一結束，共400年。可分為三國時期、西晉時期（與東晉合稱晉朝）、東晉與十六國時期、南北朝時期。另外位於江南，全部建都在建康（孫吳時為建業，即今天的南京）的孫吳、東晉、南朝的宋、齊、梁、陳等六個國家又統稱為六朝。

189年漢靈帝死後，東漢長期混亂，誕生了曹魏、蜀漢、孫吳三國。到後期曹魏逐漸被司馬氏取代，265年被西晉取代。263年蜀漢亡於魏，280年孫吳亡於晉，三國最後由晉朝統一。

魏：是指曹丕建立的魏國，屬三國時期朝代，與蜀、吳三國鼎立。

晉：即指司馬炎建立的西晉。

西晉皇朝短暫的統一，於八王之亂與五胡亂華後分瓦解，政局再度混亂。在304年因為成漢與劉淵的立國，使北方進入五胡十六國時期。316年西晉亡於匈奴的劉曜後，司馬睿南遷建康建立東晉，南北再度分立。東晉最後於420年被劉裕篡奪，建立南朝宋，南朝開始，中國進入南北朝時期。然而北朝直到439年北魏統一北方後才開始，正式與南朝宋形成南北兩朝對峙。

大地叢書介紹

作者：王者覺仁
定價：320 元

隋朝（581年—618年）是中國歷史之中，上承南北朝、下啟唐朝的一個重要的朝代，史學家常把它和唐朝合稱隋唐。隋朝源自581年隋文帝楊堅受禪建立隋朝，至618年隋恭帝楊侑讓位予李淵，隋朝滅亡為止，國祚37年。

581年北周靜帝禪讓給楊堅，北周亡，楊堅定國號為「隋」，隋繼承了北周的強大，隋文帝於587年廢除後梁，於589年攻滅南朝陳。隔年9月，控制嶺南地區的冼夫人歸附隋朝。至此，天下一統，隋朝結束了中國自魏晉南北朝以來的分裂局面，重新建立統一的國家。

隋文帝採取予民休養生息的政策，注重維護與農民的關係，並調和統治集團內部的關係，使社會矛盾趨於緩和，經濟、文化得以迅速成長和繁華，開創出開皇之治。

604年隋文帝去世，太子楊廣繼位，即隋煬帝。為了鞏固隋朝發展，隋煬帝興建許多大型建設，又東征西討，隋朝在煬帝前期發展到極盛。然而隋煬帝好大喜功，嚴重耗費隋朝國力，其中又以三次東征高句麗為最劇。最後引發了隋末民變，616年隋煬帝離開東都，前往江都（即今江蘇揚州）。618年宇文化及等人發動兵變，弒逆煬帝。

618年隋恭帝楊侑禪讓李淵，618年李淵正式稱帝，建立唐朝。而隋末群雄割據的局面，最後也由唐朝所終結。

大地叢書介紹

作者：王者覺仁
定價：360 元

唐朝是中國歷史上強盛的朝代之一，隋末民變留守太原的李淵見天下大亂，隋朝的滅亡不可扭轉，遂產生取而代之的念頭，率兵入關中擁立楊侑為帝，是為隋恭帝，西元618年迫隋恭帝禪位，建立唐朝，即唐高祖。

李淵建立唐朝後以關中為基地逐步統一天下，唐朝歷史可以概略分成數期，大致上以安史之亂為界。初唐時期，唐太宗勵精圖治國力逐漸強大，且擊敗強敵突厥，創造了貞觀之治。唐高宗與武后時期擊敗高句麗等強敵建立永徽之治。唐高宗去逝，武則天主政建國號周，女主政治達巔峰，西元705年唐中宗復辟國號恢復唐，一直到唐玄宗繼位女主政治才完全結束。至此進入盛唐，是唐朝另一高峰與轉折，唐玄宗即位革除前朝弊端，政治開明，四周鄰國威服，是為開元盛世。

天寶時期，政治逐漸混亂西元755年爆發安史之亂，唐朝由盛轉衰。中唐時期受河朔三鎮，吐番的侵擾，宦官專權，牛李黨爭等內憂外患的影響國力逐漸衰落。其中雖有唐憲宗的元和中興、唐武宗的會昌中興、唐宣宗的大中之治，都未能根治唐朝的內憂外患。晚唐時期政治腐敗爆發了唐末民變，其中黃巢之亂更是破壞了江南經濟，使唐朝經濟瓦解，導致全國性的藩鎮割據。唐室最後被藩鎮朱全忠控制，他迫使唐昭宗遷都洛陽，並於西元907年逼唐哀帝禪位，唐亡。

大地叢書介紹

作者：羅杰
定價：300 元

作為中國封建王朝最後一個政權，清王朝對於傳統中國社會的統御之術可謂駕輕就熟，但是當西風漸進，這個傳統封建社會卻抵擋不了潮流的衝擊，清王朝的統治者注定一步步走向失敗的命運，這是為什麼？

本書以獨特的視角對清王朝268年（從順治入關到清王朝覆滅）的歷史進行了別具一格的梳理與剖析。

通過對清王朝興衰變遷中的種種細節與真相的解讀，從「裝束文化」、「官場文化」、「仕途文化」、「妖術文化」等諸多方面，揭露清王朝隱秘、禁忌的政治和文化密碼。當你能夠看透這一切時，會驚悟出，清朝和你想像的絕對不一樣。

明朝原來是這樣 / 張嶔著. -- 一版.-- 臺北市：大地, 2016.08
面：　公分. --（History：90）

ISBN 978-986-402-191-8（平裝）

1. 明史　2. 通俗史話

626　　105012774

明朝原來是這樣

作　　者	張嶔
發 行 人	吳錫清
主　　編	陳玟玟
出 版 者	大地出版社
社　　址	114台北市內湖區瑞光路358巷38弄36號4樓之2
劃撥帳號	50031946（戶名　大地出版社有限公司）
電　　話	02-26277749
傳　　眞	02-26270895
E - mail	vastplai@ms45.hinet.net
網　　址	www.vastplain.com.tw
美術設計	普林特斯資訊股份有限公司
印 刷 者	普林特斯資訊股份有限公司
一版一刷	2016年8月

HISTORY 090

大地

定　　價：320元